Kompendium bankbetrieblicher Anwendungsfelder

Herausgeber:
Frankfurt School of Finance & Management

Dr. Hendrik Garz Stefan Günther
Cyrus Moriabadi

Portfolio-Management

Theorie und Anwendung

4., überarbeitete Auflage

Frankfurt School
Verlag

Bibliografische Information der Deutschen Nationalbibliothek
Die Deutsche Nationalbibliothek verzeichnet diese Publikation in der Deutschen Nationalbibliografie; detaillierte bibliografische Daten sind im Internet über http://dnb.d-nb.de abrufbar.

Legende:

Einstieg/Lösung

Definition

Beispiel

Verweis

Aufgaben

Besuchen Sie uns im Internet: http://www.frankfurt-school-verlag.de

Satz: preXtension GbR, Grafrath
Druck: Kessler Druck + Medien, Bobingen
Printed in Germany

ISBN 978-3-933165-51-0

4., überarbeitete Auflage 2006

Vorwort

Die Frankfurt School of Finance & Management, kompetenter Bildungspartner des Kreditgewerbes, bietet engagierten Nachwuchskräften von Banken an, sich für anspruchsvolle Fach- und Führungsaufgaben zu qualifizieren: Das dreistufige Qualifikationsprofil Bankfachwirt-, Bankbetriebswirt- und Management-Studium hat sich erfolgreich in der Bankindustrie Deutschlands etabliert und bewährt.

Das aus neun Modulen bestehende Kompendium bankbetrieblicher Anwendungsfelder ist für Studierende des Bankbetriebswirt-Studiums konzipiert und mit dem Curriculum entsprechend abgestimmt. Zusätzlich ist das Werk auch für Studierende der Hochschulen und für Praktiker als Studienbuch gut geeignet.

Es hat sich als Medium zur Weiterentwicklung der fachlichen, persönlichen und sozialen Kompetenz bewährt. Die enge Verknüpfung von Theorie und Praxis hat dieser Fachbuchreihe ein klares eigenständiges Profil gegeben.

Die positive Resonanz unserer Leser bewegt uns, die Fachbuchreihe auf dieser Linie konsequent weiterzuentwickeln. Sämtliche Fachbücher werden didaktisch und inhaltlich grundlegend überarbeitet.

Die vorliegende Auflage des Buches Portfolio-Management – Theorie und Anwendung – greift den dynamischen Veränderungsprozess des Portfolio-Managements in den Banken auf. Auch Ansätze, wie zum Beispiel „Behavioral Finance“ wurden aufgenommen und ausführlich erläutert. Der Bereich der Strategischen Asset Allocation wurde entsprechend der herausragenden Relevanz für den Anlageerfolg ausgebaut. Den Abschluss des Buches bildet nunmehr die immer stärker in das Zentrum des Kundeninteresses rückende Messung und Analyse der Performance von Finanzportfolios, was anhand eines praktischen Reportingbeispiels illustriert wird.

In didaktischer Hinsicht wird besonderer Wert auf die weitere Stärkung des Praxisbezuges der dargebotenen Inhalte gelegt. Zusätzliche Fallbeispiele erleichtern und vertiefen das Verständnis. Konkrete Einstiege und Schlüsselbegriffe zu Beginn sowie Zusammenfassungen und Arbeitsaufgaben am Ende der Kapitel unterstützen das Selbststudium unserer Studierenden und Leser.

Unser Dank gilt den Studierenden, Dozenten und Praktikern, die zur Weiterentwicklung dieses Kompendiums bankbetrieblicher Anwendungsfelder beigetragen haben. Ganz besonders danken wir unseren Autoren für ihren Einsatz bei der Umsetzung der Anregungen sowie der fachlichen und didaktischen Weiterentwicklung dieses Bandes.

Prof. Dr. Udo Steffens
Präsident und Vorsitzender der Geschäftsführung
der Frankfurt School of Finance & Management

Inhalt

1 Einleitung

In den vergangenen 40 Jahren hat die Bedeutung der Kapitalmärkte in Wirtschaft und Gesellschaft erheblich zugenommen. Dagegen hat die Bedeutung der Kreditinstitute als Finanzintermediäre abgenommen. Unternehmen beschaffen sich Kapital sehr viel häufiger direkt am Kapitalmarkt als noch in früheren Jahrzehnten. Die Aktienmärkte spielen darüber hinaus eine wichtige Rolle als Innovationsmotor.

Auf der anderen Seite haben **gesellschaftliche Trends**, wie z. B. die demografische Entwicklung und die daraus abzuleitende Notwendigkeit einer privaten Altersvorsorge, dazu geführt, dass die Zahl der Aktienanleger in Deutschland zugenommen hat. In der ersten Jahreshälfte 2006 besaßen 9,9 Millionen Bundesbürger (Deutsches Aktieninstitut) Aktien oder Anteile an Aktienfonds. Gegenüber 1997 stellt dies fast eine Verdopplung dar. Auffällig ist, dass die Zahl der indirekten Aktionäre erheblich stärker zugenommen hat als die Zahl der direkten Aktionäre. Im ersten Halbjahr 2006 hatten 5,6 Mio. (56,5 %) der Aktienanleger ihr Geld ausschließlich in Fonds investiert gegenüber nur 1,7 Mio. (30 %) in 1997. Mit der zunehmenden Bedeutung der Aktie als Altersvorsorgeinstrument dürfte sich der Trend zur **Delegation von Anlageentscheidungen** fortsetzen. Die Fondsindustrie wird aller Voraussicht nach weiter stark wachsen.

Die zunehmende Bedeutung des **Produktionsfaktors Wissen** in unserer Gesellschaft findet in der Investmentindustrie einen besonders starken Niederschlag. In kaum einer anderen Industrie ist eine derartige Fülle komplexer Informationen in einer derart kurzen Zeit in Entscheidungen umzusetzen wie hier. In kaum einer anderen Industrie versuchen sich die Wettbewerber am Markt so stark über ihr Wissen von den Konkurrenten zu differenzieren wie hier. Nirgendwo sonst können Fehlentscheidungen so schnell so viel Geld kosten wie hier. Der Bedarf an einer, den gewachsenen Ansprüchen genügenden, Ausbildung ist daher verständlicherweise groß. Die Investmentindustrie befindet sich dabei in der glücklichen Lage, dass sich Theorie und Praxis von jeher ungewöhnlich stark wechselseitig befruchtet haben.

So lag einer der Auslöser für das Entstehen der modernen Kapitalmarkt-Theorie als eigenständige wissenschaftliche Disziplin, im Aktienmarkt-Crash von 1929 und der von ihm ausgehenden Weltwirtschaftskrise. **Risikokontrolle und Risikomanagement** waren fortan einer der Eckpfeiler der sich rasant entwickelnden Disziplin. Ohne die Kapitalmarkt-Theorie wäre das Entstehen der Derivatemärkte, wie wir sie heute kennen, gar nicht denkbar gewesen. Financial Engineering wäre wohl noch ein Fremdwort. Auch auf das Management von Unternehmen hatte die Entwicklung einen enormen Einfluss. Unternehmensentscheidungen werden heute kapitalmarktorientiert getroffen. Der **Shareholder Value** ist zur Leitmaxime unternehmerischen Handelns geworden.

Doch war es nicht nur die Praxis, die von den Ideen der Theorie zu profitieren wusste. Für die akademische Welt gab die Beobachtung des tatsächlichen Verhaltens der Akteure an Finanzmärkten immer wieder den Anstoß zu neuen Erkenntnisfortschritten. So hat z. B. die Kursblase an den Aktienmärkten, deren Haupttriebfeder die **New-Economy-Euphorie** der späten 90er Jahre war, viele von der Notwendigkeit eines Paradigmenwechsels in der Kapitalmarkttheorie überzeugt.

Behavioral Finance ist eine Disziplin, die versucht, die **begrenzte Rationalität** und die Emotionalität menschlichen Entscheidungsverhaltens systematisch in ihre Prognosen einzubeziehen. Insofern steht sie für die Abkehr von einer Theorie, die die Dinge beschreibt, wie sie sein sollten, hin zu einer Theorie, die die Dinge beschreibt, wie sie wirklich sind.

Doch auch dieses neue Paradigma der Theorie hat bereits seinen Niederschlag in der Praxis gefunden. So werden im heutigen Fondsmanagement zunehmend verhaltenspsychologische Elemente bei der Entscheidungsfindung berücksichtigt. **Themenfonds** unter der Überschrift Behavioral Finance wurden aufgelegt, die darauf abzielen, vom systematischen Fehlverhalten des Marktes zu profitieren. Auch die so genannten **Hedge Fonds**, die sich einer zunehmenden Beliebtheit erfreuen, basieren auf der Philosophie, dass der Markt nicht immer Recht hat.

Das vorliegende Lehrbuch will zweierlei: Zum einen soll eine solide theoretische Grundlage vermittelt werden, wobei auch den neueren Entwicklungen in einem angemessenen Rahmen Rechnung getragen werden soll. Zunächst wird dabei, ausgehend von der idealtypischen Welt des **Homo Oeconomicus**, die klassische Lehre effizienter, im Gleichgewicht befindlicher Märkte und ihrer Implikationen für die Anlageentscheidung dargestellt (Kapitel 2.2). Die Beobachtung systematischer Abweichungen zwischen **Idealbild und Realität** bildet dann den Ansatzpunkt für die systematische Darstellung der neueren, verhaltenspsychologischen Erklärungsansätze (Kapitel 2.3).

Zum zweiten soll ein Überblick darüber gegeben werden, welche Prinzipien, Strategien, und Methoden in der heutigen Welt des professionellen Geld- und Vermögensmanagements zum Einsatz kommen. Die Darstellung im Lehrbuch orientiert sich dabei am Ablauf eines planvollen, auf objektivierten Zielgrößen beruhenden Investmentprozesses.

Elemente eines planvollen Investmentprozesses

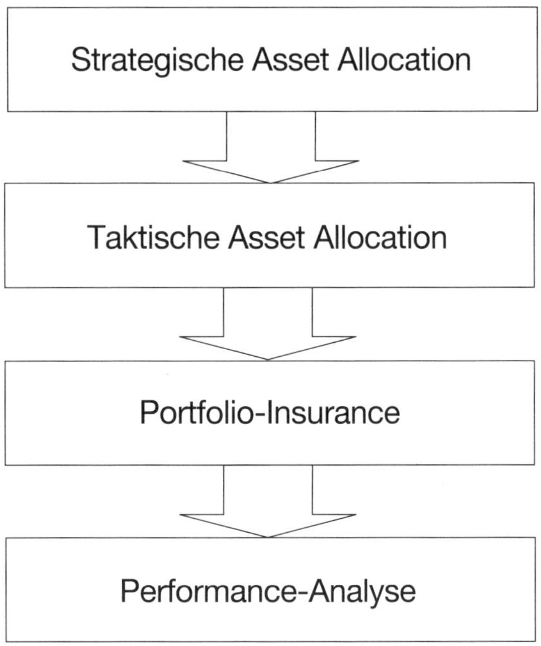

Als **Asset Allocation** bezeichnet man dabei ganz allgemein die Aufteilung (Allocation) des für Anlagezwecke zur Verfügung stehenden knappen Geldvermögens auf die zur Auswahl stehenden Anlagemöglichkeiten (Assets), wie z. B. Aktien, Renten, Geldmarktanlagen, Immobilien und Rohstoffe in verschiedenen Ländern und Währungen.

Der Investmentprozess beginnt mit der **Strategischen Asset Allocation**. Im Kern umfasst sie die sorgfältige Erfassung der Anlegerziele sowie die auf Zielen und Möglichkeiten aufbauende Formulierung bzw. Operationalisierung der langfristigen Anlagepolitik. Als Ergebnis der Strategischen Asset Allocation (SAA) erhält man einen – aus der Sicht des Anlegers – **nutzenoptimalen Anlagen-Mix**, der dem Portfolio-Manager als Auftrag und Richtschnur **(Benchmark)** für die Umsetzung der Anlagepolitik dient.

Nachdem der Planungsprozess mit der Festlegung der langfristigen Neutralposition des Anlegers seinen Abschluss gefunden hat, stellt sich die

Frage, in welcher Form die vereinbarte Anlagepolitik durch den Portfolio-Manager ins „Tagesgeschäft" umgesetzt wird. Hierbei lassen sich im Grundsatz aktive und passive Vorgehensweisen voneinander unterscheiden.

Als **passiv** bezeichnet man die Handlungsweise des Portfolio-Managers dann, wenn sie lediglich darauf abzielt, die in der Benchmark vereinbarten Vorgaben während des gesamten Anlagezeitraums möglichst exakt zu erfüllen. Im Idealfall bedeutet dies ein Kaufen und Halten **(Buy & Hold)** der langfristig als optimal angesehenen Anlagenmischung. Ein solches Vorgehen ist unabhängig von Meinungen bzw. aktuellen Markteinschätzungen. Ihr Erfolg hängt in erster Linie vom „handwerklichen Geschick" des Portfolio-Managers ab.

Demgegenüber tritt im Rahmen **aktiver Investmentstrategien** die Meinung bzw. Erwartungshaltung des Portfolio-Managers in den Vordergrund. Sie orientiert sich dabei an kurzfristigen und damit taktischen Einschätzungen der aktuellen Marktgegebenheiten. Aktive Vorgehensweisen ordnet man daher auch dem Bereich der **Taktischen Asset Allocation (TAA)** zu.

Die TAA zielt darauf ab, Mehrerträge im Vergleich zur Benchmark zu erwirtschaften. Hierbei wird fallweise bewusst von dem langfristigen, als optimal angesehenen Asset-Mix abgewichen. Diese Vorgehensweise basiert auf der Vorstellung, dass reale und damit unvollkommene Märkte durch kurzfristige und temporäre Ungleichgewichte gekennzeichnet sind, die sich durch den Kauf unterbewerteter Titel **(buy low)** und Verkauf überbewerteter Titel **(sell high)** Gewinn bringend ausnutzen lassen. Die TAA ist daher in der Praxis sehr stark durch die Suche nach geeigneten Bewertungsverfahren geprägt.

Anders als bei der SAA werden die kurzfristigen Anlagenentscheidungen im Rahmen der TAA in der Regel nicht explizit mit dem Investor abgestimmt. Der Portfolio-Manager nimmt somit den Erfolg- bzw. Misserfolg aktiver Investmentstrategien innerhalb gesetzter Grenzen „auf die eigene Kappe". Er muss sich daher stets an den Ergebnissen des passiven Managements messen lassen.

Die objektive Beurteilung der Management-Leistung ist das Hauptziel der **Performance-Analyse**. Ihre Aufgaben umfassen die Messung des Zielerreichungsgrades **(Performance-Messung)**, die Zerlegung des Gesamterfolgs in seine Bestandteile (Performance-Analyse im engeren Sinne) und ihre Zuordnung zu einzelnen Dispositionen des Portfolio-Managers **(Performance-Attribution)**. Im Ergebnis gelangt man zu einem differenzierten Stärken-Schwächen-Profil, das je nach Ausprägung der Ausgangspunkt für ein Überdenken der Anlagepolitik sein sollte **(Feedback).** Aus diesem Lernen bezieht der Investmentprozess eine gewisse Dynamik, die aber nicht laufend auf die langfristige Anlagepolitik durchschlagen sollte. So führt ein ständiges Revidieren von strategischen Zielsetzungen und Plangrößen in der Regel zu einer Verschlechterung des Zielerreichungsgrades.

Eine besondere Rolle im Rahmen des Portfolio-Managements spielt die so genannte **Portfolio-Insurance**. Hierunter versteht man die Versicherung des Portfolio-Wertes gegen **große** Verlustrisiken, wie z. B. einem Aktien-Crash. Damit stimmt die Portfolio-Insurance (PI) in ihrem Grundgedanken mit anderen Versicherungen, z. B. der gegen Berufsunfähigkeit, überein. Die PI kann dabei sowohl unter taktischen Gesichtspunkten eingesetzt als auch im Rahmen der strategischen Planung berücksichtigt werden.

Das Ziel der PI besteht darin, einen Portfolio-Mindestwert für einen gewissen Zeitraum im Voraus zu „garantieren" **(downside protection).** Gleichzeitig möchte man dabei die Chancen nicht einbüßen, an einer positiven Marktentwicklung teilzunehmen **(upside participation).** Die PI-Techniken basieren dabei im Wesentlichen auf Überlegungen, die der **Optionspreis-Theorie** entstammen, da sich mit ihnen die gewünschten asymmetrischen Verteilungen des Portfolio-Wertes erzielen lassen. Dies bedeutet jedoch keineswegs, dass sich mit ihnen das eherne Gesetz der Finanzmärkte „höherer Ertrag nur bei höherem Risiko" außer Kraft setzen ließe. Sie fällt unabhängig von der Marktentwicklung an, was zu einer oft zu beobachtenden **Irrationalität bei Anlegern** führt: Wird nämlich ein Crash-Jahr nur für sich genommen betrachtet, so hätte man im Nachhinein natürlich gern die Versicherungsprämie in Kauf genommen. Im Anschluss an „gute" Jahre werden die Kosten der PI jedoch stets als reine Ertragsschmälerung angesehen.

Der Vergleich der Performance von gesicherten und ungesicherten Portfolios ist damit besonders im Rahmen einer stichtagsbezogenen Erfolgskontrolle von Bedeutung. Sie **stabilisiert die Periodenerträge** nach unten hin, vermindert dafür aber – bei „streng statischer" Anwendung – die durchschnittliche Portfolio-Performance.

Die Darstellung von Theorie und Praxis des Portfolio-Management im Rahmen dieses Fachbuches bezieht sich ausschließlich auf die fungiblen und liquiden Anlageformen Aktien, Festzins und Währung. Börsengehandelte Vermögensansprüche bieten aufgrund des objektiven Marktpreises den Vorteil, Erträge und Risiken (be-)greifbarer zu machen, und bieten sich daher auch aus didaktischen Gründen für die Darstellung an. Dass die Aktie hierbei oftmals in den Vordergrund rückt, liegt an ihren besonders stark ausgeprägten Ertrag-Risiko-Charakteristika. An der grundsätzlichen Gültigkeit und Übertragbarkeit der vorgestellten Konzepte ändert diese Bevorzugung jedoch nichts.

Auf eine Behandlung anlage- und anlegerspezifischer Steueraspekte, die zweifelsohne eine bedeutende Rolle in Kapitalanlagefragen spielen, wurde zugunsten einer ausführlichen Darstellung von **Risikoentscheidungskalkülen** verzichtet.

Frankfurt am Main, im September 2006

Dr. Hendrik Garz
Stefan Günther
Cyrus Moriabadi

2 Theorie des Portfolio-Managements

2.1 Kurzer historischer Rückblick

Die Kapitalmarkt-Theorie ist heute eine eigenständige und anerkannte Disziplin innerhalb der Wirtschaftswissenschaften mit großem Einfluss auf die Praxis an den Börsen und in der Investment-Industrie. Das war nicht immer so. Wenn man vor 50 Jahren professionelle Geld- bzw. Vermögensverwalter nach den Grundprinzipien ihres Tuns befragt hätte, so wäre man auf nicht viel mehr gestoßen als auf eine Ansammlung von Anekdoten, persönlichen Erfahrungswerten, Daumenregeln und Alchemie. Das Anlegen von Geld wurde als Kunst angesehen, nicht als Wissenschaft. Insbesondere mit Blick auf den Aktienmarkt war es die Prognose und die damit verbundene Fähigkeit, zukünftige Gewinner zu identifizieren, denen das ganze Bestreben gewidmet war. Selbst **Keynes** sah Investieren in Aktien in erster Linie als Spekulation an und verglich den Aktienmarkt mit einem Schönheitswettbewerb.

Die erste echte wissenschaftliche Analyse des Aktienmarktes geht zwar bereits auf den französischen Mathematiker **Louis Bachelier** zurück. Seine Doktorarbeit aus dem Jahre 1900 war ihrer Zeit weit voraus, stieß aber in Wissenschaft und Praxis auf keinerlei Interesse. Die Erkenntnis Bacheliers, dass Kursveränderungen an Aktienmärkten die statistische Eigenschaft eines reinen Zufallsprozesses aufweisen, sollte 60 Jahre später die Grundlage für die Theorie effizienter Märkte bilden.

Ein Auslöser für die breitere wissenschaftliche Analyse war der große Markt-Crash im Oktober 1929, der lange Bärenmarkt, der ihm nachfolgte und die von ihm ausgehende große Wirtschaftskrise Anfang der 30er Jahre. Viele Anleger hatten viel Geld verloren. Eines der bekanntesten Opfer war **Irving Fisher**, seines Zeichens späterer Nobelpreisträger und einer der anerkanntesten Ökonomen seiner Zeit und des 20. Jahrhunderts insgesamt. Noch wenige Tage vor dem schwarzen Freitag an der Wall Street wurde Fisher mit den Worten zitiert: „Ich erwarte den Aktienmarkt in ein paar Monaten ein gutes Stück höher als heute." Fisher verlor dank dieser Fehleinschätzung ein kleines Vermögen.

Sicherlich deutlich mehr als Fisher hatte **Alfred Cowles** verloren. Cowles kümmerte sich seinerzeit um die finanziellen Angelegenheiten seiner sehr wohlhabenden Familie. Ihn ärgerte es maßlos, dass offenbar keiner der von ihm genutzten Börsendienste den großen Crash hatte kommen sehen und fragte sich nach den Ursachen für diesen kollektiven Irrtum. Die Suche nach den Gründen des Versagens und nach einer generellen Antwort auf die Frage, ob Aktienkurse prognostizierbar sind, brachte Cowles mit Irving Fisher zusammen, der Anfang der 30er Jahre Präsident der ökonometrischen Gesellschaft war, die sich zur Aufgabe gemacht hatte, ökonomische Theorien mit statistischen Methoden zu modellieren und empirisch zu überprüfen. Die Gesellschaft, die damals in ihren Anfängen steckte, suchte nach Geldgebern und fand in Alfred Cowles jemanden, der die Herausgabe einer eigenen Fachzeitschrift namens *„Econometrica"* möglich machte. In der ersten Ausgabe fanden sich neben einem Beitrag von **Joseph Schumpeter**, dem berühmten Harvard-Ökonomen, auch eine Untersuchung von Cowles selbst. Er hatte sich einer wahren Herkules-Aufgabe unterzogen, indem er viele tausend Empfehlungen von Aktieninformationsdiensten, Analysten, Investitionsentscheidungen von Versicherungen usw. einer statistischen Auswertung unterzog und zu dem verblüffenden Schluss kam, dass die Chancen, aufgrund von Aktienempfehlungen eine überdurchschnittliche Performance zu erreichen, nicht höher waren als bei einer rein zufälligen Aktienauswahl.

Zum damaligen Zeitpunkt nahm man nicht viel Notiz von Cowles' Ergebnissen, was ihn allerdings nicht davon abhielt, die wissenschaftliche Forschung auf dem Gebiet der Kapitalmärkte weiter tatkräftig zu unterstützen. Einer der Schützlinge der neu gegründeten *Cowles Foundation*, die die Heimat vieler Nobelpreisträger werden sollte, wurde **Harry Markowitz**. Markowitz hatte 1952 einen wissenschaftlichen Artikel mit dem Titel *„Portfolio Selection"* veröffentlicht, der – zur damaligen Zeit ungewöhnlich – aus sehr vielen mathematischen Formeln und grafischen Darstellungen, aber wenig Text bestand. Markowitz' Arbeit erschien sogar so außergewöhnlich, dass **Milton Friedman**, damals einer der Prüfer des Doktoranden Markowitz, die Tauglichkeit der Arbeit als Dissertation im Bereich der Wirtschaftswissenschaften anzweifelte. Friedman, selbst einer der bedeutendsten Wirtschaftswissenschaftler des 20. Jahrhunderts, ahnte noch nicht, dass die Portfolio-Theorie ein Meilenstein der Finanzierungs-Theorie werden würde und Markowitz hierfür später einmal den Nobelpreis für Wirtschaftswissenschaften erhalten sollte. Was war aber nun so besonders, an dem nur 14 Seiten umfassenden Artikel von Markowitz? Für Markowitz selbst lag das Schlüsselerlebnis in der Lektüre von *John Burr Williams Buch „The Theory of Investment Value"*, in dem es um die Frage der Bestimmung des inneren Wertes von Aktien ging. Der Autor schien nahe zu legen, dass Investoren nur die eine Aktie kaufen sollten, die ihnen den höchsten Ertrag versprach. Wenn man in IBM das größte Potenzial sieht, warum soll man dann auch noch Apple und Compaq kaufen? An diesem Nachmittag in der Bibliothek der University of Chicago, so erzählte Markowitz einmal einem Weggefährten, „....war ich angetan von der Idee, dass man genauso am Risiko interessiert sein sollte wie am Ertrag.“ (siehe Bernstein, 1992).

Risiko, hat einmal ein bekannter Ökonom gesagt, sei, wenn mehr passieren kann als tatsächlich passieren wird. Für Markowitz lag der Schlüssel zum Verständnis von Risiko in der Variabilität des Ertrages. Sie ist es, die eine Aktie zu einem riskanten Investment macht, und sie ist es auch, die Markowitz zu der Erkenntnis brachte, dass es einem rationalen Investor um die Auswahl eines Portfolios gehen müsse und nicht um die Auswahl von einer oder zwei Anlagen, die den höchsten Ertrag versprechen. Eine Anleihe in der betriebswirtschaftlichen Unternehmensforschung machend, entwickelte Markowitz hierauf basierend das **Konzept eines effizienten Portfolios**: ein Portfolio wird demnach als effizient angesehen, wenn kein anderes Portfolio bei gleichem erwarteten Ertrag ein niedrigeres Risiko aufweist. *Risiko* wird als der unvermeidbare Input zur Produktion von Ertrag angesehen. Aus Markowitz‘ Überlegungen ging hervor, dass ein Portfolio bestehend aus riskanten Anlagealternativen aufgrund eines Diversifikationseffekts noch lange kein riskantes Portfolio sein muss.

Der Markowitz-Artikel war nur der Anfang einer Entwicklung weg von einer rein deskriptiven hin zu einer theoretischen, kapitalmarktorientierten Finanzierungslehre. Weitere Meilensteine waren die berühmten **Modigliani-Miller-Theoreme** zur Irrelevanz der Kapitalstruktur und der Dividendenpolitik für den Unternehmenswert, die Bewertung von Kapitalanlagen im Marktgleichgewicht, einer Theorie, die maßgeblich vom Markowitz-Schüler **William Sharpe** entwickelt wurde und die direkt auf den Erkenntnissen von Markowitz’ Portfolio-Theorie aufbaut sowie die Theorie effizienter Märkte, die in den 60er Jahren von **Eugene Fama** und **Paul Samuelson** voran gebracht wurde und die sehr stark von den Ideen des oben bereits zitierten Louis Bachelier inspiriert worden war.

Erst in den 80er und 90er Jahren geriet das zwischenzeitlich zum Paradigma erhobene Weltbild der (neo-klassischen) Kapitalmarkt-Theorie stärker ins Wanken. Konnte zuvor noch die Kritik an den stark abstrahierenden Annahmen der Theorie mit dem Hinweis zurückgewiesen werden, dass eine Theorie gemäß des kritischen Rationalismus von Karl Popper nicht nach der Validität ihrer Annahmen beurteilt werden sollte, sondern nach der Qualität ihrer Voraussagen, so wurde nun eben gerade diese Prognosefähigkeit zunehmend infrage gestellt.

In den 80er Jahren suchte man die Ursachen für Diskrepanzen zwischen theoretischen und tatsächlichen Marktergebnissen zunächst in der Unvollkommenheit realer Märkte. Reibungsverluste durch Transaktionskosten und Steuern sollten so beispielsweise erklären, warum Investoren offenbar eine viel zu geringe Anzahl von Aktien in ihren Portfolios halten und damit unsystematische Risiken in Kauf nehmen. Ein weiteres Beispiel ist, dass man für den so genannten **Size-Effekt**, einer systematischen Abweichung von den Bewertungsvorgaben der Theorie in Abhängigkeit von der Firmengröße, Unterschiede in den Informationskosten verantwortlich machte. Sich über kleinere Firmen zu informieren, so die Überlegung, sei schwieriger und kostenintensiver und müsse daher im Marktgleichgewicht mit einer Prämie vergütet werden. Anhand dieser Beispiele wird bereits deutlich, dass der Kern der Kapitalmarkt-Theorie, nämlich die Annahme eines vollständig rationalen Entscheidungsverhaltens, erhalten blieb. Die institutionelle Kapitalmarkt-Theorie wurde daher von vielen auch nicht als echte Alternative angesehen, sondern lediglich als Rettungsversuch des „alten" Paradigmas.

In den 90er Jahren setzte sich daher zunehmend die Erkenntnis durch, dass ein echter Fortschritt nur dann zu erzielen sein würde, wenn es gelänge, eine kausale Verbindung herzustellen zwischen dem, was auf der Mikroebene das Entscheidungsverhalten von Individuen bestimmt, und dem, was auf der Makroebene als Marktergebnis dabei herauskommt. **Behavioral Finance** ist eine vergleichsweise neue Disziplin, die versucht, den systematischen Einfluss von Emotionen und begrenzter Rationalität auf Investitions- und Finanzierungsentscheidungen zu erfassen und auf diese Weise die Phänomene zu erklären, die mit der klassischen Theorie einfach nicht in Einklang zu bringen sind.

2.2 Homo Oeconomicus und die klassische Kapitalmarkt-Theorie

Erich Weißnichtrecht wird Portfolio-Manager bei einer großen Investmentgesellschaft. Er wird mit der Aufgabe betraut, einen neu aufgelegten Fonds mit Anlageschwerpunkt europäische Aktien mit Einzeltiteln zu bestücken. Weißnichtrecht, der in seiner bisherigen Laufbahn als Anlageberater seine Kunden in erster Linie mit heißen Aktien-Tipps versorgt hatte, steht nun vor dem Problem, wie er das ihm anvertraute Geld investieren soll. Ihm ist intuitiv klar, dass es wohl zu riskant wäre, auf die ein oder zwei Aktien zu setzen, die ihm momentan besonders attraktiv erscheinen. Dies gilt umso mehr, da es sich bei ihnen um kleinere, marktenge Werte handelt, bei denen eine größere Order, wie Weißnichtrecht sie nun als Manager eines Milliardenvermögens platzieren müsste, einen erheblichen, für ihn ungünstigen Kurseinfluss haben würde. Hinzu kommt, dass Weißnichtrecht bereits am Monatsende seinem Chef gegenüber die Wertentwicklung des Portfolios rechtfertigen muss, er sich aber sehr unsicher ist, wie sich Marktstimmung und die konjunkturelle Lage bis dahin verändern werden. Was soll er also tun? Welche Aktien soll er kaufen? Wie groß sollten seine Einzelpositionen sein? Soll er Kasse halten?

Schlüsselbegriffe

- Entscheidungen unter Risiko
- Diversifikationseffekt
- Effiziente Portfolios
- Risikoaversion und rationale Investoren
- Bewertung im Marktgleichgewicht
- Random Walk und Informationseffizienz

2.2.1 Riskante Investitionen und das Entscheidungsproblem der Portfolio-Theorie

Investoren möchten einen möglichst hohen Ertrag erzielen und dabei ein möglichst geringes Risiko eingehen. Diese Aussage, so banal sie auch klingen mag, ist Ausgangspunkt und Kern der Portfolio-Theorie. Sie beantwortet die Frage, wie man vor dem Hintergrund einer großen Anzahl zur Verfügung stehender Anlagealternativen eine ökonomisch vernünftige, rationale Auswahl-/Anlageentscheidung trifft. Was genau die Theorie unter dem Begriff der Rationalität versteht, wird noch Thema ausführlicher Diskussionen in den Kapiteln 2.2.2 und 2.3 sein. An dieser Stelle reicht aus, dass Rationalität im vorliegenden Zusammenhang impliziert, dass ein Entscheider aus der Menge möglicher Handlungen diejenige heraussucht, die seinen **(Vermögens-)Nutzen** maximiert. Unter zwei Alternativen zieht er diejenige vor, die bei gleichem Risiko einen höheren Ertrag liefert bzw. bei gleichem Ertrag ein geringeres Risiko.

Die **Portfolio-Theorie** ist eine Theorie des Investierens in risikobehaftete Kapitalanlagen. Ohne Einschränkung ihrer allgemeinen Gültigkeit kann man sagen, dass ihr Hauptanwendungsgebiet im Bereich der Aktienanlage liegt. Der Bedarf an Methoden zum Risikomanagement ist hier verständlicherweise besonders groß.

Investitionsentscheidungen lassen sich typischerweise als Entscheidungen unter Risiko bzw. unter Unsicherheit charakterisieren. Man weiß zum Zeitpunkt des Kaufs einer Aktie noch nicht mit Sicherheit, ob sich diese Investition in Zukunft einmal auszahlen wird oder nicht. Ob dies der Fall sein wird, hängt von Umständen ab, die der Investor nicht beeinflussen kann. Gleichwohl hat er zum Zeitpunkt der Investition eine Vorstellung darüber, welche möglichen Folgen sein Handeln haben könnte. Das Unternehmen, in dessen Aktien er investieren möchte, könnte florieren und ungeahnt hohe Profite abwerfen, es könnte sich aber auch herausstellen, dass das Geschäftsmodell nicht tragbar ist und das Unternehmen daraufhin gezwungen ist, in Konkurs zu gehen. Wie genau die Vorstellungen des Entscheiders von dem, was sein könnte, sind, hängt davon ab, ob die Unsicherheit lediglich in der Sache liegt, also z.B. das Ergebnis eines reinen **Zufallsprozesses** ist (objektive Unsicherheit) oder aus einer unvollständigen **Informationsverarbeitung** heraus entsteht (subjektive Unsicherheit). Wie Menschen mit dem Problem begrenzter Informationsverarbeitungskapazitäten umgehen und Entscheidungen unter Zeitdruck treffen, ist Thema in Kapitel 2.3. Worin die Unsicherheit besteht, interessiert die **Entscheidungs-Theorie** nicht. Sie geht davon aus, dass sich der Entscheider der Unsicherheit bewusst ist und die möglichen Folgen seines Handelns kennt und auch beziffern kann. D.h., dass er im Falle des Aktienengagements zwar nicht sagen könnte, wie am Ende die Rendite tatsächlich aussehen wird, dass er aber angeben könnte, dass er drei Renditen (z.B. 10 %, 20 %, 50 %) für möglich hält.

Ist die Investitionsentscheidung erst einmal getroffen, liegt das Ergebnis nicht mehr im Einflussbereich des Entscheiders. Es hängt von den in Zukunft eintretenden Umständen ab, die – wenn man noch einmal das Beispiel von oben aufgreift – zu einem Funktionieren des Geschäftsmodells führen oder eben zu seinem Versagen beitragen. Die Gesamtheit der Faktoren, die ein Ergebnis bestimmen, nennt man in der Entscheidungs-Theorie einen **Umweltzustand**. Die Unsicherheit in einem Entscheidungsproblem bezieht sich einzig und allein darauf, dass der Entscheider zum Zeitpunkt seiner Entscheidung nicht weiß, welcher Umweltzustand s_j aus der Menge der möglichen Umweltzustände S eintreten wird. Erst wenn der Umweltzustand eingetreten ist, ist das Ergebnis für den Entscheider sicher. Stellt sich also etwa in unserem Beispiel heraus, dass das Geschäftsmodell funktioniert, so liegt die Rendite der Investition bei 50 %.

Die Entscheidungs-Theorie verlangt, dass ein Entscheidungsproblem vollständig beschreibbar sein muss. Hierzu gehört, dass die Menge S alle möglichen Umweltzustände beinhaltet und dass ihre Elemente eindeutig definiert sind. D.h., dass jeder mögliche Umweltzustand einzigartig ist und zweifelsfrei identifiziert werden kann. Zudem gehört zu einer vollständigen Darstellung das Aufzeigen sämtlicher Handlungsalternativen a_i. Des Weiteren wird verlangt, dass die Verknüpfung von Handlungsalternativen und Umweltzuständen zu eindeutigen Ergebnissen führt. D.h., wenn a_i und s_j bekannt sind, dann gibt es genau ein Ergebnis $e_{i,j}$, das diesem Paar zugeordnet werden kann. Als Letztes kommt noch hinzu, dass der Entscheider den möglichen Umweltzuständen subjektive Wahrscheinlichkeiten p_j zuordnen können muss. Die Summe der Wahrscheinlichkeiten muss definitionsgemäß gleich 1 sein, d.h. der gesamte Wahrscheinlichkeitsraum muss ausgeschöpft werden. Bei der Angabe der subjektiven Wahrscheinlichkeiten wird nicht nach ihrer Qualität unterschieden. Sie können auf einer dünnen Informationsbasis beruhen oder auch objektiv vorgegeben sein wie z.B. beim Wurf einer „fairen" Münze. Dies alles spielt in der klassischen Entscheidungs-Theorie keine Rolle.

Generell unterscheidet sie zwischen **Entscheidungen unter Risiko** (Unsicherheit i.e.S.) und **Entscheidungen unter Ungewissheit**. Unter einer Risikosituation versteht man, dass der Entscheider den möglichen Umweltzuständen subjektive Wahrscheinlichkeiten zuordnen kann. Kann er dies nicht, sind also lediglich die Handlungsalternativen, die Umweltzustände und die hieraus resultierenden Ergebnisse bekannt, nicht aber die Wahrscheinlichkeiten, mit der die Umweltzustände eintreten, so spricht man von Ungewissheit. In diesem Zusammenhang erwähnenswert ist auch noch der Begriff der Ambiguität (siehe hierzu auch Kapitel 2.3). Hierunter versteht man generell die Unsicherheit über die Wahrscheinlichkeit von Umweltzuständen. Man spricht daher auch von Unsicherheit zweiter Ordnung. Im Rahmen von Experimenten hat man festgestellt, dass Probanden eine generelle Aversion gegenüber ambiguitätsbehafteten Entscheidungssituationen empfinden. Dies führt dann dazu, dass eine Alternative mit **Ambiguität** (Wahrscheinlichkeit ist nicht bekannt) einer Alternative ohne Ambiguität (Wahrscheinlichkeit ist bekannt) vorgezogen wird, auch wenn die beiden Alternativen objektiv das gleiche Risiko besitzen.

Doch nun zurück zum Ausgangpunkt. Zur vollständigen Beschreibung eines Entscheidungsproblems wird in der Entscheidungs-Theorie oft auf eine so genannte Ergebnismatrix zurückgegriffen.

Vollständige Darstellung eines Entscheidungsproblems – Ergebnismatrix

	$s_1(p_1)$	$s_2(p_2)$	....	$s_m(p_m)$
a_1	$e_{1,1}$	$e_{1,2}$	....	$e_{1,m}$
a_2	$e_{2,1}$	$e_{2,2}$	....	
...	...	...	....	
...	...	...	....	
...	...	...	....	
a_n	$e_{n,1}$	$e_{n,2}$	....	$e_{n,m}$

Abbildung 1

Man kann sich vorstellen, dass die Erstellung einer dem Vollständigkeitsanspruch genügenden Ergebnismatrix je nach Komplexität des Entscheidungsproblems mit einem enorm hohen Aufwand zur Beschaffung und Verarbeitung der notwendigen Informationen verbunden sein kann. Das gilt insbesondere dann, wenn es um eine Investition in Aktien geht, da nicht nur die Anzahl der möglichen, renditerelevanten Umweltzustände sehr groß sein kann, sondern i.R. einer Portfolio-Betrachtung auch die Interdependenzen zwischen den verschiedenen infrage kommenden Wertpapieren zu berücksichtigen sind. Allein die Darstellung komplexer Entscheidungsprobleme mithilfe von Ergebnismatrizen ist damit in der Praxis kaum handhabbar und auch völlig unübersichtlich. Eine enorme Vereinfachung ist dementsprechend immer dann gegeben, wenn der Entscheider sich dazu in der Lage sieht, eine vollständige **Wahrscheinlichkeitsverteilung** über die möglichen Umweltzustände anzugeben. So geht die Portfolio-Theorie davon aus, dass die Renditen an Kapitalmärkten einer **Normalverteilung** folgen, was den zusätzlichen Vorteil hat, dass sich die Normalverteilung mithilfe von nur zwei Parametern (Momenten), dem Erwartungswert und der Varianz bzw. der Standardabweichung vollständig (d.h. ohne Informationsverlust) beschreiben lässt (für eine ausführliche Diskussion der Normalverteilung siehe z.B. Cremers, 2000). Für alle Verteilungen gilt:

$$\mu = E(x) = \sum_{s_j \in S} p(s_j) \cdot x(s_j)$$

$$\sigma^2 = V(x) = \sum_{s_j \in S} p(s_j) \cdot \left[x(s_j) - \mu\right]^2$$

Normalverteilung mit einfachem Schwankungsintervall

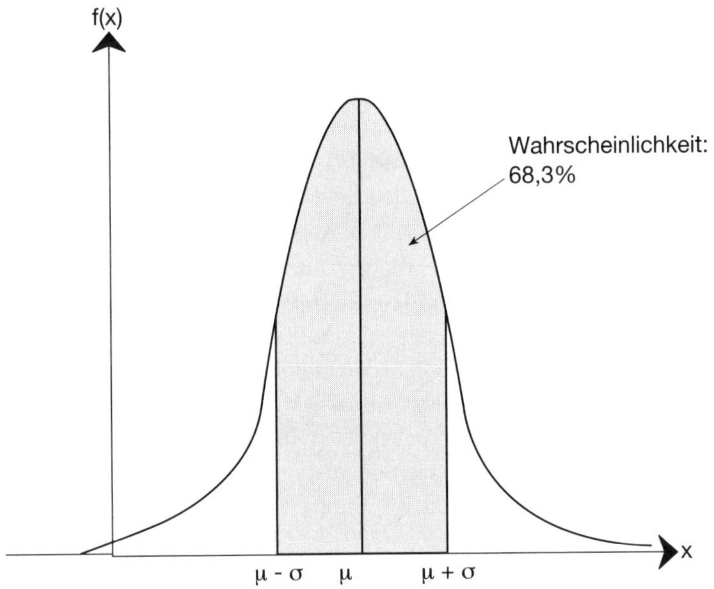

Abbildung 2

Wenn man nun das Risiko einer Investition als Möglichkeit ansieht, dass sich Renditen einstellen, die von der erwarteten Rendite abweichen, dann ist es ökonomisch unmittelbar plausibel und vernünftig, die **Varianz** als Risikomaß zu interpretieren. Auf diese Weise finden auch die eingangs angesprochenen **Präferenzdimensionen** (möglichst hoher Ertrag, möglichst geringes Risiko) eine unmittelbare Entsprechung und Interpretierbarkeit auf der Verteilungsebene. Das bedeutet allerdings nicht, dass das Risikoverständnis eines Entscheiders notwendigerweise mit der Varianz der Normalverteilung übereinstimmen muss. So ist die Varianz ein symmetrisches Risikomaß. D.h., dass auch positive Abweichungen vom Erwartungswert als Risiko interpretiert werden. Intuitiver und ökonomisch zumindest ebenso plausibel erscheint es jedoch, nur die negativen Abweichungen vom Erwartungswert als Risiko aufzufassen, die positiven Abweichungen dagegen als Chance zu begreifen (zum asymmetrischen Risikoverständnis, siehe auch Kapitel 4 „Portfolio Insurance"). Die Portfolio-Theorie ist im Laufe der Zeit um Lösungsansätze erweitert worden, die mit reinen **Downside-Risikomaßen** wie z.B. der Semivarianz arbeiten (siehe z.B. Gerke/Bank, 1998). An den Ergebnissen hat dies kaum etwas geändert, was zumindest dann nicht überrascht, solange weiterhin von einer symmetrischen Verteilung wie der Normalverteilung ausgegangen wird.

Die vollständige Beschreibung des Entscheidungsproblems der Portfolio-Theorie besteht somit in der Angabe der erwarteten Renditen und Varianzen bzw. **Standardabweichung** der für eine Investition in Betracht kommenden Wertpapiere. Das Problem besteht somit zunächst darin, wie man im Einzelnen zu den benötigten Parameterwerten kommt. Da es sich bei ihnen nicht um bekannte bzw. unmittelbar und objektiv beobachtbare Größen handelt, müssen sie in einem ersten Schritt geschätzt werden (die Schätzwerte werden mit $\hat{\mu}$ und $\hat{\sigma}$ bezeichnet). Die Schätzung kann entweder auf einer rein qualitativen Ebene erfolgen, indem der Entscheider nämlich die ihm zur Verfügung stehenden relevanten Informationen nutzt, um eine subjektive Einschätzung beider Größen abzuleiten. Ein zweiter Weg besteht in der objektivierten, empirischen Ermittlung der benötigten Werte. Hierzu werden aus einer Stichprobe von bereits in der Vergangenheit realisierten Renditewerten der Stichprobenmittelwert (als Schätzer für den Erwartungswert) und die Stichprobenstandardabweichung berechnet.

Empirisch ermittelte Verteilungsparameter am US-Kapitalmarkt (1900-1999)

	Durchschnitt	Std. Abw.
US-Aktienmarkt (S&P500)	7.52	19.24
langfr. US-Staatsanleihen	4.82	2.55
Unternehmensanleihen (AAA-Rating)	5.59	2.66
Diskontsatz US-Notenbank	4.15	2.60

Abbildung 3 Quelle: Global Financial Data, eigene Berechnungen

Die kritische Annahme hierbei ist, dass die **Renditeverteilung stationär** ist, dass sich also Erwartungswert und Varianz im Zeitablauf nicht verändern. Eine wichtige Frage, die in diesem Zusammenhang zu stellen ist, lautet, ob die Annahme normal verteilter Renditen empirisch tatsächlich zu rechtfertigen ist. Nur dann könnte man in der Tat davon ausgehen, dass die auf der Normalverteilungsannahme beruhende Portfolio-Theorie ökonomisch sinnvolle Ergebnisse liefert. **Empirische Renditeverteilungen** an Aktienmärkten weichen typischerweise in zweierlei Hinsicht von der theoretischen Normalverteilung ab:

1. Sie besitzen zu viel Wahrscheinlichkeitsmasse in der Mitte und an den Enden (Leptokurtosis) und
2. sie sind oft rechtsschief und damit nicht symmetrisch.

Die **Rechtsschiefe** bei empirischen Renditeverteilungen von Aktien ist in erster Linie darauf zurückzuführen, dass die Rendite einer Aktie zwar nie unter –100% fallen kann (begrenzte Haftung der Aktionäre), theoretisch aber nach oben unbegrenzt ist.

Es sind also sehr wohl systematische Abweichungen von der Normalverteilungsthese gegeben, sodass sich die Frage stellt, ob der Ansatz der Portfolio-Theorie aus diesem Grunde insgesamt abzulehnen ist. Glücklicherweise kann diese Frage verneint werden. Der Grund hierfür liegt in einer statistischen Gesetzmäßigkeit, die besagt, dass auch nicht normal verteilte Renditen in der Summe gegen eine Normalverteilung streben (zentraler Grenzwertsatz). Bei einer Betrachtung diversifizierter Portfolios, mit anderen Worten Portfolios, die eine größere Anzahl von Wertpapieren enthalten, spielen die auf Titelebene bestehenden Abweichungen von der Normalverteilung lediglich eine untergeordnete Rolle. Da im Rahmen der Portfolio-Theorie stets von diversifizierten Portfolios ausgegangen wird, kann die Normalverteilungsannahme guten Gewissens als Arbeitshypothese akzeptiert werden.

Leptokurtosis und Rechtsschiefe von Renditeverteilungen

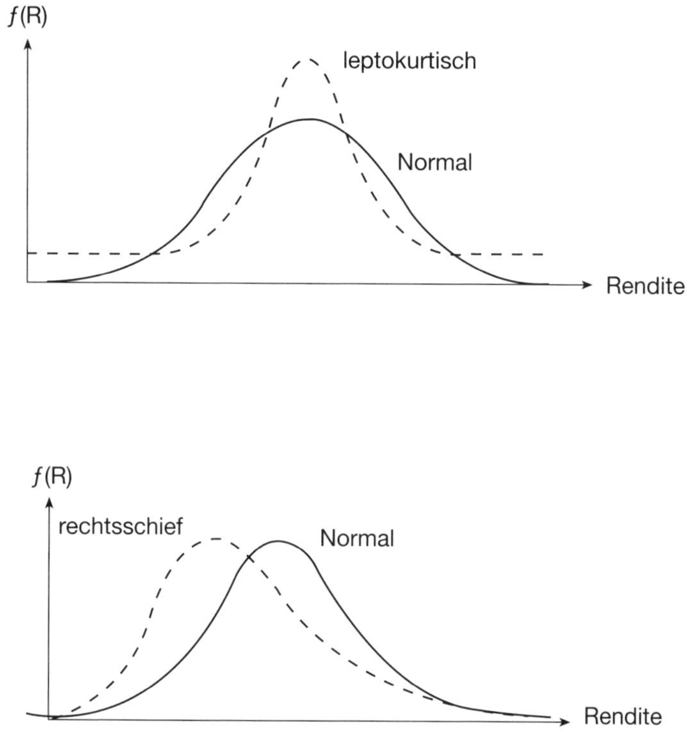

Abbildung 4

Neben der Annahme einer gemeinsamen Normalverteilung geht die Portfolio-Theorie von weiteren Prämissen aus. Dies sind:

1. Eine **beliebige Teilbarkeit der Wertpapiere**. Anders wären bei einem beschränkten Budget keine freie Wählbarkeit der Portfolio-Gewichte möglich.
2. Ein Planungshorizont von **einer Periode**. Dies stellt keine erhebliche Einschränkung dar, weil man das mehrperiodige Portfolio-Entscheidungsproblem auch als Abfolge voneinander unabhängiger einperiodiger Probleme ansehen kann.
3. Die Existenz eines **risikolosen Zinses**.
4. Die Präferenzen der Investoren beziehen sich ausschließlich auf das **Endperiodenvermögen**.

5. Die Präferenzen der Investoren lassen sich vollständig mithilfe von **Erwartungswert und Varianz** beschreiben und
6. Investoren verhalten sich **rational und risikoscheu**.

Alle weiterführenden Annahmen, insbesondere bezüglich der Investorpräferenzen, werden weiter unten noch ausführlich diskutiert werden. Zunächst wird aber wieder die Formulierung des Entscheidungsproblems der Portfolio-Theorie aufgegriffen.

Ein Vorteil der vollständigen Beschreibbarkeit mit nur zwei Parametern ist die grafische Darstellbarkeit in einem zweidimensionalen Koordinatensystem, dem so genannten μ/σ-Diagramm.

Ertrags-Risiko-Profile von RWE und BMW

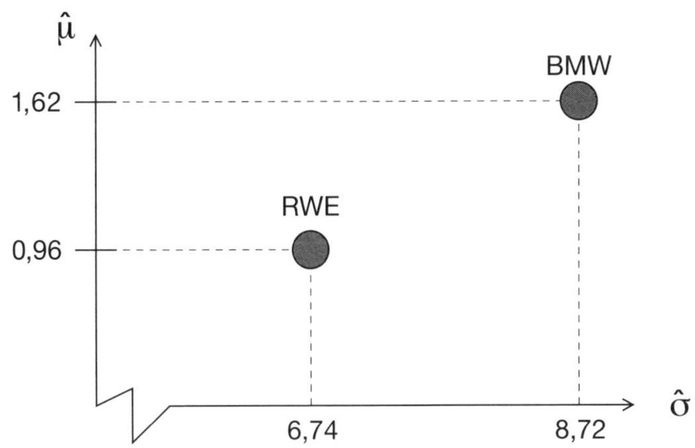

Abbildung 5

Im vorliegenden Beispiel wurden die benötigten Parameter aus einer Stichprobe von insgesamt 240 monatlichen Renditebeobachtungen (Beobachtungszeitraum ist also 20 Jahre) ermittelt. Die empirischen Renditeverteilungen der beiden betrachteten Aktien (RWE und BMW) passen sich vergleichsweise gut der theoretischen Verteilung („Glockenkurve") an.

Bewertet man die beiden Anlagealternativen RWE und BMW unabhängig voneinander, so wird es je nach **Risikoeinstellung** des Betrachters zu einer einfachen **0/1-Entscheidung** kommen. Ein eher **„risikofreudiger"** Anleger wird BMW bevorzugen, da er im Austausch für die höhere Volati-

Histogramme der monatlichen Aktienrenditen von RWE und BMW

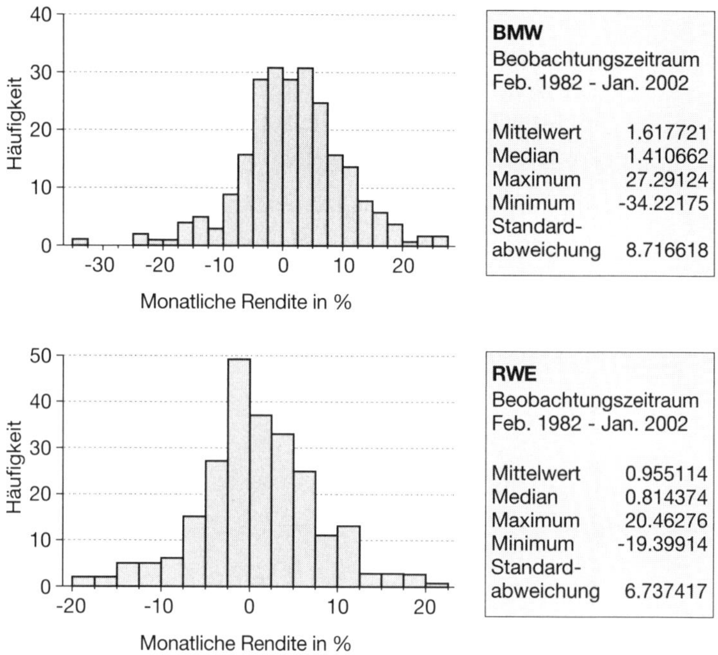

Abbildung 6

lität der Aktie auch einen höheren Ertrag erwarten kann. Bei einer stärker ausgeprägten **Risikoabneigung** dürfte die Wahl hingegen auf die RWE-Aktie fallen.

Es stellt sich nunmehr die Frage, wie sich beide **Investortypen** verhalten, wenn sie anstatt einer Entweder-oder-Entscheidung eine Mischung aus beiden Aktien in Betracht zögen. In einem ersten Schritt muss zur Beantwortung dieser Frage geklärt werden, wie sich das **Ertrag-Risiko-Profil** in einem solchen Fall darstellt. Ausgehend von einem „naiv" diversifizierten Portfolio (Gleichgewichtung der beiden Aktien), erhält man z.B. folgendes Renditehistogramm (Abbildung 7).

Die Portfolio-Rendite-Verteilung des Portfolios kommt dabei der Normalverteilung näher als die Verteilung einer Einzelaktie.

Renditehistogramm eines „naiv“ diversifizierten RWE/BMW-Portfolios

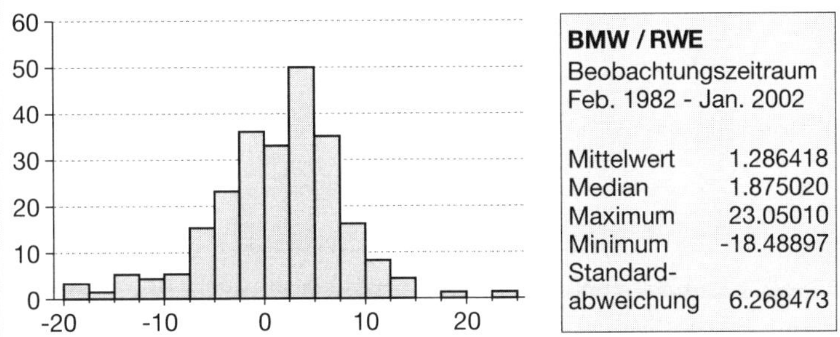

Abbildung 7

Das auf der Grundlage der Renditeausprägungen geschätzte Ertrags-Risiko-Profil dieses Portfolios wurde in das μ-σ-Diagramm (Abbildung 8) eingetragen und mit einem P gekennzeichnet.

Ertrags-Risiko-Profil eines „naiv“ diversifizierten Portfolios

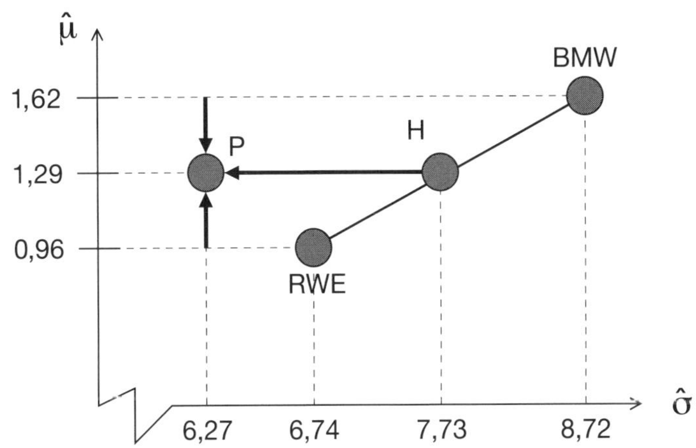

Abbildung 8

Wie anhand von Abbildung 8 zu erkennen ist, ergibt sich der **Portfolio-Erwartungswert** als das Mittel aus den Erwartungswerten der Portfolio-Komponenten RWE und BMW (man beachte die gleich langen vertikalen

Pfeile zum Punkt P hin). Generell gilt, dass der Erwartungswert eines Portfolios gleich der Summe der mit den Portfolio-Anteilen (im Beispiel 50%) gewichteten Erwartungswerte der Einzel-Investments ist.

$$E(R_p) = \hat{\mu}_p = \sum_j x_j \cdot \hat{\mu}_j = 0{,}5 \cdot 0{,}0162 + 0{,}5 \cdot 0{,}0096 = 1{,}29\%$$

Es liegt nun nahe zu vermuten, dass sich auch das **Portfolio-Risiko** aus einer entsprechenden **Gewichtung der Einzelrisiken** ergibt. Die Ertrag-Risiko-Koordinate des Portfolios müsste in diesem Fall auf einer Geraden zwischen den beiden Aktien liegen (gekennzeichnet durch den Punkt H). Wie später noch zu sehen sein wird, ist eine solche Situation nur in einem Spezialfall gegeben: Die Renditen beider Aktien müssten absolut gleich gerichtet verlaufen. Ein solcher Gleichlauf könnte beispielsweise bei der Stamm- und der Vorzugsaktie eines identischen Unternehmens gegeben sein. In der Regel hat man es jedoch mit einer sehr **heterogenen Kursentwicklung** zu tun. Zum Beispiel reagieren Aktienkurse recht unterschiedlich auf Konjunkturdaten. Des Weiteren führen branchen- und unternehmensspezifische Informationen zu eigenständigen Kursentwicklungen. Ein nicht vollständiger Gleichlauf von Wertpapierrenditen führt im Ergebnis zum so genannten **Diversifikationseffekt**: Die Portfolio-Varianz sinkt unter das arithmetische Mittel der Einzelrisiken. Auch im vorliegenden Beispiel führt die gleich gewichtete Mischung zweier Aktien zu einer derartigen Volatilitätssenkung (siehe Pfeil von H nach P in Abbildung 8).

Messbar wird der Diversifikationseffekt mithilfe des **Korrelationskoeffizienten** ρ. Die Wertigkeiten dieser statistischen Maßzahl bewegen sich im Intervall zwischen –1 und +1. Der Extremwert +1 stellt sich ein, falls ein streng linear positiver Zusammenhang zwischen zwei Renditen besteht; das heißt, dass die beiden Renditen sich stets im gleichen Verhältnis in die gleiche Richtung entwickeln. Handelt es sich jedoch um eine genau gegenläufige Bewegung, so ist die untere Schranke des Wertebereichs erreicht, der Korrelationskoeffizient nimmt den Wert –1 an. Besteht kein systematischer Zusammenhang zwischen beiden Größen, so spricht man von **Unkorreliertheit**, und der Korrelationskoeffizient ist gleich null.

Wertigkeiten des Korrelationskoeffizienten

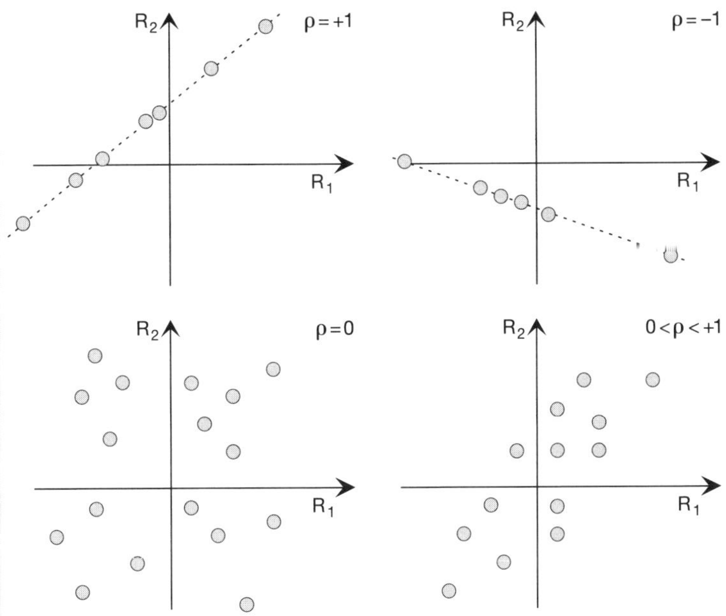

Abbildung 9

Die beiden Aktien in unserem Beispiel weisen eine Korrelation von $\hat{\rho}$ = 0,3048 auf. Die Renditeverläufe von RWE und BMW sind tendenziell gleich gerichtet, allerdings keineswegs austauschbar. In der überwiegenden Mehrzahl der Fälle muss mit einem gewissen **Gleichlauf der Renditen** am Aktienmarkt gerechnet werden. Hierfür sind jene **renditebestimmenden Faktoren** verantwortlich, die auf alle Aktien in ähnlicher Weise einwirken, dies aber mit unterschiedlicher Intensität tun. Zum Beispiel bewirkt ein ansteigendes Zinsniveau im Langfristbereich tendenziell die Erhöhung der Refinanzierungskosten für alle Unternehmen. Wie sensitiv die Kosten jedoch auf die Zinsänderung reagieren, hängt maßgeblich von der Fristigkeitenstruktur der Unternehmenspassiva ab. Als weitere Beispiele für so genannte **gemeinsame Faktoren** seien genannt:

- Industrieproduktion,
- Inflation,
- Auftragseingang,
- Außenwert des Euro.

Aufgrund des starken Gewichts der gemeinsamen Faktoren in Relation zu den wertpapierspezifischen Faktoren sind negative Korrelationen innerhalb einer Asset-Klasse (z.B. europäische Aktien) kaum anzutreffen.

Die aus der Variation der Portfolio-Anteile entstehenden μ/σ-Kombinationen bezeichnet man als Möglichkeitskurve.

Möglichkeitenkurven in Abhängigkeit vom Korrelationskoeffizienten

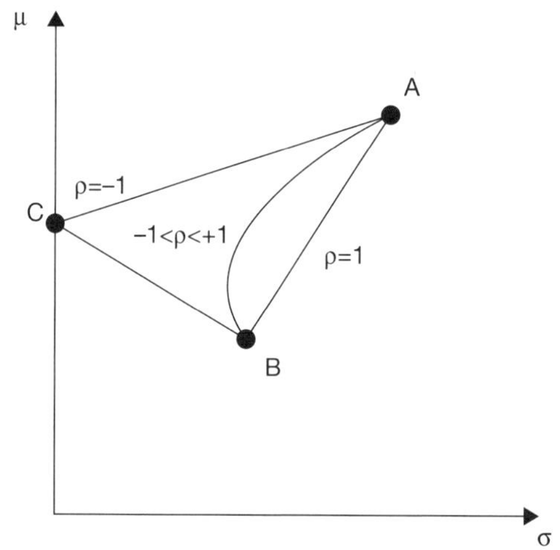

Abbildung 10

Abbildung 10 zeigt, dass der **maximale Diversifikationseffekt** bei einer perfekt negativen Korrelation ($\rho = -1$) der Wertpapierrenditen realisiert werden kann. In diesem theoretischen Grenzfall ist eine vollständige Vernichtung des Portfolio-Risikos möglich. Das heißt, dass sich, bei entsprechender Mischung der Anlagealternativen, eine Portfolio-Volatilität von null einstellt und somit von einer **sicheren Rendite** ausgegangen werden kann (Punkt C).

Bei einer perfekt positiven Korrelation ($\rho = +1$) der Wertpapierrenditen ergibt sich **keinerlei Diversifikationseffekt**. Die Erwartungswert-Risiko-Kombinationen liegen in diesem Fall auf einer Geraden zwischen den Punkten A und B. In der Regel hat man es jedoch mit einem hyperbelförmigen Verlauf der Möglichkeitenkurve zu tun. Dieser Fall tritt ein, falls 2 Wertpapiere in einer nicht perfekten Wechselbeziehung zueinander stehen

($-1 < \rho < +1$). Dabei gilt: Je weiter ρ von null entfernt ist, desto stärker ist die Krümmung der Möglichkeitenkurve.

Nachdem der Einfluss einer Mischung von Anlagealternativen auf die Portfolio-Varianz grafisch veranschaulicht wurde, soll im Folgenden die **Arithmetik des Diversifikationseffektes** erläutert werden. Am einfachsten stellt sich die Berechnung der **Portfolio-Varianz im Zwei-Wertpapier-Fall** dar:

$$\text{Var}(R_p) = \sigma_p^2 = x_1^2\sigma_1^2 + x_2^2\sigma_2^2 + 2\rho_{1,2}x_1x_2\sigma_1\sigma_2$$

Für das RWE/BMW-Beispiel erhält man dementsprechend:

$$\hat{\sigma}_P = \sqrt{\underbrace{0{,}5^2 \cdot 0{,}0674^2}_{\text{RWE}} + \underbrace{0{,}5^2 \cdot 0{,}0872^2}_{\text{BMW}} + \underbrace{2 \cdot 0{,}3048 \cdot 0{,}5 \cdot 0{,}5 \cdot 0{,}0674 \cdot 0{,}0872}_{\text{Kovarianz zwischen beiden Aktien}}} = 6{,}27\%$$

wobei gilt: x_i = Anteil der Aktie i aus Portfolio und $\sum_i x_i = 1$.

Im vorliegenden Fall wurde die **(Stichproben-)Korrelation** zwischen den beiden Wertpapieren vorgegeben. Noch offen ist daher die Frage, wie sich der Korrelationskoeffizient $\hat{\rho}$ auf der Grundlage konkreter Daten berechnen lässt. Hierzu sei vorweggeschickt, dass es sich bei dem Korrelationskoeffizienten um eine relative Größe handelt, die man durch eine Normierung der **Kovarianz** erhält:

$$\rho_{A,B} = \frac{\text{Cov}(R_A, R_B)}{\sigma_A \cdot \sigma_B}$$

Die Normierung erfolgt demnach mithilfe der beiden Standardabweichungen. Das absolute Gleichlaufmaß Kovarianz weist in seiner Berechnung eine große Ähnlichkeit mit der Varianz auf:

$$\text{Cov}(R_A, R_B) = \sum_i p^i \{[r_A^i - E(R_A)][r_B^i - E(R_B)]\}$$

Der **Unterschied zur Varianzberechnung** besteht darin, dass die Abweichungen der Renditerealisationen von ihrem Erwartungswert nicht quadriert, sondern mit dem entsprechenden Wert für das jeweils andere Wertpapier multipliziert werden.

Mithilfe eines Beispiels soll die Berechnung der Kovarianz demonstriert werden. In nachfolgender Ergebnismatrix ist die Renditeverteilung zweier Wertpapiere A und B in Abhängigkeit von drei Umweltzuständen (Zinsanstieg, Zinskontinuität und Zinssenkung) angegeben.

Umweltzustand	*P*	R_A	R_B
Zins ↑	*1/4*	*– 5 %*	*+ 3 %*
Zins →	*1/2*	*+ 2 %*	*+ 4 %*
Zins ↓	*1/4*	*+ 9 %*	*– 10 %*
Erwartungswert μ *Varianz* σ^2		*2,000 %* *0,245 %*	*0,250 %* *0,352 %*

$$
\begin{aligned}
\mathrm{Cov}(R_A, R_B) = {} & \frac{1}{4} \cdot (-0{,}05 - 0{,}02) \cdot (0{,}03 - 0{,}0025) \\
& + \frac{1}{2} \cdot (0{,}02 - 0{,}02) \cdot (0{,}04 - 0{,}0025) \\
& + \frac{1}{4} \cdot (0{,}09 - 0{,}02) \cdot (-0{,}1 - 0{,}0025) = -0{,}2275\%
\end{aligned}
$$

Die Richtung des Zusammenhangs wird bereits an dieser Stelle deutlich; die beiden Wertpapiere korrelieren negativ miteinander. Die Stärke der Wechselwirkung lässt sich allerdings erst mithilfe des Korrelationskoeffizienten sinnvoll interpretieren, da er, aufgrund seiner Normierung, den Vorteil hat, **unabhängig von der Maßeinheit** der betrachteten Zufallsvariablen zu sein. Im Rahmen des obigen Zahlenbeispiels erhält man einen Korrelationskoeffizienten in Höhe von

$$\rho_{A,B} = \frac{-0{,}002275}{\sqrt{0{,}00245} \cdot \sqrt{0{,}00352}} = -0{,}77$$

Wie bereits weiter oben angedeutet, ist eine derart starke Gegenläufigkeit von Renditen an realen Märkten, wenn überhaupt, dann nur (asset-)klassenübergreifend vorzufinden.

Aufgrund der stark negativen Korrelation der beiden fiktiven Wertpapiere lässt sich, bei entsprechender Gewichtung, ein annähernd risikoloses Portfolio bilden (vgl. Abbildung 10).

Der bisher betrachtete Zwei-Wertpapier-Fall sollte veranschaulichen, dass sich bereits durch die Mischung von zwei Anlagealternativen ein bedeutsames Risikosenkungspotenzial ergibt. In der Regel sieht sich der Investor jedoch einem weitaus größeren Spektrum von Anlagealternativen gegenüber. Es stellt sich daher die Frage, ob **zusätzliche Diversifikationseffekte** durch die Berücksichtigung weiterer Wertpapiere erzielbar sind, und wenn ja, in welchem Ausmaß dies der Fall ist. Hierzu soll zunächst die **verallgemeinerte Formel** zur Berechnung der Portfolio-Varianz betrachtet werden.

$$\mathrm{Var}(R_p) = \sigma_p^2 = \sum_{i=1}^{N}\sum_{j=1}^{N} x_i x_j \sigma_{i,j}, \text{ mit } \sigma_{i,j} = \sigma_i^2, \text{ falls } i = j$$

Diese Formel wirkt auf den ersten Blick etwas unübersichtlich. Bei näherer Betrachtung stellt sich jedoch heraus, dass sich die PortfolioVarianz auch im **N-Wertpapier-Fall** durch eine simple (gewichtete) Aufsummierung der N-Varianzen sowie der ($N^2 - N$) paarweisen Kovarianzen ergibt. Diese Vorgehensweise lässt sich am besten anhand der so genannten **Varianz-Kovarianz-Matrix** verdeutlichen:

Varianz-Kovarianz-Matrix

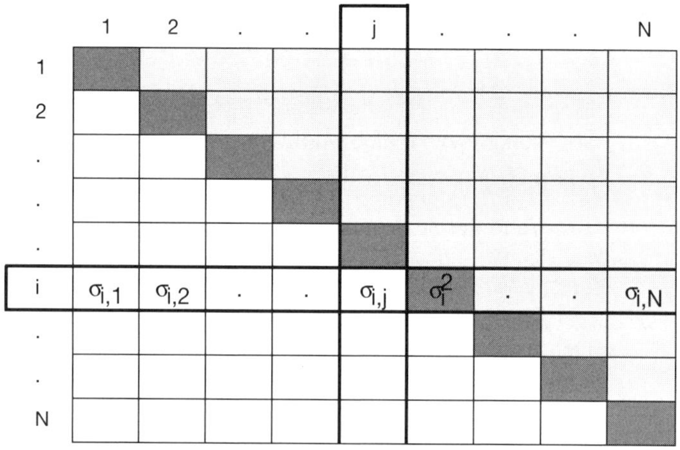

Abbildung 11

Auf der Hauptdiagonalen (dunkle Kästchen) der Matrix befinden sich die Varianzterme der N Wertpapiere. Unterhalb und oberhalb der Hauptdiagonalen sind die paarweisen Kovarianzen $\sigma_{i,j}$ anzutreffen. Da der **untere Teil der Matrix das Spiegelbild des oberen Teils** ist, kann man sich bei der Berechnung der Portfolio-Varianz auf die Aufsummierung der Werte aus dem einen oder anderen Bereich, multipliziert mit dem Faktor 2, beschränken. Die Kovarianzformel lässt sich daher folgendermaßen vereinfachen:

$$\mathrm{Var}(R_p) = \sigma_p^2 = \underbrace{\sum_{i=1}^{N} x_i^2 \sigma_i^2}_{\text{Aufsummierung der Hauptdiagonalelemente}} + 2 \cdot \underbrace{\sum_{i=1}^{N} \sum_{j=i+1}^{N} x_i x_j \sigma_{i,j}}_{\text{Aufsummierung der Elemente oberhalb der Hauptdiagonalen}}$$

Der **Beitrag einer Anlage zum Gesamtrisiko** des Portfolios lässt sich durch Gewichtung und Aufsummierung der entsprechenden Zeilen- oder Spaltenelemente berechnen. Für das i-te Wertpapier (siehe markierte Zeile in Abbildung 11) erhält man demnach folgenden Ausdruck:

$$\text{Risikobeitrag des i-ten Wertpapiers} = x_i \cdot \underbrace{\sum_{j=1}^{N} x_j \cdot \sigma_{i,j}}_{\sigma_{i,p}}$$

Da der Summenausdruck in obiger Formel der Kovarianz zwischen Wertpapier i und Portfolio P entspricht, kann auf die aufwändige Berechnung der einzelnen Zeilenelemente verzichtet werden. Als Ergebnis erhält man jedoch in jedem Fall den absoluten Beitrag einer Anlage i zum Gesamtrisiko des Portfolios. Besser interpretierbar und auch für Vergleichszwecke besser geeignet erscheint jedoch ihr **relativer Risikobeitrag**, der sich durch eine Normierung der absoluten Kennzahl mithilfe der Portfolio-Varianz ergibt:

$$\text{Relativer Risikobeitrag des i-ten Wertpapiers} = x_i \cdot \underbrace{\left[\frac{\sigma_{i,p}}{\sigma_p^2}\right]}_{\beta_{i,p}}$$

Die Summe der relativen Risikobeiträge muss natürlich gleich 1 (100%) sein. Das Verhältnis $\sigma_{i,P} / \sigma_P^2$ wird auch als **Sensitivität** bzw. **Beta** von Wertpapier i bezeichnet. Es gibt an, wie stark sich potenzielle Wertveränderungen des Portfolios in Wertveränderungen des Wertpapiers niederschlagen.

Gleichzeitig wird die Frage beantwortet, wie sich das Portfolio-Risiko bei einer Veränderung des Portfolio-Anteils von Wertpapier i verhält. Bei einer Sensitivität von größer 1 steigt das Gesamtrisiko des Portfolios, wenn man den Portfolio-Anteil von Wertpapier i erhöht (vorausgesetzt die Erhöhung erfolgt gleichmäßig zu Lasten der übrigen Wertpapiere im Portfolio).

Umgekehrt gilt, dass bei einer Sensitivität von kleiner 1 das Portfolio-Risiko sinkt, wenn man den Anteil von i erhöht.

Einige Rechenregeln für Erwartungswert und (Ko-)Varianz		
$E(a \cdot x)$	=	$a \cdot E(X)$
$E(X + Y)$	=	$E(X) + E(Y)$
$Var(a \cdot X)$	=	$a^2 \cdot Var(X)$
$Var(X + Y)$	=	$Var(X) + Var(Y) + 2 \cdot Cov(XY)$
$Cov(a \cdot X, b \cdot Y)$	=	$a \cdot b \cdot Cov(X, Y)$

Doch nun zurück zu den **Eigenschaften der Portfolio-Varianz**. Wichtige Erkenntnisse lassen sich z.B. durch eine Aufteilung der Portfolio-Varianz in Varianz- und Kovarianzrisiken erzielen. Es lässt sich nämlich zeigen, dass die **Bedeutung der Kovarianzrisiken** mit wachsendem N überproportional zunimmt. Zum Beispiel sind bei nur zwei Wertpapieren jeweils zwei Varianz- und zwei Kovarianzterme zu berücksichtigen. Bei 4 Wertpapieren beträgt das entsprechende Verhältnis bereits 4 zu 12.

Zunehmende Bedeutung der Kovarianzrisiken

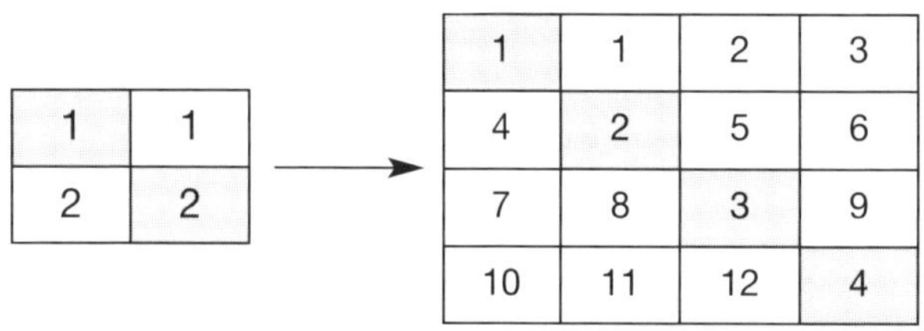

Abbildung 12

Bei sehr großem N wird der Anteil der Varianzrisiken am Gesamtrisiko des Portfolios vernachlässigbar klein. Man spricht in diesem Fall auch von **vollständiger Diversifikation**. Übrig bleiben dann nur noch die Kovarianzrisiken der im Portfolio enthaltenen Wertpapiere. Diesen Zusammenhang kann man sich anhand der inzwischen bekannten Portfolio-Varianzformel klar machen.

$$\sigma_p^2 = \sum_{i=1}^{N} x_i^2 \sigma_i^2 + 2 \cdot \sum_{i=1}^{N} \sum_{j=i+1}^{N} x_i x_j \sigma_{i,j}$$

Wählt man nun vereinfachend die Portfolio-Anteile aller Wertpapiere gleich groß, also 1/N, und ersetzt sowohl die Varianzterme als auch die Kovarianzterme jeweils durch ihr arithmetisches Mittel (dies ändert an der Summe nichts), so lässt sie sich folgendermaßen umformen:

$$\sigma_p^2 = \underbrace{N \cdot \left[\frac{1}{N^2} \cdot \overline{\sigma}_i^2 \right]}_{\text{Gewichtung und Aufsummierung der Varianzrisiken}} + \underbrace{\left(N^2 - N\right) \cdot \left[\frac{1}{N^2} \cdot \overline{\sigma}_{i,j} \right]}_{\text{Gewichtung und Aufsummierung der Kovarianzrisiken}} = \frac{1}{N} \cdot \overline{\sigma}_i^2 - \frac{1}{N} \cdot \overline{\sigma}_{i,j} + \overline{\sigma}_{i,j}$$

wobei $\bar{\sigma}_i^2$ die durchschnittliche Varianz und $\bar{\sigma}_{i,j}$ die durchschnittliche Kovarianz über alle N Wertpapiere kennzeichnet. Lässt man die Anzahl der Wertpapiere im Portfolio nun immer größer werden (theoretisch bis unendlich), so gehen die beiden ersten Summanden der modifizierten Portfolio-Varianzformel gegen null. Übrig bleibt dann nur noch das **durchschnittliche Kovarianzrisiko**. Man spricht daher in diesem Zusammenhang auch vom „unvermeidbaren" bzw. **systematischen Risiko** eines Portfolios. Im Umkehrschluss bezeichnet man das durch Diversifikation eliminierbare Risiko als **unsystematisches Risiko.**

Diversifikationseffekt in Abhängigkeit von der Wertpapieranzahl N

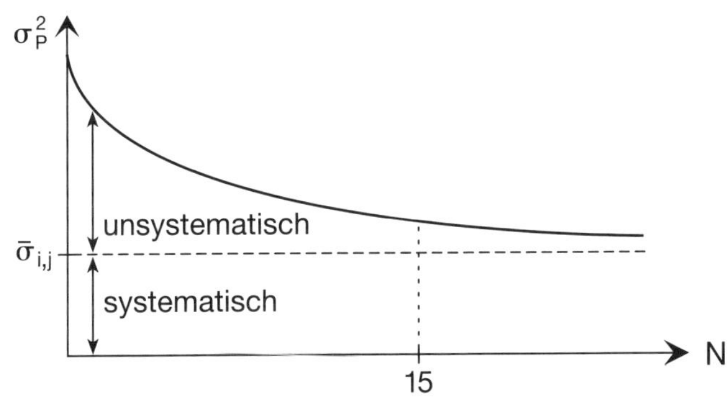

Abbildung 13

Bereits bei einer Anzahl von ca. 15 Wertpapieren wird der Anteil der Varianzen an der Portfolio-Varianz relativ klein, sodass hiermit in der Praxis ein **ausreichender Diversifikationsgrad** zu erzielen sein dürfte (zum Diversifikationseffekt siehe auch das Beispiel auf S. 149). Anhand von Abbildung 13 wird außerdem deutlich, dass der risikosenkende Beitrag des „marginalen" Wertpapiers mit wachsenden N abnimmt, jedoch nie negativ wird. Die Berücksichtigung zusätzlicher Opportunitäten kann daher nie zu einer Verschlechterung des Ertrag-Risiko-Austauschverhältnisses führen. Im μ-σ-Diagramm kommt dies derart zum Ausdruck, dass die Möglichkeitenkurve bei N Wertpapieren stets diejenige bei N – 1 Wertpapieren umschließt. In der folgenden Abbildung wird dieser so genannte **Umhüllungseffekt** anhand eines Drei-Wertpapier-Falls veranschaulicht:

Umhüllungseffekt

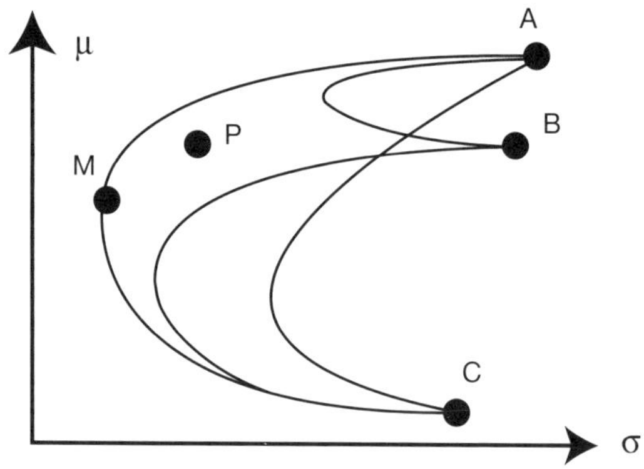

Abbildung 14

Der Umhüllungseffekt impliziert, dass der Investor möglichst sämtliche Anlagealternativen in seinem **Entscheidungskalkül** berücksichtigen sollte. Außerhalb der Modellwelt der Portfolio-Theorie sind diesem Streben jedoch Grenzen gesetzt. In diesem Fall muss der Grenzbeitrag einer zusätzlich berücksichtigten Anlagealternative ihren Grenzkosten, z.B. Transaktions- und Informationskosten, gegenübergestellt werden.

Der äußere Rand der **Opportunitätsmenge** in Abbildung 14 (Mischung von 3 Alternativen) hat die gleiche hyperbelförmige Gestalt wie im Zwei-Wertpapier-Fall. Ein wesentlicher Unterschied besteht jedoch darin, dass nunmehr auch Rendite-Risiko-Konstellationen innerhalb der Hyperbel (z.B. im Punkt P) realisiert werden können. Die Portfolios, die sich auf dem äußeren Rand befinden, werden als **Minimum-Varianz-Portfolios (MVP)** bezeichnet. Sie weisen die Eigenschaft auf, dass bei vorgegebenem Erwartungswert kein anderes Portfolio mit einer geringeren Varianz existiert. Das risikominimale Portfolio M, das auch als globales MVP bezeichnet wird, trennt die Menge der MVP in einen effizienten und einen ineffizienten Teil.

Die **effizienten Portfolios** beginnen im Punkt M und verlaufen dann oberhalb von M auf dem Rand der Opportunitätsmenge (fett eingezeichnet). Bei dem gestrichelt eingezeichneten Hyperbel-Ast handelt es sich zwar auch um MVP, allerdings sind diese, in Relation zu den oberhalb liegenden Portfolios, ineffizient. Dies sei anhand der Portfolios A und A' demonstriert: Beide Portfolios weisen die gleiche Renditevolatilität auf. Bei gleichem Risiko bietet A' jedoch einen höheren erwarteten Ertrag und **dominiert** demnach **Portfolio A**. Das Gleiche gilt natürlich auch für alle Wertpapierportfolios, die entlang einer Linie zwischen A und A' liegen. Wiederholt man diese Überlegung für jedes realisierbare Risikoniveau, so kommt man zu dem Schluss, dass nur der obere Rand der Opportunitätsmenge aus nicht dominierten Portfolios besteht. Man spricht hierbei auch von der effizienten Grenze.

Effiziente Portfolios im μ-σ-Raum

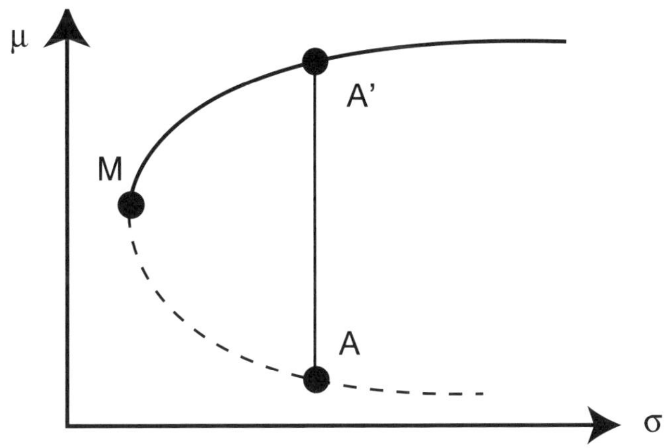

Abbildung 15

Für jedes **effiziente Portfolio** gilt, dass kein anderes Portfolio existiert, das bei gleichem Risiko einen höheren erwarteten Ertrag erzielt.

Effiziente Portfolios offerieren demnach ein **optimales Ertrag-Risiko-Austauschverhältnis**. Bei der **Portfolio-Selektion** werden daher nur sie in das Entscheidungskalkül eines rationalen Investors einfließen. Alle sonstigen Portfolios sind für ihn von Vornherein uninteressant.

2.2.1.1 Zusammenfassung und Arbeitsaufgaben

Zusammenfassung

In diesem Kapitel wurde gezeigt, wie sich Investitionsentscheidungen, die unter Unsicherheit getroffen werden müssen, mithilfe von Erwartungswert und Varianz der Normalverteilung vollständig beschreiben lassen. Es wurde ferner erläutert, warum das Risiko eines Portfolios in aller Regel unterhalb des gewogenen Durchschnittsrisikos der in einem Portfolio enthaltenen Wertpapiere liegt. Ein maximaler Diversifikationseffekt tritt im 2-Wertpapierfall dann ein, wenn die beiden Wertpapiere perfekt negativ miteinander korrelieren ($\rho = -1$). In diesem Fall kann das Risiko des Portfolios durch geeignete Mischung der beiden Anlagealternativen vollständig vernichtet werden. Bei perfekt positiver Korrelation ($\rho = +1$) tritt dagegen überhaupt kein Diversifikationseffekt ein (Substituierbarkeit der Anlagealternativen).

Den Teil des Portfolio-Risikos, der durch Diversifikation eliminiert werden kann, bezeichnet man als unsystematisches Risiko. Ist das Risiko dagegen unvermeidbar, so spricht man auch vom systematischen Risiko.

Im Mittelpunkt der Portfolio-Theorie steht das Konzept effizienter Portfolios. Ein Portfolio wird dann als effizient bezeichnet, wenn kein anderes Portfolio bei gleichem erwarteten Ertrag ein geringeres Risiko aufweist. Die Menge der effizienten Portfolios bezeichnet man auch als „effiziente Grenze“. Ein rationaler Investor wird von vornherein nur die Portfolios in Betracht ziehen, die auf der effizienten Grenze liegen. Alle anderen Alternativen werden von diesen Portfolios dominiert. Für welches Portfolio er sich am Ende entscheiden wird, ist das Thema des nachfolgenden Kapitels.

Arbeitsaufgaben

1. Erklären Sie den Begriff „Globales Minimum-Varianz-Portfolio“. Wie hoch fällt dessen Varianz aus, falls zwei Anlagen verfügbar sind, die perfekt miteinander korrelieren?
2. Warum nimmt die Bedeutung der Varianzen mit zunehmender Anzahl von Wertpapieren im Portfolio ab? Denken Sie hierbei an die so genannte Varianz-Kovarianz-Matrix.
3. Was versteht man unter der Sensitivität eines Wertpapiers?
4. Diskutieren Sie, warum die Renditen deutscher Aktien in der Regel positiv miteinander korrelieren.
5. Erläutern Sie, was man in der Portfolio-Theorie unter dem Begriff Risiko versteht.
6. Bedeutet Diversifikation nicht auch automatisch einen Verzicht auf Chancen?

2.2.2 Die Suche nach dem optimalen Portfolio

Nachdem sich der frisch gebackene Portfolio-Manager Weißnichtrecht einer Fortbildungsmaßnahme mit Erwartungswert, Varianz und Diversifikationseffekt auseinander gesetzt hat, fühlt er sich den neuen, an ihn gestellten Anforderungen erheblich besser gewachsen. Wieder zurück im Büro hat sein neuer Chef auch gleich eine konkrete Aufgabe für ihn: Ein Kunde möchte ein unter Ertrags-/Risikogesichtspunkten für ihn persönlich optimales Portfolio aus den 30 Werten im deutschen Aktienindex DAX zusammengestellt bekommen. Auf Basis der von Analysten gelieferten Kursprognosen sowie empirisch ermittelter Standardabweichungen gelingt es Weißnichtrecht dank Computerunterstützung recht schnell, effiziente Kombinationen der 30 DAX-Werte zu berechnen. Doch welche der vielen Möglichkeiten, die ihm der Computer anbietet, ist nun gerade für diesen Kunden die richtige?

Schlüsselbegriffe

- Effiziente Grenze
- Risiko-Nutzen-Funktion, Risikoaversion
- Präferenzfunktion
- Tangentialportfolio
- Marktportfolio
- Vollkommener Kapitalmarkt
- Kapitalmarktlinie
- Marktgleichgewicht

2.2.2.1 Der „rationale" Investor

Rationalität im Sinne der Theorie bedeutet, dass sich der Prozess der **Portfolio-Selektion** stets am Ziel der **Nutzenmaximierung** orientiert und die Prämissen der **Nichtsättigung** und **Risikoaversion** des Investors erfüllt sind.

Die Risikoeinstellung des Investors kann mithilfe des Konzepts der **(Risiko-)Nutzen-Funktion** veranschaulicht werden. Sie bildet das Nutzenempfinden (U) eines Investors in Abhängigkeit seines Vermögens (V) bzw. eines monetären (Zu-)Gewinns ab. Im Prinzip handelt es sich damit um das gleiche Konzept, wie es z.B. auch bei Konsumgütern Anwendung findet. Der einzige Unterschied besteht darin, dass sich der Nutzen auf eine monetäre Größe bezieht. Die Frage ist nunmehr, wie der Verlauf einer solchen Funktion aussehen könnte und welche Schlussfolgerungen sich daraus im Hinblick auf die Risikoaversion des Investors ziehen lassen. Zunächst dürfte aufgrund des **Nichtsättigungsprinzips** klar sein, dass der Nutzen des Investors mit jedem monetären Zugewinn ansteigt. Jeder Vermögenszuwachs hat einen positiven Zusatznutzen zur Folge. Doch wie schlägt sich die Risikoeinstellung eines Investors in seiner Risiko-Nutzen-Funktion nieder? Hierzu stelle man sich vor, dass man mit einem **fairen Spiel** G (a, b; α) konfrontiert wird. Die Notation bedeutet Folgendes: Das Spiel **G** (Gamble) hat zwei mögliche Ergebnisse a und b. Mit einer Wahrscheinlichkeit von α tritt das Ergebnis a (z.B. ein Verlust von 1000 DM) ein und mit einer Wahrscheinlichkeit von $(1 - \alpha)$ das Ergebnis b (z.B. ein Gewinn von 1000 DM). Der Investor wird nunmehr mit folgenden Entscheidungsalternativen konfrontiert:

1. Er geht die „Wette“ ein, das heißt, mit einer Wahrscheinlichkeit von α erhält er die Auszahlung a und mit einer Wahrscheinlichkeit von $1 - \alpha$ die Auszahlung b, und
2. er erhält mit Sicherheit (d.h. mit einer Wahrscheinlichkeit von 1) den Erwartungswert des Spiels, also $\alpha \cdot a + (1 - \alpha) \cdot b$.

Anhand seiner Auswahlentscheidung für oder gegen die „Wette“ lässt sich die **Risikoeinstellung des Investors** in eine von 3 Kategorien einordnen:

- **Risikovorliebe**: der Investor entscheidet sich für das unsichere Spiel und damit gegen den sicheren Erwartungswert,
- **Risikoaversion**: der Investor bevorzugt das sichere Ergebnis und
- **Risikoneutralität**: der Investor ist indifferent zwischen beiden Möglichkeiten.

Die folgende grafische Veranschaulichung der drei möglichen Risikoeinstellungen geht von einer Eintrittswahrscheinlichkeit in Höhe von jeweils 0,5 für die beiden Ergebnisse des **fairen Spiels** aus.

Risikoeinstellung des Investors

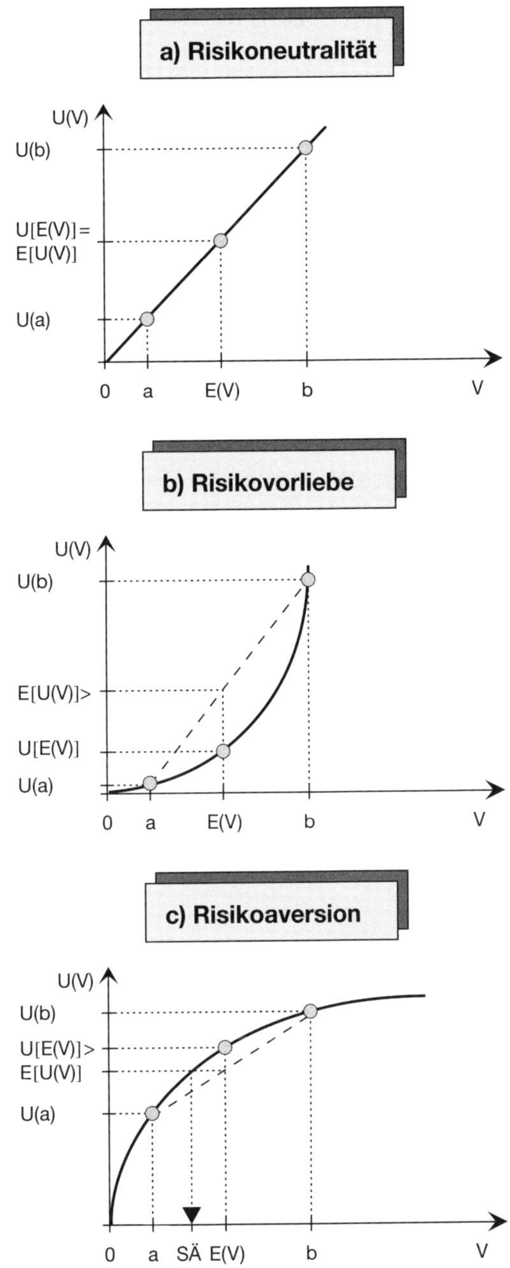

Abbildung 16

Die Risikoeinstellung des Investors lässt sich demnach an dem Verhältnis zwischen **Erwartungsnutzen** E[U(V)] und **Nutzen des Erwartungswertes** U[E(V)] festmachen.

Nutzen des Erwartungswertes:

$$U[E(V)] = U\,[\alpha \cdot a + (1 - \alpha) \cdot b]$$

Erwartungsnutzen:

$$E[U(V)] = \alpha \cdot U(a) + (1 - \alpha) \cdot U(b)]$$

Wie man in Abbildung 16 erkennt, gilt bei **Risikovorliebe**, dass der Nutzen des Erwartungswertes kleiner ist als der Erwartungsnutzen. Umgekehrtes gilt bei **Risikoaversion**. Bei **Risikoneutralität** entsprechen sich die beiden Werte.

Wichtig ist in diesem Zusammenhang auch noch der Begriff des **Sicherheitsäquivalents**. Es bezeichnet den Geldbetrag, bei dem der Investor indifferent zwischen dem Eingehen der Wette und dem sicheren Erhalt eben dieses Geldbetrages ist. Wie man aus Abbildung 16 c) entnehmen kann, liegt das Sicherheitsäquivalent (SÄ) bei Risikoaversion unterhalb des Erwartungswertes der Wette.

Die Portfolio-Theorie geht somit von einer **konkaven (Risiko-)Nutzen-Funktion** des Investors aus. Mit diesem Funktionstyp wird sowohl der Prämisse der Nichtsättigung als auch der Annahme der Risikoaversion genüge getan. Im Übrigen entspricht dies auch weitestgehend den empirischen Beobachtungen, die man im Hinblick auf das Individualverhalten in Risikosituationen machen kann (vgl. Bernoulli, 1954).

2.2.2.2 Individuelle Portfolio-Auswahl

A priori lässt sich bereits schon jetzt sagen, dass ein im obigen Sinne rationaler Investor seinen Auswahlprozess auf die Menge der effizienten Portfolios beschränken wird. Alle anderen Portfolios sind für ihn sub-optimal, da sie bei gleichem Ertrag höhere Risiken aufweisen. Würden sie ausgewählt werden, so widerspräche dies dem Prinzip der Risikoaversion. Für welches effiziente Portfolio er sich im Endeffekt entscheiden wird, hängt vom Ausmaß seiner Risikoscheu ab. Konkret lässt sich dies u.a. am Sicherheitsäquivalent festmachen, das mit zunehmender Risikoaversion abnimmt. Demnach wäre ein Investor, dem eine Wette G (1000 EUR, 3000 EUR; 0,5)

1500 EUR „wert“ ist, risikoscheuer als derjenige, der bereit ist, 1700 EUR für die gleiche Wette zu bieten.

Um zu einer **konkreten Lösung des Portfolio-Problems** zu gelangen, muss die Risiko-Nutzen-Funktion des Investors in die Ertrag-Risiko-Welt der Portfolio-Theorie transferiert werden. Dies gelingt auf zweierlei Art und Weise:

1. Man nimmt eine **quadratische Nutzenfunktion** an, das heißt, es gilt (für $V \leq c / 2d$):

$$U(V) = c \cdot V - d \cdot V^2$$

Quadratische (Risiko-)Nutzen-Funktion

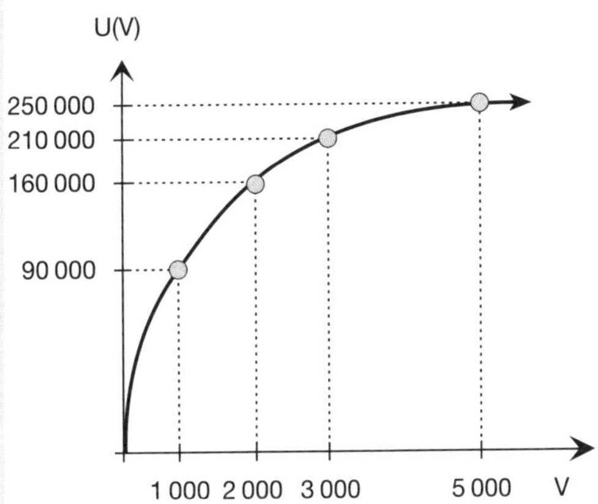

Beispiel:
c = 100
d = 0,01

V	U(V)
100	9 900
500	47 500
1 000	90 000
2 000	160 000
3 000	210 000
5 000	250 000

Abbildung 17

2. Man geht von einer **Normalverteilung der Renditen** und ganz allgemein von der Risikoaversion des Investors aus.

Letzteres erscheint wesentlich weniger restriktiv und lässt sich auch empirisch besser motivieren. In jedem Fall führen beide Annahmen jeweils zu einer so genannten **Iso-Nutzenkurve** im μ-σ-Raum, die konvex zum Ursprung verläuft (den Beweis hierfür findet man z.B. in Copeland/Weston, 1988).

Iso-Nutzenkurve im μ-σ-Raum

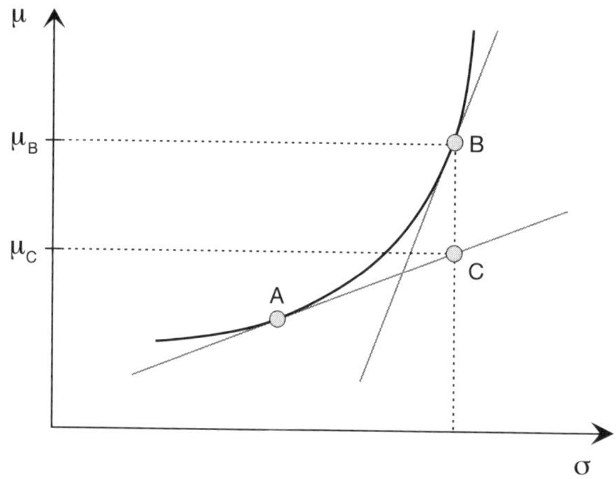

Abbildung 18

Auf einer **Iso-Nutzenkurve** gilt, dass der Erwartungsnutzen des Investors konstant bleibt, das heißt, es gilt:

$$U = E\left[U(V)\right] = \text{const.}$$

Demnach führen verschiedene μ-σ-Kombinationen (z.B. die Punkte A und B in Abbildung 18) zum gleichen Nutzenniveau. Folglich ist ein rationaler Investor im Sinne der Theorie indifferent zwischen den einzelnen Realisationen auf der Iso-Nutzenkurve. Man bezeichnet sie daher auch als **Indifferenzkurve**.

Die **Konvexität der Indifferenzkurve** besagt dabei nichts anderes, als dass der Investor bei zunehmendem Risikoniveau nur dann bereit ist, mehr Risiko zu übernehmen, falls der **Preis für die Risikoübernahme** (= erwarteter Mehrertrag) überproportional ansteigt. Um eine vollständige Abbildung der Präferenzstruktur eines Investors zu gewährleisten, muss **zu jedem Nutzenniveau eine Indifferenzkurve** konstruiert werden. Als Ergebnis erhält man, wie in der folgenden Abbildung angedeutet, eine ganze Schar von Indifferenzkurven (theoretisch unendlich viele) im μ-σ-Raum.

Indifferenzkurvenschar

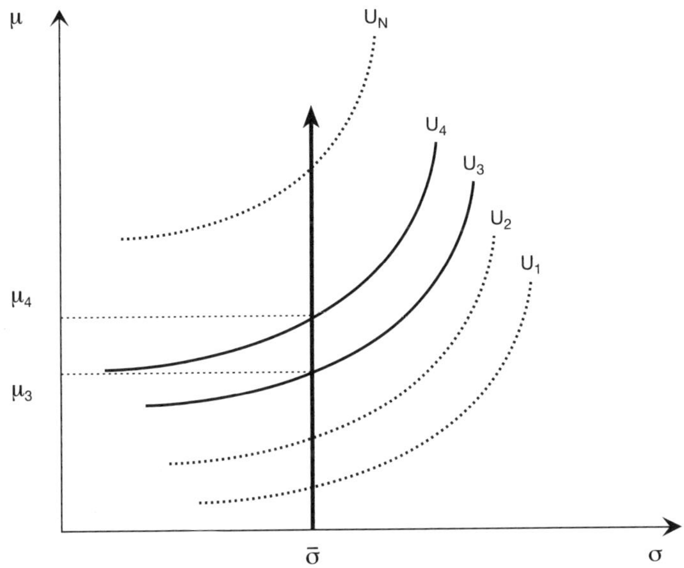

Abbildung 19

Jede Kurve repräsentiert **genau ein** (Erwartungs-)Nutzenniveau U_i (i = 1, ..., N). Der Nutzen steigt in Pfeilrichtung an ($U_1 < U_2 < ... < U_N$), da bei fest gewähltem Risikoniveau σ die Ertragserwartungen μ von Kurve zu Kurve größer werden (z.B. ist in Abbildung 19 $\mu_3 < \mu_4$). Indifferenzkurven lassen sich unter bestimmten Bedingungen direkt aus der Risikonutzenfunktion eines Investors ableiten (vgl. z.B. Gerke, 1995). Als Ergebnis erhält man beispielsweise folgende Funktion:

$$\mu_p = U_i + \frac{1}{2}\alpha \cdot \sigma_p^2$$

Sie basiert auf einem Funktionstyp, der im Rahmen der Kapitalmarkttheorie sehr häufig Anwendung findet, der **exponentiellen (Risiko-)Nutzen-Funktion** $U(V) = -e^{-\alpha V}$. Im Parameter α kommt dabei die Risikoaversion des Investors zum Ausdruck. U_i legt das (Erwartungs-) Nutzenniveau fest, also z.B. U_3 in Abbildung 19.

Bei der vorliegenden **Präferenzfunktion** gilt, dass für jede „sehr kleine" Erhöhung des Portfolio-Risikos σ_P eine Erhöhung des erwarteten Portfolio-

Ertrages um $\alpha \cdot \sigma_P$ gefordert wird, um das Nutzenniveau U zu erhalten. Es wird also hierbei nach der **Steigung der Indifferenzkurve** an einer bestimmten Stelle σ gefragt. Mathematisch formuliert, handelt es sich dabei um die erste Ableitung der Präferenzfunktion nach σ (siehe auch Beispiel in Kapitel 2.2.2.3):

$$\left.\frac{\partial \mu_P}{\partial \sigma_P}\right|_{U=U_i} = \alpha \cdot \sigma_P$$

Wichtig ist an dieser Stelle, dass diese Formel nur für **sehr kleine** Risikoveränderungen gilt, da die **Steigung der Indifferenzkurve nicht konstant** ist. In Abbildung 18 wird dies anhand der beiden eingezeichneten Tangenten deutlich: Die Tangentensteigung in Punkt B ist größer als diejenige in Punkt A. Die Steigung der Indifferenzkurve nimmt mit jeder Erhöhung des Risikoniveaus zu. Bei einer sprunghaften Veränderung des Risikos von σ_A nach σ_B würde, bei einer Zugrundelegung obiger Formel, der für eine Erhaltung des Nutzenniveaus erforderliche Mehrertrag deutlich unterschätzt werden (Differenz zwischen μ_B und μ_C).

*Der **Einfluss der Risikoaversion auf den Verlauf einer Indifferenzkurve** sei anhand eines einfachen Zahlenbeispiels demonstriert. Ohne Einschränkung der Allgemeinheit soll U = 1 gelten.*

Indifferenz-„Punkte“ bei unterschiedlicher Risikoaversion

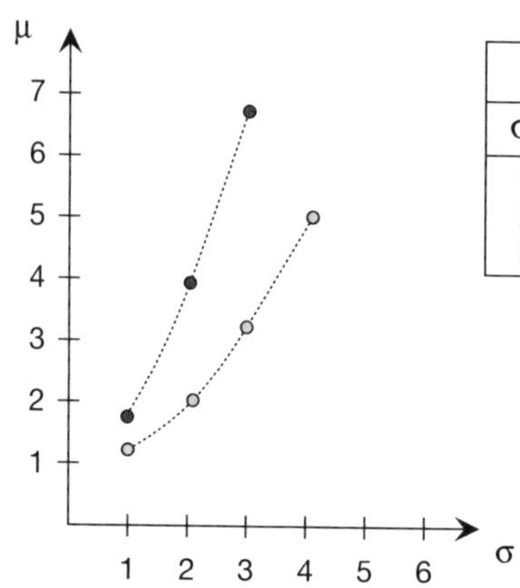

	$\alpha=0{,}5$	$\alpha=1{,}5$
σ_P	μ_P	μ_P
1	1,25	1,75
2	2	4
3	3,25	6,75

Abbildung 20

Beide Punktmengen liegen jeweils auf einer gedachten Indifferenzkurve mit identischem Nutzenniveau. Man erkennt, dass **mit der Risikoaversion auch die Steigung der Indifferenzkurve zunimmt**.

Die Präferenzfunktion auf S. 51 bezeichnet man in der Entscheidungs-Theorie auch als μ/σ-Regel. Ihre Anwendung i.R. von Investitionsentscheidungen kann durchaus problematisch sein. Sie kann zu ökonomisch unvernünftigen, nicht-rationalen Ergebnissen führen, wie das folgende Beispiel zeigt. Gegeben seien vier Investitionsprojekte mit den folgenden Eigenschaften:

	Projekt #1	*Projekt #2*	*Projekt #3*	*Projekt #4*
Erwarteter Ertrag	*6*	*8*	*6*	*4*
Risiko	*4*	*6*	*6*	*4*

Auf den ersten Blick ist klar, dass die Investitionsprojekte #3 und #4 von Vornherein ausscheiden, da sie von den beiden anderen Projekten dominiert werden. So weist Projekt #3 (#4) bei gleichem Risiko einen geringeren erwarteten Ertrag auf als Projekt #2 (#1). Wie aber entscheidet man nun zwischen Projekt 1 und Projekt 2? Projekt 2 besitzt zwar den höheren Erwartungswert. Seine Durchführung würde aber auch bedeuten, dass der Investor hier ein höheres Risikoniveau akzeptieren müsste. Wir wollen daher beide Projekte einmal mit der μ/σ-Regel konfrontieren. Hierzu müssen wir allerdings zunächst einmal eine Angabe zur Risikoaversion machen. Nehmen wir einfach mal an, dass der Entscheider ein „alpha" von 2,2 hat. Setzt man nun die bekannten Größen in die Präferenzfunktion ein, so erhält man:

$$\text{Projekt \#1: } U = \mu - \frac{1}{2}\alpha \cdot \sigma^2 = 6 - \frac{1}{2} \cdot 2{,}2 \cdot 4 = 1{,}6 \text{ und}$$

$$\text{Projekt \#2: } U = 8 - \frac{1}{2} \cdot 2{,}2 \cdot 6 = 1{,}4.$$

Die Entscheidung nach der μ/σ-Regel wäre eindeutig. Man würde das Projekt #1 vorziehen, da es einen höheren Nutzenwert liefert als das Projekt #2. Nun ist diese Entscheidung, wie man gleich sehen wird, aber nicht unbedingt ökonomisch sinnvoll und rational. Hierzu folgendes Beispiel:

Angenommen, die in obiger Tabelle dargestellten Ergebnisse beruhen auf folgenden Wahrscheinlichkeitsannahmen: es seien nur zwei Umweltzu-

stände s_1 und s_2 möglich, die jeweils mit einer Wahrscheinlichkeit von ½ auftreten. Tritt Umweltzustand s_1 ein, so liefern beide Investitionsprojekte einen Ertrag von 2. Im Umweltzustand s_2 dagegen liegt der Ertrag von Projekt #1 bei 10 und von Projekt #2 bei 14. Hieraus geht hervor, dass Projekt #2 in jedem Fall besser ist, da es in beiden möglichen Umweltzuständen mindestens genauso gut wie Projekt #1 abschneidet und einmal sogar besser. Man sagt in diesem Fall auch, dass das Projekt #1 von Projekt #2 dominiert wird. Die Entscheidung nach der μ/σ-Regel hätte also die Auswahl einer dominierten Alternative zum Ergebnis gehabt und würde somit gegen eines der Axiome der Theorie rationaler Erwartungen verstoßen.

Dieses Beispiel zeigt, dass ein unkritisches Anwenden der μ/σ-Regel in der Praxis tunlichst zu vermeiden ist. Sie ist nur dann völlig unproblematisch anzuwenden, wenn die Annahme der Normalverteilung gerechtfertigt ist. Doch nun zurück zum Portfolio-Auswahlproblem des Investors.

Da das Ziel des Investors in einer Maximierung seines Nutzens besteht, wird er versuchen, eine **möglichst „hohe" Indifferenzkurve** zu realisieren. In diesem Bestreben wird er durch die Markt-Opportunitäten beschränkt. Sie müssen als eine bindende Nebenbedingung im Optimierungsprozess berücksichtigt werden. Als Ergebnis erhält man, wie in der folgenden Abbildung veranschaulicht, eine **eindeutige Lösung des Portfolio-Selektionsproblems**.

Auffinden des optimalen Portfolios

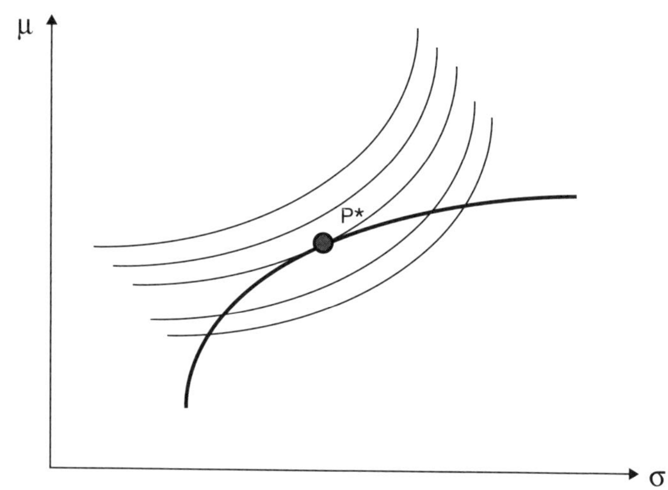

Abbildung 21

Für den Investor in Abbildung 21 ergibt sich das **optimale Portfolio** im Punkt P*. Hier tangieren sich Indifferenz- und Effizienzkurve (die Steigungen stimmen in diesem Punkt überein). Das Erreichen eines höheren Nutzenniveaus ist bei der gegebenen Marktkonstellation nicht möglich. Die Position des **Tangential-Portfolios** P* auf der Effizienzkurve variiert mit der **Risikotoleranz** des Investors (siehe Abbildung 22).

Optimallösungen in Abhängigkeit von der Risikopräferenz des Investors

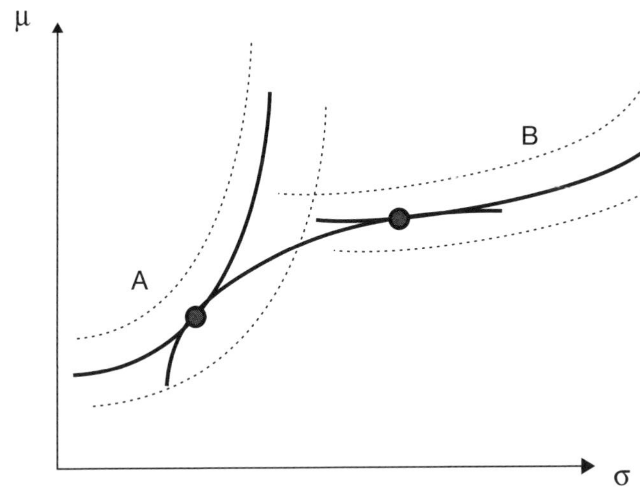

Abbildung 22

Im abgebildeten Fall ist **Investor B weniger risikoscheu als Investor A**. Sein optimales Portfolio weist ein höheres Risiko, aber auch einen höheren erwarteten Ertrag auf. Die größere **Risikobereitschaft** von Investor B kommt in der geringeren Steigung seiner Indifferenzkurve zum Ausdruck. Der Tangentialpunkt verschiebt sich dadurch weiter nach rechts, da auch die Steigung der Effizienzkurve in dieser Richtung abnimmt.

2.2.2.3 Portfolio-Auswahl bei Existenz einer risikolosen Geldanlage

In Kapitel 2.2.2.2 wurde eine Situation dargestellt, in der lediglich risikobehaftete Anlagemöglichkeiten ($\sigma_i > 0 \; \forall \; i$) zur Auswahl stehen. Hierbei wurde ein **vollkommener Kapitalmarkt** (keine Steuern, keine Transaktionskosten usw.) unterstellt. In einer weiter gefassten Definition beinhaltet ein vollkommener Kapitalmarkt auch die **Existenz einer risikolosen Geldanlage- und Aufnahmemöglichkeit** zu einem einheitlichen Zinssatz r_f (Soll- = Habenzins). Da das σ einer risikolosen Anlage definitionsgemäß den Wert Null annimmt, findet man r_f als Punkt auf der Ordinate im μ-σ-Diagramm (siehe Abbildung 23). Die risikolose Anlage kann nunmehr jedem reinen Risikoportfolio beigemischt werden. Insbesondere lassen sich somit Linearkombinationen aus der risikolosen Anlage und den effizienten Risikoportfolios bilden.

Linearkombinationen der risikolosen Anlage mit verschiedenen effizienten Risikoportfolios

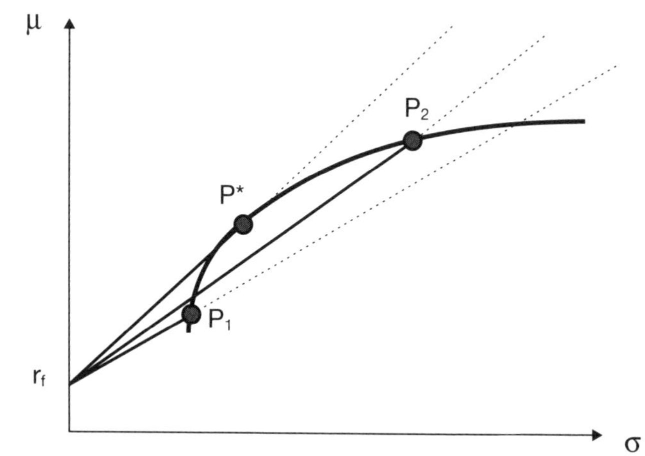

Abbildung 23

Jede vom Punkt r_f ausgehende Gerade repräsentiert Kombinationsmöglichkeiten der risikolosen Anlage mit den effizienten Risikoportfolios P_1, P_2 und P*. Auf den Streckenabschnitten **zwischen** r_f und den Punkten P*, P_1, P_2 befinden sich diejenigen Portfolios, die aus einer Kombination von **„Long"-Positionen** (positive Portfolio-Anteile) in der risikolosen Anlage und in dem jeweiligen Risikoportfolio gebildet werden können. Um demgegenüber einen Punkt im gestrichelten Bereich (jeweils rechts von P*, P_1, P_2) zu realisieren, muss man die risikolose Anlage leer verkaufen (**„Short"-Position**), mit anderen Worten Kredit aufnehmen, und diesen Betrag vollständig in das jeweilige Risikoportfolio investieren.

Die Darstellung in Abbildung 23 verdeutlicht, dass die Gerade durch den Punkt P* alle anderen Kombinationslinien sowie die ursprüngliche Effizienzmenge **dominiert**. Stimmen alle Marktteilnehmer in ihrer Einschätzung der Erträge und Risiken überein (**homogene Erwartungen**), so wählt jeder rationale Investor einen Punkt auf dieser neuen Dominanzlinie und entscheidet sich damit für eine Mischung aus risikoloser Anlage und **Tangential-Portfolio** P*.

In diesem idealtypischen Fall ist die Zusammensetzung von P* somit völlig **unabhängig von der individuellen Risikoeinstellung** des Investors. Diese kommt ausschließlich im Portfolio-Anteil der risikolosen Anlage zum Ausdruck. Diese Überlegung führt zu einer besonderen Interpretierbarkeit von P*. Wenn alle Marktteilnehmer in das gleiche Portfolio P* investieren, so kann der Markt nur dann geräumt sein, falls sämtliche risikobehafteten Anlagen in P* enthalten sind. Da die Investoren in ihrer Summe den Markt ausmachen, müssen die Portfolio-Anteile in P* exakt den Marktanteilen der Anlagealternativen entsprechen. Bei P* handelt es sich somit um das so genannte **Marktportfolio**.

Eine weitere notwendige Bedingung für ein Gleichgewicht am Kapitalmarkt besteht darin, dass sich **Kreditangebot** und **Kreditnachfrage** entsprechen. Dies wird durch eine Anpassung des risikolosen Zinses bewerkstelligt, bis sich auch hier eine Überschussnachfrage von null (**Markträumung**) einstellt. Die folgende Abbildung stellt das Ergebnis dieses Gleichgewichtsprozesses, die so genannte **Kapitalmarktlinie (KML)**, dar.

Kapitalmarktlinie

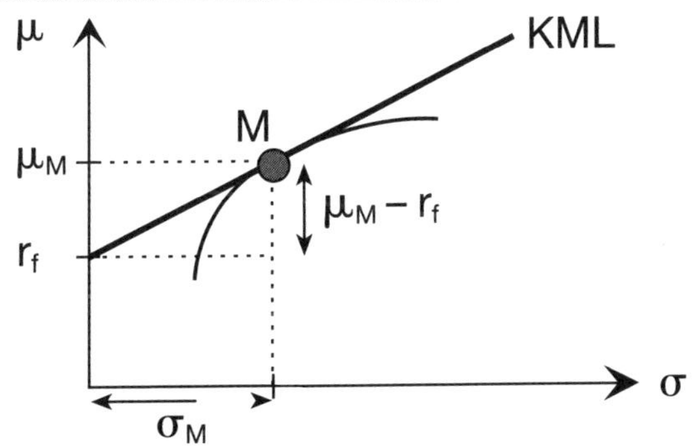

Abbildung 24

Die KML bildet die Menge der effizienten Portfolios in einem **Marktgleichgewicht** bei homogenen Erwartungen der Investoren ab.

Sie ist durch folgenden funktionalen Zusammenhang definiert:

$$\mu_p = r_f + \underbrace{\frac{\mu_M - r_f}{\sigma_M}}_{\gamma} \cdot \sigma_p$$

Der γ-Term mißt die Steigung der KML und wird als **Marktpreis des Risikos** bezeichnet. Er setzt die Risikoprämie des Marktes ins Verhältnis zum Marktrisiko. Multipliziert mit der Risikomenge eines Portfolios, also σ_P, ergibt sich die **Risikoprämie eines Portfolios** ($\mu_P - r_f$).

Im Marktgleichgewicht findet jeder Investor sein **Nutzenoptimum** durch eine Mischung von risikoloser Anlage und Marktportfolio. Seine Vorgehensweise unterscheidet sich dabei nicht von dem in Kapitel 2.2.2.2 skizzierten Verfahren.

Es sollen die optimalen Portfolios für zwei Investoren (A, B) ermittelt werden. Die Präferenzen beider Investoren lassen sich mithilfe folgender Funktion im μ-σ-Raum abbilden:

$$\mu_p = \bar{U} + \frac{1}{2}\alpha \cdot \sigma_p^2$$

A und B unterscheiden sich lediglich im Hinblick auf ihre Risikoeinstellung voneinander. Durch Verhaltensexperimente konnte der Risikoparameter α folgendermaßen quantifiziert werden:

$$\alpha_A = 0{,}5$$
$$\alpha_B = 0{,}1$$

B ist demnach weniger risikoscheu als A.

Zum Zeitpunkt der Investitionsentscheidung sei der Markt durch folgende Datenkonstellation gekennzeichnet:

$$\mu_M = 9\%;\ r_f = 5\%;\ \sigma_M = 45\%$$

Im Optimum müssen die Steigung der KML und der Indifferenzkurve übereinstimmen.

a) Steigung der KML: γ (Marktpreis des Risikos)

b) Steigung der Indifferenzkurve: Hierzu muss die Ableitung der Präferenzfunktion nach σ gebildet werden. Sie lautet: $\partial\mu_P/\partial\sigma_P = \alpha \cdot \sigma_P$

Gleichsetzen der beiden Steigungen:

$$\frac{\mu_M - r_f}{\sigma_M} \overset{!}{=} \alpha \cdot \sigma_p$$

Durch Einsetzen der Marktdaten erhält man:

$$0{,}0\overline{8} = \alpha \cdot \sigma_p$$

Die Lösung dieser Gleichung hängt von der individuellen Risikoeinstellung des Investors ab.

$$\text{Investor A } (\alpha = 0{,}5): \quad 0{,}0\overline{8} = 0{,}5 \cdot \sigma_p \quad \Leftrightarrow \sigma_p = 17{,}\overline{7}\%$$

Für Investor A beträgt die optimale Portfolio-Volatilität demnach etwa $17{,}\overline{7}$ %. Durch Einsetzen in die KML erhält man den dazugehörigen optimalen Portfolio-Ertrag:

$$\mu_p = 0{,}05 + 0{,}0\overline{8} \cdot 0{,}1\overline{7}\% = 6{,}58\%$$

Analog erhält man für Investor B die Werte

$$\mu_p = 12{,}9\% \text{ und } \sigma_p = 89\%$$

Ermitteln der optimalen Portfolio-Anteile:

Hierbei macht man sich zunutze, dass sich der Portfolio-Erwartungswert als gewichtete Summe der Einzel-Erwartungswerte berechnen lässt. Somit gilt:

$$\mu_p = \omega \cdot r_f + (1-\omega) \cdot \mu_M$$

Durch Einsetzen der bekannten Daten und anschließendes Umformen erhält man für Investor A einen optimalen Portfolio-Anteil der risikolosen Anlage ω in Höhe von 60,5%. Die restlichen 39,5% würde A in das Marktportfolio investieren. Analog lassen sich die optimalen Portfolio-Anteile für Investor B berechnen. Sie lauten:

$$\omega_B = -97{,}5\% \text{ und } 1-\omega_B = +197{,}5\%$$

Daraus ergibt sich näherungsweise folgende grafische Darstellung im μ-σ-Raum:

Schuldner und Gläubiger im Kapitalmarktgleichgewicht

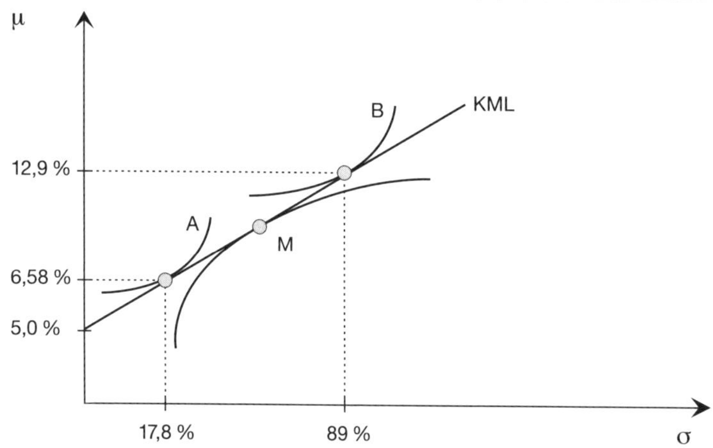

Abbildung 25

Die **Investortypen A und B** lassen sich nun etwas eingehender charakterisieren. Wie bereits weiter oben angedeutet, zeichnen sich die Portfolios jenseits vom Marktportfolio durch Leerverkaufspositionen in der risikolosen Anlage aus. Genau dies ist bei Investor B der Fall. Wie im obigen Beispiel berechnet, beläuft sich der optimale Portfolio-Anteil der risikolosen Anlage bei ihm auf –97,5%. Investor B nimmt mit anderen Worten Geld auf, und zwar in einer Höhe von 97,5% seiner Anfangskapitalausstattung. Den

Erlös investiert er sodann, über sein Startkapital hinaus, in das Marktportfolio. Insgesamt beträgt der optimale Anteil des Marktportfolios bei ihm somit 197,5% (100% Startkapital + 97,5% auf Kredit). Investor B kann daher als typischer **Schuldner** charakterisiert werden. Investor A erfüllt hingegen die Funktion eines **Gläubigers**. Er legt Geld zum risikolosen Zinssatz an. Die risikolose Anlage hat daher einen positiven Anteil an seinem optimalen Portfolio in Höhe von 60,5%. Bestünde der Markt lediglich aus den beiden Investoren A und B, so müssten sich die Geldanlage- und Aufnahmebeträge genau entsprechen, damit der Kapitalmarkt insgesamt im Gleichgewicht ist. Wäre dies nicht der Fall, so würde ein Überschießen des Geldangebots oder der Geldnachfrage eine **Anpassung des risikolosen Zinses** notwendig machen, um eine Markträumung zu gewährleisten.

An dieser Stelle sei noch auf einen häufig kritisierten Punkt des Modells hingewiesen, der darauf abzielt, dass die **risikolose Anlage nicht wirklich risikolos** ist. Zum einen wird dabei angeführt, dass trotz fester Nominal-Verzinsung ein **Inflationsrisiko** besteht. Mit anderen Worten, r_f ist nicht risikolos, da man zum Zeitpunkt der Investitionsentscheidung nicht weiß, wie hoch die damit verbundene Kaufkraft am Ende sein wird. Zum anderen wird auch nicht berücksichtigt, dass ein Kreditgeber (legt zu r_f an) einem **Bonitätsrisiko** ausgesetzt ist. Das Modell geht nämlich davon aus, dass der Kreditnehmer den aufgenommenen Geldbetrag vollständig in das Marktportfolio investiert. Infolgedessen muss der Kredit letztlich durch den Marktwert der Investition in das Marktportfolio gedeckt sein. Da für den Ertrag des Marktportfolios jedoch die **Normalverteilungsannahme** gilt, besteht eine positive Wahrscheinlichkeit dafür, dass der Kredit „notleidend" wird. Also muss jeder Gläubiger damit rechnen, dass der angelegte Betrag (inklusive Zinsen) nicht bzw. nicht vollständig zurückgezahlt wird. Die Geldanlage zum „risikolosen" Zins r_f ist somit strenggenommen doch nicht risikolos.

2.2.2.4 Zusammenfassung und Arbeitsaufgaben

Zusammenfassung

In diesem Kapitel wurde der Prozess der Portfolio-Selektion ausführlich dargestellt. Dabei wurde zunächst erläutert, was die Theorie unter einem rationalen Investor versteht und wie sich Rationalität formal darstellen lässt. Insbesondere wurden das Konzept der Risiko-Nutzen-Funktion vorgestellt und die verschiedenen möglichen

Formen individueller Risikoeinstellungen definiert. Darauf aufbauend wurde hergeleitet, dass sich das optimale Portfolio eines risikoscheuen Investors als Tangentialpunkt der so genannten effizienten Grenze (Menge effizienter Wertpapierkombinationen) und der Nutzendifferenzkurve des Investors ergibt.

Ferner wurde gezeigt, dass die Existenz einer risikolosen Anlagemöglichkeit bei homogenen Erwartungen zu einem Marktgleichgewicht führt, in dem alle Investoren die gleiche Mischung risikobehafteter Anlagen wählen, nämlich das Marktportfolio. Die individuellen Portfolios unterscheiden sich dann nur noch hinsichtlich des Anteils der risikolosen Geldanlage voneinander. Je nach Risikopräferenz tritt ein Teil der Investoren als Gläubiger (Portfolio-Anteil der risikolosen Anlage größer null) oder als Schuldner (Portfolio-Anteil der risikolosen Anlage kleiner null) auf. Im Ergebnis müssen sich die aufgenommenen und angelegten Geldbeträge neutralisieren, um ein Gleichgewicht am Kapitalmarkt sicher zu stellen.

Arbeitsaufgaben

1. Was versteht man in der Portfolio-Theorie unter rationalem Verhalten?

2. Angenommen, Sie haben es mit einem risikoscheuen Investor zu tun (siehe Abbildung 16 c). Sie bieten ihm ein faires Spiel an, bei dem er entweder 2000 EUR mit einer Wahrscheinlichkeit von 70% (Punkt a) oder sogar 5000 EUR (Punkt b) mit der (Komplementär-)Wahrscheinlichkeit von 30% gewinnen kann. Auf die Frage, wie viel dem Investor dieses Spiel wert sei, gibt er einen Betrag von 2800 EUR an. Angenommen, Sie bieten ihm dann ein weiteres Spiel an, das sich von dem ersten nur dadurch unterscheidet, dass Sie die Gewinnspanne symmetrisch, d.h. nach beiden Seiten hin um den gleichen Betrag, erweitern (also z.B. auf 1000 EUR und 6000 EUR). Wird dem Investor dieses Spiel mehr oder weniger wert sein als das erste? Lösen Sie diese Aufgabe grafisch.

3. Angenommen, es herrschen homogene Erwartungen am Kapitalmarkt. Es existieren 3 Anlagealternativen, von denen eine risikolos ist. Sie sind Marktteilnehmer und haben sich im Sinne der Portfolio-Theorie verhalten. Welche der folgenden Aussa-

gen, hinsichtlich der Zusammensetzung Ihres Portfolios, sollte keinesfalls erfüllt sein:

a) es enthält sowohl Wertpapier A als auch Wertpapier B; die risikolose Anlage ist nicht enthalten;

b) es enthält Wertpapier A sowie die risikolose Anlage, aber nicht Wertpapier B;

c) es enthält weder Wertpapier A noch Wertpapier B;

Begründen Sie in jedem der drei Fälle Ihre Entscheidung.

4. Charakterisieren Sie die Risikoeinstellung eines Investors, der weder als Kreditnehmer noch als Kreditgeber auftritt. Liegt in diesem Fall ein risikoneutrales Verhalten vor?

2.2.3 Bewertung im Marktgleichgewicht

Weißnichtrecht ist hoch zufrieden. Nachdem er mithilfe eines Fragenkatalogs die Risikoeinstellung seines neuen Kunden ermittelt hatte, fiel es ihm dank Computerunterstützung recht leicht, das für diesen Anleger optimale DAX30-Portfolio zu bestimmen. Eine Beobachtung macht ihn allerdings stutzig: Warum, so fragt er sich, können die erwarteten Renditen von Thyssen-Krupp und BMW so stark voneinander abweichen (1,0 % vs. 1,62 % pro Monat, Zeitraum 02/82 – 01/02), obwohl ihr Risiko mit Blick auf die empirischen Standardabweichungen praktisch identisch zu sein scheint (8,70 % vs. 8,72 %).

Schlüsselbegriffe

- CAPM, APT
- Risikoprämie
- Wertpapiermarktlinie
- Beta-Risiko
- Homogene Erwartungen
- Fehlbewertung
- Arbitragefreiheit
- Single-Index-Model

In der rationalen Welt der Portfolio-Theorie hängt die Höhe des zu erwartenden Ertrages ausschließlich von der Höhe der eingegangenen Risiken ab. Die am Markt erzielbaren Risikoprämien sind das Ergebnis des Aufeinandertreffens von **Angebot und Nachfrage** respektive den dahinter stehenden Risikoentscheidungskalküle der Investoren. Im Marktgleichgewicht lassen sich mithilfe der Kapitalmarktlinie „**faire**" **Risikoprämien** für alle effizienten Portfolios angeben. Bei ihnen besitzt das gesamte Portfolio-Risiko (= Renditevolatilität) Bewertungsrelevanz.

Bewertung im Marktgleichgewicht

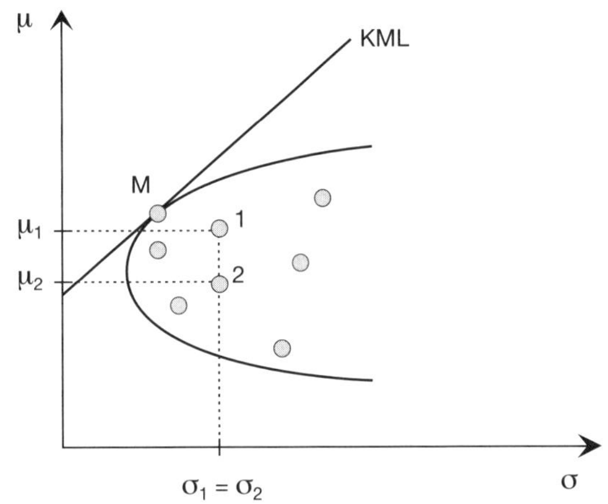

Abbildung 26

Die unterschiedliche Marktbewertung der Portfolios 1 und 2 in der Abbildung oben beruht jedoch offentsichtlich nicht auf ihren Volatilitäten. Es gilt nämlich:

$$\text{obwohl } \sigma_1 = \sigma_2 \qquad \underbrace{\mu_1 - r_f}_{\substack{\text{Risikoprämie}\\ \text{Anlage 1}}} > \underbrace{\mu_2 - r_f}_{\substack{\text{Risikoprämie}\\ \text{Anlage 2}}}$$

Der Grund hierfür liegt in der Ineffizienz der beiden Portfolios. Sie beinhalten **unsystematische Risiken**, die an einem kompetiven Markt nicht honoriert werden. **Effiziente Portfolios** sind hingegen vollständig diversifiziert. Ihr Gesamtrisiko (= Varianz) ist zu 100 % systematisch und damit auch bewertungsrelevant. Eine Bepreisung effizienter Portfolios kann daher mithilfe der KML durchgeführt werden. Im Fall der Ineffizienz werden hierfür jedoch weiterführende Modelle benötigt. Sie müssen dazu in der Lage sein, das systematische Risiko einer Kapitalanlage zu isolieren und zu bewerten.

2.2.3.1 Das CAPM

Das CAPM wurde in seiner Grundversion von Sharpe (1964), Lintner (1965) und Mossin (1966) entwickelt. Die besondere Leistung des Modells besteht darin, **Einzelwertrisiken quantifizier- und bewertbar** gemacht zu haben. Damit wird z.B. die Ermittlung risikoadjustierter Kalkulationszinsfüße im Rahmen der Investitions- und Finanzierungsrechnung (z.B. bei der Kapitalwertmethode) ermöglicht.

Im Kern basiert das CAPM auf **zwei Grundannahmen**: Erstens wird davon ausgegangen, dass alle Marktteilnehmer bestrebt sind, **effiziente Portfolios** zu halten (das heißt, sie sind Portfolio-Optimierer im Sinne von Markowitz). Zweitens unterstellt man, dass sich der **Markt im Gleichgewicht** befindet und ein einheitlicher Marktpreis des Risikos gilt. Der Ausgangspunkt des CAPM ist mit anderen Worten die Kapitalmarktlinie. Die wesentlichen Annahmen, die zu ihrer Ableitung benötigt wurden, sollen daher noch einmal im Überblick genannt werden:

1. **Vollkommener Kapitalmarkt**, das heißt insbesondere keine Steuern, keine Transaktionskosten usw.
2. Vollständige und **homogene Erwartungen** der Investoren. Das heißt erstens, dass sämtliche Anlagealternativen in die Entscheidungskalküle der Marktteilnehmer einfließen und zweitens, dass die Marktteilnehmer in ihrer Einschätzung der Erwartungswerte und Varianzen übereinstimmen. Gleichzeitig impliziert dies, dass alle Investoren gleich gut informiert sind. Das CAPM lässt daher **keine Informationsvorsprünge** Einzelner zu.
3. Es existiert eine **risikolose Anlage**, das heißt, die Marktteilnehmer können zu einem risikolosen Zins unbeschränkt Geld anlegen oder aufnehmen.

Die **weitreichendste Implikation der KML** besteht darin, dass alle Investoren eine Linearkombination aus risikoloser Anlage und Marktportfolio halten. Die Unterschiede in den Risikopräferenzen der Marktteilnehmer kommen dabei lediglich in der individuellen Gewichtung der risikolosen Anlage zum Ausdruck (Gläubiger/Schuldner, vgl. Abbildung 25). Aus diesem Marktgleichgewicht folgt nun mit mathematischer Konsequenz die **Bewertungsgleichung des CAPM**. Sie lautet:

$$\mu_i = r_f + (\mu_M - r_f) \cdot \beta_i \qquad \text{mit } \beta_i = \frac{\sigma_{i,M}}{\sigma_M^2}$$

Dieser lineare Zusammenhang zwischen der erwarteten Rendite einer Kapitalanlage und ihrem Beta wird auch als **Wertpapiermarktlinie** (WML) bezeichnet. Bekanntlich misst das Beta den relativen Beitrag einer Kapitalanlage zum Gesamtrisiko des Portfolios, in dem sie sich befindet. Da es sich im vorliegenden Fall um ein besonderes Portfolio handelt, nämlich um das Marktportfolio, kann man in der **Interpretation des Betas** noch einen Schritt weitergehen. Da das Marktportfolio sämtliche Kapitalanlagen einer Ökonomie, gewichtet mit ihren relativen Marktwerten, enthält, ist bei ihm das gesamte Diversifikationspotenzial ausgeschöpft (vollständige Diversifikation). Insofern handelt es sich bei der Varianz des Marktportfolios in vollem Umfang um **systematisches Risiko**. Oft werden daher die Begriffe **Marktrisiko** und **systematisches Risiko** synonym verwendet. Damit ist klar, dass es sich beim CAPM-Beta um ein Maß für das systematische Risiko einer Einzelanlage handelt. Demnach besagt die WML im Kern, dass im Marktgleichgewicht nur das systematische Risiko einer Kapitalanlage, mit anderen Worten ihr relativer Beitrag zum Marktrisiko, bewertungsrelevant ist. Nunmehr kann auch der scheinbare Widerspruch aufgelöst werden, der sich durch die unterschiedliche Marktbewertung der beiden Anlagen in Abbildung 26 ergab.

Zusammenhang zwischen KML und WML

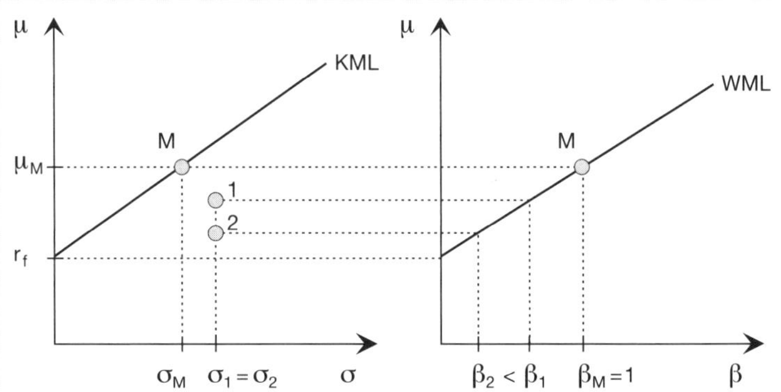

Abbildung 27

Abbildung 27 verdeutlicht noch einmal, dass sich mithilfe der KML lediglich effiziente Portfolios, insbesondere natürlich das Marktportfolio, bepreisen lassen. Entlang der KML steigen ihre Risikoprämien linear mit der Portfolio-Volatilität an. Wie bereits am Anfang dieses Kapitels dargestellt, hilft die KML bei der Bewertung einzelwirtschaftlicher Risiken nicht weiter. Der scheinbare Widerspruch, der sich durch einen Vergleich von Anlage 1 mit Anlage 2 ergab, wird durch die WML aufgelöst: Zwar ist das Gesamtrisiko von Anlage 2 genauso groß wie das von Anlage 1, ihr systematisches Risiko fällt jedoch geringer aus und damit auch der zu erwartende Ertrag.

An dieser Stelle sei noch ein Wort zum Beta-Faktor erlaubt. Wie inzwischen bekannt, handelt es sich hierbei um ein **relatives Risikomaß**. Das durchschnittliche Kovarianzrisiko einer Kapitalanlage wird ins Verhältnis gesetzt zum durchschnittlichen Varianzrisiko des Gesamtmarktes. Daraus folgt unmittelbar, dass das Beta des Marktportfolios 1 betragen muss (siehe Abbildung 27). Dies kann man sich auch folgendermaßen klar machen:

$$\beta_M = \frac{Cov(R_M,R_M)}{Var(R_M)} = \frac{\rho \cdot \sigma_M \cdot \sigma_M}{\sigma_M^2} = \frac{1 \cdot \sigma_M^2}{\sigma_M^2} = 1$$

Bei einem Beta von größer 1 liegt demnach das systematische Risiko einer Kapitalanlage über dem Durchschnitt, bei einem Beta von kleiner 1 darunter. Dieser Zusammenhang gilt übrigens nicht nur für jede einzelne Kapitalanlage am Markt, sondern auch für jedes Anlagenportfolio. Das **Portfolio-Beta** berechnet sich in diesem Fall als gewichteter Durchschnitt der Einzelwert-Betas:

$$\beta_p = \sum_{i=1}^{N} x_i \cdot \beta_i$$

Bei Gültigkeit des CAPM müssen sich alle Wertpapiere bzw. Wertpapierportfolios auf der WML befinden. **Abweichungen von der WML** sind nur gedanklich, während des Übergangs von einem in den nächsten Gleichgewichtszustand, vorstellbar. Eine derartige **Fehlbewertung** von Anlagen würde, über den Angebots-Nachfrage-Mechanismus am Kapitalmarkt, zu Preisanpassungen führen, bis sich alle Wertpapiere wieder auf der WML befinden. Da es sich jedoch beim CAPM um ein statisches Modell handelt, bildet es die transitorischen Zustände nicht ab. Eine Beurteilung des Anlageerfolges (siehe Kapitel 5.2 zur Performance-Messung) in Relation zur empirischen WML ist daher fragwürdig.

Der enorm hohe **Stellenwert des CAPM** in Theorie und Praxis ist nicht zuletzt auf seine Einfachheit und Plausibilität zurückzuführen. Ausschlaggebend für die Akzeptanz des Modells ist jedoch letztendlich seine deskriptive Qualität, das heißt, inwiefern es dazu in der Lage ist, das tatsächliche Geschehen an realen Märkten zu beschreiben. Bevor jedoch näher auf die Ergebnisse empirischer (Validitäts-)Tests eingegangen wird, erscheint es zunächst einmal sinnvoll, auf mögliche Vorgehensweisen bei der **Ermittlung der Modellparameter** einzugehen. Im Übrigen ist eine Beschäftigung mit dieser Fragestellung auch im Hinblick auf die Anwendung des CAPM in der Praxis unabdingbar. Das grundsätzliche Problem besteht dabei darin, dass das CAPM ein Modell ist, das auf ex-ante-Größen basiert, Erwartungswerte in der Realität aber nicht ohne weiteres messbar sind. Die Modellparameter, also insbesondere das Beta als erklärender Faktor, müssen demzufolge geschätzt werden. Grundsätzlich stehen für diese Aufgabe die gleichen Verfahren zur Verfügung wie bei der Implementierung des Markowitz-Modells.

Zum einen kann das systematische Risiko einer Anlagealternative mithilfe fundamentaler Daten zukunftsorientiert geschätzt werden (vgl. u.a. Bauer, 1991). Zum anderen besteht die Möglichkeit einer rein „statistischen" Vorgehensweise, das heißt, dass die benötigten Parameter auf der Grundlage einer „historischen" Datenstichprobe geschätzt werden. Dies geschieht mithilfe des so genannten Markt- bzw. **Single-Index-Models (SIM)** von Sharpe (1963).

$$R_{i,t} = \alpha_i + \beta_i R_{M,t} + \varepsilon_{i,t}$$

Eine Gleichung dieser Form wird als lineares Regressionsmodell bezeichnet. Das Beta gibt dabei die Steigung einer Geraden an, die die paarweisen Beobachtungen der Marktrendite ($R_{M,t}$) und der Rendite eines Wertpapiers i ($R_{i,t}$) möglichst gut approximiert. Es misst, wie sensitiv die Rendite eines Wertpapiers auf Renditeveränderungen des Marktes reagiert und ist damit genauso definiert wie der relative Portfolio-Risikobeitrag von Seite 39. Es handelt sich somit um ein normiertes Kovarianzmaß und entspricht in seiner Definition exakt den Vorgaben des CAPM. Allerdings muss hierfür gewährleistet sein, dass es sich auch tatsächlich um das Marktportfolio handelt, dessen Rendite in die Marktmodellgleichung einfließt. Wie bereits bekannt, ist das Marktportfolio selbst streng genommen gar nicht beobachtbar, sodass man dazu gezwungen ist, einen **Stellvertreter für das Markt-**

portfolio zu verwenden. Hierbei handelt es sich in der Regel um einen repräsentativen Marktindex, wie z.B. den CDAX für den deutschen Markt. In der folgenden Abbildung ist der empirische Zusammenhang zwischen der BMW-Aktie und dem CDAX über einen Zeitraum von 20 Jahren dargestellt (240 Renditebeobachtungen).

Schätzung von Beta-Faktoren mithilfe des Marktmodells

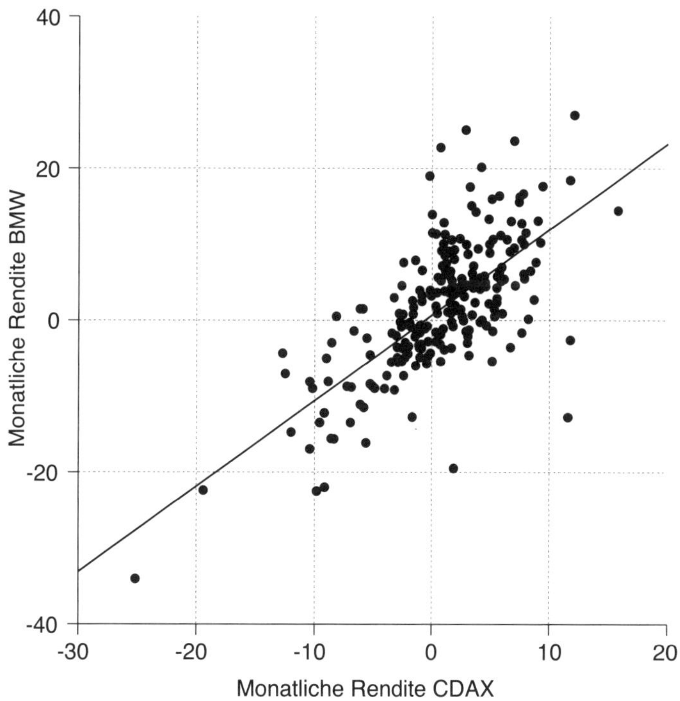

Abbildung 28

Die Steigung der Regressionsgeraden wird mithilfe der **Methode der kleinsten Quadrate** (siehe Frohn, 1981) ermittelt. Das empirische Beta der BMW-Aktie für den hier betrachteten Zeitraum lag bei 1,13. Die Aktie reagiert damit überproportional auf Marktveränderungen. In der Lesart des CAPM besitzt sie daher ein überdurchschnittliches systematisches Risiko und sollte damit im Durchschnitt auch eine höhere Rendite abwerfen als der Markt insgesamt.

Das größte Problem des Marktmodells besteht darin, dass es von der Annahme unkorrelierter Regressionsresiduen $e_{j,t}$ ausgeht. Diese Annahme wäre automatisch dann gerechtfertigt, wenn es sich beim verwendeten Index tatsächlich um das Marktportfolio handeln würde. Dann wäre sicher gestellt, dass die Korrelation der einzelnen Wertpapiere vollständig über ihre Korrelation mit dem Index erklärt wäre. In der Praxis ist dem aber nicht notwendigerweise so, da man ja lediglich ein nicht perfektes Surrogat für das Marktportfolio verwendet, wie oben z. B. den CDAX. Eine Mindestanforderung wäre demnach, dass zumindest empirisch die Forderung nach der Unkorreliertheit der Residualrenditen erfüllt ist. Man spricht hierbei auch von der **Diagonalität der Varianz/Kovarianzmatrix** der Residuen. Auch ohne, dass es sich um das „wahre" Marktportfolio handelt, lässt sich in diesem Fall die Varianz des als Marktindex verwendeten Portfolios in zwei Bestandteile zerlegen, einen unsystematischen (diversifizierbaren) Teil und einen systematischen Teil.

$$Var(R_i) = \sigma_i^2 = Var(\alpha_i + \beta_i \cdot R_I + \varepsilon_i) = \underbrace{\beta_i^2 \cdot Var(R_I)}_{\text{systematisch}} + \underbrace{Var(\varepsilon_i)}_{\text{unsystematisch}}$$

Die **Varianzzerlegung** ist nicht nur mit Blick auf das CAPM von Bedeutung. Auch lässt sich mit ihr das grundsätzliche Entscheidungsproblem der Portfolio-Theorie nach Markowitz maßgeblich vereinfachen. Findet man nämlich einen Index, der die obigen Anforderungen erfüllt, so müssen die paarweisen Kovarianzen der Wertpapiere nicht mehr explizit und für jeden Einzelfall separat geschätzt werden. Es gilt nämlich:

$$Cov(R_i, R_j) = \beta_i \cdot \beta_j \cdot \sigma_I^2$$

Mit diesem „Kunstgriff" kann der Datenaufwand im Vergleich zum herkömmlichen Vorgehen nach Markowitz deutlich reduziert werden.

Die Aufwandsreduzierung durch das SIM nimmt mit der Anzahl der berücksichtigten Anlagealternativen zu. Während bei N = 10 noch knapp halb so viel (32 : 65) Parameterschätzungen erforderlich sind, sinkt dieses Verhältnis bei N = 100 überproportional auf nur noch 302 : 5 150 (5,9 %).

Sind alle Annahmen des SIM erfüllt, so erhält man, als Resultat der Optimierung, die **gleiche Effizienzlinie wie im Markowitz-Ansatz**. Bei einer Annahmenverletzung stellt die Lösung des Sharpe-Modells jedoch lediglich eine **Approximation der Markowitz-Lösung** dar. Häufig ist es die Annahme der Unkorreliertheit der Regressionsreste, die sich in der Praxis als kritisch erweist. Als mögliche Ursache ist zum einen die Verwendung **ungeeigneter Indizes** zu nennen. Zum anderen kann man argumentieren, dass sich anlagenspezifische Ereignisse auch auf die Renditen anderer Anlagen (z.B. der Aktien eines Konkurrenzunternehmens) auswirken und damit für eine Korrelation der Renditen sorgen, die der Index nicht zu erfassen vermag.

Markowitz-Modell	
Parameter	Anzahl
$E(R_i)\ \forall i$	N
$Var(R_i)\ \forall i$	N
$Cov(R_i, R_j)\ \forall i \neq j$	$\frac{N^2 - N}{2}$
—	—
—	—
	$\frac{N \cdot (N+3)}{2}$

Sharpe-Modell	
Parameter	Anzahl
$E(R_I)$	1
$Var(\varepsilon_i)\ \forall i$	N
$Var(R_I)$	1
—	—
$\alpha_i\ \forall i$	N
$\beta_i\ \forall i$	N
	$3 \cdot N + 2$

Abbildung 29

Der Anwender muss daher im **Praxiseinsatz** die Zeit- und Kostenersparnis des SIM den Kosten seiner größeren Ungenauigkeit gegenüberstellen. Dabei ist natürlich zu berücksichtigen, dass auch der Dateninput im Markowitz-Modell nicht frei von Ungenauigkeiten ist. Wie in Kapitel 3.3.5 erörtert wird, ist der subjektive Einfluss auf das Schätzergebnis groß (Wahl der Methode, Wahl des Beobachtungszeitraums bei der historischen Schätzung usw.). Die **„wahre" Effizienzlinie** kann daher auch hier nicht ermittelt werden.

Neben der generellen Frage der Gültigkeit des CAPM wird in Theorie und Praxis immer wieder auch kritisiert, dass es sich bei den mithilfe des Marktmodells ermittelten Beta um vergangenheitsbezogene Schätzwerte handelt. Um ihre Verwendung i.R. eines auf Erwartungen (und damit auf die Zukunft) ausgerichteten Modells wie des CAPM rechtfertigen zu können, muss man annehmen, dass die Verteilung der Wertpapierrenditen stationär ist, d.h. insbesondere, dass sich die Verteilungsparameter im Zeitablauf nicht verändern dürfen. Damit müsste also auch das systematische Risiko einer Anlage konstant bleiben, eine Annahme, die nicht unbedingt plausibel erscheint und auch empirisch infrage gestellt werden muss (siehe z.B. Geyer, 1992). Darüber hinaus kann die statistische Methode bei einer Vielzahl von Anlagen erst gar nicht angewendet werden. Zum Beispiel liegen bei nicht börsennotierten Unternehmen gar keine und bei neu emittierten Aktien nur sehr wenige Marktdaten vor. Bei „jungen" Unternehmen kommt hinzu, dass auch fundamentale Daten nur in geringem Umfang zur Verfügung stehen. In diesen Fällen kann bestenfalls eine sehr ungenaue Beta-Schätzung erfolgen. Ertragsprognosen auf der Grundlage des CAPM sind dementsprechend ebenfalls mit einer großen Unsicherheit behaftet. Dagegen fallen die Schätzprobleme bei börsennotierten Titeln mit einer langen Preishistorie eher gering aus. Bei marktengen, illiquiden Werten können sich allerdings Verzerrungen bei der Risikoschätzung ergeben (Dimson, 1979). Auch das Problem nicht konstanter Risiken bleibt grundsätzlich bestehen.

2.2.3.2 Arbitrage-Pricing-Theory (APT)

Die APT von Ross (1976) wird als der **Hauptherausforderer des CAPM** angesehen. Die Aufgabenstellung ist die gleiche: es geht darum, risikobehaftete Wertpapiere im Marktgleichgewicht zu bewerten. Anders als das CAPM geht die APT von weit weniger restriktiven Prämissen aus. Insbesondere verzichtet sie auf die Annahme, dass alle Investoren das Marktportfolio halten, eine Annahme, die mit Blick auf die Überprüfbarkeit des CAPM weiter oben bereits als besonders kritisch erachtet wurde. Die APT ist da weniger anspruchsvoll, damit aber auch nicht so weitreichend und generell in ihren Schlussfolgerungen. Wo liegen nun die Unterschiede ganz konkret? Ad 1 basiert die APT auf einem **Mehrfaktormodell**, das CAPM dagegen lediglich auf einem Einfaktormodell, dem Marktmodell.

$$R_{i,t} = \alpha_i + \beta_{i,1} \cdot F_{1,t} + \beta_{i,2} \cdot F_{2,t} + \ldots + \beta_{i,K} \cdot F_{K,t} + \varepsilon_{i,t}$$

Die Rendite eines Wertpapiers hängt gemäß APT von mehreren gemeinsamen Faktoren F_j ab (j=1,....,K). Die Theorie gibt dabei nicht konkret vor, um welche Faktoren es sich inhaltlich handelt. Sie sagt lediglich, dass es sich um Faktoren handeln soll, die Träger systematischen, d.h. nicht diversifizierbaren Risikos sind. Als Beispiele werden hier häufig makroökonomische Einflussgrößen genannt, die einen Einfluss auf die Renditen aller am Markt gehandelten Wertpapiere haben und insofern gemeinsame Faktoren darstellen. Nur der Vollständigkeit halber sei hier erwähnt, dass die Faktoren F_j nichts anderes als die Eigenvektoren der Varianz/Kovarianzmatrix der Wertpapierrenditen darstellen (lineare Algebra). Aus dieser sehr „unintuitiven" Interpretation ergibt sich eine weitere wichtige Eigenschaft, die von den Faktoren der APT gefordert wird: Sie sollen nicht miteinander korreliert sein. Das Gleiche gilt im Übrigen auch für die Residuen ε_i. Genau wie beim Marktmodell wird also auch hier wieder von der Diagonalität der Varianz/Kovarianzmatrix ausgegangen. Die Residuen des Faktormodells der APT sind genauso interpretierbar wie die Residuen des Marktmodells: In ihnen kommen alle unsystematischen und damit diversifizierbaren Risiken zum Ausdruck.

Neben der Annahme des Faktormodells benötigt die APT nur noch eine weitere Annahme, um zu einer **linearen Bewertungsgleichung** ähnlich der Wertpapiermarktlinie des CAPM zu gelangen, und dies ist die Annahme der **Arbitragefreiheit des Marktes**. Arbitragefreiheit bedeutet, dass es auf einem kompetitiven Markt nicht möglich ist, mit einem Portfolio, das keinen Kapitaleinsatz erfordert (volle Kreditfinanzierung oder Long- und Shortpositionen gleichen sich aus) und das darüber hinaus kein nicht diversifizierbares Risiko beinhaltet, einen Gewinn zu erzielen. Es gibt nicht so etwas wie einen „free lunch" an den Märkten. Nur für das Eingehen eines systematischen Risikos wird man auch entlohnt. Mathematisch formuliert reicht diese Bedingung bereits aus, um aus dem Faktormodell die lineare Bewertungsgleichung der APT, die so genannte **Wertpapiermarktebene** (WME) abzuleiten:

$$\mu_i = r_f + \gamma_1 \cdot \beta_{i,1} + \gamma_2 \cdot \beta_{i,2} + \cdots + \gamma_K \cdot \beta_{i,K}, \text{ für alle } i = 1,\ldots, N$$

Für alle nicht vollständig diversifizierten Portfolios gilt diese Bewertungsgleichung jedoch (aufgrund der Existenz unsystematischer Restrisiken) nur approximativ.

Die Parameter γ_k werden als **Faktorprämien** oder auch als Faktorpreise bezeichnet und lassen sich genauso interpretieren wie die Marktrisikoprämie $(R_M - r_f)$ im Rahmen des CAPM. Hierzu stelle man sich ein Wertpapierportfolio vor, dessen Rendite vollständig positiv mit dem fundamentalen Risikofaktor korreliert. In diesem Fall gilt:

$$\gamma_k = R_k - r_f$$

Da ein solches imaginäres Wertpapierportfolio den zugrunde liegenden Risikofaktor nachbildet, spricht man auch von einem **mimetischen Portfolio**.

Die folgende Abbildung stellt den Fall zweier Risikofaktoren dar:

Wertpapiermarktebene bei 2 Risikofaktoren

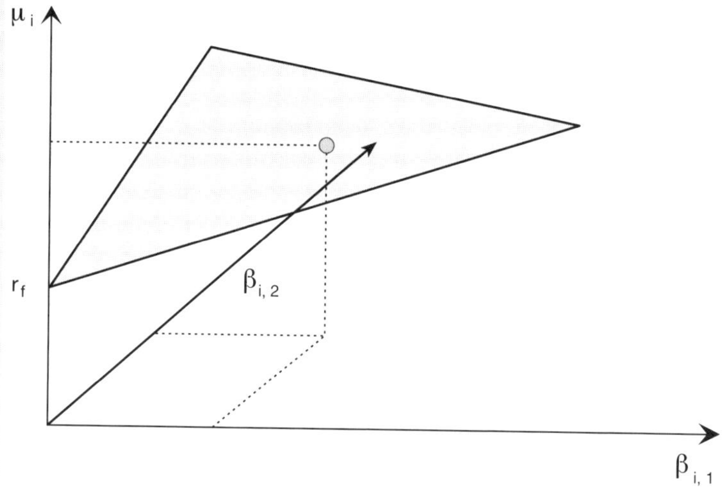

Abbildung 30

Abweichungen von der WME bedeuten, dass der Markt sich nicht im Gleichgewicht befindet. In diesem Fall existieren **Arbitrage-Möglichkeiten** (Über-/Unterbewertungen), die an einem kompetitiven Markt zu Preisanpassungen führen, bis sich der Markt wieder in einem Gleichgewichtszustand befindet. Dieser Mechanismus sei anhand eines einfachen Beispiels erläutert. Angenommen, es gilt ein Ein-Faktor-Modell. Die APT-Bewertungsgleichung lautet in diesem Fall:

$$\mu_i = r_f + \gamma \cdot \beta_i$$

Auffallend ist hierbei die **Ähnlichkeit mit der Wertpapiermarktlinie** des CAPM. Eine unmittelbare Gleichsetzung beider Modelle ist dennoch nicht möglich, da beide Modelle auf völlig unterschiedlichen Annahmen beruhen. Insbesondere kann der Faktorpreis γ daher auch nicht als Riskoprämie des Marktportfolios interpretiert werden. Nur in ihren empirischen Versionen können CAPM und APT übereinstimmen, nämlich dann, wenn in beiden Modellen der gleiche Index als Surrogat für das Marktportfolio bzw. für den einen Faktor, in der univariaten Version der APT, gewählt wird.

Eine arbitragefreie Marktbewertung ist im vorliegenden Fall dann und nur dann gegeben, falls sich sämtliche Wertpapiere auf einer Geraden befinden, die ihren Ursprung in r_f hat.

Arbitragefreie Bewertung bei Gültigkeit eines Ein-Faktor-Modells

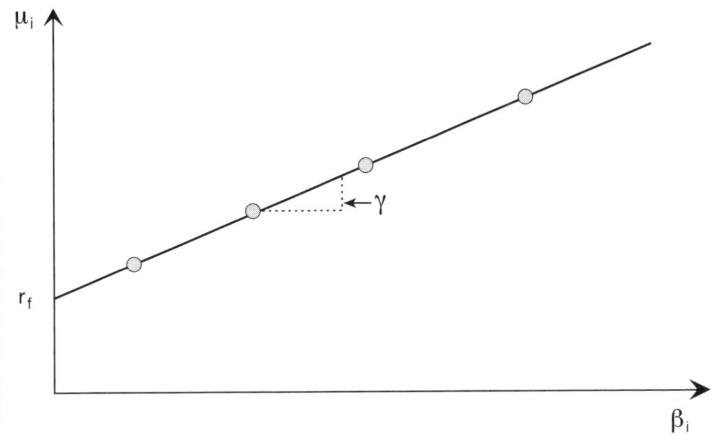

Abbildung 31

Im Umkehrschluss bedeutet dies, dass Abweichungen von dieser linearen Beziehung zu Arbitrage-Möglichkeiten führen. Ein solcher Fall liegt auch dem folgenden Zahlenbeispiel zugrunde:

Arbitrage-Ungleichgewicht

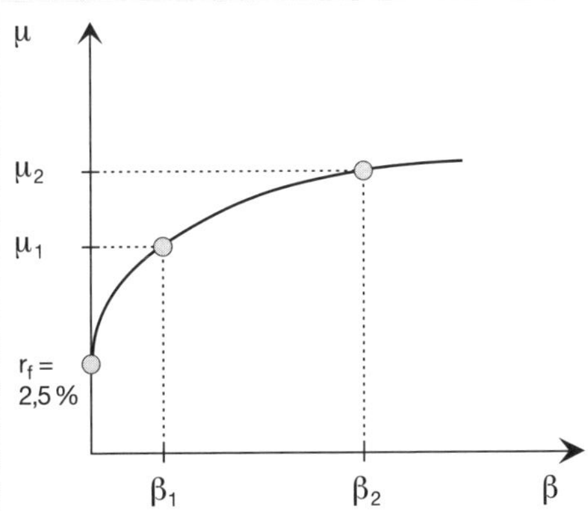

	μ	β
Anlage 1	7 %	0,5
Anlage 2	9 %	1,5

Abbildung 32

Offensichtlich ist im vorliegenden Fall die Bewertung des Faktorrisikos nicht linear, sondern konkav. Wie würde sich ein arbitrierender Investor bei dieser Datenkonstellation verhalten?

Grundsätzlich versteht man unter Arbitrage das **Ausnutzen von Marktungleichgewichten**. Insbesondere besteht ihr Ziel darin, risikolos und ohne Netto-Kapitaleinsatz Gewinne zu erwirtschaften. Im vorliegenden Fall würde ein imaginärer Arbitrageur demnach bestrebt sein, ein risikoloses Portfolio, bestehend aus den Anlagen 1 und 2, zu konstruieren. Zur Ermittlung der entsprechenden Portfolio-Anteile muss lediglich folgende Gleichung gelöst werden:

$$\beta_p = 0 = \omega \cdot \underbrace{0{,}5}_{\beta_1} + (1-\omega) \cdot \underbrace{1{,}5}_{\beta_2} \Leftrightarrow \omega = 150\%$$

Die Anlage 2 müsste er demnach leer verkaufen (–50%), um die Investition in Anlage 1 (+150%) zu finanzieren. Mit diesem risikolosen Portfolio ($\beta = 0$) lässt sich ein erwarteter Ertrag von $1{,}5 \cdot 7\% - 0{,}5 \cdot 9\% = 6\%$ erzielen. Dies entspricht dem Achsenabschnitt einer Geraden, die durch die beiden Punkte 1 und 2 verläuft (Abbildung 33).

Zurück zum Gleichgewicht

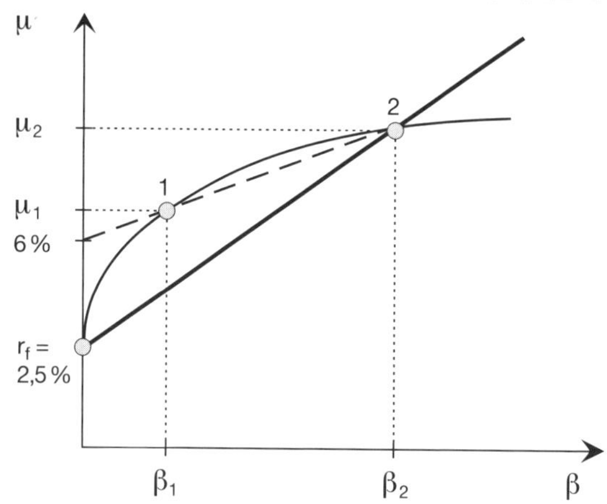

Abbildung 33

Dieser Wert liegt deutlich über dem risikolosen Zinssatz in Höhe von nur 2,5%. Der Arbitrageur könnte somit zum risikolosen Zins Geld aufnehmen und es dann in das **Null-Beta-Portfolio** investieren. Insgesamt hätte er damit ein sich selbst finanzierendes Portfolio, das, obwohl es keinerlei Risiko aufweist, eine positive Rendite in Höhe von 6% – 2,5% = 3,5% abwirft (**Arbitrage-Portfolio**). Da dieser Arbitrage-Vorgang theoretisch unendlich oft wiederholt werden kann, könnte der Arbitrageur beliebig reich werden. Die dargestellte Marktkonstellation wäre eine regelrechte „Geldmaschine". Auf einem kompetitiven Markt kann eine solche Situation nicht lange bestehen. Die Nachfrage für Wertpapier 1 würde steigen, die Leerverkäufe von Wertpapier 2 würden zunehmen. Der daraus resultierende **Preisdruck** würde dafür sorgen, dass der Markt zum Gleichgewicht zurückkehrt. Alle Punkte müssen dann wieder auf einer Geraden liegen bzw. im verallgemeinerten Fall auf der WME.

Die Vorteile der APT im Vergleich zum CAPM sind:

1. Die **Mehrdimensionalität**: Sie erlaubt eine flexiblere Modellierung und einen differenzierteren Einblick in die Risikostrukturen von Kapitalanlagen.
2. Die bessere **ökonomische Interpretierbarkeit**, wenn man sich i.R. der Modellierung für vorab spezifizierte, makroökonomische Faktoren entscheidet. Als geeignete Größen haben sich z.B. erwiesen (vgl. Chen/Roll/Ross, 1986):
    - Spanne zwischen langfristigem und kurzfristigem Zinssatz,
    - erwartete und unerwartete Inflation,
    - Industrieproduktion und
    - die Renditedifferenz zwischen Schuldverschreibungen mit einem hohen Rating und einem niedrigen Rating (Credit Spread).
3. Die bessere **empirische Testbarkeit**. So spielt das Marktportfolio keine explizite Rolle in der APT und seine Nicht-Beobachtbarkeit in der Realität stellt daher auch für empirische Tests kein Problem dar. Des Weiteren ist die APT auch auf Teilmengen von Anlageuniversen testbar. Die Bewertungsgleichung der APT (und damit die Forderung der Arbitragefreiheit) muss für jedes Marktsegment erfüllt sein.
4. Die insgesamt **besseren empirischen Testergebnisse**. So liefert das mehrdimensionale APT insgesamt einen höheren Erklärungsgehalt und kann darüber hinaus Renditeeffekte erklären, an denen das CAPM zuvor gescheitert war (Weiteres hierzu in Kapitel 2.2.4.3).

Die APT hat aber nicht nur Vorteile. Problematisch sind insbesondere die inhaltliche **Unspezifiziertheit der Risikofaktoren** und der erheblich höhere Schätzaufwand. Der große Spielraum bei der Auswahl von Faktoren bedeutet zwar einerseits ein hohes Maß an Flexibilität, birgt aber auch die Gefahr von **Scheinzusammenhängen** (siehe hierzu auch Kapitel 2.3.2). So lassen sich zwar relativ leicht statistisch signifikante Zusammenhänge (wie z.B. zwischen der Geburtenrate und dem Import von Südfrüchten) identifizieren. Zur Beschreibung struktureller, kausaler Zusammenhänge eignen sich diese jedoch offensichtlich nicht.

2.2.3.3 Zusammenfassung und Arbeitsaufgaben

Zusammenfassung

In diesem Kapitel wurden die beiden zentralen Bewertungsmodelle der Kapitalmarkttheorie, das CAPM und die APT, vorgestellt. Beide Modelle kommen zu einer linearen Bewertung des systematischen Risikos einer Kapitalanlage. Während das CAPM jedoch nur einen Faktor, nämlich den Marktfaktor, als bewertungsrelevant erachtet, lässt die APT Raum für mehrere systematische Risikofaktoren. Dabei macht sie über deren Anzahl und inhaltliche Bedeutung keinerlei Aussage. Die wesentlich weniger restriktiven Annahmen der APT haben daher ihren Preis in dieser Unspezifiziertheit des Modells. Während das CAPM somit aus theoretischer Sicht das anspruchsvollere und geschlossenere Modell ist, scheint die APT empirisch jedoch besser abzuschneiden. Einem Praxiseinsatz der APT steht allerdings der große Schätzaufwand entgegen, der mit einer Implementierung des Modells verbunden ist.

Arbeitsaufgaben

1. Nennen Sie die Prämissen des CAPM.
2. Das Beta einer Anlage ist eine unbekannte Größe, die vor einer Anwendung des CAPM geschätzt werden muss. Skizzieren Sie mögliche Vorgehensweisen. Welche Probleme können dabei jeweils entstehen?

3. Erläutern Sie, warum Abweichungen von der Wertpapiermarktebene (APT) an kompetitiven (maßgebenden) Märkten nicht lange Bestand haben dürften.
4. Wägen Sie Vor- und Nachteile der APT, im Vergleich zum CAPM, gegeneinander ab.
5. Erklären Sie den Unterschied zwischen Faktormodell- und Faktorbewertungsgleichung in der APT. Gibt es im Rahmen des CAPM auch ein Faktormodell?

2.2.4 Effiziente Märkte

Weißnichtrecht ist inzwischen einen langen Weg gegangen: von einem Anlageberater mit heißen Aktien-Tipps für Privatkunden hin zu einem Fondsmanager, der ertrags-/risiko-optimale Portfolios für institutionelle Kunden berechnet und verwaltet. Er stellt sich mehr und mehr die Frage, wie beides miteinander in Einklang zu bringen ist. Warum sind so viele Anleger erpicht darauf, die richtigen Aktien (die Gewinner) herauszupicken, wenn sie am Ende doch nur eine faire Entlohnung für das eingegangene Risiko erhalten? Sind die Märkte wirklich so effizient, wie CAPM und APT dies unterstellen?

Schlüsselbegriffe

- Bewertungseffizienz
- Informationseffizienz
- Faires Spiel
- Random Walk
- Dividendendiskontierungsmodell
- Aktienbewertung

Mit der Erwartung-Nutzen-Theorie, der Portfolio-Selektion und der Bewertung im Marktgleichgewicht wurden wesentliche Grundlagen der klassischen Kapitalmarkt-Theorie aufgezeigt. Ohne näher darauf einzugehen, wurde an verschiedenen Stellen explizit oder auch nur implizit von einem vollkommenen bzw. effizienten Markt ausgegangen. Ein effizienter Markt ist ein Markt, an dem die Preise Signale sind, die dafür sorgen, dass das Kapital den besten Verwendungsmöglichkeiten zugeführt wird (**Lenkungsfunktion**). Um dies zu gewährleisten, müssen folgende Bedingungen erfüllt sein:

1. Die Marktpreise dürfen nicht durch die in der Realität existierenden Unvollkommenheiten (wie z.B. Steuern oder Transaktionskosten) systematisch verzerrt sein (**Operationale Effizienz**);
2. die Marktpreise sollten stets sämtliche, relevanten Informationen unverzüglich widerspiegeln (**Informationseffizienz**) und
3. die Marktpreise sollten stets den zugrunde liegenden fundamentalen Werten entsprechen (**Allokations- bzw. Bewertungseffizienz**).

Das Effizienzkonzept ist ein hierarchisches Konzept mit der Bewertungseffizienz als oberster Stufe. Dabei gilt jedoch, dass die operationale Effizienz eines Marktes und die Informationseffizienz eines Marktes zwar notwendige, aber keineswegs hinreichende Bedingungen für einen bewertungseffizienten Markt sind.

2.2.4.1 Operationale Effizienz

Die Frage nach der operationalen Effizienz eines Kapitalmarktes wird durch eine Beurteilung der **Marktorganisation** und der durch sie verursachten Transaktionshemmnisse beantwortet. Damit die Kapitalmarktpreise die geforderte Qualität aufweisen, muss ein realer Markt, also in der Regel eine Börse, jederzeit für eine ausreichende Liquidität in den gehandelten Titeln sorgen. Eine Börse sorgt allein schon durch ihre **Treffpunktfunktion** (Angebot und Nachfrage treffen lokal aufeinander) für eine gewisse Liquidität. Dies bedeutet allerdings nicht, dass die Marktteilnehmer physisch präsent sein müssen. Faktisch erfüllen auch dezentrale **Computerbörsen** (vgl. z.B. Gerke, 1993a) die geforderte Treffpunktfunktion.

Gegenüber einem völlig unorganisierten Markt reduziert ein zentraler Börsenmarkt per se die Kosten, die durch die Aufbringung (**Primärmarktfunktion**) und die Übertragung (**Sekundärmarktfunktion**) von verbrieften Vermögensansprüchen (Wertpapieren) entstehen, und ist daher aus wohlfahrtsökonomischer Sicht stets vorteilhafter. Dennoch verursachen Marktorganisationen natürlich ihrerseits Kosten, die letztlich vom Marktteilnehmer (in Form von **Transaktionskosten**) zu tragen sind. Sie hemmen die **Handelsbereitschaft** der Marktteilnehmer und führen letztlich zu einem Qualitätsverlust der Kapitalmarktpreise. Die entscheidende Frage hinsichtlich der Beurteilung der operationalen Effizienz eines Börsenmarktes ist mithin, inwiefern die Marktstruktur (die Börsenorganisation) zu einer **Minimierung der Transaktionskosten** beiträgt. Hierzu gehören sowohl die direkten (Börsenumsatzsteuer, Provisionen, Courtagen etc.) als auch die indirekten Transaktionskosten. Die indirekten Transaktionskosten spielen dabei eine wesentlich wichtigere Rolle. Sie entstehen beispielsweise dann, wenn eine Position in einem Wertpapier nur unter Inkaufnahme eines signifikanten Preisabschlags/Preisaufschlags verkauft/gekauft werden kann. Dieses Problem tritt z.B. häufig auf, wenn größere Blöcke gehandelt werden (zur Problematik des **Blockhandels** siehe Gerke/Rasch, 1992), die der Markt nicht ohne weiteres aufnehmen kann (fehlende **Markttiefe**). Unmittelbar ablesbar sind die Kosten der Liquidität an so genannten „**Market Maker**"-**Märkten**. Für die sofortige Ausführung von Kauf- und Verkaufaufträgen bezahlt der Marktteilnehmer in Form der so genannten Geld-Brief-Spanne. Mit ihr wird der Market Maker für das Eingehen temporärer Bestandsrisiken entschädigt. Zudem kompensiert der Spread den Market Maker für die Verluste, die er aus Geschäften mit besser informierten Marktteilnehmern („Insidern") erleidet.

Die Liquidität eines Marktes wird z.B. ganz wesentlich von der Organisation des Handelsprozesses beeinflusst (einen Überblick gibt z.B. Schwartz, 1991). Im Mittelpunkt der Diskussion stehen hierbei die beiden Formen **fortlaufender Handel** und **Einheitsmarkt**. Während der Einheitsmarkt Angebot und Nachfrage in einem Titel zeitlich konzentriert und damit für eine größere Markttiefe sorgt, hat der fortlaufende Handel den Vorteil, unverzüglich kaufen und verkaufen zu können. Alles in allem kann von **der** optimalen Marktstruktur nicht die Rede sein. Vielmehr ergibt sich, je nach gehandeltem Titel, ein sehr differenziertes Bild. Im Übrigen besteht in dieser Frage ein ganz erheblicher Experten-Diskurs, an dem sich sowohl Wissenschaftler als auch Praktiker beteiligen.

Im weiteren Sinne gehören zur Frage der operationalen Effizienz eines Marktes auch die **gesetzlichen Rahmenbedingungen**, wie z.B. der wirkungsvolle Schutz der Marktteilnehmer vor „echten" (das heißt verbotenen) Insider-Geschäften. Vor diesem Hintergrund erhofft man sich auch mit den im Finanzmarktförderungsgesetz enthaltenen Regelungen eine erhöhte Handelsbereitschaft und damit auch Liquidität an den deutschen Börsen.

2.2.4.2 Informationseffizienz

Neben der operationalen Effizienz bildet die **Informationseffizienz** eine weitere notwendige Bedingung für einen allokationseffizienten Markt. Ein Markt gilt dann als informationseffizient, falls sämtliche Informationen, die den Wert einer Kapitalanlage betreffen, unverzüglich in ihrem Marktpreis verarbeitet sind. Dies impliziert, dass der einzelne Marktteilnehmer keinen Informationsvorsprung haben und ihn insbesondere auch nicht Gewinn bringend umsetzen kann. **In seiner strengen Form** (siehe unten) mündet die Informationseffizienzthese in der paradox anmutenden Situation, dass die Marktteilnehmer keinerlei Anreize mehr besitzen, Informationen zu sammeln und auszuwerten, da ja bereits sämtliche Informationen im Marktpreis eskomptiert sind. Wenn aber niemand mehr Informationen sammelt und auswertet, wie soll dann der Preis sämtliche Informationen widerspiegeln (vgl. Grossman/Stiglitz, 1980)?

Um diese logische Inkonsistenz des Informationseffizienzkonzepts zu vermeiden, bietet sich die Modellierung eines **informationsökonomischen Gleichgewichts** an (wie z.B. in Copeland/Weston, 1988). In diesem Fall wird zwischen informierten und uninformierten Marktteilnehmern unterschieden. Im Marktgleichgewicht werden die informierten Investoren mit einer Prämie honoriert, die an einem kompetitiven Markt genau den Grenzkosten der Information (Beschaffung und Auswertung) entspricht. „Unter dem Strich" erzielen informierte und uninformierte Investoren somit die gleiche (Netto-)Rendite. Trotz dieser konzeptionellen Schwäche hat die Frage der Informationseffizienz des Kapitalmarktes, zumindest im wissenschaftlichen Bereich, alle anderen Effizienzfragen dominiert. Auch bei Praktikern, die ja häufig für sich in Anspruch nehmen, besser informiert zu sein als „der Markt", stößt das Thema Informationseffizienz auf großes Interesse.

Als Diskussionsbasis dient in den meisten Fällen das **3-Stufen-Konzept von Fama** (1970). Demnach wird unterschieden in:

1. die schwache Form,
2. die mittelstrenge Form und
3. die strenge Form der Informationseffizienz.

Die 3 Stufen der Informationseffizienz nach Fama

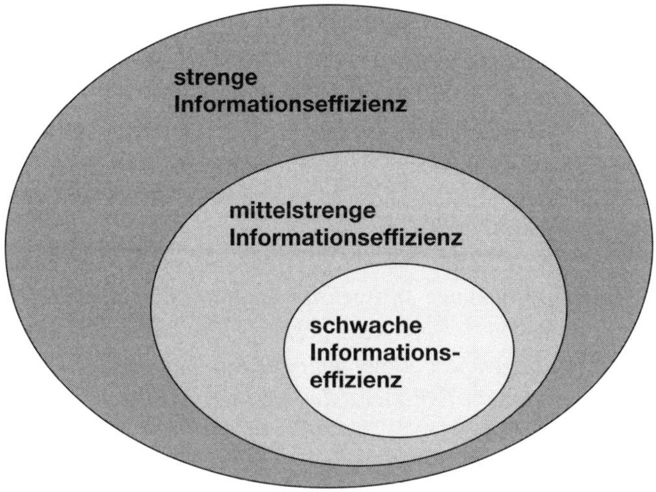

Abbildung 34 Quelle: Steiner/Bruns, 1995

Ein Markt wird als schwach effizient bezeichnet, wenn die Preishistorien der gehandelten Titel in den gegenwärtigen Preisen enthalten sind. Diese Definition impliziert, dass z.B. das Kursbild (**Chart**) einer Aktie keinerlei verwertbare Information darstellt. **Handelsstrategien**, die auf der Auswertung von Charts basieren, erzielen in einem schwach effizienten Markt keinerlei Überrenditen. Empirische Untersuchungen an hochorganisierten Märkten (in der Regel an Aktienbörsen) haben fast durchweg zu einer Bestätigung dieser These geführt (siehe z.B. Fama/Blume, 1970). Zumindest nach Berücksichtigung von Transaktionskosten ließen sich keinerlei Überrenditen mit Filterregeln und dergleichen erzielen. Dieses Ergebnis verwundert keineswegs, wenn man bedenkt, dass Börsenmärkte in der Regel einen höchst kompetitiven Charakter aufweisen. Eine Vielzahl von „smarten“ Analysten und Chartisten, die miteinander im Wettbewerb stehen, sorgen dafür, dass vermeintliche Trends bzw. Kursformationen sich selbst zerstören.

Schon Bachelier (1900), dessen Doktorarbeit lange Zeit keinerlei Beachtung fand und die ihrer damaligen Zeit weit voraus war (siehe Kapitel 2.1), hatte auf Folgendes hingewiesen (eigene Übersetzung):

„Es scheint, dass der Markt und damit die Gesamtheit aller Spekulanten, zu einem bestimmten Augenblick weder an einen Kursanstieg noch an einen Kursrückgang glauben kann, denn für jeden quotierten Preis gibt es offensichtlich genauso viele Käufer wie Verkäufer."

Da es aber keinen vernünftigen Grund gibt anzunehmen, dass Käufer im Durchschnitt klüger sind als Verkäufer und vice versa, sollten zukünftige Preisänderungen dementsprechend auch nicht vom gegenwärtigen Preisniveau abhängen.

Gegeben sei ein Kursverlauf, aus dem sich (nach herrschender „Chartisten"-Meinung) ein Kaufsignal ableiten lässt (Abbildung 35).

Angenommen, in t_1 würde das Kursbild einen Preis von P^* in t_2 signalisieren. Die Steigung der gestrichelten Linie soll eine „faire" Anlagenrendite (z.B. gemäß CAPM) darstellen. Bei einem Einstandspreis von P_1 ließe sich in diesem Fall eine Überrendite in Höhe von

$$\frac{P_1'}{P_1} - 1$$

erzielen. Zu bedenken ist hierbei jedoch, dass das Kaufsignal zu einer Verschiebung der Nachfrage insgesamt führt. Betrachte hierzu die Abbildung 36 eines Börsenmarktes.

Technische Analyse in einem kompetitiven Umfeld

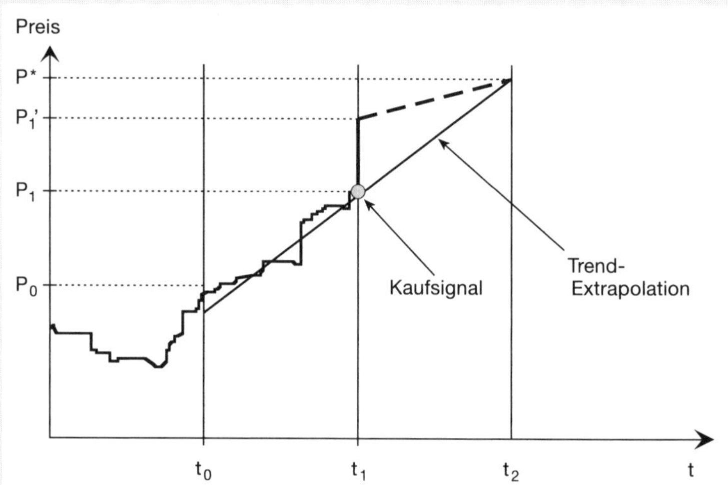

Abbildung 35

Nachfrageverschiebung an einem Börsenmarkt

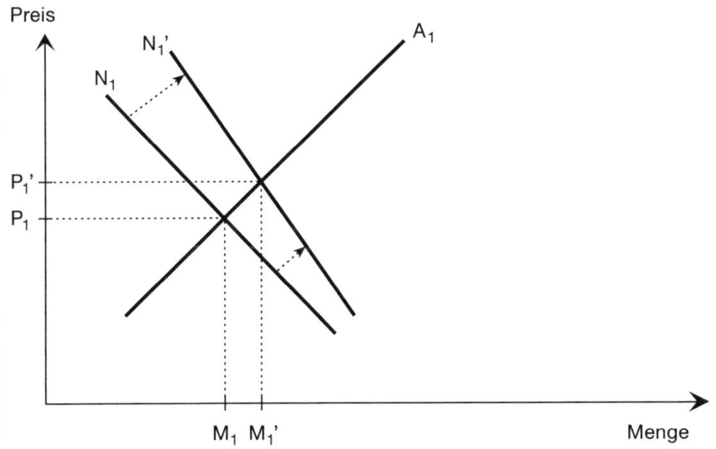

Abbildung 36

Aufgrund der Kauforders der Chartisten kommt es zu einer Verschiebung der Nachfrage von N_1 nach N_1'. Dies hätte zur Folge, dass der Preis in t_1 sprunghaft (operationale Effizienz) von P_1 auf P_1' ansteigt. In einem kompetitiven Markt muss P_1 dem Barwert (risikoadjustiert abgezinster Wert) von P^* entsprechen (sonst keine Markträumung). Der Chartist kauft somit zu einem Preis, der ihm lediglich eine faire Rendite ermöglicht. Der Wettbewerb unter den Chartisten hat mithin zu einer ***Selbstzerstörung von Überrenditemöglichkeiten*** *geführt und damit die schwache Informationseffizienz des Marktes selbst verursacht.*

Eine wesentliche Implikation schwach informationseffizienter Märkte besteht darin, dass zeitlich aufeinander folgende **Preisänderungen stochastisch unabhängig** voneinander sein müssen. Inhaltlich bedeutet dies, dass die Preisänderung in einer Periode keinerlei Information hinsichtlich der Preisänderungen in den Folgeperioden enthält. Zumindest für gröbere Zeiteinteilungen (tägliche, wöchentliche bzw. monatliche Zeitintervalle) kann diese Anforderung in der Regel auch empirisch bestätigt werden. Die folgende Abbildung enthält z.B. die relativen Preisänderungen der DaimlerChrysler-Aktie in Abhängigkeit von ihren Vormonatswerten.

Scatter-Diagramm relativer Preisänderung der DaimlerChrysler-Aktie

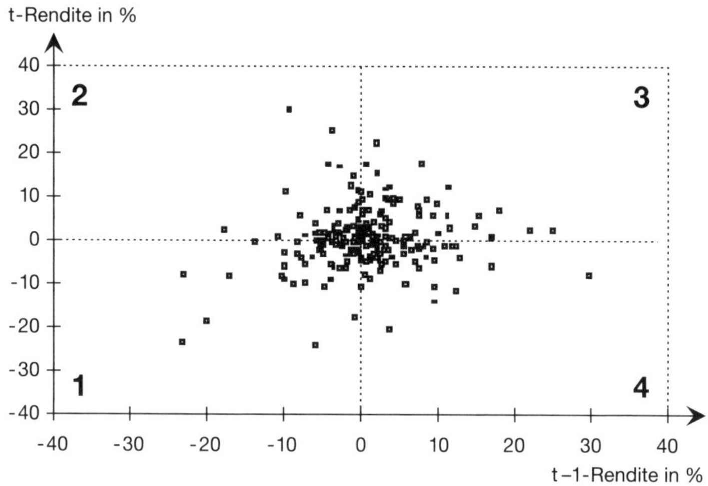

Abbildung 37

Wie man leicht erkennt, verteilen sich die Datenpunkte relativ gleichmäßig auf die 4 Quadranten. Wären zeitliche Abhängigkeiten (bei einem 1-Monats-Lag) gegeben, so würde dies in einer systematischen Anordnung der Datenpunkte zum Ausdruck kommen. Bei einer positiven seriellen Korrelation (**Autokorrelation**) der Preisänderungen wäre beispielsweise eine Konzentration der Punkte in den Quadranten 1 und 3 (beachte entsprechende Kennzeichnung in Abbildung 37) zu beobachten. Im vorliegenden Fall sind die Preisänderungen nur schwach autokorreliert (r = 0,128). Dieser Wert unterscheidet sich statistisch nicht signifikant von null, sodass die These der schwachen Informationseffizienz nicht abgelehnt werden kann. Die serielle Unkorreliertheit von Preisänderungen an Kapitalmärkten führt dazu, dass sich Kursverläufe kaum von dem Ergebnisverlauf eines **fairen Spiels** unterscheiden lassen.

Angenommen, man setzt 100 EUR Startkapital ein. In jedem (imaginären) Monat wird dann eine Münze geworfen. Wenn das Ergebnis des Münzwurfs „Zahl" ist, gewinnt man 5% des Kapitals hinzu. Wenn das Ereignis „Kopf" eintritt, verliert man 3,5%. Die Verzinsung wird dem Kapital hinzugerechnet und in der Folgeperiode mit verzinst. Für die beiden ersten Monate wären demnach folgende Kapitalentwicklungen möglich:

Ergebnisbaum des Münzwurfpiels

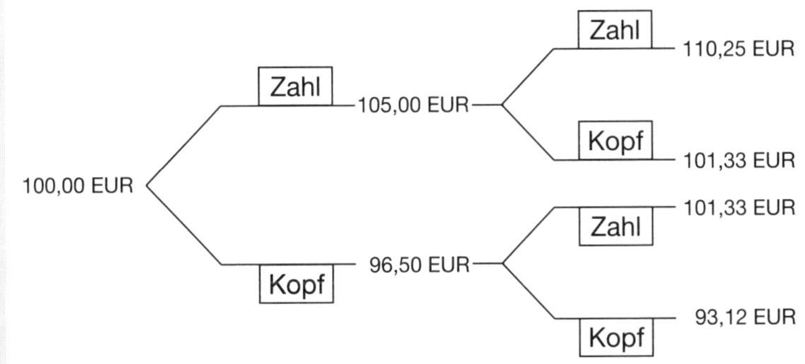

Abbildung 38

*Dieses „**fair game**" wird über einen Zeitraum von 120 Monaten gespielt und die Kapitalentwicklung sukzessive in ein Chart eingetragen. Dem wird die Kapitalentwicklung einer Investition in den deutschen Aktienmarkt (Performance-Index) über den gleichen Zeitraum gegenübergestellt.*

Kapitalentwicklung Münzwurfspiel versus Aktienmarkt

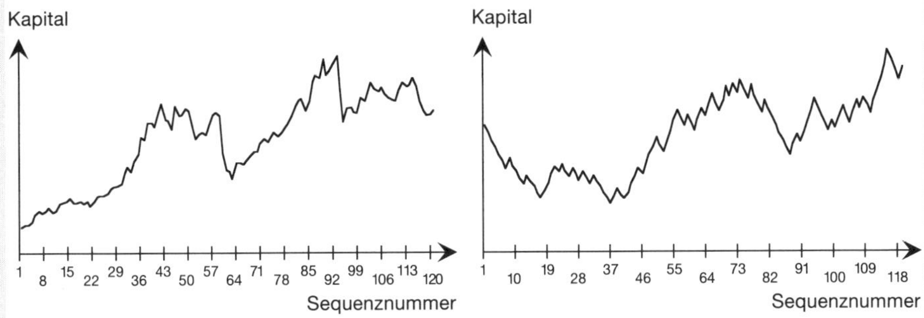

Abbildung 39

Können Sie sagen, bei welchem Chart es sich um die Investition in den Aktienmarkt handelt? Wenn ja, dann nur, weil Ihnen auffällt, dass die Kursausschläge im zweiten Chart gleichmäßiger auftreten als im ersten Chart. Dies liegt daran, dass die Verzinsung im Münzwurfspiel nur zwei Werte annehmen kann (5% oder –3,5%), am Aktienmarkt jedoch beliebig viele. Mit wesentlich mehr Aufwand kann man ein Münzwurfspiel allerdings auch so konstruieren, dass diese Gleichmäßigkeit nicht mehr gegeben ist. Sehr wahrscheinlich würden Sie in diesem Fall keinen Hinweis auf die Identität der Kapitalverläufe finden.

Die Fair-Game-Eigenschaft von Kursverläufen an Kapitalmärkten lässt sich mithilfe des so genannten Random-Walk-Modells beschreiben.

$$K_t = \alpha + K_{t-1} + \varepsilon_t$$

$$\text{mit } E[K_t - K_{t-1}] = E[\alpha + \varepsilon_t] = \alpha + \underbrace{E[\varepsilon_t]}_{=0} = \alpha$$

Für die Residuen ε_t wird dabei eine Normalverteilung mit einem Erwartungswert von null und einer konstanten Varianz σ^2 angenommen. Die Konstante α wird als Drift bezeichnet. Bei einem reinen Random Walk ist das α und damit auch die erwartete Kursveränderung zu jedem Zeitpunkt t gleich null. Die **beste Prognose** für den zukünftigen Kurswert ist daher in diesem Fall immer durch den aktuellen Kurs gegeben. Unter dem Drift kann man sich eine bestimmte Grundverzinsung des Kapitals (z. B. abgeleitet aus dem CAPM) vorstellen. Die beste Prognose für den Kurswert in Periode T ergibt sich in diesem Fall als heutiger Kurs plus $T \cdot \alpha$.

Reiner Random Walk (α = 0)

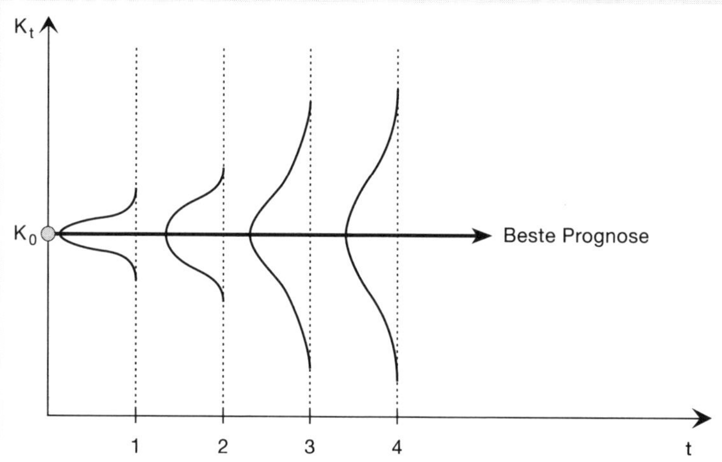

Abbildung 40

In Abbildung 40 wird die aus heutiger Sicht (t = 0) beste Prognose für die zukünftige Kursentwicklung als Parallele zur Zeitachse dargestellt. Die für die Kursänderungen **angenommene Normalverteilung** weist somit für jeden zukünftigen Zeitpunkt einen Erwartungswert von null auf. Gleichzeitig wächst das **Kursänderungsrisiko** mit dem Prognosehorizont stetig an. Dies ist an der zunehmenden Spreizung der Normalverteilungen zu erkennen. Allgemein gilt dabei folgender Zusammenhang:

$$\sigma_T^2 = T \cdot \sigma^2$$

wobei T die Anzahl der Prognoseperioden darstellt. Das Kursänderungsrisiko (Varianz) steigt demnach linear mit dem Zeithorizont an. Bei Vorliegen eines Random Walk erscheinen die tatsächlichen Kursänderungen ε_t wie die Realisationen einer reinen Zufallsgröße (z.B. das Ergebnis eines Münzwurfspiels, siehe Abbildung 39). Dieser Eigenschaft hat das Random-Walk-Modell auch seinen Namen zu verdanken.

Die Random-Walk-Eigenschaft kann nicht nur als notwendige Bedingung, sondern auch als logische Folge eines informationseffizienten Kapitalmarktes angesehen werden: Wenn der Marktpreis sämtliche Informationen eskomptiert, so müssen Preisveränderungen „random" sein (Samuelson, 1965). Insbesondere existiert in diesem Fall kein Prognosemodell, das der „naiven" Random-Walk-Prognose überlegen ist.

Gegen eine unmittelbare Verknüpfung von Random-Walk-Eigenschaft und Markteffizienz könnten jedoch die Erkenntnisse auf dem Gebiet der **Chaos-Theorie** sprechen (vgl. Dockner/Gaunersdorfer, 1995). Sie beschäftigt sich mit nicht-linearen dynamischen Systemen. Im Gegensatz dazu handelt es sich beim Random-Walk-Modell um ein lineares dynamisches System. Dynamisch deshalb, weil rekursiv auf die Realisationen der Vorperiode zurückgegriffen wird. Im Zusammenhang mit der Markteffizienzthese ist nun besonders interessant, dass man mit einem einfachen, fest vorgegeben chaotischen System eine Datenzeitreihe erzeugen kann, die aussieht, als sei sie ein Random Walk. Auch die herkömmlichen statistischen Tests würden diesen Eindruck bestätigen. Man käme mithin zu der Schlussfolgerung, dass die Effizienzthese nicht abgelehnt werden kann. Tatsächlich wurden die Daten jedoch durch eine **deterministische Struktur** und nicht durch einen Zufallsprozess generiert. Bei Kenntnis des zugrunde liegenden Bildungsgesetzes wäre es daher möglich, unbegrenzt hohe Arbitrage-Profite zu erzielen. Dies widerspräche natürlich in eklatanter Weise der Effizienzmarktthese, obwohl im vorliegenden Fall die Random-Walk-Eigenschaft erfüllt ist.

Dieses Ergebnis erklärt auch, warum es kein Widerspruch ist, wenn auf der einen Seite die Random-Walk-Eigenschaft nicht abgelehnt werden kann, auf der anderen Seite aber überwältigende empirische Hinweise darauf vorliegen, dass sich Aktienkurse auch sehr weit von fundamentalen Werten entfernen können (siehe hierzu weiter unten den Punkt Bewertungseffizienz).

Die bisher betrachtete Informationsmenge ist außerordentlich beschränkt. Sie bezieht lediglich die Daten mit ein, die sich unmittelbar aus dem historischen Kursverlauf eines Wertpapiers ergeben. Damit handelt es sich offensichtlich um die Informationsmenge eines typischen Chartisten. Erweitert man diese Informationsmenge um alle sonstigen, öffentlich verfügbaren Informationen, so führt dies unmittelbar zum Postulat der **mittelstrengen Informationseffizienz**, mithin zur zweiten Stufe des Effizienzkonzepts von Fama (vgl. Abbildung 34). Demnach muss auch die derartig erweiterte Informationsmenge vollständig und unverzüglich in den Marktpreisen enthalten sein. Konkret würde dies z.B. bedeuten, dass sich mithilfe der **Auswertung von Jahresabschlüssen** keine Überrenditen erzielen ließen.

Untersuchungen der **mittelstrengen Informationseffizienzhypothese** stützen sich in aller Regel auf ganz konkrete Informationsereignisse, deren Veröffentlichungszeitpunkt präzise bestimmbar ist und die Marktreaktion sich dementsprechend auch unmittelbar diesem Ereignis zuordnen lässt. So hat man beispielsweise die Ankündigung von Dividenden, die Bekanntgabe von Unternehmensübernahmen und die Veröffentlichung von Quartalsergebnissen unter dem Aspekt der Effizienzmarktfrage untersucht. Bemerkenswerte Ergebnisse lieferte insbesondere die Untersuchung von Bernard/Thomas (1989), die einen so genannten „Gewinnankündigungsdrift" in den Aktienkursen feststellten und damit die Markteffizienzthese ablehnen mussten. Die Vorstellung eines informationseffizienten Marktes impliziert, dass sich die Kurse sehr schnell an veränderte Informationsstände anpassen. Weichen also die verkündeten Quartalsgewinne von den zuvor formulierten Markterwartungen ab – man spricht hierbei auch von einer Gewinnüberraschung –, so sollte es gemäß der Markteffizienzhypothese nicht möglich sein, diese Information Gewinn bringend zu verwerten. Genau zu diesem Ergebnis gelangen aber die Autoren. Sie stellten fest, dass ein Portfolio mit Long-Positionen in Unternehmen, die den Markt positiv überraschen konnten und Short-Positionen in Unternehmen, die den Markt enttäuschen mussten, eine hoch signifikante Überrendite abwarf, und zwar auch noch lange, nachdem die Information im Markt war (in den ersten

60 Tagen rund 18% p.a.). Die Autoren schlussfolgern daraus, dass der Markt offenbar nicht dazu in der Lage ist, den vollen Umfang der Bedeutung der neuen Information zu erfassen (Unterreaktion). Die Ergebnisse von Bernard/Thomas wurden auch von späteren Untersuchungen bestätigt und stellen nach wie vor eine der großen Herausforderungen der Markteffizienzthese dar (zu Ursachen und Interpretationen siehe auch Kapitel 2.3).

Die **höchste Stufe der Informationseffizienz** (strenge Form) ist dann erreicht, wenn **alle** Informationen, also auch die, die nicht öffentlich verfügbar sind, unverzüglich und vollständig im Marktpreis enthalten sind. Die Informationsmengen bei schwacher und bei mittelstrenger Effizienz bilden daher Teilmengen der Informationsmenge bei strenger Effizienz. Hinzu kommen solche Informationen, die nicht öffentlich verfügbar sind, also insbesondere so genannte **Insider-Informationen** (z.B. die im Aufsichtsrat eines Unternehmens beschlossene Übernahme eines anderen Unternehmens). Eine solche Information könnte an einem streng effizienten Markt nicht Gewinn bringend ausgenutzt werden, da ihre Veröffentlichung zu keinerlei Preisanpassung führt.

Naturgemäß gestaltet sich die **Überprüfbarkeit der strengen Effizienzthese** schwierig. Da in den USA jedoch jeder Vorstand und jedes Aufsichtsratsmitglied den Eigenhandel in den Wertpapieren des betreffenden Unternehmens der Aufsichtsbehörde anzuzeigen hat, war es Seyhun (1986) möglich, der Frage nachzugehen, ob Insider dazu in der Lage sind, Überrenditen am Aktienmarkt zu erzielen. In der Tat kommt er zu dem Ergebnis, dass die Profite der Unternehmens-Insider im Durchschnitt über den Gleichgewichtsrenditen liegen. Die These der strengen Effizienz müsste demnach abgelehnt werden. Seyhuns Ergebnis dürfte sogar nach unten verzerrt sein, da seine Stichprobe die verbotenen Transaktionen (und dies sind sicherlich die profitabelsten) nicht enthält.

Weder der einen noch der anderen Form der Informationseffizienz lassen sich die empirischen Ergebnisse hinsichtlich der **Performance von Fondsmanagern** zuordnen. Ganz allgemein impliziert die Markteffizienzthese, dass auch Fondsmanager, unabhängig davon, welche Informationen sie tatsächlich nutzen, keine systematischen Überrenditen erzielen dürften. In der überwiegenden Anzahl von Untersuchungen wird diese These bestätigt (die erste Studie auf diesem Gebiet lieferte Jensen, 1968). Dies trifft im Übrigen auch auf den deutschen Markt zu (siehe z.B. Steiner/Wittrock, 1994).

2.2.4.3 Bewertungseffizienz

Es wurde bereits gesagt, dass die operationale Effizienz und die Informationseffizienz eines Marktes lediglich **notwendige Bedingungen** für einen bewertungseffizienten Markt sind. Was aber muss noch hinzukommen, damit die Preise an einem Markt ihrer Lenkungsfunktion gerecht werden können? Sie müssen sich nicht nur sehr schnell und **ohne Reibungsverluste** an veränderte Informationslagen anpassen können, sie müssen die Informationen auch „richtig" verarbeiten. Das heißt, dass die fundamentalen Werte von Unternehmen (und zwar ausschließlich diese) in den am Markt bezahlten Preisen unverzerrt zum Ausdruck kommen müssen. Was ist aber der richtige Preis für ein Unternehmen?

Um diese Frage zu beantworten, kann man nur z.T. auf das bereits Gelernte zurückgreifen. So ist klar, dass CAPM und APT Hinweise auf die **faire Bewertung** von Unternehmen im Marktgleichgewicht liefern. Es ist daher die Frage zu stellen, wie sich die beiden Modelle bewähren, wenn man sie mit empirischen Daten konfrontiert. Wozu aber weder CAPM noch APT in der Lage sind, ist die Frage nach dem angemessenen absoluten Kursniveau. Käme beispielsweise bei einer empirischen Untersuchung heraus, dass die Aktien an einem bestimmten Markt relativ zueinander bzw. relativ zu ihren systematischen Risiken richtig bewertet sind, so würde dies noch nicht bedeuten, dass die Kurse insgesamt nicht auf einem viel zu hohen Niveau sind. Man braucht daher einen absoluten Maßstab für die Angemessenheit von Preisen. Bevor die Frage der absoluten Bewertung behandelt wird, sei jedoch zunächst ein Blick auf die Ergebnisse von CAPM- und APT-Tests in der Literatur geworfen.

CAPM- und APT-Tests

Bei CAPM-Tests wird als wichtiger Bestandteil der Frage nachgegangen, ob die vom Modell implizierte lineare Abhängigkeit zwischen der durchschnittlichen Rendite und dem Beta-Risiko einer Aktie empirisch tatsächlich nachzuweisen ist. Während in frühen Untersuchungen tatsächlich eine signifikante lineare Abhängigkeit durchschnittlicher Renditen von ihrem Beta gefunden wurde (siehe z. B. Fama/MacBeth, 1973), lehnen neuere Untersuchungen (so z. B. Fama/French, 1992) diese Hypothese ab. Ein grundsätzlicher Mangel der CAPM-Tests besteht jedoch darin, dass die eigentliche Modellaussage empirisch gar nicht überprüft werden kann, da das wahre **Marktportfolio eine nicht beobachtbare Größe** darstellt. Es beinhaltet z. B. auch das Humankapital einer Ökonomie, also eine Größe, die kaum quantifizierbar ist. Was man somit tatsächlich testet, ist nicht das CAPM, sondern die Frage, ob der verwendete Index als effizient im Sinne der Portfolio-Theorie von Markowitz anzusehen ist (Roll, 1977).

Zweifel an der Gültigkeit des CAPM kamen verstärkt in den 80er Jahren auf, als immer mehr Untersuchungen systematische Abweichungen von den Bewertungsvorgaben des Modells feststellten. Da theoretische Erklärungen zunächst fehlten, wurden diese Phänomene in der Literatur auch unter dem Begriff der **Aktienmarktanomalien** zusammengefasst. Hierzu gehören unter anderem die so genannten kalenderzeitlichen Effekte, wie z. B. die Januar-Saisonalität (Month-of-the-Year-Effekt) der Renditen oder der Wochentagseffekt (Day-of-the-Week-Effekt, für den deutschen Markt untersucht von Frantzmann, 1990). Das Phänomen, das in der Vergangenheit jedoch am meisten Aufsehen erregte, ist der so genannte **Size-Effekt** (entdeckt von Banz, 1981).

Hierunter versteht man den inversen Zusammenhang zwischen durchschnittlicher Aktienrendite und Firmengröße (firm size). Das heißt, je kleiner das Unternehmen, desto größer der durchschnittlich zu erwartende Ertrag für den Aktionär. Eine rationale Erklärung für diese **empirische Regelmäßigkeit** wäre, dass kleine Firmen im Durchschnitt risikoreicher sind als große und ihr Eigenkapital sich daher auch höher verzinst. In den meisten Studien erfolgt daher eine Risikoadjustierung, und zwar in der Regel mithilfe des CAPM. Am Ergebnis hat dies jedoch kaum etwas geändert: Die risikobereinigten Renditen weisen die gleiche Regelmäßigkeit auf wie die Bruttorenditen. Für den deutschen Markt gilt sogar, dass kleine Börsengesellschaften geringere Betas aufweisen als große (Umgekehrtes gilt für den US-Markt), sodass sich der Size-Effekt nach erfolgter Risikobereinigung noch verstärkt (siehe z. B. Oertmann, 1994). Die Size-Prämie kann nunmehr als echte **Überrendite** interpretiert werden. Der Begriff Überrendite impliziert dabei, dass sich durch Ausnutzung der Information Firmengröße eine Rendite erzielen lässt, die über der fairen CAPM-Rendite liegt. Der Markt wäre in diesem Sinne ineffizient.

Gleiches gilt auch für andere **finanzwirtschaftliche Kennziffern** wie z.B. das KGV und das Buchwert-zu-Marktwert-Verhältnis sowie für Variablen, in denen sich die „historische" Performance von Wertpapieren (z.B. 3-Monats-Momentum) widerspiegelt. Auch sie haben in empirischen Untersuchungen einen über das CAPM-Beta hinausgehenden hochsignifikanten Einfluss auf die Durchschnittsrenditen an Aktienmärkten unter Beweis gestellt (siehe z.B. Fama/French, 1992 und Haugen/Baker, 1996).

An dieser Stelle wird jedoch ein **Dilemma** deutlich, dem empirische Untersuchungen des CAPM generell unterliegen. Systematische Abweichungen von den Vorgaben des CAPM lassen sich nur dann als Marktineffizienz deuten, wenn man unterstellt, dass das CAPM das richtige Modell ist. Wie will man aber unterscheiden, ob nun der Markt tatsächlich ineffizient ist oder ob lediglich der falsche Maßstab verwendet wurde? Beide Fragen lassen sich logisch nicht voneinander trennen. Sie lassen sich nur gemeinsam bejahen oder gemeinsam ablehnen. Man spricht daher auch vom Dilemma der **verbundenen Hypothesen**.

Hierunter haben freilich auch die empirischen Tests der Arbitrage-Pricing-Theory zu leiden. Insgesamt kann man jedoch sagen, dass die APT bessere Ergebnisse zu liefern scheint als das CAPM. Zum Beispiel gelingt es Chen (1983), die Residuen des CAPM mithilfe von APT-Risikoprämien zu erklären, aber nicht vice versa. Zudem deuten die Ergebnisse von Chen sowie anderer Untersuchungen (so zum Beispiel Fama/French, 1996) darauf hin, dass Renditeanomalien, wie beispielsweise der Size-Effekt am US-Aktienmarkt, durch auf der APT aufbauende **Multifaktormodelle** erklärt werden können. Für den deutschen Aktienmarkt stellt Garz (2000) fest, dass sich verschiedene Renditeanomalien zwar nicht vollständig durch die APT erklären lassen, aber zumindest die Bewertungsqualität im Vergleich zum CAPM deutlich verbessert werden kann.

Gilt die Hypothese der fairen Bewertung auch im absoluten Sinne?

Um diese Frage beantworten zu können, bedarf es zunächst einmal eines Maßstabs, der den Anforderungen einer **vollständig rationalen Bewertung** i. S. der Erwartungs-Nutzen-Theorie gerecht wird. Einen solchen Maßstab liefert das so genannte **Dividendendiskontierungsmodell (DDM)**, das in seinen Grundzügen bereits in den 30er Jahren entwickelt wurde (siehe Williams, 1938). Das DDM stellt dabei letztlich nichts anderes dar, als eine auf den speziellen Fall der Aktienbewertung bezogene Anwendung der Barwertmethode (zum DDM siehe auch Kapitel 3.2.3.1).

Berechnet wird der **Barwert sämtlicher Zahlungen**, die vom Unternehmen an die Residualanspruchsinhaber (die Aktionäre) geleistet werden. Geht man davon aus, dass Unternehmen keine explizite „Endfälligkeit" besitzen, sondern vielmehr von ihrem Fortbestand ausgegangen werden muss, so ergibt sich der Wert des Eigenkapitals eines Unternehmens als Barwert eines „unendlichen" Dividendenstroms. Man erhält somit:

$$P_0 = \frac{D_1}{(1+i)} + \frac{D_2}{(1+i)^2} + \frac{D_3}{(1+i)^3} + \cdots\cdots + \frac{D_n}{(1+i)^n} + \cdots\cdots = \sum_{t=1}^{\infty} \frac{D_t}{(1+i)^t}$$

wobei i der angemessene Diskontierungssatz und D_t die Dividende für Periode t ist. Der Gleichung liegen verschiedene vereinfachende Annahmen zugrunde: Zum einen wird davon ausgegangen, dass der Diskontierungssatz i konstant über die gesamte Laufzeit ist. Zum zweiten wird unterstellt, dass die Dividendenzahlungen jeweils am Periodenende anfallen. Da zukünftige Dividendenzahlungen des Unternehmens von Natur aus unsicher sind, da sie vom unsicheren Erfolg des Unternehmens abhängen, müssen bei einer Berechnung des Dividendenbarwertes Erwartungswerte für die einzelnen Dividendenzahlungen eingesetzt werden. Der Preis bzw. der faire Wert einer Aktie zum Zeitpunkt t = 0 ist damit ebenfalls als Erwartungswert zu interpretieren.

Um die Formel des DDM überhaupt für praktische Anwendungen nutzbar zu machen, sind weitere Vereinfachungen unumgänglich. Weit verbreitet ist z. B. das so genannte **Gordon-Growth-Model**. Die zentrale Annahme dieses Modells ist, dass die Dividenden „bis in alle Ewigkeit“ mit einer konstanten Wachstumsrate g wachsen. Mithilfe der Methode des rekursiven Einsetzens lässt sich die Gleichung des DDM auf diese Weise auf folgenden Ausdruck reduzieren:

$$P_0 = \frac{D_1}{i-g}$$

Ginge man beispielsweise von einer Startdividende in Höhe von 10 Euro aus und unterstellte eine konstante Wachstumsrate von 2% bei einem angemessenen Diskontierungssatz von 8%, so würde man einen fairen Wert von knapp 167 Euro erhalten. Will man in der Praxis Bewertungen mit dem Gordon-Growth-Model vornehmen, so sollte man sich nicht nur bewusst sein, dass die **Annahme „ewigen“ konstanten Wachstums** nur sehr schwer zu rechtfertigen ist und dass bereits sehr geringe Abweichungen der tatsächlichen von der erwarteten Wachstumsrate erhebliche Auswirkungen auf den fairen Wert einer Aktie haben können. Fällt die Wachstumsrate in unserem Beispiel etwa auf 1%, so sinkt der Unternehmenswert bereits um gut 14%. Voraussetzung, um überhaupt mithilfe des Gordon-Growth-Models bewerten zu können, ist darüber hinaus, dass die Wachstumsrate g kleiner ist als der angenommene Diskontierungssatz i. Bei ihm wirken sich Abweichungen vom angenommenen Wert im Übrigen genauso signifikant auf den Unternehmenswert aus wie im Fall der Wachstumsrate g. Ein weiteres Problem ist, dass das Modell konstanten Wachstums nicht dem normalen **Lebenszyklus eines Unternehmens** entspricht. Zur Modellierung eines solchen verwendet man daher auch mehrstufige DDM (siehe z.B. Elton/Gruber, 1991).

Eingangs wurde bereits darauf hingewiesen, dass man das DDM nicht nur in der Dividendenformulierung vorfindet, sondern in der Praxis häufig auch Gewinn- bzw. **Cashflow-Diskontierungsmodelle** verwendet. Hierbei handelt es sich nicht um eigenständige Modelle, sondern lediglich um Ableitungen des universellen DDM. So lässt sich beispielsweise eine Dividende für eine Periode t auch als Produkt aus Periodengewinn (E_t) und Ausschüttungsquote ρ beschreiben. Legt man nun z. B. das DDM in der Formulierung von Gordon zugrunde, so erhält man:

$$P_0 = \frac{\rho \cdot E_t}{i - g}$$

Teilt man nun beide Seiten durch den Periodengewinn und nimmt zusätzlich an, dass die Ausschüttungsquote gleich eins ist (Unternehmen reinvestiert alle Gewinne), so erhält man folgendes faires Kursgewinnverhältnis für das Unternehmen:

$$\frac{P_0}{E_t} = \frac{1}{i - g}$$

Wie man sieht, besteht somit ein direkter Zusammenhang zwischen dem in der Praxis gerne verwendeten Kursgewinnverhältnis und dem theoretisch abgeleiteten fairen Wert gemäß DDM. Bewertungsmodelle, die Kursgewinnverhältnisse mit dem Reziprok der Rentenmarktrendite vergleichen (so z. B. das Modell der amerikanischen Notenbank), machen aufgrund des engen Zusammenhangs zwischen dem Diskontierungssatz i und der Rendite festverzinslicher Anleihen daher auch durchaus Sinn.

Der Diskontierungssatz sollte ein dem Risiko des Unternehmens (bzw. besser dem Eigenkapital) angepasster Zinssatz sein. Er sollte die vom Markt für eben diese Risikoklasse geforderte Rendite widerspiegeln. Man kann i auch in einen risikolosen Teil und eine **Risikoprämie** aufspalten ($i = r_f + rp$). Die Bestimmung von i sollte mithilfe des CAPM oder der APT vorgenommen werden (siehe Kapitel 2.2.3).

Nachdem man nun weiß, wo das faire absolute Niveau einer Aktie bzw. des gesamten Marktes theoretisch liegen sollte, stellt sich die Frage, wie weit die Realität diesen Idealvorstellungen entspricht und die Annahme der Allokationseffizienz des Marktes tatsächlich gerechtfertigt ist. Die im Rahmen empirischer Untersuchungen erzielten Ergebnisse sind mehr als ernüchternd. So hat z. B. **Shiller** (2000) festgestellt, dass die Kurse an Aktienmärkten stark von den durch das DDM vorgegebenen Werten abweichen. Grundsätzlich scheint zu gelten, dass Aktienkurse auf längere Sicht einem Rückkehr-zum-Mittelwert-Prozess folgen. Veranschaulichen lässt sich dies z. B. anhand des Kursgewinnverhältnisses für den US-Aktienmarkt.

Kursgewinnverhältnisse (für den S&P500) und Rückkehr-zum-Mittelwert-Prozess

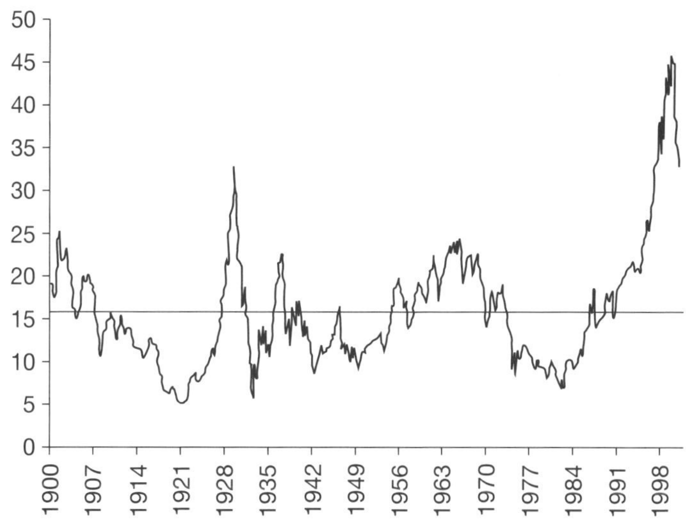

Abbildung 41 Quelle: Shiller (2000), eigene Berechnungen

Wie man unschwer erkennen kann, neigen die Kursgewinnverhältnisse dazu, sich von ihrem langjährigen Durchschnittswert zu entfernen, schwingen dann aber letztlich wieder zu diesem Niveau zurück. Die Ursachen für dieses Verhalten, sehen einige Wissenschaftler im Wechselspiel von exzessiv optimistischen und exzessiv pessimistischen Erwartungen. Träfe dies zu, so hätte dies außerordentlich weitreichende Implikationen für die Kapitalmarkt-Theorie, würde es doch bedeuten, dass der Kern der klassischen Lehre, die Annahme rationalen Verhaltens, infrage zu stellen wäre. Mit diesem Thema beschäftigt sich das nachfolgende Kapitel.

2.2.4.4 Zusammenfassung und Arbeitsaufgaben

Zusammenfassung

In diesem Kapitel wurde die Theorie effizienter Märkte vorgestellt. Zu unterscheiden ist zwischen operationaler Effizienz, Informationseffizienz und Bewertungseffizienz eines Marktes.

Die operationale Effizienz eines Marktes erfordert das Auffinden der kostenminimalen Marktorganisation, mithin einer Umgebung, die die Transaktionsbereitschaft der Marktteilnehmer möglichst wenig beeinträchtigt.

Demgegenüber liegt ein informationseffizienter Markt immer dann vor, wenn eine bestimmte Informationsmenge unverzüglich und vollständig in den Marktpreisen eskomptiert ist. Je nach Umfang dieser Informationsmenge unterscheidet man zwischen schwacher (nur marktendogene Daten), mittelstrenger (alle öffentlich verfügbaren) und strenger Form (auch Insider-Informationen) der Informationseffizienz. Eine Implikation der These informationseffizienter Märkte besteht darin, dass durch das Sammeln und Auswerten von Informationen keine überlegene Performance zu erzielen ist.

Konsistent mit der Vorstellung der Informationseffizienz ist, dass sich die Marktpreise wie die Ergebnisse eines fairen Spiels (z. B. eines Münzwurfs) verhalten. Aufeinander folgende Preisveränderungen wären demnach statistisch unabhängig voneinander und die Varianz der Kurse wächst proportional um den Faktor $\sqrt{T}$, wobei T die Anzahl der Perioden des Prognosehorizonts verkörpert.

Operationale Effizienz und Informationseffizienz sind notwendige, aber keineswegs hinreichende Bedingungen für einen bewertungseffizienten Markt. An einem bewertungseffizienten Markt müssen sämtliche relevanten Informationen nicht nur vollständig und unverzüglich verarbeitet werden, sie müssen auch richtig verarbeitet werden. Das heißt, dass die Kurse jederzeit den wahren, fundamentalen Werten der in Aktien verbrieften Ansprüche entsprechen müssen. Nur so können die Preise ihrer Signalfunktion ausüben, die dafür sorgt, dass das zur Verfügung stehende Kapital seiner bestmöglichen Verwendung zugeführt wird.

Ein Maßstab, um die „Richtigkeit" von Aktienkursen zu messen, ist das Dividendendiskontierungsmodell.

Die empirischen Tests der Informationseffizienz von Aktienmärkten kommen zu höchst unterschiedlichen Ergebnissen. Per saldo kann man sagen, dass die Märkte zwar in weiten Teilen informationseffizient zu sein scheinen, nicht aber bewertungseffizient. Die Kurse passen sich demnach zwar sehr schnell an veränderte Informationsstände an, sodass es kaum möglich ist, Überrenditen durch die Verwendung von Informationen zu erzielen. Auf lange Sicht scheinen Aktienrenditen jedoch prognostizierbar zu sein, was einen klaren Widerspruch zur Hypothese der Bewertungseffizienz bedeutet. Ein Extrembeispiel ist die Existenz und das Platzen von Kursblasen an Aktienmärkten.

Arbeitsaufgaben

1. Die Marktorganisation hat einen entscheidenden Einfluss auf die Liquidität an einem Börsenmarkt. In welchen Marktsegmenten erscheint Ihnen unter diesem Aspekt der Einheitsmarkt als die geeignete Alternative?
2. „Die Kurse an Aktienmärkten lassen sich auch durch einfaches Würfeln ermitteln." Stimmt diese Aussage eines Anhängers der Random-Walk-These? Begründen Sie Ihre Antwort.
3. Erläutern Sie die Problematik der verbundenen Hypothese im Rahmen von Effizienztests.
4. Was versteht man unter dem Begriff „Anomalie"?
5. Angenommen, Sie wollen an einem effizienten Markt Investitionen tätigen. Würden Sie Informationen sammeln und auswerten? Begründen Sie Ihre Entscheidung.

6. Warum ist Informationseffizienz zwar eine notwendige, nicht jedoch eine hinreichende Bedingung für Bewertungseffizienz?
7. Diskutieren Sie einen geeigneten Maßstab für die Bewertungseffizienz eines Marktes: Welche Rolle kann dabei das CAPM spielen?

2.3 Behavioral Finance – Mehr als Angst und Gier

Bernd Gierig hatte mit seinen Investitionen in Technologieaktien viel Geld verdient. Noch ein Jahr zuvor hatte Gierig noch nie etwas mit Aktien zu tun gehabt. Doch nun hatte er seinen Einsatz innerhalb weniger Wochen verdreifachen können. Den Tipp, in eine Neuemission zu investieren, hatte er auf der Geburtstagsparty seines besten Freundes erhalten. Alle Partygäste hatten offensichtlich bereits erfolgreich an der Börse spekuliert. Ein Kinderspiel sei es, an der Börse reich zu werden, wenn man nur wenige Regeln beachten würde. Das Geld liege doch praktisch auf der Straße, und jeder, der es nicht aufhebe, wäre ganz schön blöd. Gierig, der sich nicht wie ein Außenseiter fühlen wollte und den natürlich auch die Aussicht auf schnellen Gewinn reizte (beim Lotto war er lange Jahre nicht erfolgreich gewesen), entschloss sich also zum Mitmachen.

Gleich am nächsten Tag ging er zu seiner Bank und bestellte bzw. „zeichnete" seine ersten Aktien. Es klappte sogar auch: Er bekam 100 Aktien zugeteilt. Und siehe da, die Aktie machte bereits am ersten Tag ihrer Notierung ein Plus von 78%. Dass es so leicht sein würde, hatte Gierig freilich nicht gedacht. Schnell hatte er sich ausgerechnet, dass er für den Gewinn, den er bereits am ersten Tag gemacht hatte, zweieinhalb Monate hätte arbeiten müssen. Gierig beschloss daraufhin, sich stärker mit dem Thema Aktien zu beschäftigen und kaufte sich ein Anlegermagazin. Überrascht stellte er fest, wie viele interessante, vielversprechende junge Unternehmen mit exzellenten Zukunftsperspektiven es zu geben schien. Es erschien ihm daher nur vernünftig, an seinen ersten Erfolg anzuknüpfen und weiter in Aktien zu investieren.

Auch die zunächst mit kleineren Beträgen gemachten Wetten gingen auf, und Gierig wurde immer mutiger. Als er eines Tages einen Top-Analysten im Börsenfernsehen eine spektakuläre Empfehlung abgeben sah, wollte er aufs Ganze gehen und bat seinen Anlageberater um einen Wertpapierkredit.

Als auch diese Wette aufging, war Gierig geradezu euphorisch. Nie wieder würde er so hart arbeiten müssen wie zuvor. Auch um die Rente würde er sich keine Gedanken mehr machen müssen.

Nur ein Jahr später: Die Aktienkurse an dem von Gierig bevorzugten Markt für aufstrebende Unternehmen in Zukunftsbranchen sind inzwischen ins Bodenlose gefallen. Der Wertpapierberater, der Gierig noch vor Monaten einen Wertpapierkredit eingeräumt hatte, war inzwischen gar nicht mehr so freundlich und hatte von Gierig die sofortige Rückzahlung verlangt. Da der Wert von Gierigs Depot inzwischen aber nur noch einen Bruchteil der Schulden deckte und auch der Verkauf des Sportwagens, den Gierig sich inzwischen geleistet hatte, nicht die erforderliche Summe einbrachte, war die Bank schließlich dazu gezwungen, ein Zwangsvollstreckungsverfahren einzuleiten. Wie, so fragt sich Gierig im Nachhinein, hatte es nur so weit kommen können?

Schlüsselbegriffe

- Begrenzte Rationalität und Irrationalität als Determinanten von Anlageentscheidungen
- Heuristiken als Mittel zur Bewältigung der Informationsflut
- Mentale Konten und Framing
- Einfluss von Emotionen, kognitiver Dissonanz und Bedauern
- Referenzpunktverhalten, Dispositions- und Besitztumseffekt
- Markteffizienz und die Prognostizierbarkeit von Aktienrenditen

2.3.1 Einführung

Behavioral Finance ist eine Theorie, die das Verhalten von Menschen, so wie es tatsächlich ist, in den Mittelpunkt stellt, um zu verstehen, wie Investitions- und Finanzierungsentscheidungen **tatsächlich** getroffen werden, und daraus zu lernen, wie durch das Zusammenspiel individueller Entscheidungen ein Marktergebnis entsteht. Bevor man sich stärker mit dem Thema auseinandersetzt, erscheint es angebracht, einige Dinge von Vornherein klarzustellen, um Fehlinterpretationen und Missverständnissen vorzubeugen. So sollte Behavioral Finance nicht bloß als Modeerscheinung verstanden werden, die von den schmerzlichen Erfahrungen vieler Anleger in Bezug auf das Platzen von Spekulationsblasen bei Technologie-, Telekommunikations- und Medienunternehmen profitiert, aber genauso rasch wieder in der Versenkung verschwinden wird. Behavioral Finance ist auch nicht nur eine (An)Sammlung von Anekdoten, die erfahrene Marktteilnehmer dem staunenden Publikum zugänglich machen, um zu zeigen, wie Märkte wirklich funktionieren. Es handelt sich ebenfalls nicht um Einzelbeispiele dafür, wie absurd sich Menschen in Stresssituationen verhalten können, und auch geht es nicht nur um den Widerstreit von **Angst und Gier**, unter dem die Marktfolklore bildhaft den Einfluss von Emotionen auf Anlageentscheidungen begreift.

Behavioral Finance ist keine Kunst, sondern eine Wissenschaft, die auf nunmehr **über 30 Jahre experimenteller Forschung** zurückblickt und sich anschickt, das Paradigma der klassischen Finanzierungs-Theorie abzulösen. Zu überwältigend stellt sich einfach die Evidenz gegen die Existenz absolut rationaler, effizienter Märkte dar, als dass es vernünftig erschiene, noch länger an die Rettung der perfekten Welt von erwarteter Rendite und Risiko, von Erwartungs-Nutzen-Maximierung und Marktgleichgewicht zu glauben. Immer mehr wird deutlich, dass Märkte sich nicht idealtypisch verhalten und dass die Gründe hierfür im Bereich des menschlichen Entscheidungsverhaltens liegen und dass eine Ignoranz der hierfür vorliegenden „Beweise" zu einer sehr teuren Angelegenheit werden kann.

Spekulationsblasen, wie sie am Ende der 90er Jahre vorkamen, sind nur eine besonders extreme Erscheinungsform bzw. Folge systematischen Fehlverhaltens von Akteuren an Finanzmärkten. Das Phänomen ist keineswegs neu. Die bekanntesten historischen Beispiele sind die Tulpenmanie im Holland des 17. Jahrhunderts (1634-1637), der Südsee-Bubble in England (1720) und der Mississippi-Bubble in Frankreich (1719-1729). Oft wird auch der Börsenkrach von 1929 als Platzen eines Bubbles interpretiert. Die Regelmäßigkeit, mit der Spekulationsblasen in der Geschichte der Finanzmärkte auftauchten, sowie deren Ähnlichkeit, ja sogar Deckungsgleichheit im Verhalten von Finanzmarktteilnehmern macht deutlich, dass Menschen und damit auch das Marktverhalten nicht durch geschehene Fehler beeinflussbar scheinen. Dazu kommt, dass diese Fehler wohl auch nicht im Gedächtnis haften bleiben.

Im Rahmen dieses Lehrbuchs kann es nicht nur darum gehen, zu zeigen, wie sich Menschen idealtypisch verhalten sollten, wenn sie Investitionsentscheidungen treffen, sondern auch darum, wie sie sich in der Realität tatsächlich verhalten, welche systematischen Fehler sie begehen, wie sich dies auf die Preisbildung an Aktienmärkten kausal auswirkt, wie einem die gewonnenen Erkenntnisse helfen können, eigene Fehler im Entscheidungsverhalten zu minimieren, und wie sich systematische, durch Behavioral-Finance-Faktoren entstehende Kursmuster an Aktienmärkten, zu Prognosezwecken ausnutzen lassen.

Wichtig ist, zu verstehen, dass es sich nur um einige wenige Konzepte handelt, auf denen Behavioral Finance aufbaut, die aber sehr viele Beobachtungen in der Realität erklären können. Kritikern, die Behavioral Finance vorwerfen, für jedes empirische Phänomen eine neue verhaltenswissenschaftliche Erklärung aus dem Hut zu zaubern, ohne eine wirklich konsistente Theorie menschlichen Verhaltens zu haben, die „alles" zu erklären vermag, ist allein schon aufgrund der angebotenen Alternativen zu widersprechen: So ist mit der klassischen Erwartungs-Nutzen-Theorie so gut wie gar nichts zu erklären von dem, was man täglich an den Märkten beobachten kann. Wie sollen dann aber die Kurse, als das Ergebnis individuell irrationalen Handelns, dennoch den wahren Wert eines Unternehmens richtig widerspiegeln? Eine Antwort hierauf können auch die Protagonisten der Theorie vom Homo Oeconomicus bis heute nicht liefern. Ein Rückgriff auf die **unsichtbare Hand** von Adam Smith scheint jedenfalls bei weitem nicht auszureichen.

Das vorliegende Lehrbuch soll ein Buch für Praktiker sein. Und natürlich geht es in der Praxis des Portfolio-Managements um die Kernfrage des Geldverdienens und um die Performance des Einzelnen im Vergleich zu seinen Mitstreitern. Eine wesentliche Implikation von Behavioral Finance ist die **Prognostizierbarkeit von Aktienrenditen** und damit, wenn man so will, eine Rationalisierung dessen, was eine ganze Industrie, nämlich die der professionellen, institutionellen Vermögensverwaltung versucht zu erreichen, und das ist, den „**Markt zu schlagen**". Dass eine Missachtung von Behavioral-Finance-Faktoren, wie sie die traditionelle Finanzierungs-Theorie fordert, teuer werden kann, dürfte inzwischen deutlich geworden sein. Andererseits sei aber an dieser Stelle jedoch auch ausdrücklich vor der Schlussfolgerung gewarnt, dass sich mit Behavioral Finance ganz einfach Geld verdienen lässt, dass das Geld – bildlich gesprochen – nur auf der Straße liege und darauf warte, aufgehoben zu werden. Wie teuer einen eine solche Einstellung zu stehen kommen kann, hat der Fall von LTCM im Jahre 1998 gezeigt, einem Hedge Fonds, der mit der Expertise zweier Nobelpreisträger im Hintergrund meinte, den Markt beständig ausarbitrieren zu können. **Overconfidence** (Selbstüberschätzung) gehört zu den prominentesten und einflussreichsten kognitiven Fehlern, die man in den vergangenen 30 Jahren verhaltenswissenschaftlicher Kapitalmarktforschung hat identifizieren können und dem sich ganz offensichtlich auch Nobelpreisträger nicht ganz entziehen konnten. Wenn man eines aus der LTCM-Krise gelernt hat, dann, dass sich systematische Fehlbewertungen an Märkten nicht automatisch auch in schnelle Gewinne ummünzen lassen und dass einfache Strategien in komplexen Umgebungen oft nicht funktionieren.

2.3.2 Heuristiken – Zur Problematik vereinfachter Entscheidungsregeln

Behavioral Finance ist nicht nur eine Theorie, die auf das effektiv irrationale Verhalten von Menschen abzielt und auf deren Auswirkungen auf Investitionsentscheidungen und Marktverhalten. Neben **emotionalen bzw. psychologischen Bedürfnissen**, die das menschliche Verhalten in ökonomischen Situationen mitbestimmen und für sub-optimale Ergebnisse sorgen, ohne dass dies sozusagen erzwungermaßen so sein muss, gibt es auch noch andere Faktoren, die ein von der Erwartungs-Nutzen-Theorie abweichendes Verhalten (man kann daher auch von Anomalien sprechen) implizieren. So kommen Entscheidungen an Finanzmärkten oft unter großem Zeitdruck zustande. Gleichzeitig ist die Menge der zur Verfügung stehenden Informationen nicht zuletzt dank neuer Medien (Internet) immer größer geworden und ermöglicht eine (scheinbar) immer fundiertere Entscheidungsfindung. Die wissenschaftliche Forschung hat aber gezeigt, dass der Mensch nur sehr begrenzt dazu in der Lage ist, Informationen zu verarbeiten, insbesondere wenn er unter Zeitdruck steht und die Informationen vernetzt bzw. interdependent sind. Das bloße Gefühl, gut informiert zu sein, da ja so viele Informationen zur Verfügung stehen, befriedigt zwar das **Kontrollbedürfnis** von Menschen, ist aber keineswegs gleichzusetzen mit der tatsächlichen Kontrolle einer Situation und dementsprechend besseren Investitionsentscheidungen. Es kann daher durchaus rational sein, vereinfachte Entscheidungsregeln, so genannte Heuristiken, zur Entscheidungsfindung heranzuziehen. Heuristiken können **bewusst** oder **unbewusst** zum Einsatz kommen, sie können zu **unverzerrten** Ergebnissen, aber auch zu systematisch **verzerrten** Ergebnissen führen. Somit können Heuristiken insbesondere unter Einbeziehung von Informationskosten ökonomisch sinnvoll sein und sind dann auch als Instrument der Vernunft anzusehen. Die beiden Nobelpreisträger Herbert A. Simon (1978) und Reinhard Selten (1994) prägten in diesem Zusammenhang den Begriff der **begrenzten Rationalität** (bounded rationality). Heuristiken, das sei an dieser Stelle betont, sind also nicht in jedem Falle als Verhaltensmuster anzusehen, die man tunlichst vermeiden sollte. Gleichwohl interessieren an dieser Stelle hauptsächlich die Heuristiken, deren Gebrauch zu systematischen Abweichungen von den im klassischen Sinne durch rationales Verhalten implizierten Ergebnissen führt.

Ein Beispiel für heuristisches Denken ist die Neigung, **Sachverhalte zu vereinfachen** bzw. Faktoren zu vernachlässigen. Gerade an Finanzmärkten ist dies oft zu beobachten, geht es doch z.B. im Rahmen einer Erstemission darum, potenzielle Anleger von einer Kernbotschaft zu überzeugen. Oft werden Analysten von Seiten institutioneller Kunden (Portfolio-Manager) genötigt, ihre Botschaft in drei Punkten zusammenzufassen. Es ist die Story, die zählt und um diese in geeigneter Form zu übermitteln, wird auf die Berücksichtigung dissonanter Faktoren bewusst oder unbewusst verzichtet.

Auch die Neigung von Menschen, in **mentalen Konten** zu denken, ist eine Möglichkeit, der Informationsflut Herr zu werden. So tendiert man dazu, sich zu einem Zeitpunkt X auf ein Projekt, einen Vorgang zu konzentrieren, und vernachlässigt dabei den Zusammenhang mit anderen Vorgängen bzw. Projekten, bis das mentale Konto geschlossen ist. Mental Accounting ist also auch eine Strategie, mit der man dem Problem der Vernetztheit von Informationen begegnet und ist nicht nur auf ein generelles Referenzpunktdenken (siehe Kapitel 2.3.3) zurückzuführen. Ein berühmtes Beispiel für Mental Accounting ist das so genannte Konzertkarten-Experiment (vgl. Tversky/Kahneman, 1981).

Situation 1

Sie haben eine Konzertkarte zum Preis von 100 Euro erworben und stellen beim Einlass in den Konzertsaal fest, dass Sie Ihre Karte verloren haben. An der Abendkasse sind noch Karten zum gleichen Preis verfügbar. Würden Sie eine neue Karte erwerben?

Situation 2

Sie haben sich eine Konzertkarte für 100 Euro reservieren lassen und wollen diese an der Abendkasse abholen. Dort angekommen, stellen Sie fest, dass Sie einen Betrag von 100 Euro auf dem Weg ins Konzert verloren haben. Würden Sie dennoch eine Karte erwerben, wenn Sie noch genügend Geld dabei hätten?

Die Mehrheit der Befragten antwortet auf die erste Frage mit Nein und auf die zweite Frage mit Ja und dies, obwohl beide Situationen ökonomisch völlig identisch sind. In beiden Fällen ist die Entscheidung, den Konzertbesuch durchzuführen, mit einer Vermögensminderung von 100 Euro verbunden. Warum es dennoch zu ökonomisch inkonsistenten Anworten kommt, kann mithilfe des Konzepts mentaler Konten erklärt werden. Die ursprüngliche Ausgabe von 100 Euro im ersten Fall führt demnach zu einer Belastung des **Kontos „Konzertbesuch"**, dem eine Gutschrift für den erwarteten, nicht-monetären Nutzen des Konzertbesuchs gegenübersteht. Da man sich bewusst für den Konzertbesuch entschlossen hat, befindet sich das Konto im Haben. Durch das Verlieren der Karte auf dem Weg zum Konzert würde nun das Konto Konzertbesuch um weitere 100 Euro belastet und rutscht damit offenbar bei der Mehrzahl der Befragten ins Soll. Sie entscheiden sich dementsprechend gegen den Kauf einer weiteren Konzertkarte. Anders in Situation 2: Hier wird der Verlust des Geldes nicht etwa auf dem Konzertkonto gebucht, sondern vielmehr auf einem separat geführten **Geldkonto**. Dementsprechend wird hier kein Zusammenhang mehr zwischen beiden Vorgängen gesehen. Sie werden unabhängig voneinander bewertet und da das Konzertkonto nicht mit den verlorenen 100 Euro belastet wird, besteht auch kein Grund, von der zusätzlichen Geldausgabe abzusehen.

Mentale Konten spielen auch an den Finanzmärkten eine wichtige Rolle. So kann mit ihrer Hilfe beispielsweise erklärt werden, warum Investoren dazu neigen, Gewinne und Verluste in Einzelpositionen nicht miteinander zu verrechnen und damit unter anderem das Wirken von Diversifikationseffekten und den daraus erwachsenden Zusatznutzen negieren. Empirisch hat sich gezeigt, dass der von der klassischen Portfolio-Theorie empfohlene Diversifikationsgrad von 15 bis 20 Aktien, der bekanntlich ausreicht, um das Eingehen unsystematischen Risikos zu vermeiden (siehe Kapitel 2.2.1, Abbildung 13), deutlich unterschritten wird (Unterdiversifikation). So kommen z.B. Barber/Odean (2000a) zu dem Ergebnis, dass der Median der Aktienpositionen in den Portfolios privater Investoren nur bei 2,6 liegt. Ebenfalls eine Rolle spielen mentale Konten bei der Erklärung des so genannten **Dispositionseffekts** (vgl. Kapitel 2.3.3). Der Dispositionseffekt beschreibt die Neigung von Investoren, Aktien, die auf der Gewinnerseite sind, zu schnell zu verkaufen, an Verlierern dagegen zu lange festzuhalten. Letzteres lässt sich mit der Abneigung begründen, ein mentales Konto, das man für ein spezifisches Aktienengagement eingerichtet hat und dass sich nun im Soll befindet, endgültig abzuschließen. Dies würde eine Realisation des entstandenen Verlustes bedeuten und hohe **psychologische Kosten** nach sich ziehen. Schließlich hatte man sich ursprünglich zu der Investitionsentscheidung möglicherweise mit großem Aufwand an Zeit und Mühe (Informationen sammeln und auswerten) durchgerungen und gesteht sich selbst ungern ein, dass diese Entscheidung falsch war.

Neben der generellen menschlichen Neigung, Entscheidungssituationen zu vereinfachen, um so angesichts einer wahren Informationsflut überhaupt in einem vernünftigen Zeitrahmen zu einer Entscheidung zu gelangen, spielen die Verfügbarkeitsheuristik, die Verankerungsheuristik und die Repräsentativitätsheuristik eine wesentliche Rolle innerhalb der Behavioral-Finance-Theorie.

Verfügbarkeitsheuristik

Die Verfügbarkeitsheuristik beschreibt die Eigenschaft von Entscheidern, die Wahrscheinlichkeit von Ereignissen zu überschätzen, je verfügbarer die Beispiele für ihr Eintreten sind.

Deutlich wird das Wirken der Verfügbarkeitsheuristik beispielsweise, wenn man Versuchspersonen (Probanden) folgende Frage stellt:

Auf einer typischen, auf Deutsch geschriebenen Buchseite, glauben Sie, dass der Buchstabe R wahrscheinlicher

a) an der ersten Stelle in der Buchstabenfolge eines Wortes vorkommt oder

b) an der dritten Stelle?

Die meisten Befragten entscheiden sich für Alternative a). Der Grund hierfür ist nicht, dass es tatsächlich mehr Worte im Deutschen gibt, die an der ersten Stelle der Buchstabenfolge ein R aufzuweisen haben, sondern schlicht die Tatsache, dass Beispiele für Worte, die mit einem R beginnen, für das menschliche Gehirn leichter verfügbar sind, als Worte, die ein R an anderer Stelle enthalten. Das hat etwas damit zu tun, wie wir Informationen speichern und wieder abrufen. Fragen Sie sich selbst, ob es nicht vielleicht auch Ihnen relativ schwerer fällt, in kurzer Zeit Beispiele für den Fall b) zu finden.

Der Grad der Verfügbarkeit von Beispielen hängt z.B. von der **Aktualität** (z.B. Flugzeugabsturz), der **Auffälligkeit** und der Anschaulichkeit von Ereignissen ab (siehe Goldberg/Nitzsch, 2000). Ein weiteres wichtiges Kriterium für die Verfügbarkeit von Beispielen ist auch, inwieweit die Stimmungen, in denen man Erfahrungen gemacht hat und in denen man später Entscheidungen treffen muss, übereinstimmen (**affektive Kongruenz**). Ist z.B. die allgemeine Stimmung an den Börsen schlecht, so ist man eher gewillt, sich an Börsen-Crashs der Vergangenheit zu erinnern als bei guter Stimmung. Und dies, obwohl die Wahrscheinlichkeit von Börsen-Crashs in Aufwärtsmärkten tendenziell zunimmt, in Abwärtsmärkten dagegen abnimmt. Ein weiteres Beispiel ist die Kursblase am Neuen Markt.

Wie viele Privatanleger sind noch im Frühjahr 2000 auf den fahrenden Zug gesprungen, obwohl erkennbar war, wie stark die Bewertungen der jungen Wachstumsunternehmen längst aus dem Ruder gelaufen waren. Beispiele für Spekulationsblasen ähnlicher Ausprägung gab es natürlich auch damals, sie waren jedoch vielen Privatanlegern, die oft zum ersten Mal eine Aktienanlage wagten, gar nicht bekannt und daher auch nicht verfügbar.

Generell führt der Gebrauch der Verfügbarkeitsheuristik dazu, dass aktuelle Informationen übergewichtet und Basisinformationen untergewichtet werden. Eine konkrete, auf die Finanzmärkte bezogene Auswirkung ist das so genannte **Überreaktionsphänomen** (siehe DeBondt/Thaler, 1985). Die Überreaktion auf aktuelle Unternehmensinformationen (beispielsweise die Bekanntgabe eines Quartalsgewinns) führt dazu, dass sich die Kurse in der durch die Information implizierten Richtung vom Fundamentalwert der Aktie entfernen und erst im Laufe der Zeit wieder zu ihm zurückkehren (Mean Reversion). Dieses typische Verhaltensmuster lässt sich mit antizyklischen Anlagestrategien (Kaufe Verlierer, Verkaufe Gewinner) ausnutzen (siehe hierzu auch Kapitel 2.3.4).

Eine weitere Auswirkung der Verfügbarkeitsheuristik auf Investitionsentscheidungen an Finanzmärkten ist der so genannte **Home Bias**. Er beschreibt die Neigung von Investoren, sich auf Anlagen zu konzentrieren, die am Heimatmarkt gehandelt werden. So findet man auch im institutionellen Asset Management das Phänomen, dass z.B. US-Investoren den US-Aktienmarkt stark übergewichten und damit nachweislich auf erhebliche Effizienzvorteile durch internationale Diversifikation verzichten. Einer der Gründe dafür ist die Präferenz, in Unternehmen zu investieren, die man kennt. Informationen zu diesen Unternehmen sind leichter verfügbar, man ist vertraut mit den Unternehmensnamen, den Geschäftsfeldern, dem Image und den Produkten des Unternehmens. Man hat über die Zeit eine Grundhaltung gegenüber einem Unternehmen entwickelt, die einem die Investitionsentscheidung leichter macht als bei Unternehmen aus gänzlich fremden Märkten.

Die **Rolle von generellen Haltungen** bzw. Präferenzen i.R. von Investitionsentscheidungen ist noch von weiterreichenderer Bedeutung. So hat sich gezeigt, dass sie erklären kann, warum Menschen Schwierigkeiten haben, rationale Entscheidungen im Risiko-/Ertragsraum zu fällen, so wie es die klassische Kapitalmarkt-Theorie unterstellt. Im Rahmen von Experimenten hat man z.B. festgestellt, dass bei unabhängiger Abfrage von erwarteter Rendite und Beta-Risiko von Aktien nicht der gemäß CAPM erwartete positive Zusammenhang herauskommt (siehe Ganzach, 2001). Vielmehr ist eine signifikant negative Korrelation von –0,55 zu beobachten. Erst wenn ein kausaler Zusammenhang durch die Fragestellung suggeriert wird, indem die gleiche Person zunächst nach dem Risiko und dann nach dem erwarteten Ertrag gefragt wird, ist die Korrelation zwischen beiden Größen theoriekonform, sprich positiv (+0,71). Die Ergebnisse zeigen nicht nur die **Dominanz kausaler Denkschemata** gegenüber analytisch/diagnostischen Schemata (vgl. Tversky/Kahneman, 1980), sie zeigen auch, dass Ergebnisse durch die Art der Fragestellung manipulierbar sind (zu den so genannten Framing-Effekten, siehe Kapitel 2.3.3).

Die Ursache für die Schwierigkeit einer rationalen Einschätzung von erwarteter Rendite und Risiko liegt im **eindimensionalen Denken** von Entscheidern. Unternehmen bzw. Investments werden generell auf einer Qualitätsskala eingeordnet, die von „gut“ bis „schlecht“ reicht. Wird das Unternehmen als gut angesehen, so sind in aller Regel die Renditeerwartungen hoch und das wahrgenommene Risiko gering. Die generelle Haltung gegenüber einem Unternehmen basiert oft auf einer sehr **mageren Informationsbasis**, beispielsweise dem Image eines Unternehmens. So hatten etwa zur Zeit der Kursblase am Neuen Markt Unternehmen des Internet-Sektors grundsätzlich das Image eines zukunftsorientierten Wachstumsunternehmens und wurden auch als solche bewertet. Befragte man die Investoren nach erwarteter Performance und dem Risiko des Engagements, so wäre wohl auch wie im oben beschriebenen Experiment eine negative Korrelation herausgekommen. Aus den Ergebnissen ist ableitbar, dass im Rahmen von realen Entscheidungsprozessen die generelle Haltung Priorität vor der unvoreingenommenen Wahrnehmung und Verarbeitung von Informationen hat. Dies erklärt auch das Phänomen der **selektiven Wahrnehmung**. So werden im Rahmen dieses psychologischen Denkmodells im Gegensatz zum rationalen Denkmodell der klassischen Erwartungs-Nutzen-Theorie primär die Informationen wahrgenommen, die die eigene generelle Haltung gegenüber einem Investment unterstützen. Widersprechende Informationen werden dagegen gerne verdrängt bzw. ausgeblendet.

Psychologisches Modell versus rationales Modell

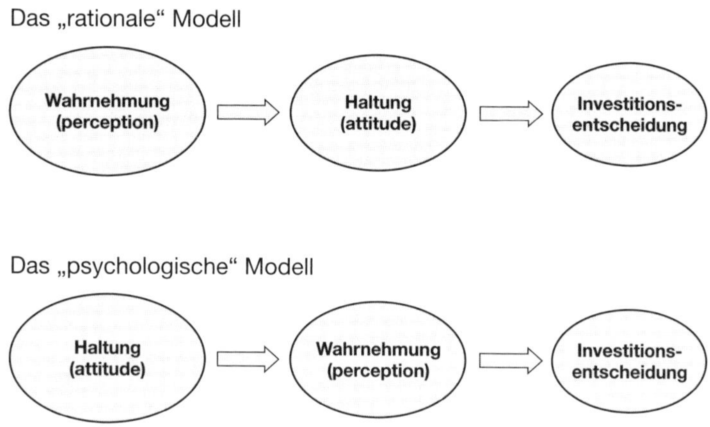

Abbildung 42 Quelle: Ganzach, 2001

Verankerung & Adjustierung

Unter Verankerungs- und Adjustierungsheuristik versteht man die Neigung von Entscheidern, sich an Ursprungs- oder sonstigen Richtwerten zu orientieren und z.B. eigene Prognosen nur sehr träge an veränderte Umweltbedingungen anzupassen. Was hiermit gemeint ist, verdeutlicht das Ergebnis eines einfachen Experiments.

So wurden Probanden mit zwei Fragen konfrontiert:

1. *Liegt der Anteil afrikanisch-asiatischer Staaten in der UNO oberhalb oder unterhalb von 75%?*
2. *Wie hoch ist ihr tatsächlicher Anteil in %?*

Die gleiche Frage wurde einer Kontrollgruppe gestellt mit dem einzigen Unterschied, dass die 75%-Marke in der ersten Frage durch eine 25%-Marke ersetzt wurde. Bei einer rein rationalen Betrachtung sollte die Antwort auf Frage 2 völlig unabhängig von der in Frage 1 genannten Zahl sein. Statistisch sollte sich im Rahmen des Experiments kein signifikanter Unterschied ergeben. Das Gegenteil ist jedoch der Fall. Während die Probanden im ersten Fall im Durchschnitt den Anteil mit über 60% schätzen, sind es im zweiten Fall lediglich knapp über 30%. Dieses Ergebnis zeigt nicht nur erneut, wie **manipulierbar Erwartungen** durch das Setzen so genannter Frames sind. Es zeigt auch, dass Entscheider dazu neigen, die genannten

Niveaus als Ankerpunkte zu gebrauchen und ihre Erwartungen an diese Ankerpunkte anzupassen (Adjustierung).

Ein weiteres Beispiel für dieses Verhalten geben die typischen Antworten auf die folgende Frage:

Der Dow Jones Industrials Index, der keine Dividendenzahlungen berücksichtigt, wurde 1896 eingeführt mit einem Startwert von 41 Punkten. Der Index bewegt sich nun schon seit einiger Zeit zwischen 10.000 und 11.000 Punkten.

Wo läge Ihrer Meinung nach das Indexniveau heute, wenn man von Anfang an auch die Dividendenzahlungen bei der Indexberechnung berücksichtigt hätte? Die durchschnittliche Dividendenrendite während des Betrachtungszeitraums lag übrigens zwischen 3% und 4%.

Typische Antworten liegen im Bereich zwischen 20.000 und 100.000 Punkten, und zwar auch dann, wenn entweder erfahrene Marktteilnehmer befragt werden bzw. die Versuchspersonen eine gute Ausbildung im Bereich der Investitions- und Finanzierungsrechnung haben. Die richtige Antwort verblüfft daher auch umso mehr: Tatsächlich würde der Index heute (Dividenden reinvestiert) bei rund 650.000 Punkten notieren. Offensichtlich benutzen die Befragten den aktuellen Indexwert von um die 10.000 in Verbindung mit dem Startwert als Anker für ihre Schätzung.

An den Finanzmärkten ist die Verankerungs- und Adjustierungsheuristik generell von hoher Relevanz. So lässt sich mit ihr erklären, warum Analysten ihre Prognosen im Allgemeinen sehr träge an die veränderten Umweltbedingungen anpassen. Die Folge ist eine generelle Unterschätzung der Implikationen neuer Informationen für die längerfristige Entwicklung von Unternehmen, aber auch von Volkswirtschaften. Dies ist auch der Grund dafür, warum es so etwas gibt wie **Revisionstrends** (auf negative/positive Revisionen folgen in der Regel weitere negative/positve Revisionen) und warum Überraschungen, sprich Abweichungen zwischen Realisation und vorheriger Schätzung in vorhersehbarer Weise auf der Tagesordnung stehen. So hat man beispielsweise im Rahmen empirischer Untersuchungen festgestellt, dass man mit Long-Positionen in Aktien, die positive Gewinnüberraschungen aufweisen, und Short-Positionen in Aktien, die negative Gewinnüberraschungen aufweisen, Überrenditen erzielen kann (siehe Kapitel 2.2.4.2). Die Erklärung hierfür ist, dass Analysten ihre Gewinnschätzungen **zu konservativ** an Gewinnüberraschungen (in welche Richtung auch immer) anpassen (**Unterreaktion**!) und es daher bei der Veröffentlichung des Gewinns für das folgende Quartal erneut zu einer Gewinnüberraschung gleichen Vorzeichens kommt. Die entsprechende Marktreaktion hierauf sorgt dann für die systematische Überrendite.

Repräsentatitivitätsheuristik

Von großer Bedeutung für das Verständnis von Finanzmärkten ist die Repräsentativitätsheuristik. Sie beschreibt die Neigung von Entscheidern, **Muster** bzw. kausale Zusammenhänge in empirischen Beobachtungen zu **erkennen, wo gar keine Muster sind**.

Frage:

Welches Ergebnis halten Sie beim mehrmaligen Wurf einer fairen Münze für wahrscheinlicher (Kopf: K, Zahl: Z)?

a) KKKKKKK oder

b) KZZKZKK

Die meisten Probanden nennen Alternative b). Sie halten b) für wahrscheinlicher, weil das Ergebnis ihnen repräsentativer für den Zufallsprozess Münzwurf erscheint als das Ergebnis von Alternative a).

Es passt einfach nicht zu unserer a-priori-Vorstellung von Zufallsprozessen, dass immer wieder das gleiche Ereignis eintritt. Wahrscheinlichkeitstheoretisch ist das natürlich Unsinn. Da bei einem fairen Münzwurf die Wahrscheinlichkeit für das Auftreten von Kopf und Zahl jeweils bei 50% liegt (klammert man mal den Fall aus, dass die Münze theoretisch auch auf ihrem Rand zum Stehen kommen könnte) und die Einzelvorgänge unabhängig voneinander sind, so ist die Wahrscheinlichkeit für das Auftreten beider Ergebnisfolgen gleich groß. Nur bei sehr großen Stichproben (bei unendlich vielen Würfen) sollte die Häufigkeit der Kopf- und Zahlergebnisse sehr nahe am theoretischen Wert liegen. Die Neigung, nicht-repräsentative Ergebnisse für unwahrscheinlich zu erachten, lässt sich auch am typischen Verhalten von Spielern an Roulette-Tischen beobachten, weshalb man in diesem Fall auch von der „**Gambler's Fallacy**" spricht. So ist es eine weit verbreitete Strategie, auf die Farbe Rot (Schwarz) zu setzen, wenn zuvor x Mal die Farbe Schwarz (Rot) gewonnen hat. Je größer das x, desto größer ist dabei die Bereitschaft, Geld einzusetzen, frei nach dem Motto, nach zehnmal hintereinander Rot muss doch irgendwann einmal Schwarz kommen. Auch hier wird ignoriert, dass aufeinander folgende Ergebnisse unabhängig voneinander sind (solange es sich um einen fairen Roulettetisch handelt) und sich die Basiswahrscheinlichkeit für Rot oder Schwarz von Runde zu Runde nicht verändert.

Die **Präferenz für repräsentative Ereignisse** kommt z.B. auch in der Bewertung verbundener Ereignisse zum Ausdruck.

Ein Beispiel hierfür liefern Kiell/Stephan (1997), die Expertenmeinungen zur Frage der Wahrscheinlichkeit volkswirtschaftlicher Szenarien einholten.

Volkswirtschaftliche Szenarien:

a) Die US-Wirtschaft zeigt erste Überhitzungserscheinungen.

b) Die US-Inflation beschleunigt sich.

c) Die Fed tritt kräftig auf die Zinsbremse und

d) die US-Wirtschaft zeigt erste Überhitzungserscheinungen, woraufhin sich die US-Inflation beschleunigt, sodass die Fed kräftig auf die Zinsbremse tritt.

Aus der Wahrscheinlichkeits-Theorie ist bekannt, dass die Wahrscheinlichkeit für das gemeinsame Auftreten zweier Ereignisse (egal ob abhängig oder unabhängig) nie größer sein kann, als die Wahrscheinlichkeit für das Auftreten der einzelnen Ereignisse. Das Ergebnis der Befragung steht im eklatanten Widerspruch zu diesem Axiom und damit auch zur Theorie der rationalen Entscheidungsfindung. So wird dem Szenario d) – dem zusammengesetzten Szenario – mit 35% eine höhere Eintrittswahrscheinlichkeit zugebilligt als Szenario c) (26,9%). Wie kann man sich erklären, warum sogar Experten bei dieser recht einfachen Aufgabenstellung so versagen? Aus der Psychologie ist bekannt, dass Menschen ein generelles Bedürfnis nach Kontrolle einer Situation haben. Man möchte die Dinge gerne selbst im Griff haben. So ist das **subjektive Sicherheitsempfinden** bei den meisten Menschen größer, wenn sie selbst ein Auto steuern als wenn sie z.B. im Flugzeug sitzen und einer Situation machtlos ausgeliefert sind. Auch zieht man in aller Regel Situationen, in denen man die Entscheidungsparameter genau kennt, intransparenten Situationen vor (**Ambiguitätsaversion**). Dies erklärt z.B. ein Bedürfnis nach Information, auch wenn man mit der Information gar nichts anfangen kann bzw. das Kennen der Information gar keinen echten Vorteil bedeutet.

Der Zusammenhang zur Repräsentativitätsheuristik besteht nun darin, dass sich aus dem Kontrollbedürfnis eine generelle **Präferenz für kausale Zusammenhänge** ableiten lässt. So wird z.B. die Wahrscheinlichkeit für das Szenario d) aus obigem Beispiel auch deshalb überschätzt, weil die einzelnen Bausteine logisch, lehrbuchmäßig aufeinander aufbauen. Die Abfolge der Ereignisse entspricht genau den Vorstellungen, die ein Ökonom a priori hat, wenn er an Beispiele konjunktureller Überhitzung denkt. Insofern besteht auch ein enger Zusammenhang mit der Verfügbarkeitsheuristik. Das Erkennen von kausalen Zusammenhängen bzw. das Gefühl, einen kausalen Zusammenhang erkannt zu haben, befriedigt somit das Bedürfnis nach Kontrolle. Man sucht daher regelrecht nach kausalen Zusammenhängen und meint mitunter Muster zu erkennen, wo gar keine sind. An den Finanzmärkten ist dies ein besonders weit verbreitetes Phänomen. So versucht man z.B. mithilfe der **technischen Analyse**, Muster zu erkennen und aus bestimmten Kurskonstellationen Prognosen abzuleiten. Oft wird hierbei nur das Kontrollbedürfnis befriedigt, nicht aber eine echte Prognose erstellt. So haben zahlreiche empirische Untersuchungen gezeigt, dass sich mit den meisten gängigen technischen Handelsregeln kein Geld verdienen lässt (siehe Kapitel 2.2.4.2). Trotzdem werden immer wieder neue technische Indikatoren entwickelt, von denen ein ganzer Berufszweig lebt.

Ein weiteres Beispiel für die Bedeutung der Repräsentativitätsheuristik an Aktienmärkten ist die Internet-Euphorie der letzten Jahre. Wie viele Unternehmen wurden nur deshalb gekauft, weil sie aufgrund eines „.com"-Kürzels im Unternehmensnamen der New Economy zugeordnet wurden und damit automatisch als Wachstumsunternehmen galten. Es wurde ein kausaler Zusammenhang gesehen (Tätigkeit im Internet-Sektor ==> stark wachsende Umsätze und Gewinne), wo zu einem großen Teil gar kein kausaler Zusammenhang bestand. Eine Bestätigung dieses Schemas fanden die Anleger in den Kurszuwächsen, die ja offenbar ihre Einschätzung der Zukunftsaussichten dieser Unternehmen untermauerten. Das Image der Unternehmen bestimmte eine generelle Haltung der Anleger, die wiederum zum Phänomen der selektiven Wahrnehmung führte. So wurden warnende Stimmen im Hinblick auf die Bewertung mit dem Hinweis auf die Irrelevanz herkömmlicher Bewertungsmaßstäbe zurückgewiesen. Eine Argumentation, die man im Übrigen auch im Vorfeld des Crashs von 1929 vernehmen konnte.

Das hohe Kontrollbedürfnis der Akteure an Finanzmärkten führt auch dazu, dass Datenbänke immer wieder nach beliebigen empirischen Zusammenhängen „durchschnüffelt" werden (**data snooping**). Schon allein nach dem Gesetz des Zufalls wird man dabei auf statistisch signifikante Zusammenhänge stoßen, ohne dass ein kausaler Zusammenhang existiert. Überprüft man z.B. die Korrelation zwischen 100 Zeitreihen, so wird man bei einer Irrtumswahrscheinlichkeit von 10% bereits rein zufällig 495 signifikante Zusammenhänge finden. Man spricht in diesen Fällen auch von

Scheinkorrelationen (siehe hierzu auch die Kritik an der APT, Kapitel 2.2.3.2). Ein beliebtes Beispiel dafür ist der vermeintliche Zusammenhang zwischen dem Import von Südfrüchten und der Geburtenrate in Deutschland.

Ein weiteres typisches Verhalten an Finanzmärkten ist, aus sehr wenigen Beobachtungspunkten bereits einen Trend abzuleiten. Dies gilt z.B. auch für Analysten, die dazu neigen, aktuelle Gewinnentwicklungen zu weit in die Zukunft fortzuschreiben (**Extrapolation**). Erst wenn die tatsächliche Entwicklung dann in die eine oder andere Richtung enttäuscht, werden die Gewinnerwartungen revidiert (und zwar meist zu konservativ, wie bei der Verankerungsheuristik zu sehen war). An den Aktienmärkten führt extrapolatives Verhalten bzw. die Anitzipation extrapolativen Verhaltens (positive feedback trading) zum Phänomen der **Momentum-Märkte** bzw. des Kursmomentums. Als klassisches Beispiel sei an dieser Stelle noch einmal auf die jüngste Kursblase an den so genannten Wachstumsmärkten hingewiesen. Allein die Erwartung steigender Kurse führt demnach in einer Kursblase zu weiteren Kurssteigerungen, die wiederum zu nochmals steigenden Kurserwartungen führen. Diese **Erwartungsspirale** bekommt eine Eigendynamik, die nicht mehr von exogenen, fundamentalen Faktoren bestimmt wird. Die Kursentwicklung wird zu einer sich selbst erfüllenden Prophezeiung. Daher auch das alte Börsensprichwort „die Hausse nährt die Hausse“. Aus dem Gesagten ergibt sich, dass man mit trendfolgenden Anlagestrategien durchaus Erfolg haben kann und dass es sogar absolut rational ist, an einer Kursblase teilzunehmen.

Extrapolatives Verhalten an Finanzmärkten impliziert allerdings nicht nur den potenziellen Erfolg von Momentum-Strategien. So führt z.B. die fälschliche Extrapolation eines positiven Gewinntrends eines Unternehmens in der Regel dazu, dass die Kurse über den theoretisch gerechtfertigten Kurs (Fair Value) hinausschießen. Man spricht hierbei auch von **Überreaktionen**. Systematisch auftretende Überreaktionen lassen sich mit antizyklischen Anlagestrategien ausnutzen. Das heißt, dass man z.B. mit einer Strategie, die „Verlierer“ (Verlierer in Bezug auf die relative Performance) am Aktienmarkt kauft, also in der Regel gerade die Unternehmen, bei denen ein Negativtrend zu weit in die Zukunft fortgeschrieben wurde, und Gewinner (positive Übertreibung) verkauft, signifikante Überrenditen erzielen kann (siehe DeBondt/Thaler, 1985). Alle so genannten **„Value“-Investmentstile** basieren auf dem Grundprinzip, dass sich die Bewertungen von Aktien von ihrem fairen Niveau entfernen, um dann am Ende wieder zu ihm zurückzukehren (Mean Reversion).

Last but not least sei noch im Zusammenhang mit institutionell verwalteten Geldern auf die Bedeutung der Repräsentativitätsheuristik hingewiesen. So ist es üblich, Portfolio- bzw. Fonds-Manager nach der Performance ihrer Mandatsportfolios zu beurteilen. Dies gilt sowohl intern als auch extern. Automatisch wird dabei ein kausaler Zusammenhang zwischen dem **Können des Portfolio-Managers** und der Portfolio-Performance unterstellt, und zwar auch dann, wenn die Ergebnisse durch ein unvorhersehbares exogenes Ereignis bestimmt wurden. Einem Portfolio-Manager hilft es in der Regel wenig, wenn er einem Kunden gegenüber eine Underperformance gegenüber der vereinbarten Benchmark zu vertreten hat, wenn diese durch ein von ihm nicht zu vertretenes Ereignis bedingt ist. Wenn ein Vergleichs-Manager besser abgeschnitten hat, auch wenn er ebenfalls nichts dafür kann, wird sich ein Kunde in der Regel immer für den aktuell erfolgreicheren Manager entscheiden, wenn es darum geht, neue Mittel zu investieren. Das Fatale daran ist, dass man hiermit in aller Regel falsch liegt. Geht man beispielsweise von zwei gleichwertigen Portfolio-Managern aus, sodass sich Unterschiede in der Performance nur rein zufällig ergeben, so ergibt sich aus dem statistischen Gesetz der „Regression zum Mittelwert", dass der so gewählte Manager in der zukünftigen Periode nur durchschnittlich abschneidet. In Anspielung auf den Basketballsport spricht man hierbei auch von der „**Hot Hand Fallacy**". Empirische Untersuchungen zeigen in aller Regel, dass Portfolio-Manager nicht dazu in der Lage sind, den Markt systematisch zu schlagen (siehe Kapitel 2.2.4.2). Das Problem der Unterscheidung zwischen **Glück und Können** im Rahmen der Performance-Analyse wird in Kapitel 5 ausführlich diskutiert.

2.3.3 Erfolg ist relativ – Framing, mentale Konten und Referenzpunktdenken

Ist das Glas nun halb voll oder halb leer? Jeder kennt wohl diese Frage, auf die man eigentlich gar keine Antwort erwartet, sondern mit der man vielmehr die Individualität und mehr noch die **Relativität von Meinungen**, **Einstellungen**, **Empfindungen und Erwartungen** zum Ausdruck bringen möchte. Auf wohl keinem anderen Gebiet im Wirtschaftsleben kommt der Relativität von Erwartungen eine größere Bedeutung zu als in Bezug auf die Finanzmärkte. Hier werden Erwartungen gehandelt, die Kurse stellen so etwas wie das Aggregat der heterogenen Erwartungen der verschiedenen Marktteilnehmer dar. Gäbe es diese Heterogenität nicht, würden also alle Marktteilnehmer zu den gleichen Einschätzungen gelangen, wofür ja die (sieht man einmal von echten Insider-Informationen ab) unmittelbare Verfügbarkeit von Informationen gleicher Qualität und in großer Geschwindigkeit spräche, so würde gar kein Handel an den Märkten zustande kommen (No-Trade-Theorem). Würde die These informationseffizienter Märkte tatsächlich in Reinkultur zutreffen, so wären in seiner strengen Auslegung Börsen überflüssig. Was wir in der Realität beobachten, ist genau das Gegenteil. Es wird immer mehr gehandelt. Die Umsätze haben stark zugenommen. Aktienkultur wird gleichgesetzt mit aktivem Aktienhandel und nicht etwa mit wohl diversifizierten Portfolios, wie es die Theorie rationaler Entscheidungen nahe legt. Allein an dieser Stelle wird offensichtlich, wie weit die Realität von der idealtypischen Vorstellung der klassischen Theorie entfernt ist.

Worin liegen die Ursachen für eine derart auffällige Divergenz zwischen dem, was sein sollte, und dem, was tatsächlich ist? Neben dem generellen Hinweis auf die **Heterogenität der Marktteilnehmer**, auf ihre unterschiedlichen Charaktere sowie soziologischen Hintergründe (z.B. Einfluss des Geschlechts auf Risikoverhalten) und Mentalitäten trägt insbesondere die „**Prospect Theory**" von Kahneman/Tversky (1979) zum Verständnis typischer Verhaltensweisen von Finanzmarktakteuren bei.

Den Ansatzpunkt der Prospect Theory macht dic eingangs gestellte Frage deutlich: Ist das Glas halb voll oder halb leer? Auf Aktienmärkte übertragen könnte die Frage z.B. auch lauten: Ist ein Kursniveau von 5.000 Punkten im Nemax 50 Index hoch oder niedrig? Ist eine Aktie im Technologie-Sektor mit einem Kursgewinnverhältnis von 30 teuer oder billig? Die Antworten würden heute (= Anfang 2002) sicherlich anders ausfallen als noch vor zwei Jahren. Nicht nur die generelle Subjektivität ist offenbar bestimmend für eine Einschätzung, sondern auch die Situation bzw. die äußeren Umstände, unter denen eine Einschätzung abgegeben wird. Es kommt schlicht darauf an, an welche Kursniveaus man sich gewöhnt hat, ob man einen Indexstand von 5.000 Punkten für den Nemax 50 als hoch oder niedrig empfindet. In der „Psychophysik" spricht man von so genannten **Adaptionsniveaus**, wenn es zu verstehen gilt, unter welchen Bedingungen Menschen gleiche Temperaturniveaus unterschiedlich empfinden. In der verhaltenswissenschaftlichen Wirtschafts-Theorie sind Niveaus, an die man sich gewöhnt hat, eine Erklärung für ein generell zu beobachtendes, **referenzpunktorientiertes Denken** und Handeln. Zwei Beispiele hierfür wurden bereits weiter oben erwähnt: der Verlust einer Konzertkarte bzw. der Verlust des hierfür vorgesehenen Geldbetrages und die Trägheit (Konservatismus) von Analysten-Prognosen.

Akzeptiert man zunächst einmal, dass Dispositionen von Akteuren an Finanzmärkten mehr oder weniger stark von endogenen oder exogenen Referenzpunkten beeinflusst werden, so stellt sich natürlich die Frage nach den Ursachen für dieses Verhalten, das im augenfälligen Widerspruch zur klassischen Erwartungs-Nutzen-Theorie steht. Eine Erklärung ist, dass Normabweichungen generell mit einem hohen **Dissonanz- und Regret-Potenzial** einhergehen. Mit einem normabweichenden Verhalten, also z.B. einer Gewinnprognose, die stark vom Marktkonsens abweicht bzw. einer Gewichtung, die stark von der Benchmark abweicht, exponiert man sich persönlich stärker und bindet sich so selbst auch mehr an die Entscheidung. Stellt sich dann im Nachhinein heraus, dass die getroffene Entscheidung falsch war, so entstehen durch die hohe Selbstbindung starke Dissonanzen, die die Menschen generell als unangenehm empfinden (Theorie der kognitiven Dissonanz). Eine einfache Vermeidungsstrategie besteht darin, potenziellen Dissonanzen von Vornherein aus dem Wege zu gehen und sich entsprechend an der Norm (hier dem Marktkonsens bzw. der Benchmark) zu orientieren. Das hat das häufig zitierte **Herdenverhalten** (herding) an Finanzmärkten zur Folge. Der psychische **Schmerz des Bedauerns** wird dadurch abgemildert, dass sich andere genauso verhalten haben wie man selbst.

Ein weiterer Aspekt, der bei der Diskussion referenzpunktabhängigen Verhaltens eine wichtige Rolle spielt, ist das so genannte Framing. Beim Framing geht es primär darum, dass die Wahrnehmung von Referenzpunkten durch die äußere Form der Darstellung beeinflusst werden kann und damit auch das Entscheidungsverhalten an sich „manipulierbar" wird. Der Unterschied zwischen **Form und Substanz** spielt somit hier die entscheidene Rolle. Hierzu ein aus der experimentellen Forschung bekanntes Beispiel:

Stellen Sie sich vor, Sie hätten 20.000 Euro gewonnen und bekämen anschließend die Gelegenheit zu wählen zwischen

a) Mit einer Wahrscheinlichkeit von 100% zusätzlich 5.000 Euro zu erhalten oder

b) mit einer Wahrscheinlichkeit von 50% zusätzlich 10.000 Euro zu gewinnen und mit einer Wahrscheinlichkeit von 50% nichts hinzuzugewinnen.

Für welche Alternative würden Sie sich entscheiden?

Stellen Sie sich weiter vor, Sie hätten 30.000 Euro gewonnen und bekämen anschließend die Gelegenheit zu wählen zwischen

a) Mit einer Wahrscheinlichkeit von 100% 5.000 Euro zu verlieren oder

b) Mit einer Wahrscheinlichkeit von 50% 10.000 Euro zu verlieren und mit einer Wahrscheinlichkeit von 50% nichts zu verlieren.

Für welche Alternative würden Sie sich entscheiden?

Die klassische Erwartungs-Nutzen-Theorie gibt eindeutige Antworten auf beide Fragen. In Fall eins würde sich ein „rationaler", risikoaverser Entscheider für die sichere Alternative a) entscheiden. Risikoaversion bedeutet, dass bei gleichem Erwartungswert die sichere Alternative der unsicheren Alternative vorgezogen wird. Das gleiche Prinzip würde den „Homo Oeconomicus" im zweiten Fall ebenfalls die Alternative a) vorziehen lassen. Unabhängig von der Ausgangsposition entscheidet er sich gegen die risikobehaftete Alternative. Ein typisches Ergebnis in Experimenten ist dagegen, dass sich die Befragten im ersten Fall für die Alternative a) entscheiden, so wie es die Erwartungs-Nutzen-Theorie vorhersagt, im zweiten Fall aber die Alternative b) vorziehen. Offenbar ist den Befragten dabei nicht bewusst, dass die konstruierten Entscheidungssituationen **ökonomisch völlig identisch** sind, wenn man davon ausgeht, dass die einzig relevante Zielgröße die Endvermögensposition des Entscheiders ist. In beiden Fällen wählt man aus zwischen einem sicheren Endvermögen von 25.000 Euro und einem unsicheren Endvermögen von 30.000 bzw. 20.000 Euro mit gleicher Wahrscheinlichkeit. Warum also die unterschiedlichen Antworten? Die Ursache liegt im Referenzpunktdenken der Probanden, das durch die **Form der Fragestellung** unterstützt wird (Framing-Effekt). Entscheider neigen generell dazu, ihre Entscheidung vom Status quo, vom Ausgangspunkt abhängig zu machen. So ist z.B. unumstritten, dass die Bereitschaft, eine Aktie zu verkaufen oder nicht, sehr stark vom individuellen Einstiegskurs abhängt. Ein Investitionsprojekt wird generell eben nicht nur danach beurteilt, wie gut die zukünftigen Ertragsaussichten sind, sondern auch danach, ob sich die Investition „im Geld" befindet oder „aus dem Geld" (**Sunk-Cost-Effekt**). Doch zunächst zurück zu obigem Experiment.

In beiden Fällen dient das Ausgangsvermögen als Bezugsgröße und die Auswahl der Alternativen erfolgt relativ zu diesem Referenzpunkt. Die Probanden empfinden die beiden Situationen daher auch nicht als ökonomisch äquivalent. Während sie im ersten Fall zu entscheiden haben, ob sie einen sicheren Gewinn von 5.000 Euro einem unsicheren Gewinn von 10.000 Euro vorziehen, werden sie im zweiten Fall mit einer Verlustsituation konfrontiert. Interessant ist nun, dass die Entscheider offenbar der Kombination aus einem Ausgangsvermögen von 30.000 Euro und einem sicheren Verlust von 5.000 Euro einen anderen Nutzen bzw. Wert beimessen als der Kombination aus einem Anfangsvermögen von 20.000 Euro und einem sicheren Gewinn von 5.000 Euro, obwohl das Ergebnis (ein Endvermögen von 25.000 Euro) das gleiche ist. Die Beobachtung, dass Gewinne und Verluste gleicher Größenordnung offenbar unterschiedlich bewertet werden, war der Ausgangspunkt zur Entwicklung der Prospect Theory. Als Alternative zur konkaven Nutzen-funktion der Erwartungs-Nutzen-Theorie (siehe Kapitel 2.2.2.1) arbeitet die Prospect Theory mit einer so genannten **Wertfunktion**.

Wertfunktion der Prospect Theory

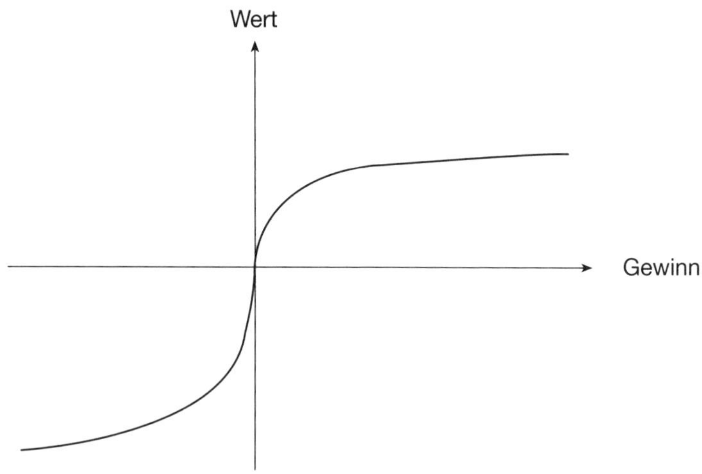

Abbildung 43

Aufgrund der Wertfunktion der Prospect Theory lassen sich viele Phänomene an Finanzmärkten erklären, die mithilfe der Erwartungs-Nutzen-Theorie nicht erklärbar sind. Der Referenzpunkt der Prospect Theory wird in obigem Experiment durch das jeweils vorgegebene **Ausgangsvermögen** (20.000 bzw. 30.000 Euro) bestimmt. Dass die Bewertungen der jeweils zwei Alternativen unterschiedlich ausfallen, ergibt sich aus dem Kurvenverlauf der Wertfunktion. Während in der Gewinnzone der aus der Erwartungs-Nutzen-Theorie bekannte konkave Verlauf unterstellt wird, ist die Wertfunktion im Verlustbereich konvex und verläuft insgesamt auch steiler als im Gewinnbereich. Der steilere Verlauf im Verlustbereich spiegelt das Phänomen der **Verlustaversion** wider. Verluste werden höher bewertet als Gewinne gleichen Ausmaßes. Definiert man v(x) als Wertfunktion, so gilt z.B. im vorliegenden Fall:

$$\left|v(-5.000)\right| > \left|v(+5.000)\right|$$

Prospect Theory und Verlustaversion

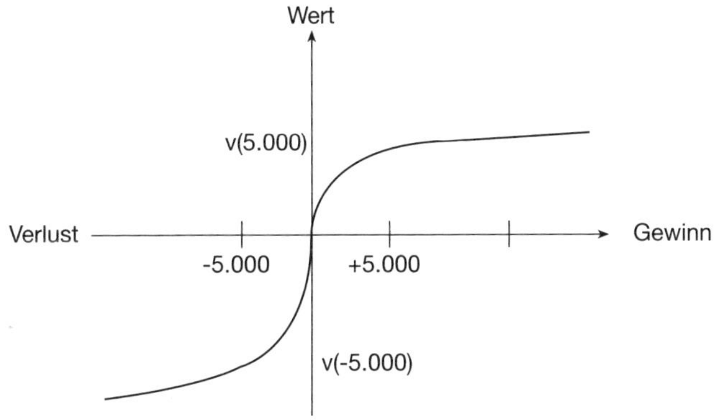

Abbildung 44

Verlustaversion

Warum diese Asymmetrie in der Bewertung von Gewinnen und Verlusten? Verluste werden generell als unangenehm empfunden. Sie werden als dissonante Ereignisse wahrgenommen, da sie im **Widerspruch zu der ursprünglichen Entscheidung** stehen, ein Projekt (also z.B. den Kauf einer Aktie) durchzuführen. Auch hier gilt, dass die empfundene Dissonanz umso größer ist, je stärker die mit der ursprünglichen Entscheidung verbundene Selbstverpflichtung ist. Handelt es sich beispielsweise um eine Entscheidung, die ein Portfolio-Manager völlig eigenständig und damit eigenverantwortlich getroffen hat, ist die Bereitschaft zum Verkauf innerhalb der Verlustzone deutlich geringer, als in einer Situation, in der die Kaufentscheidung z.B. von einem Investment-Kommittee (im institutionellen Portfolio-Management weit verbreitet) getroffen wurde. Allgemein aber gilt, dass Entscheider dazu neigen, Verluste möglichst nicht zu realisieren und **zu lange an Verlustprojekten festzuhalten**. Dabei spielt die Hoffnung, dass ein verlustreiches Projekt ja doch noch in die Gewinnzone kommen könnte, eine große Rolle. Es abzubrechen würde einen endgültigen Verzicht auf diese Chance bedeuten. An Aktienmärkten ist z.B. ein häufig zu beobachtendes Phänomen, dass Anleger, in der Erwartung einer raschen Kurserholung, in das berühmt-berüchtigte „**fallende Messer**" greifen. Tritt diese Erholung dann nicht ein und fällt der Kurs weiter, so möchte man sich zum einen sicherlich nicht eingestehen, dass das ursprüngliche Kalkül falsch war. Man verkauft aber zum anderen auch deshalb nicht, weil die Rechnung ja doch noch aufgehen könnte und man dann einen zu frühen Verkauf bedauern würde (**Regret-Aversion**).

Abnehmende Sensitivität

Neben der Verlustaversion ist die abnehmende Sensitivität eine wichtige Eigenschaft der Wertfunktion der Prospect Theory. Die abnehmende Sensitivität kommt im Gewinnbereich im konkaven Verlauf und im Verlustbereich im konvexen Verlauf der Wertfunktion zum Ausdruck. Die abnehmende Sensitivität ist ein **Pendant zum abnehmenden Grenznutzen** in der klassischen ökonomischen Theorie. Die abnehmende Sensitivität erklärt, warum sich die Probanden in unserem Ausgangsexperiment einmal für die Alternative a) und einmal für Alternative b) entscheiden. Sichtbar wird dies anhand von Abbildung 45.

Der negative Wert, der in Fall 1 der unsicheren Alternative beigemessen wird, ist also kleiner als der mit dem sicheren Verlust verbundene Wert. Im Verlustbereich neigen Entscheider somit dazu, riskante Alternativen zu bevorzugen. Sie sind keine Risiko-Averter, wie es die klassische Erwartungs-Nutzen-Theorie unterstellt (siehe Kapitel 2.2.2.1), sie sind „Risiko-Liebhaber". Im Gewinnbereich bleibt es dagegen bei der bekannten Risikoaversion. Diese **Umkehr der Risikoeinstellung** bezeichnet man auch als **Reflection-Effekt**. Unmittelbar zu erkennen ist sie auch am konkaven (konvexen) Verlauf der Wertfunktion im Gewinnbereich (Verlustbereich).

Die Unterschiede, die die Prospect Theory im Risikoentscheidungsverhalten im Vergleich zur klassischen Theorie aufzeigt, sind zweifellos erheblich. Es stellt sich somit die Frage, wie sich dies konkret auf das Anlageverhalten an Kapitalmärkten auswirkt. Eine direkte Folge ist der so genannte **Dispositionseffekt** (Shefrin/Statman, 1985). Als Dispositionseffekt bezeichnet man die Neigung von Anlegern, zu lange an Verlieren festzuhalten (und damit eine „Wette" einzugehen), Gewinner dagegen zu schnell zu verkaufen (und damit eine Wette zu vermeiden). Sowohl die experimentelle Überprüfung (siehe Gerke/Bienert, 1993) als auch empirische Untersuchungen (die verständlicherweise aufgrund eingeschränkter Verfügbarkeit individueller Depotdaten besonders schwierig sind) haben die Existenz des Dispositionseffekts bestätigt. Dispositionseffekte auf individueller Ebene wirken sich insbesondere dann auf die Preisbildung am Markt aus, wenn viele Marktteilnehmer ähnliche Referenzpunkte besitzen, was z.B. dann der Fall ist, wenn es sich um eine Erstemission handelt. Der oft zitierte „fundamental unerklärliche" Preisdruck in einer Aktie kann also durchaus auch mit Dispositionseffekten zusammenhängen. Die Wirksamkeit von Dispositionseffekten auf der Marktebene wird auch durch die **zunehmende Bedeutung des institutionellen Portfolio-Managements** gefördert. Hier sorgt das benchmarkorientierte Handeln und die Gleichheit der Abrechnungsperioden dafür, dass ähnliche Bezugspunkte gang und gäbe sind.

Abnehmende Sensitivität und die Wahl zwischen sicheren und unsicheren Alternativen

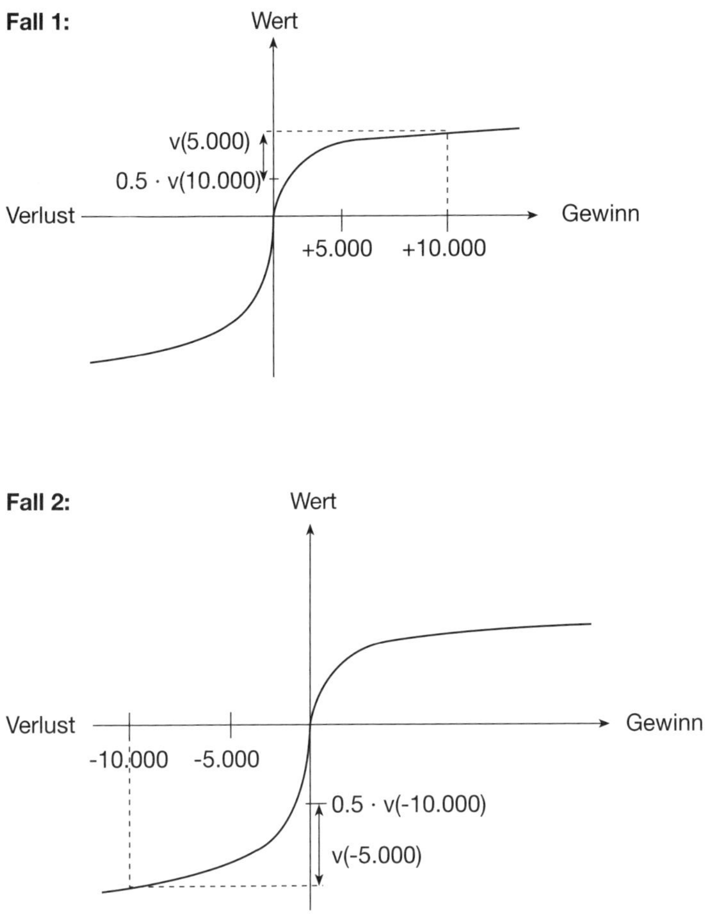

Abbildung 45

Es gelten somit:

$$-v(-5.000) > 0{,}5 \cdot [-v(-10.000)] + 0{,}5 \cdot v(0)$$

und

$$v(5.000) > 0{,}5 \cdot v(10.000) + 0{,}5 \cdot v(0).$$

Auch der aus der Verhaltenspsychologie bekannte, oben bereits zitierte **Besitztums- bzw. Status-quo-Effekt** (siehe z.B. Weber, 1993) lässt sich mithilfe der Prospect Theory erklären bzw. ist vollständig mit ihr vereinbar. Der Besitztumseffekt besagt, dass Individuen insbesondere dazu neigen, an Dingen, die sie besitzen, festzuhalten, da die Nachteile, „Bewährtes" zu verändern, stärker empfunden werden als die potenziellen Vorteile dieser Veränderung. So wird eine Aktie, die man besitzt, für die man sich bewusst entschieden hat, tendenziell immer den alternativen, nicht im Portfolio befindlichen Anlagemöglichkeiten vorgezogen. Ihr gegenüber empfindet man eine starke Selbstverpflichtung, bei ihr spielen Verlust- und Regret-Aversion eine Rolle. Status-quo-Effekte erklären z.B. auch die **Trägheit in den Anpassungen von Analystenschätzungen** (Konservatismus) und das Phänomen der Markentreue.

Eine Folge des Besitztumseffekts ist, dass sich die Bereitschaft, bei einem Kauf einen bestimmten Preis zu zahlen, von dem Anspruch, bei einem Verkauf einen bestimmten Preis zu erhalten, unterscheidet. Man neigt dazu, Dinge, die man besitzt, werthaltiger einzuschätzen als ein „neutraler" Käufer bzw. der Markt. Jeder hat wohl schon einmal die Erfahrung gemacht, dass einem der Preis, den man für einen Gebrauchtwagen bekommt, stets zu niedrig vorkommt, man beim Kauf jedoch oft das Gefühl hat, zu viel bezahlt zu haben. Das Auseinanderklaffen von **Preisbereitschaft und Preiserwartung** kann mithilfe der Prospect Theory erklärt werden. Der Schlüssel zum Verständnis liegt dabei im Mental Accounting. So werden beim Kauf (Verkauf) eines Gutes der Wert des Gutes und der zu zahlende (vereinnahmte) Kaufpreis auf getrennten mentalen Konten verbucht. Das Ergebnis lässt sich grafisch anhand von Abbildung 46 nachvollziehen.

Wie man unschwer erkennt, klaffen bei gleicher Wertbeimessung der Preis, den man maximal zu zahlen bereit wäre (p_2), und der Preis, den man mindestens verlangen würde, um sich bei einem Verkauf nicht schlechter zu stellen (p_1), auseinander, und zwar genau dergestalt, wie es der Besitztumseffekt vorhersagt (d.h. $p_1 > | - p_2 |$).

Der Besitztumseffekt sollte natürlich insbesondere dann stark ausgeprägt sein, wenn die **Selbstbindung des Besitzers** groß ist. Ein klassisches Beispiel ist eine Aktie, die man aufgrund sorgfältiger Recherche gekauft hat und die sich nun trotzdem in der Verlustzone befindet. Um kognitive Dissonanzen zu vermeiden, die durch das Eingeständnis des Verlustes bei einem Verkauf der Aktie entstünden, hält man am Besitz fest. Bei einer Gewinner-Aktie ist die Selbstbindung dagegen deutlich geringer. Man ist eher bereit, das Altbewährte gegen eine neue Chance einzutauschen.

Besitztumseffekt und Prospect Theory – Mentale Konten beim Kauf eines Gutes

Mentales Konto #1: Gekauftes Gut

Mentales Konto #2: Zu zahlender Kaufpreis

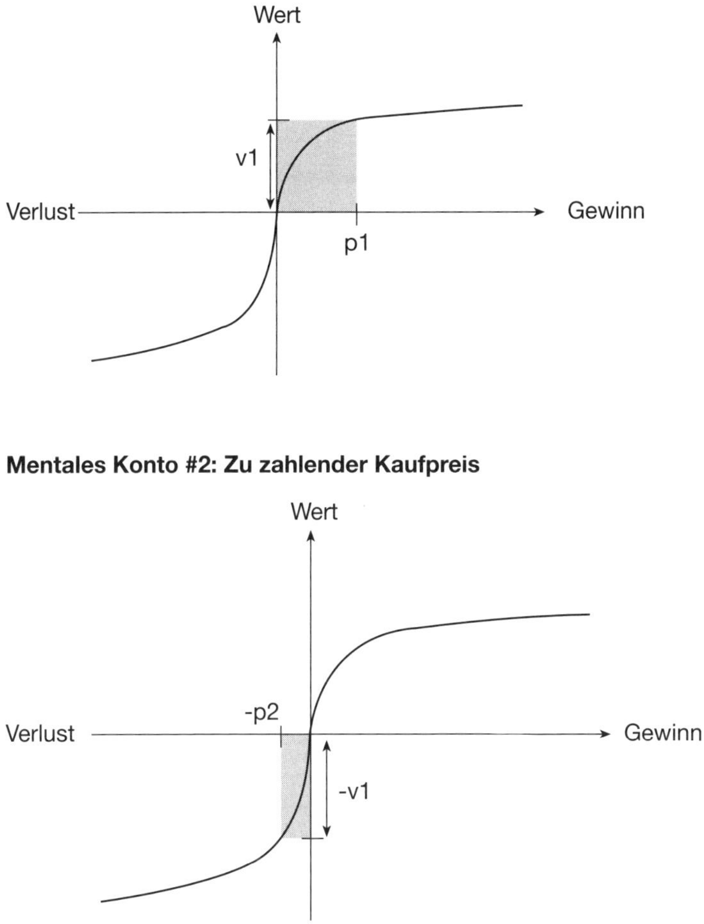

Abbildung 46

Im Zusammenhang mit Prospect Theory und Mentalen Konten ist auch noch das so genannte **Hedonic Framing** von Bedeutung (siehe Thaler/ Johnson, 1990). Als Hedonic Framing bezeichnet man die Neigung von Entscheidern, die erzielten Ergebnisse in einem Bezugsrahmen darzustellen, der ihnen ein größtmögliches Maß an Zufriedenheit verschafft (Bedürfnis nach Dissonanzfreiheit). Dies hat unmittelbare Auswirkungen, wenn es darum geht, eine ganze Serie/Reihe von Ergebnissen (z.B. mehrfacher Münzwurf) zu bewerten. Sind nämlich mehrere positive Ergebnisse zu bewerten, wird meist jedes einzelne Ergebnis für sich genommen auf einem separaten mentalen Konto erfasst (**Separation**). Der Grund hierfür liegt im konkaven Verlauf der Wertfunktion im Gewinnbereich. Dieser sorgt dafür, dass die Summe der einzeln bewerteten Ergebnisse größer ist als der Wert der Summe der Ergebnisse. Das Gesamtergebnis erscheint daher in einem besseren Licht, wenn man die Einzelergebnisse auf getrennten mentalen Konten verbucht. Genau umgekehrt stellt sich die Situation im Verlustbereich dar. Hier sorgt die Konvexität der Wertfunktion dafür, dass der Wert der Summe der Einzelergebnisse größer ist als die Summe der einzeln bewerteten Ergebnisse. Dementsprechend erscheint hier das Gesamtergebnis in einem besseren Licht, wenn die Einzelergebnisse in einem mentalen Konto zusammengefasst werden. Man spricht dann von **Integration**.

Mithilfe des bezugspunktorientierten Denkens und Entscheidens, das im Rahmen dieses Kapitels vorgestellt wurde, lassen sich noch weitere, finanzmarktrelevante Phänomene erklären. So hat man beispielsweise festgestellt, dass Bezugspunkte auch bei der **Einschätzung von Wahrscheinlichkeiten** eine wichtige Rolle spielen. So werden beispielsweise Veränderungen von Wahrscheinlichkeiten in der Nähe von 100% (also etwa von 100 auf 99%) und in der Nähe von 0% (also etwa von 0 auf 1%) stärker wahrgenommen als in der Mitte der Wahrscheinlichkeitsskala. Dies führt dazu, dass geringe Wahrscheinlichkeitsveränderungen in den Randbereichen überbewertet werden.

Hierzu das folgende Beispiel:

In einem Experiment hatten die Probanden zu wählen zwischen

a) einer 1 zu 1000 Chance, 5.000 Euro zu gewinnen und

b) einem sicheren Gewinn von 5 Euro.

Obwohl der Erwartungswert identisch ist und hier wie im ersten Fall des Ausgangsexperiments eine Gewinnsituation vorliegt, entscheidet sich die Mehrheit (72%) der Probanden diesmal nicht für den sicheren Gewinn, sondern für die Chance, mit kleiner Wahrscheinlichkeit einen großen Gewinn zu erzielen. Dies erklärt z.B. auch die **Vorliebe fürs Lotto-Spielen**, obwohl allgemein bekannt ist, dass der erwartete Gewinn deutlich unterhalb des Spieleinsatzes liegt. Obwohl man sich nicht in der Verlustzone der Prospect Theory befindet, verhalten sich Menschen offenbar in bestimmten Situationen risikofreudig. Umgekehrt sind sie dazu bereit, für die Vermeidung sehr unwahrscheinlicher

Ereignisse erhebliche Geldbeträge zu leisten. Der **Kauf von Versicherungspolicen** gegen Elementarschäden wie z.B. Erdbeben ist ein gutes Beispiel hierfür. So ist man bereit, für die Verringerung der Wahrscheinlichkeit eines Vermögensschadens von 1% auf 0% (absolute Sicherheit) deutlich mehr zu zahlen als für die Verringerung der Wahrscheinlichkeit von 49 auf 48% (**Certainty-Effekt**). Das Pendant des Certainty-Effekts auf der zeitlichen Ebene ist der so genannte **Immediacy-Effekt**. Der Immediacy-Effekt beschreibt die Neigung, Vermögensunterschiede umso höher zu bewerten, je schneller sie wirksam werden. Die Präferenz für Immediacy tritt dabei in einem Ausmaß auf, das nicht durch Diskontierungseffekte erklärt werden kann.

2.3.4 Neubewertung der Effizienzmarkthypothese und Schlussfolgerungen für die Praxis des Portfolio Managements

Nach rund 30 Jahren verhaltenswissenschaftlicher Kapitalmarktforschung kommt man nicht umhin, die Effizienzmarktthese (siehe Kapitel 2.2.4) völlig neu zu bewerten. Lange Zeit hat man in Theorie und Praxis an der Gültigkeit dieser Hypothese festgehalten, was zu einem großen Teil auch auf die Dominanz der **positivistischen Weltsicht** (prominentester Vertreter ist Milton Friedman) zurückzuführen war. Demnach ist eine Theorie nur dann abzulehnen, wenn eine andere, alternative Theorie die empirischen Zusammenhänge besser zu beschreiben in der Lage ist. Vor diesem Hintergrund hat sich die Problematik der verbundenen Hypothesen (effizienter Markt und CAPM) als **große Bremse** für einen wirklichen Erkenntnisfortschritt erwiesen. Eine Ablehnung der Verbundhypothese wurde in aller Regel zunächst einmal auf das **Versagen des CAPM** (dem wesentlich spezifischeren Teil) zurückgeführt und eben nicht auf die Ineffizienz der Märkte. Viele Jahre wurden darauf verwendet, andere Gleichgewichtsmodelle (konsumbasiertes CAPM, APT usw.) zu finden, die die auf CAPM-Basis festgestellten Anomalien möglicherweise hätten erklären können. Doch auch hier fielen die Ergebnisse per saldo eher mager aus.

Vor dem großen Schritt, zu akzeptieren, dass sich nicht nur Individuen persönlich irrational verhalten, sondern sich dies auch auf die Qualität der Marktgleichgewichtspreise auswirkt, hat man verständlicherweise lange Zeit zurückgescheut. Doch nun, da die empirische Evidenz, die gegen eine Effizienz der Märkte spricht, so eindeutig die Oberhand gewonnen hat und selbst die „unwissenschaftliche“ Beobachtung des aktuellen Börsengeschehens (Kursblase an den „Neuen Märkten“) so klar und unzweideutig dagegen spricht, dass die Kurse an Finanzmärkten jederzeit alle relevanten Informationen richtig widerspiegeln, ist die **Bereitschaft für einen Paradigmenwechsel** deutlich gestiegen. Aus Behavioral-Finance-Sicht ist die Markteffizienzthese neu und vollkommen anders zu stellen: Wie soll sich ein Markt als Ganzes rational verhalten, wenn die Marktakteure selbst dies in so eklatanter, offensichtlicher Art und Weise nicht tun? Welcher Mechanismus soll denn dafür sorgen, dass die Preise im Gleichgewicht sind, wenn nicht die Transaktionen der Marktteilnehmer, die – wie gesehen – mehr oder weniger stark von emotionalen und kognitiven Effekten verzerrt werden? Wie soll man denn vernünftigerweise weiter glauben, dass die Märkte effizient sind, wenn die Realität in einem so **krassen Widerspruch** zu den Kernaussagen der klassischen Theorie steht?

Empirische Realität und klassische Theorie	
Theorie	**Realität**
In Veränderungen von Aktienkursen spiegeln sich neue Informationen wider	19. Oktober 1987 („Oktober-Crash“)
Alle Investoren investieren ins Marktportfolio (CAPM)	Die meisten Portfolios sind völlig unzureichend diversifiziert
Praktisch kein spekulativer Handel (No Trade Theorem)	Die meisten Portfolios werden aktiv gemanagt
Random-Walk-Hypothese: Aktienrenditen sind nicht vorhersagbar	Aktienmarktanomalien (Size-Effekt, P/E-Effekt, Winner/Loser-Effekt etc.)
Ein hohe erwartete Rendite ist Kompensation für ein hohes erwartetes Risiko (CAPM, APT)	Insgesamt widersprüchliche Ergebnisse; Negative Korrelation zwischen erwarteter Rendite und Beta-Risiko in Befragungen von Analysten

Um von Vornherein mit einem weit verbreiteten Missverständnis aufzuräumen: Dass Finanzmärkte in **operationaler Hinsicht** (Marktmikrostruktursicht) effizient sind, wird selbstverständlich auch aus Behavioral-Finance-Sicht nicht infrage gestellt. So ist unbestritten, dass die Märkte durch die Einführung elektronischer Handelssysteme liquider geworden sind. Die direkten Transaktionskosten sowie Geld-/Briefspannen sind gesunken, offene Orderbücher verbessern die Markttransparenz und erhöhen per saldo die Handelsbereitschaft der Marktteilnehmer. Zusätzlich unterstützen die neuen Marktstrukturen den „mechanischen" Vorgang der Informationsverarbeitung. Kursrelevante bzw. als relevant empfundene Informationen stehen heute wesentlich **schneller und umfangreicher** zur Verfügung als in der Vergangenheit. Zudem fördern die **neuen Medien** (namentlich das Internet) die Homogenität der Informationsbasen. Öffentlich verfügbare Informationen stehen heute allen Marktteilnehmern **gleichermaßen zeitnah** zur Verfügung, nicht zuletzt auch gefördert durch die gesetzlichen Rahmenbedingungen (Stichwort: Ad-hoc-Veröffentlichungspflichten). Informationsnachteile sollten also eigentlich immer weniger als Gründe für eine Zurückhaltung der privaten Haushalte beim Kauf von Aktien (Stichwort Aktienkultur) stehen. Der Punkt ist also nicht etwa, dass nicht **genügend Informationen** zur Verfügung stehen und auch nicht, dass die **Kosten des Wertpapierhandels** zu hoch sind oder dass Informationsnachteile die Effizienz der Märkte beeinträchtigen. Entscheidend ist vielmehr, dass die Informationen nicht so verarbeitet werden, wie es die Theorie der rationalen Erwartungen unterstellt.

Die im Nachhinein als solche identifizierte **Kursblase am Neuen Markt** wird von hartnäckigen Vertretern der Effizienzmarktthese immer noch mit einer abrupten, besonders signifikanten und im Voraus nicht antizipierbaren Verschlechterung der fundamentalen Rahmenbedingungen gedeutet. Kern dieser These ist, dass die zunächst erlebten Kurssteigerungen rational begründet waren, sprich auf einer **korrekten Einschätzung** der Verteilung der möglichen Umweltzustände basierten, sich aber dann einfach ein äußerst ungünstiger Umweltzustand aus der Menge der möglichen Umweltzustände eingestellt hat. Schließlich handelt es sich ja um Investitionsentscheidungen, die unter Unsicherheit getroffen wurden und auch herbe Enttäuschungen sind damit nicht ausgeschlossen. Diese Überlegung lässt sich sicherlich in vielfacher Weise widerlegen. So waren die Bewertungen teilweise so absurd hoch, dass sie sich auch nicht mit den kühnsten Prognosen ewigen Wachstums und der Annahme einer 100%-Wahrscheinlichkeit für den Best Case hätten begründen lassen. An dieser Stelle soll jedoch bewusst ein etwas anderer Denkanstoß gegeben und die oben gestellte Frage noch einmal aufgegriffen werden, die da hieß „Unter welchen Minimalbedingungen sollte sich denn ein richtiger, rationaler Marktpreis einstellen – und wenn ja, tut er dies auch?"

Im Rahmen eines einfachen Marktexperiments haben Caginalp/Porter/Smith (2000) den Probanden mit der Aufgabe betraut, ein Wertpapier an einem freien Markt zu handeln, das eine sehr einfache vorgegebene Zahlungsstruktur aufweist. Das Asset verspricht über eine feste Laufzeit von 15 Perioden eine erwartete Dividende von jeweils 24 Cent. Die Verteilung der Dividende ist bekannt (mit jeweils ¼ Wahrscheinlichkeit liegt die Dividende bei 0, 8, 28 oder 60 Cent). Die Situation ist mithin nicht ambiguitätsbehaftet. Nimmt man einen Zins von null an, so liegt der fundamentale Wert des Papiers zu Beginn seiner Laufzeit bei 3,60 USD und fällt dann am Ende jeder Periode um jeweils 24 Cent.

Die Komplexität ist damit deutlich geringer als bei realen Anlageentscheidungen an Aktienmärkten. Die Laufzeit von Aktien ist bekannntlich unbegrenzt, die Cashflows sind nicht nur unsicher, man kann in der Regel den Grad der Unsicherheit nur schwer abschätzen (Ambiguität!) und die Informationsflut zwingt uns zur Verwendung von Heuristiken. Sollte man da nicht als **Minimalanforderung** erwarten, dass zumindest in der einfachen experimentellen Situation ein Marktergebnis generiert wird, das den Anforderungen der Rationalität genügt? In nachfolgender Abbildung findet man das Ergebnis des Experiments. Die Darstellung in Säulenform zeigt den theoretischen Preis, der sich als Barwert der abgezinsten Dividendenzahlungen ergibt. Die Kurvendarstellung zeigt das tatsächliche Ergebnis des Marktprozesses. Zunächst liegt der Preis deutlich unterhalb des Fundamentalwertes, dann deutlich darüber. Erst sehr spät bemerken die Marktteilnehmer, welche Auswirkungen das Auslaufen der Dividendenzahlungen in Periode 15 hat und der Preis konvergiert erst am Ende gegen den theoretischen Wert von null. Sieht die im Experiment unter einfachsten Rahmenbedingungen erzeugte Kursblase nicht genauso aus wie die in der Realität beobachtete? Die Schlussfolgerungen liegen auf der Hand.

Was bedeutet dies nun alles für die **Praxis des Portfolio-Managements**? Die gute Nachricht ist, dass Aktienkurse prognostizierbar zu sein scheinen und dass es dementsprechend durchaus Sinn macht, Ressourcen in das aktive Management von Portfolios zu investieren. Daraus sollte man allerdings nicht ableiten, dass Spekulieren leicht ist und die Gewinne auf der Straße liegen und nur darauf warten, aufgehoben zu werden (wie im Einstiegsfall angedeutet). Merke, dass der berühmte Satz von Milton Friedman „... **there ain't such a thing as a free lunch**" auch in einer Welt gilt, in der Entscheidungen von Emotionen und Psychologie beeinflusst werden. Auch wenn sich die Kurse von fundamentalen Werten entfernen können, sorgen die Wettbewerbskräfte des Marktes dafür, dass Informationen sehr schnell in Kursen verarbeitet werden und dass Kursveränderungen den Charakter eines reinen Zufallsprozesses (Random Walk) besitzen. Denn, um noch einmal die Erkenntnis von Louis Bachelier zu bemühen, der mit seiner Doktorarbeit von 1900 seiner Zeit weit voraus war: Zu jedem Preis finden sich genauso viele Käufer, die an einen Kursanstieg glauben, wie

Kursblasen im Experiment und in der Realität (NASDAQ)

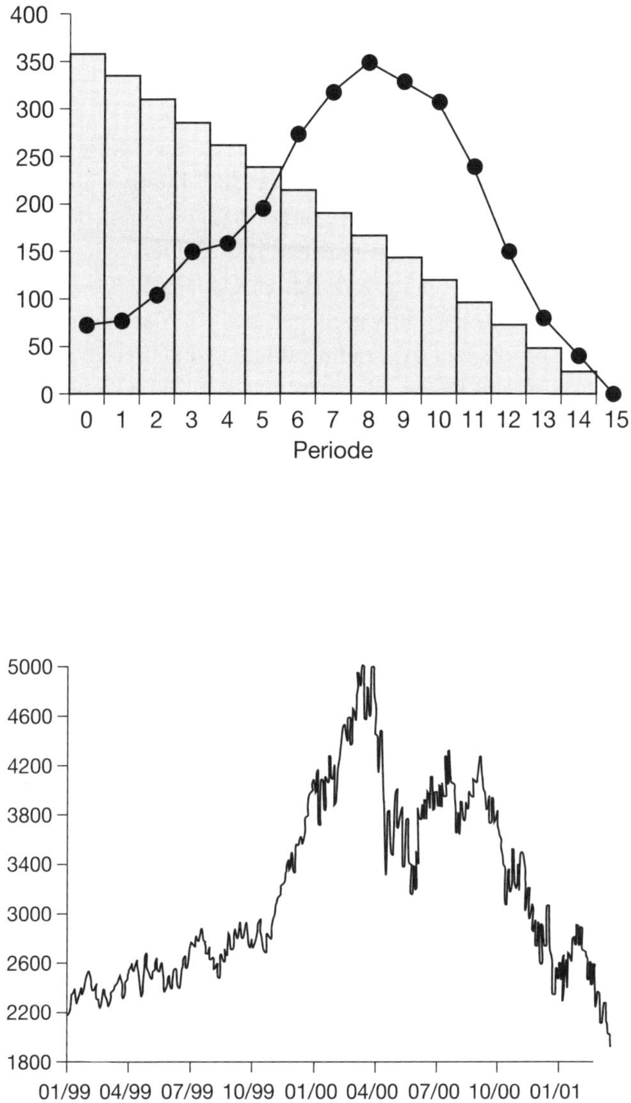

Abbildung 47 Quelle: Caginalp/Porter/Smith (2000), Datastream

Verkäufer, die an einen Kursrückgang glauben, und es gibt absolut keinen vernünftigen Grund anzunehmen, dass Käufer mit ihrer Einschätzung richtiger liegen als Verkäufer oder umgekehrt.

Vor diesem Hintergrund erscheint es fraglich, ob das **in der Industrie weit verbreitete Selbstverständnis**, nämlich durch überlegene Informationsverarbeitung besser zu sein als der Markt, aufrecht erhalten werden kann. Dass dies nicht allen gelingen kann, ergibt sich schon aus der mathematischen Logik heraus. Die Ergebnisse der experimentellen Forschung haben gezeigt, dass „**Overconfidence**" eine wichtige Rolle bei Investitionsentscheidungen spielt. So gesehen ist der Informationsflut, die in der heutigen Zeit dank neuer Medien wie dem Internet über den Investor hereinbricht, nicht nur eine positive Seite abzugewinnen, da sie ein Gefühl der absoluten Kontrolle erzeugt und damit die Überschätzung der eigenen Fähigkeiten fördert. So haben z.B. Barber/Odean (2000b) in einer aktuellen Studie festgestellt, dass Privatanleger, die von der „normalen" Aktienanlage zum so genannten Day Trading übergegangen sind, mehr gehandelt und weniger verdient haben als zuvor und auch im Vergleich zu einer Kontrollgruppe. Eine Maßgabe, die sich aus Behavioral Finance für alle Anleger, ob privat oder institutionell, ergibt, ist daher sicherlich, nicht die eigenen Fähigkeiten zu überschätzen.

Es wäre nun aber sicherlich auch nicht richtig, all das zu monieren, was in der Praxis des Portfolio-Managements heute zu beobachten ist. Natürlich machen Risikoüberlegungen auch in einer nicht vollständig rationalen Welt Sinn. Keineswegs bedeutet Behavioral Finance etwa, dass man von einer der Haupteinsichten der Portfolio-Theorie, nämlich dem **Halten diversifizierter Portfolios** Abstand nehmen sollte. Außerdem erweisen sich viele Strategien, die insbesondere im institutionellen Portfolio-Management gang und gäbe sind, vor dem Hintergrund der Behavioral-Finance-Theorie durchaus als brauchbar. So kann man grundsätzlich sagen, dass ein **antizyklisches Vorgehen** (nach dem einfachen Motto „buy low, sell high") dem Paradigma des überreagierenden Marktes Rechnung trägt. Und auch die vielfach anzutreffenden Momentum-Strategien lassen sich mit der Ausnutzung irrational-extrapolativen Verhaltens begründen. Behavioral Finance rationalisiert also zum Teil das, was in der Praxis zu beobachten ist. Die Theorie ist daher nicht in erster Linie als Kritik anzusehen, sondern vielmehr zum einen als Chance, ein in sich schlüssiges Managementkonzept zu entwickeln und zum zweiten als Möglichkeit, den Anlageerfolg durch Ausnutzung von zeitlich unabhängigen, menschlichen Verhaltensmustern, die kaum Lernprozessen unterliegen, wirklich langfristig positiv zu beeinflussen. **Mit Blick auf das eigene Verhalten** liefert Behavioral Finance darüber hinaus vielfältige Einsichten, die einem bei der Vermeidung ökonomisch nachteiliger Entscheidungen helfen können.

2.3.5 Zusammenfassung und Arbeitsaufgaben

Zusammenfassung

Die Behavioral-Finance-Theorie löst nach und nach die lange Zeit in Wissenschaft und Praxis dominanten Grundsätze der neo-klassischen Kapitalmarkt-Theorie ab. Explizit berücksichtigt die neue Finanzierungs-Theorie, wie sich Individuen in risikobehafteten Entscheidungssituationen tatsächlich verhalten und nicht, wie sie sich verhalten sollten. Der Ausgangspunkt ist der Mensch mit all seinen Schwächen und Unzulänglichkeiten und nicht ein abstrakter „Homo Oeconomicus", der in jeder Situation das Richtige tut und dabei stets den ökonomischen Nutzen im Auge hat. Auch wenn momentan die hoch kompetitiven Finanzmärkte einen starken Wettbewerbsdruck ausüben und man daher annehmen könnte, dass sich Individuen – wenn überhaupt, dann gerade hier – besonders rational verhalten, haben gut 30 Jahre verhaltenswissenschaftlicher Forschung uns eines Besseren belehrt. So gehört der Gebrauch von Heuristiken (stark vereinfachenden Entscheidungsregeln) zum täglichen Brot beim Treffen von Investitionsentscheidungen, und das nicht nur bei Privatanlegern. Der Einsatz von Heuristiken, ob bewusst oder unbewusst, ist sicherlich insofern vernünftig, da er eine Antwort auf die immer größer werdende Flut von Finanzinformationen bei einer gleichzeitig nur begrenzten Informationsverarbeitungskapazität darstellt. Er kann aber auch zu systematisch verzerrten Entscheidungen und damit im Endeffekt zu ökonomisch nachteiligen Ergebnissen führen.

Behavioral Finance ist aber nicht nur eine Theorie begrenzt rationalen Verhaltens. Es ist auch eine Theorie, die versucht, die emotionalen, kognitiven und mentalen Dimensionen von Entscheidungen zu erfassen und daraus auch Schlussfolgerungen für den Markt als Ganzes zu ziehen. Das „psychologische Modell" basiert dabei auf verblüffend wenigen grundlegenden, individuellen Verhaltensmustern, deren Implikationen das Geschehen an den Märkten tatsächlich besser beschreiben und vorhersagen können, als es die traditionelle Kapitalmarkt-Theorie vermag. Dispositions- und Besitztumseffekte, Herdenverhalten und Konservatismus von Analystenschätzungen sind hier als Beispiele zu nennen.

Das wohl weitreichendste Fazit, das man aus Behavioral Finance ziehen kann, ist, dass Aktienmärkte nicht effizient sind. Zumindest nicht in dem Sinne, dass die Kurse an Aktienmärkten fundamentale Werte richtig widerspiegeln würden – eine Eigenschaft, die erforderlich wäre, um für eine optimale Allokation des Kapitals einer Volkswirtschaft zu sorgen. Vielmehr ist der Marktprozess durch ein ständiges Wechselspiel von exzessiv optimistischen und exzessiv pessimistischen Erwartungen gekennzeichnet, das dafür sorgt, dass Aktienrenditen prognostizierbar sind und dass sich mit antizyklischen Anlagestrategien „Überrenditen" erzielen lassen. Ein „faires Spiel" bleibt der Markt aufgrund seines kompetitiven Charakters aber dennoch. Man sollte daher nicht erwarten, dass man mittels „überlegener" Informationsverarbeitung „reich" werden kann.

Arbeitsaufgaben

1. Warum spielen „versunkene Kosten" bei den Entscheidungen von Investoren eine so wichtige Rolle?
2. Die Portfolio-Theorie empfiehlt, 15 bis 20 Einzelpositionen in einem Portfolio zu halten, um auf diese Weise das Eingehen eines unsystematischen Risikos zu vermeiden. Erklären Sie, warum in der Realität oft wesentlich geringere Diversifikationsgrade zu beobachten sind.
3. Die Kurse an Aktienmärkten reagieren oft zu stark auf veröffentlichte Informationen. Wie lassen sich solche Überreaktionen erklären?
4. Analysten reagieren häufig sehr träge auf veränderte fundamentale Rahmenbedingungen. Die Folge sind so genannte Revisionstrends. Warum werden die Erwartungen nicht schneller angepasst?
5. Im psychologischen Modell spielt die generelle Haltung gegenüber einer Aktie eine wichtige Rolle. Erklären Sie, welche Rolle in diesem Zusammenhang so genannte Wahrnehmungsfilter spielen und wie dies zu verzerrten und falschen Anlageentscheidungen führen kann.
6. Überreaktionen an Finanzmärkten sind ein häufig zu beobachtendes Phänomen. Lässt sich vor diesem Hintergrund eine Han-

delsstrategie formulieren – und wenn ja, wie sollte diese Ihres Erachtens aussehen?

7. In mehr oder weniger großen Abständen kommt es an Aktienmärkten zu so genannten Crashs bzw. zum Platzen von Kursblasen. Erläutern Sie, warum sich Aktienkurse offenbar immer wieder sehr weit von Fundamentaldaten entfernen können. Warum entsteht der Eindruck, dass die Anleger scheinbar nichts aus der Vergangenheit gelernt haben?

3 Asset Allocation

3.1 Grundüberlegungen

3.1.1 Aufgabenstellung und Struktur der Asset Allocation

Herr Kasimir Tätig, 53 Jahre alt, verheiratet, zwei Kinder, hat im vergangenen Monat nach 28 Jahren Einsatz „rund um die Uhr" seinen mittelständischen Betrieb an einen britischen Konzern verkauft. Aufgrund der trotz flauer Börsenlage guten Nachfrage und hoher Bewertung in seiner Branche konnte er 10 Mio. Euro erlösen. Nach einem dreiwöchigen Urlaub beginnt Herr Tätig, über die Anlage seines Geldes nachzudenken. Ein Kind ist bereits berufstätig, das jüngere hat noch ein Jahr Studium vor sich. Das geräumige Eigenheim ist seit drei Jahren schuldenfrei und der Lebensunterhalt kann aus zu verrentenden Lebensversicherungen und einem Auszahlplan zur Hälfte bestritten werden.

Ein Orientierungsgespräch mit dem Anlageberater seiner Bank ergibt: als Unternehmer hat Herr Tätig auch für seine Geldanlage einen gewissen Ehrgeiz. Zunächst will er sich jedoch über seine Ertragserwartungen klar werden und sich überlegen, welche Risiken er eingehen möchte. Mit Immobilien möchte Herr Tätig sich nicht beschäftigen, eher reizt ihn der sich belebende Aktienmarkt. Regelmäßige Einkünfte sollen seinen monatlichen Finanzbedarf sichern. Durch gelegentliche Umschichtungen in seinem Depot möchte er Chancen wahrnehmen; außerdem macht es ihm Freude, aktiv am Geschehen an den Kapitalmärkten teilzunehmen. Worin er sich selbst nicht auskennt, setzt er allerdings eher auf Sicherheit und möchte keine zusätzlichen Risiken eingehen.

Schlüsselbegriffe

- Schritte der Vermögensaufteilung
- Strategische und Taktische Asset Allocation
- Sinn und Bedeutung einer Benchmark
- Absolute und relative Anlagerisiken
- Aktives und passives Vermögensmanagement
- Kosten- und Losgrößenaspekt bei Finanzanlagen

Asset Allocation bezeichnet den Prozess einer strukturierten, zielgerichteten Aufteilung („Allocation“) von Anlagemitteln auf Anlagemöglichkeiten („Assets“), wie beispielsweise Immobilien, Aktien, Rentenwerte, liquide Mittel, Rohstoffe, Venture Capital, Private Equity u. a. in verschiedenen Ländern und Währungen. Der folgende Teil des Buches versucht anhand der Anlage in Wertpapieren und am Geldmarkt eine Orientierung zu geben, wie die in Kapitel 2 vorgestellten Gedanken und Verfahren in die Praxis übertragen werden können.

Bei dieser Übertragung der Theorie in die Praxis sind vor allem auch die in Kapitel 2 skizzierten realen Rahmenbedingungen, insbesondere die jeweilige Markteffizienz, zu berücksichtigen.

Im Gegensatz zur traditionellen Vorgehensweise der Portfolio-Bildung, die sich als eher intuitiv und auf Einzelwerte fokussiert charakterisieren lässt, handelt es sich bei der Asset Allocation um einen stark **objektivierten** und in der Regel **quantitativ unterstützten Prozess**. Dieser läuft auf nachvollziehbare Weise ab und stellt den Portfolio-Zusammenhang – Risiko und Ertrag – in den Mittelpunkt. Hierzu werden mit dem Ziel der Konstruktion effizienter Portfolios explizit die Elemente der **Portfolio-Theorie** hinzugezogen. Es wird aber auch, gerade wenn es im aktiven Portfolio-Management um die Erzielung eines Mehrertrages („**Outperformance**“) gegenüber dem Markt – d. h. einem Marktindex – geht, auf heuristische und kontrolliert-subjektive Elemente zurückgegriffen.

Asset Allocation dient damit konkret dem Zweck, bei einer unüberschaubaren Titelvielfalt an den Kapitalmärkten strukturiert und effizient zu einem annähernd optimalen Portfolio für einen ganz bestimmten Investor zu gelangen. Bei Aktien bilden aktuell 5.820 Titel in den entwickelten Märkten und 1.719 aus den „Emerging Markets“ mit zusammen 22 Billionen Dollar Marktkapitalisierung das „investierbare“ Universum von MSCI und damit ca. 98% der Kapitalisierung des Gesamtuniversums. Dies **zwingt** zum einen zu **Vereinfachungen** und **Aggregationen** in der Vorgehensweise, zum anderen auch zur **Beschränkung** auf Verfahren, von denen einige im Folgenden dargestellt werden. Um den Bezug zur Realität herzustellen, tritt der Investor bewusst in eine Beziehung zu einem externen Portfolio-Manager.

Herr Tätig überlegt sich, wo überall und in welche Art Wertpapiere er sein Geld anlegen möchte (Anlageuniversum). Zumindest 2 Mio. Euro, meint er, sollten wohl in absolut sichere, wenn auch gering verzinsliche, Geldmarkt- und Rentenanlagen gehen, um über den Zinsertrag nach Steuern seinen Lebensstandard zu sichern. Darüber hinaus ist er nach eigener Einschätzung eher risikofreudig und möchte schon etwas Nervenkitzel bei der Anlage verspüren (Risikoniveau).

Anhand des Verhaltens von Aktien und Rentenanlagen möchte er gern mehr Klarheit darüber erzielen, welche Risiken er mit verschiedenen Anlagemischungen eingeht und wie sie im Verhältnis zu den Ertragsmöglichkeiten stehen. Dabei präferiert er grundsätzlich die chancenreichere und steuerlich vorteilhaftere Aktienanlage (Risiko- und Ertragskennziffern).

Nach der Fristigkeit von Anlageentscheidungen unterscheidet man in der Praxis zwischen Strategischer und Taktischer Asset Allocation.

Prozess der Asset Allocation

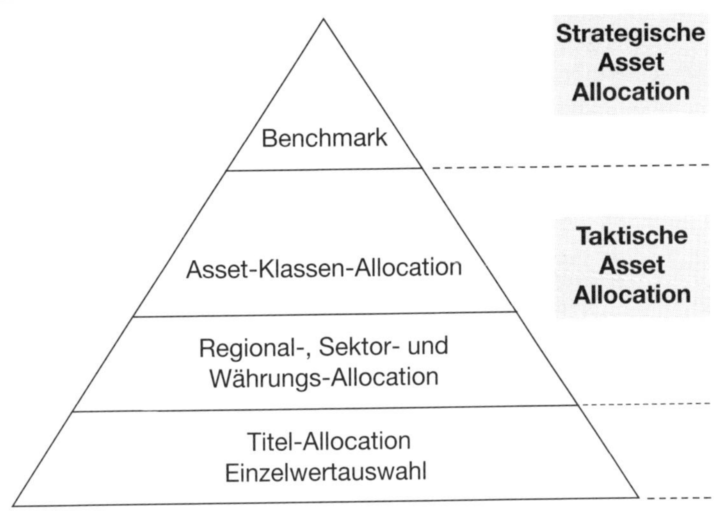

Abbildung 48

Im Rahmen des oben abgebildeten **Top-down-Ansatzes** definiert die **Strategische Asset Allocation** (SAA), **was** Ziel und Ausrichtung des Portfolios sein sollen. Hierfür ist zunächst eine möglichst exakte Definition dieser (Anlage-) Ziele sowie des „neutralen Weges" zur Zielerreichung erforderlich (**Ergebnisplanung**). Die **Taktische Asset Allocation** (TAA) beschäftigt sich hingegen mit der Frage, **wie** diese Ziele im Einzelfall erreicht werden sollen.

Im Mittelpunkt der Strategischen Asset Allocation steht die Festlegung einer für den Investor langfristig angemessenen und nach Risiko und Ertragserwartungen möglichst effizienten und ausgewogenen Anlagenmischung.

Diese steht auf Basis einer langfristigen **Anlagepolitik** mit einem Zeithorizont von mehreren Jahren. Die Langfristpolitik sollte unabhängig von jeglicher aktuellen Einschätzung der Kapitalmärkte sein. Daher wird auch von „(einschätzungs-)neutraler Position" gesprochen.

Die Ziele und Bedürfnisse des Investors werden zunächst definiert und möglichst exakt mit den aus der Historie bekannten oder für die Zukunft angenommenen Ertragschancen, Möglichkeiten und Risiken der Finanzmärkte in Übereinstimmung gebracht. In einem nächsten Schritt wird als **strategische Neutralposition** hieraus eine „Benchmark" entwickelt.

> Die **Benchmark** bezeichnet als Modellportfolio die Positionierung, die der Anleger dann wählen würde, wenn er nur einmal eine Anlage tätigen könnte, ohne die Möglichkeit, diese später zu revidieren.

Die neutrale Ausgangsposition der Benchmark dient neben ihrer Funktion als „Kompass" in der Folge als

- Messlatte für den Anlageerfolg, und im Falle der Delegation des Portfolio-Managements an einen Dritten als
- Auftrag und Kommunikationsgrundlage zwischen Anleger (Auftraggeber) und Beauftragtem (Portfolio-Manager).

Eine notwendige Bedingung für den Erfolg eines Benchmark-orientierten Portfolio-Managements ist, dass der Anleger die Benchmark und die damit verbundenen potenziellen Konsequenzen für die zukünftige Entwicklung seines Vermögens voll akzeptiert.

Während die SAA in erster Linie den Entscheidungsebenen Zieldefinition und Ergebnisplanung zuzuordnen ist, geht es bei der **Taktischen Asset Allocation** inhaltlich primär um die Ergebniserzielung, das heißt um die erfolgreiche und effektive Umsetzung der Anlagepolitik. Dies erfolgt entweder durch ein bloßes Nachbilden der Benchmark, oder es wird aufgrund der aktuellen Marktgegebenheiten und darauf basierender aktiver Prognosen bewusst von ihr abgewichen.

Oft wird der Begriff der Taktischen Asset Allocation auf ein solches aktives fallweises Abweichen von der strategischen Neutralposition eingeschränkt. In diesem Fall besteht ihr Ziel darin, den Trade-Off zwischen Ertrag und Risiko im Vergleich zur Benchmark zu verbessern. Dies erfolgt in aller Regel durch eine Erhöhung des zu erwartenden Ertrags unter ungefährer Beibehaltung des geplanten „strategischen" Risikoniveaus.

Strategische Asset Allocation

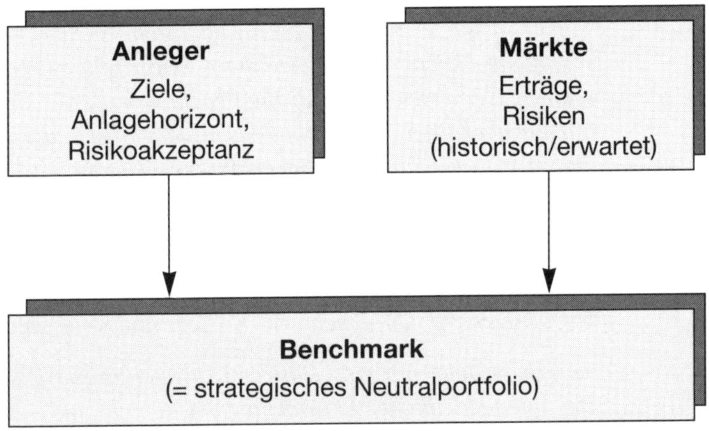

Abbildung 49

Die Gewichtung der Assets innerhalb der Benchmark wird damit – obwohl auf lange Sicht für effizient erachtet – für den konkreten Betrachtungszeitraum als ineffizient unterstellt. In die auf Outperformance abzielende **Taktische Asset Allocation** fließen folglich subjektive Markteinschätzungen durch den Portfolio-Manager mit ein. Der Zeithorizont bemisst sich dabei im Gegensatz zur Strategischen Allocation nur noch nach Wochen, Monaten und allenfalls Quartalen.

Akzeptiert der Investor die Benchmark als korrektes Abbild seiner Anlageziele und den Benchmark-Ertrag als Erfüllung dieses seines grundsätzlichen „Auftrags“, beinhaltet jede taktische Abweichung von der Benchmark-Gewichtung folglich ein Risiko. Es wird dabei auf Mehrertrag abgezielt, wobei die Möglichkeit einer **Underperformance** als Ergebnis von Fehleinschätzungen in Kauf genommen wird. Dieses **Abweichungsrisiko** muss der Portfolio-Manager bei der aktiven Asset Allocation gegenüber dem Anleger verantworten. Der Benchmark-Gedanke führt also unmittelbar zu einer **relativen Risikobetrachtung**.

Herr Tätig spielt mit dem Gedanken einer neutralen (Benchmark-)Position seines Portfolios von 40 % Euroland-Aktien, 60 % Euroland-Renten. Das aktuelle Portfolio bildet die Benchmark perfekt nach, hat also exakt eben diese Gewichtung. Wie auch immer nun die relative Wertentwicklung von Aktien zu Renten ausfällt, das Portfolio entwickelt sich wie die Benchmark, sein Risikoniveau entspricht dem der vereinbarten Neutralposition. Ist die

Benchmark vom Anleger als Neutralposition akzeptiert, geht auch ein beauftragter Portfolio-Manager kein Risiko ein.

Nun erwartet der Manager für die nächsten Wochen einen deutlichen Rückschlag am Aktienmarkt. Er will diese Erwartung nutzen und in diesem Zeitraum besser abschneiden als die Benchmark. Er verringert die Aktienquote auf nur noch 20 % und erhöht das Gewicht der Renten auf 80 %. Das Ausmaß der Abweichung zur Benchmarkgewichtung wird durch die subjektive „Sicherheit" seiner Einschätzung bestimmt.

Das ***absolute Risiko*** *des Portfolios, gemessen als Volatilität der Renditen, sollte aufgrund der geringeren Kursschwankung der jetzt deutlich höher gewichteten Renten abnehmen. Es liegt nun unter dem der Benchmark.*

Jedoch besteht nun ein ***relatives (Abweichungs-) Risiko*** *zur Benchmark. Bei unterschiedlicher Entwicklung des Renten- und Aktienmarktes wird das Portfolio in jedem Fall von deren Wertentwicklung abweichen. War die Entscheidung des Portfolio-Managers korrekt, entsteht ein Vorsprung gegenüber der Benchmark. War die Einschätzung falsch und der Aktienmarkt entwickelt sich deutlich besser als die Renten (z. B. 5 % gegenüber 1 %), entsteht eine* ***Underperformance:***

$$\text{Benchmark: } 40\,\% \cdot 5\,\% + 60\,\% \cdot 1\,\% = 2{,}6\,\%$$

$$\text{Portfolio: } 20\,\% \cdot 5\,\% + 80\,\% \cdot 1\,\% = 1{,}8\,\%$$

3.1.2 Aktives versus passives Portfolio-Management

Ein Großteil der beweglichen Geldvermögen befindet sich heute in den Händen spezialisierter Geldmanager. Diese **Institutionalisierung** bringt es mit sich, dass sich auf vergleichsweise effizienten und schnell reagierenden Kapitalmärkten eine große Anzahl meist professioneller Akteure gegenübersteht. Sie sind zum überwiegenden Teil sehr ähnlich ausgebildet und technisch ausgestattet, erhalten die gleichen Informationen und treten in aller Regel mit dem Ziel an, eine möglichst „gute" Wertentwicklung für die ihnen anvertrauten Vermögen zu erzielen. Alle wollen (und sollen) möglichst besser sein als „der Markt" und unterliegen in ihren Bemühungen einer ständigen Erfolgskontrolle, häufig verknüpft mit einer erfolgsabhängigen Vergütung.

Der Wille, den Markt zu schlagen, hat neben dem Ehrgeiz des Portfolio-Managers, nicht nur „Durchschnitt" zu sein, sicherlich auch seine Wurzel in einem verschärften Wettbewerb um immer anspruchsvollere private und institutionelle Kunden. Diese Marktteilnehmer stellen gemeinsam jedoch mit ihren Aktionen und Interaktionen den Markt dar und bestimmen die **Marktpreise**. Marktpreise bilden sich somit aus **kollektiven Erwartungen über die Zukunft**. So erklärt es sich, dass an den Kapitalmärkten hinsichtlich des Ertrags relativ zu üblichen Vergleichsindizes – bereinigt um Kosten – im Wesentlichen ein Nullsummenspiel abläuft.

> *„**One problem is that it is so very difficult to do** (beat the market, der Autor) – **and so easy, while trying to do better, to do worse.**" (Ellis, 1993)*

Die geplante Erzielung von Überrenditen in einem derart kompetitiven Umfeld ist zunächst einmal eine Herausforderung an die Theorie. Jeder aktive Investmentansatz muss sich daher stets an einem passiven „**Buy and Hold**" des Gesamtmarktes (Nachbildung des Marktportfolios) messen lassen.

Das **aktive Portfolio-Management** basiert auf der Einbringung subjektiver Annahmen und Prognosen und führt im Endergebnis zu einer bewussten Abweichung von der vorab definierten neutralen Benchmark-Position. In diesem Zusammenhang gilt die Grundregel, dass nur auf denjenigen Feldern Prognosen erstellt und aktive Entscheidungen getroffen werden sollten, auf denen eine besondere **Expertise**, etwa in Form von Informationsvorsprüngen oder überlegener Urteilsfähigkeit, gegeben ist.

Vorangehen sollte, gerade für einen professionellen Portfolio-Manager, die **Definition** seiner Aufgaben anhand einer **Stärken-Schwächen-Analyse**: Auf welchen Entscheidungsfeldern kann man realistischerweise von überlegener Prognosegüte ausgehen? Was will man alles für einen Kunden tun? Beschränkt man sich auf Wertpapieranlagen, oder geht man darüber hinaus, etwa mit der Einbeziehung von Immobilienanlagen, Rohstoffen, Edelmetallen, Unternehmensbeteiligungen und anderen Investitionsmöglichkeiten? In welchen Regionen will man an den Märkten aktiv sein?

Bietet man der Kundschaft ein weites Spektrum international gemischter Wertpapieranlagen an („**Investment-Kaufhaus**"), oder wird eine Spezialisierung als „Nischen-Player" („**Investment-Boutique**") bevorzugt, beispielsweise als in Deutschland ansässiges Investmenthaus mit der Konzentration auf die Anlage in Renten und Aktien in Deutschland und Euroland?

Der Aufwand für ein „Kaufhaus“ ist, gerade hinsichtlich qualifizierten Personals, technischer Ausstattung und Research-Kapazität, um ein Vielfaches höher, vorausgesetzt, man will sein selbst gewähltes Feld mit hohem fachlichen Anspruch bearbeiten. Dies erfordert wiederum ein entsprechendes Anlagevolumen („Assets und Management“) zur Finanzierung.

Andererseits werden gerade die großen Anbieter der Investmentbranche ihren oft sehr verschiedenen Kunden auch vielfältige Möglichkeiten bieten wollen und müssen. Der gedankliche Ansatz, für jeden „**Typ Kunde**“ auch den passenden „**Typ Manager**“ mit einem bestimmten **Investmentstil** oder Anlageprodukt vorzuhalten, wird in diesem Fall erfolgreicher sein als ein einheitliches Stilkorsett für jeden Kundentyp und -bedarf. Dabei ist jedoch darauf zu achten, dass aus einem „Nebeneinander“ kein „Gegeneinander“, sondern möglichst ein „Miteinander“ wird. Die verschiedenen Know-how-Quellen und -ausprägungen sollten dabei innerhalb einer Investmentgesellschaft allen zur Verfügung stehen und sich gegenseitig ergänzen.

Ein Manager kann Stärken im Bereich Länder-Allocation und Asset-Klassen-Allocation nachweisen. Bei der Währungseinschätzung, der Titelauswahl im Ausland und der Risikoprognose führten seine Prognosen bislang zu keiner signifikanten Outperformance zur jeweiligen Benchmark.

***Konsequenz**: Asset-Klassen- und Länder-Allocation werden mit aktiven Ertragsschätzern auf Basis lokaler Währung vorgenommen. Die aktiven Ländergewichte können von der Gewichtung der Währungen abweichen. Diese werden über Währungstransaktionen, z.B. -sicherungen, neutral zur Benchmark gehalten, um hier keine aktiven Risiken einzugehen.*

Die Auslandspositionen werden jeweils indexnah strukturiert (indexiert), um nicht beherrschbare Einzelwertrisiken möglichst zu eliminieren. Für die Risikokennzahlen wird ein ungewichteter Vergangenheitszeitraum gewählt, ohne dass eigene Prognosen oder Adjustierungen Verwendung finden.

Passive Investmentstile werden in der Folge nach der angewandten Methode, aktive Ansätze nach der Richtung der Entscheidungsfindung kategorisiert.

Für das passive Management sollen beispielhaft zwei konzeptionell sehr unterschiedliche Wege vorgestellt werden. Zum einen handelt es sich dabei um eine typische **Buy-and-Hold-Strategie** für ein rein deutsches Rentenportfolio. Bei diesem als „Allianzmodell“ bezeichneten Spezialfall werden Papiere mit einer einmal festgelegten Restlaufzeit – z. B. zehn Jahre – gekauft und, ohne Beachtung zwischenzeitlicher Ereignisse am Markt, bis zur

Endfälligkeit gehalten. Überschüssige Liquidität, z. B. nicht anderweitig benötigte Beträge aus fälligen Titeln oder Kuponzahlungen, wird ebenfalls laufend in Papiere mit der vorgegebenen Laufzeit investiert. Kursgewinne bzw. Kursverluste werden nicht weiter beachtet, aktive Markteinschätzungen finden nicht statt. Als besonders erfolgreich erweist sich diese Strategie immer dann, wenn man in Perioden mit hohen Investitionsrückflüssen in vergleichsweise hohe Renditen investieren kann. Fällt der Marktzins jedoch während der Laufzeit des Engagements, so sinkt ceteris paribus auch der interne Zinsfuß des Investments. Da jedoch in den meisten Fällen eine steigende Renditestrukturkurve vorliegt, kann dieser negative Effekt – zumindest teilweise – dadurch kompensiert werden, dass die Wiederanlage frei werdender Mittel automatisch in überdurchschnittlich hohen Renditen erfolgt.

Investmentstile

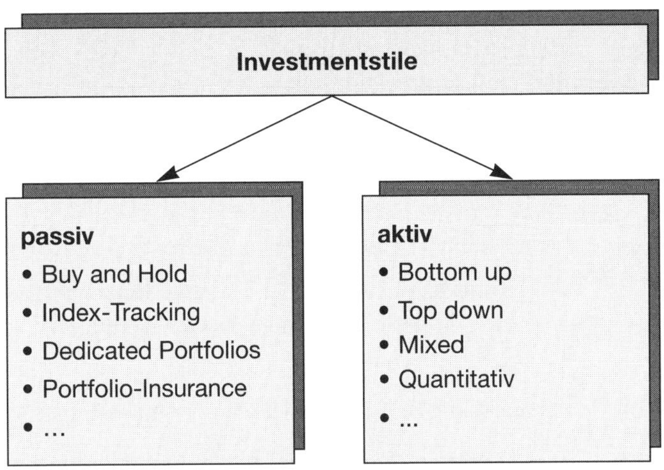

Abbildung 50

Buy-and-Hold-Strategien für Aktienportfolios weisen in der Regel eine „naive“ Grundstruktur auf. Sie orientieren sich z. B. an der Gewichtung einzelner Titel in einem üblichen Marktindex oder gehen von einer simplen Gleichgewichtung der Werte im Portfolio aus. Während der Laufzeit des Investments eintretende relative Wertveränderungen führen dabei in der Regel zu keinerlei Anpassungen in der Portfolio-Struktur. Ein typisches Merkmal des Buy and Hold ist daher mitunter das Verkraften empfindlicher Kursverluste und der Verzicht auf attraktive Gewinnmitnahmen.

Als die wichtigste Erscheinungsform des passiven Portfolio-Managements hat sich in der Praxis jedoch die so genannte **Indexierung** erwiesen. Ausschlaggebend hierfür dürfte die Tatsache sein, dass Benchmarks in aller Regel mithilfe von Indizes formuliert werden. Unter Indexierung versteht man ganz allgemein die Replizierung von Marktindizes. Dabei geht man implizit davon aus, dass es sich bei dem nachgebildeten Index um ein geeignetes Marktportfolio-Surrogat und damit um ein weitgehend effizientes Portfolio handelt. Trifft dies zu, so würde es auch gar keinen Sinn haben – im Rahmen eines aktiven Portfolio-Managements – von der gegebenen Indexstruktur abzuweichen. Real existierende Marktindizes dürften jedoch, aufgrund ihrer Enge (z. B. DAX 30) und der oft relativ starren Gewichtung der Indexwerte, nur im Ausnahmefall effizient sein (siehe z. B. Kleeberg, 1995).

Die Indexierung kann sich im Grundsatz auf verschiedene Teilbereiche oder Aggregationsebenen (Asset-Klassen, Länder, Branchen, Einzelwerte) und damit auf alle Entscheidungsebenen beziehen (vgl. Sharpe et al., 1998). Am häufigsten spielt sie sich jedoch – siehe Indexfonds – auf der mittleren Aggregationsebene ab, also z. B. in Bezug auf einen lokalen Aktien- bzw. Rentenmarkt. Kombiniert mit aktiven Elementen bildet die Indexierung das so genannte **Aktiv-Passiv-Management**.

Im Grundsatz lassen sich bei der Indexierung folgende Vorgehensweisen unterscheiden (vgl. Cardwell, 1990):

1. „**Total Replication**“: vollständige Indexreplizierung durch alle Indexwerte in der entsprechenden Gewichtung,
2. „**Stratified Sampling**“: Nachbau von Länder-, Währungs-, Laufzeiten- und Branchengewichtungen mit weniger Werten,
3. „**Optimization**“: quantitative Optimierungsprogramme auf Einzelwertebene (meist Multifaktor-Ansätze).

Die vollständige Replikation eines Indexes ist oftmals aus Gründen des Aufwandes, der Größe des Portfolios oder rechtlicher Restriktionen nicht möglich. Deutsche Investmentgesellschaften, die dem **Investmentgesetz (InvG)** unterliegen, dürfen beispielsweise maximal 10 % des Fondsvermögens in einen Titel investieren. Hinzu kommt, dass sich manche Indizes, etwa der synthetisch errechnete REX-Rentenindex, methodisch gar nicht exakt nachbilden lassen.

Mit den unter 2. und 3. genannten **Näherungsverfahren** wird ein Marktindex mit einer beschränkten Anzahl von Werten „möglichst gut“ abgebildet.

Je mehr Werte hierbei verwendet werden, desto besser ist das „**Tracking**", also der Gleichlauf mit dem Index.

Die Qualität des Gleichlaufs wird durch den so genannten **Tracking Error** (TE) ermittelt, der auf das relative Risiko zum jeweiligen Index abstellt. Als TE bezeichnet man die Standardabweichung der Renditedifferenzen zwischen Index und (Teil-)Portfolio. Zum Beispiel bedeutet ein ex-ante errechneter TE von 2 %, bei Annahme normalverteilter Renditen, dass die Wertentwicklung des Portfolios mit gut zwei Drittel Wahrscheinlichkeit im Bereich ± 2 % relativ zum Index liegen wird.

Das Ziel besteht nun z.B. darin, den TE bei einer vorgegebenen Anzahl von Einzelwerten im Portfolio zu minimieren oder einen vorgegebenen Maximal-TE mit möglichst wenigen Werten zu erreichen. Im Hinblick auf das übergeordnete Ziel, den Benchmark-Ertrag zu erwirtschaften, ist hierbei jedoch zu bedenken, dass dieser, selbst bei einem Tracking Error nahe null, zumindest um die Höhe der Transaktionskosten unterschritten wird. In der Praxis wird zum Ausgleich der Kosten zu performanceerhöhenden Maßnahmen wie der Wertpapierleihe – Verleihung von Papieren gegen Vergütung – gegriffen. Diesem Aspekt ist insbesondere im Rahmen der Performance-Analyse Rechnung zu tragen.

Nachbildung des Euro-Stoxx-50-Index (Euroland), 50 Werte:

10 Werte	*4,8 % Tracking Error*
20 Werte	*2,5 % Tracking Error*
30 Werte	*1,3 % Tracking Error*

(Quelle: BARRA, 05/2001)

Wie das obige Beispiel verdeutlicht, führt der Diversifikationseffekt zu einer Verringerung des Abweichungsrisikos. Offensichtlich nimmt dabei aber auch der Grenzbeitrag jedes zusätzlichen Werts kontinuierlich ab. Bei vorgegebenem TE hängt die minimale Anzahl der Werte im Portfolio u. a. davon ab, mit welchem Gewicht einzelne Werte in einen Index einfließen und wie hoch ihre Eigenvolatilität ist. Zum Beispiel lässt sich der kapitalgewichtete DAX 30 mit weniger Werten bei gleichem TE nachbilden als ein imaginärer Konkurrenzindex, der die 30 DAX-Titel gleich gewichtet beinhaltet.

Im Gegensatz zur Buy-and-Hold-Strategie bedarf es bei der Indexierung, angesichts von Kursveränderungen, Dividendenzahlungen, Aktiensplits, Kapitalerhöhungen u. a., **regelmäßiger Anpassungen** der Portfolio-Gewichte und dementsprechend eines hoch entwickelten und kontinuierlichen Controllings. Ein wichtiger Punkt hierbei ist die Minimierung der Handelskosten.

Unter Annahme unvollständiger Ineffizienz von Indizes erscheint das **aktive Portfolio-Management** als potenziell lohnende Alternative zur Indexierung. Hierbei wird in einzelnen Perioden bewusst aufgrund aktiver Ertrags- und Risikoprognosen von der Indexgewichtung abgewichen bzw. in Werte außerhalb des Index-Universums investiert. Das Ziel hierbei ist, ein Portfolio zu generieren, das den Index im Hinblick auf den Trade-Off zwischen Ertrag und Risiko dominiert. In der Regel bedeutet dies, dass man versucht, einen Mehrertrag in Relation zum Index zu erzielen, ohne dabei das vorgegebene Risikoniveau stark zu verändern.

Die Entscheidung für oder gegen aktives Portfolio-Management hängt darüber hinaus auch von der Frage ab, inwiefern reale Börsen dem Idealbild eines informationseffizienten Marktes entsprechen. In der Praxis sollte dabei nicht die generelle Gültigkeit einer bestimmten Effizienzthese unterstellt werden. Vielmehr geht es jeweils im konkreten Einzelfall um die **Abwägung**, ob ein bestimmtes Entscheidungsfeld für die gegebenen Mittel und den geplanten Aufwand des Investors entweder „zu effizient" für die Erzielung von Überrenditen ist oder aber Chancen durch hinreichende Ineffizienzen eröffnet. Diese Einschätzung kann je nach Markt oder Entscheidungsebene durchaus unterschiedlich ausfallen.

Herr Tätig hat sich über die Möglichkeiten und Vorzüge des „passiven" Managements informiert. Insbesondere scheint es ihm, dass Portfolio-Manager sich aus Kostengründen und aufgrund eines gewissen Kassehaltens schwer tun, in stark steigenden Märkten den Index zu schlagen. Er setzt jedoch darauf, dass Marktschwächen durch Absicherungen (siehe Kapitel 4) oder geringere Investitionsgrade nicht ganz mitgemacht werden.

Für ihn steht fest, dass ein „langweiliges" 100%iges Indexinvestment allenfalls für einen kleineren Teil seiner Anlagen infrage kommt. Darüber hinaus will er ja auch selbst dort aktiv mitgestalten, wo er sich selbst auszukennen glaubt.

So kommt es beispielsweise häufig vor, dass ein Portfolio-Manager im Heimatmarkt eine aktive Einzelwertauswahl betreibt, in Auslandsmärkten jedoch mehr oder weniger stark den „Markt" nachbildet.

Jedes **aktive Portfolio-Management** muss sich an den Ergebnissen des passiven Managements messen lassen. Ein aktives Vorgehen hat dabei nur einen Sinn, wenn der Mehraufwand, insbesondere aufgrund höherer Kosten für die Informationsbeschaffung und Auswertung (Research-Kosten) sowie insgesamt höherer Transaktionskosten, durch einen entsprechenden Mehrertrag überkompensiert wird. An dieser Stelle muss jeder Käufer von Investment-Dienstleistungen abschätzen, ob die erheblich höheren Gebühren, die ihm für aktives Management in Rechnung gestellt werden, gut investiertes Geld ist. Aus der Sicht eines externen Portfolio-Managers ist außerdem noch zu berücksichtigen, dass ein aktives Vorgehen stets mit einem Abweichungsrisiko verbunden ist, das er seinem Auftraggeber gegenüber verantworten muss. Eine länger dauernde Underperformance wird häufig zum Entzug des (aktiven) Mandats führen.

Der Frage nach dem Erfolg aktiven Portfolio-Managements wurde in zahlreichen empirischen Untersuchungen nachgegangen. Analysen für den englischen Markt bestätigen dabei frühere Ergebnisse, indem sie dem Durchschnitt der beobachteten Portfolio-Manager keinerlei Outperformance lokaler Marktindizes attestieren (WM Company, 1995). Es zeigt sich hierbei jedoch eine beachtliche Streubreite der Ergebnisse. So gab es in jedem Jahr eine beträchtliche Anzahl von Fonds, die den Markt schlagen konnten. Relevant wird dieses Ergebnis durch die Beobachtung, dass bei der Fonds-Performance eine gewisse Kontinuität im Zeitablauf festzustellen ist. Genauer gesagt bedeutet dies im vorliegenden Fall, dass der Erfolg eines Portfolio-Managers positiv mit seinem Abschneiden in der Vorperiode korreliert. Die **Wahrscheinlichkeit einer Outperformance** ist demnach etwas größer bei den Managern, die bereits im Vorjahr besser abschnitten als der Marktindex. Analoges gilt in der Frage der **Underperformance**. Offenbar scheint es tatsächlich Marktteilnehmer zu geben, die auf ganz bestimmten Gebieten individuelle Stärken bzw. Schwächen aufweisen. Auf diese individuellen komparativen Vorteile bauen sinnvollerweise die aktiven Managementansätze auf sowie auch die Managerauswahl eines Anlegers.

Die gängigen Benchmark-Indizes sind allesamt kapitalgewichtete Indizes. Sie verwenden die Marktkapitalisierung oder die börsenverfügbare Kapitalisierung („Free Float") dazu, die Gewichtung einer Aktie im Index zu bestimmen. Dies ist dahingehend sinnvoll, dass der Index ein Abbild des Gesamtmarktes mit seinen Größenverhältnissen zeigt. Hierin liegt auch der Sinn des Konzeptes: es geht um eine „repräsentative" Darstellung der „wichtigsten" börsennotierten Unternehmen.

Dies führte beispielsweise per Anfang 2006 dazu, dass der Industriewert Siemens im DAX-Index die etwa 9fache Gewichtung hatte wie der kleinere Industriewert MAN – ca. 70 Mrd. EUR zu ca. 8 Mrd. EUR. Der Grund ist, dass der Siemens-Konzern entsprechend größer ist, gemessen an Umsatz, Ertrag und Gewinn. Ebenso zeigt sich dies in der Anzahl von Mitarbeitern oder Auslandsniederlassungen. Ganz sicher ist Siemens wesentlich mehr „wert" als MAN und jeder wäre vernünftigerweise lieber Alleineigentümer von Siemens als von MAN. Aber wie geht ein Portfolio-Investor, der einen überschaubaren Betrag investiert, damit um?

Ein „passiver" oder Index-Fonds würde etwa neunmal so viel Siemens wie MAN halten, um den Index möglichst gut abzubilden. Für einen aktiven Anleger, der keiner strengen Kopplung an den Index unterliegt, sondern sich an den Return-Chancen und Risikobeiträgen der Portfoliowerte orientiert, ist dies wahrscheinlich wenig sinnvoll. Er käme vermutlich zu einer ganz anderen Gewichtung. Es ist sogar höchst unwahrscheinlich, dass er Siemens 9mal so attraktiv einschätzen und damit so hoch gewichten würde wie MAN.

Angenommen, der Investor sieht die Ertrags- und Wachstumschancen von MAN äußerst positiv, die von Siemens hingegen sehr begrenzt. Was wäre nun ein „aktives Management" gegenüber einem DAX-Index als Benchmark, in dem Siemens ca. 10% und MAN ca. 1% Anteil hat? MAN könnte beispielsweise, je nach Portfoliokontext, 5% bekommen, auf Siemens könnte verzichtet werden. Mancher würde jedoch 9% Siemens und 2% MAN schon als aktives Management bezeichnen. Liegt in dieser wenig couragierten Denkweise vielleicht ein Teil des großen Problems vieler „aktiver" Manager, ihre Benchmarks zu schlagen?

In einer im Herbst 2005 durchgeführten Untersuchung der jeweils größten Deutschland-Aktienfonds mehrerer großer, deutscher Investmenthäuser wiesen die meisten einen Tracking Error (MSCI-BARRA) zum DAX von zwischen 0,5% und 1% p.a. auf (Unifonds, Dekafonds, Investa). Lediglich der ADIG-FONDAK der Cominvest sowie der German Equity Fund von Fidelity lagen bei über 4%. Setzt man die Kosten eines Publikumsfonds inkl. Handelsgebühren bei ca. 2% p.a. an, sind extrem optimistische Annahmen bzgl. der Information Ratio erforderlich, um tatsächlich nach Kosten einen Mehrwert für den Kunden abzuliefern. Ein Phänomen, das durch zunehmende Markttransparenz, Öffnung der Vertriebe für nicht-konzerneigene Produkte sowie den daraus entstehenden harten Wettbewerb verschwinden sollte, bislang jedoch durch den festen Bund aus risikoscheuen Fondsmanagern und treuen Vertrieben eingefahren war.

Empirisch gilt es weitgehend als erwiesen, dass sich kapitalisierungsgewichtete Indizes schlechter entwickeln als bspw. nach fundamentalen Kriterien, z.B. Gewinn oder Umsatz, gewichtete, und dennoch ein höheres Risiko aufweisen (Robert D. Arnott, Jason Hsu, Philip Moore: „Fundamental Indexation“, in: Financial Analysts Journal, Vol. 61, No. 2, March/April 2005).

Insbesondere erweist sich auch die simple Gleichgewichtung als überlegen. Ein Portfolio, das die „Mega-Caps“ der etablierten Marktführer, häufig alte Unternehmen in einer Spätphase ihres Lebenszyklus mit nur noch begrenzten Wachstumsraten, aber einem Bewertungsaufschlag für die hohe Marktliquidität, nur ebenso hoch gewichtet wie deutlich kleinere, oft dynamischer wachsende, aber weniger liquide Unternehmen, zeigen sehr häufig eine Outperformance.

Unabhängig davon, wie die Performance sich in einzelnen Zeitperioden entwickelt, sind sehr enge Indizes, die sich auf wenige, sehr hoch kapitalisierte Werte beschränken (DAX 30, EuroStoxx50), relativ ineffizient und daher für einen aktiven Manager, der sich unabhängig von dieser Benchmark macht, vergleichsweise gut zu „schlagen“.

So bietet der europäische Aktienmarkt derzeit etwa 1.000 für einen institutionellen Investor investierbare Titel, wenn dieser sich nicht zu stark in sehr kleinen, marktengen Werten mit dem Risiko von Liquiditätsproblemen verirren will. Ein Index wie der europäische Stoxx 50 ist demgegenüber weder ein adäquates Abbild des Marktes noch eine für einen Kunden sinnvolle Benchmark. Sie lässt einfach zu viele Chancen aus und ist in puncto Risiko bei weitem zu schlecht diversifiziert. Mancher – auch institutionelle – Anleger hat sich in den späten 90er Jahren durch die teilweise spektakuläre Performance einiger hochkapitalisierter Werte während der „New-Economy-Blase“ dazu verleiten lassen, den damals sich kurzzeitig besser entwickelnden „engeren“ Index als Benchmark vorzugeben. Dass dies ein Fehler war, zeigt sich nun seit dem Jahr 2000.

Speziell aus dem anglo-amerikanischen Raum kommt eine Fülle von zum Teil schwer voneinander trennbaren **aktiven Managementstilen**. Insbesondere die Einteilung in Large und Small anhand der Marktkapitalisierung des Titeluniversums einerseits und Growth/Value anhand der Bewertungs- und Wachstumskriterien der Aktien im Zieluniversum andererseits stellt, ergänzt um Zusätze, ein übliches Kategorisierungsschema dar. Die Darstellung innerhalb dieses Fachbuchs orientiert sich an der herkömmlichen Einteilung in Top-down- und Bottom-up-Ansätze. Im Wesentlichen bezeichnen diese Begriffe die Reihenfolge, mit der der Entscheidungsträger bestimmte Entscheidungsebenen abarbeitet.

Beim strengen **Bottom-up-Ansatz** ergibt sich das Portfolio als Resultante der Selektion von Einzelwerten, die, jeder für sich, aber ohne eine übergeordnete Struktur, nach meist fundamentalen Gesichtspunkten ausgewählt werden. Diese Vorgehensweise ist insbesondere auf der Ebene lokaler Märkte bzw. Marktsegmente üblich, wo übergreifende Klassifizierungskriterien, wie unterschiedliche Wachstums- und gewinnzahlen, Vergleichszinsen oder Währungen fehlen bzw. identisch sind. Mit entsprechender Marktnähe und einigem Analyseaufwand ist dies durchaus im Einzelfall mit Erfolgsaussichten gerade in weniger effizienten Märkten praktizierbar (z. B. „Emerging Markets"). Im internationalen Maßstab und in gemischten Portfolios mit mehreren Asset-Klassen ist diese Vorgehensweise allein jedoch problematisch. Wirft man nämlich sämtliche Einzelwerte „in einen Topf" mit der Absicht, sich dann die „Rosinen herauszupicken", so können dabei im Endergebnis z. B. extreme oder äußerst ungünstige Länder- und Währungsgewichte die Folge sein. Hinzu kommt, dass die Ertrags- und Risikoschätzer möglicherweise unterschiedlichen Denk- und Modellwelten entstammen und damit – ebenso wie Unternehmensdaten und Bilanzierungsrichtlinien – oft nicht direkt miteinander vergleichbar sind.

Besser operationalisierbar und auch in der Praxis häufiger anzutreffen ist die Einbeziehung von Bottom-up-Elementen in einen übergeordneten **Top-down-Ansatz**. Dabei werden die Entscheidungsebenen sukzessive von oben nach unten gemäß ihrem Aggregationsgrad abgearbeitet. Die übergeordneten Ebenen stecken dabei das Entscheidungsfeld für die nachfolgenden Ebenen ab.

Entscheidungen über die Gewichtung von Asset-Klassen, Ländern und Währungen, Branchen und Laufzeiten sowie einzelner Wertpapiere werden prinzipiell nacheinander und in dieser Reihenfolge getroffen. Damit ist es einfacher und zugleich zwingend, ein in sich **konsistentes Weltbild** zu verfolgen. Auf der Ebene lokaler oder regionaler Märkte (z. B. europäischer Aktienmarkt) bzw. Marktsegmente wird dann innerhalb dieses vergleichbaren homogenen Universums häufig bottom up vorgegangen, also Titelselektion betrieben.

Ein weiteres Argument für ein zunächst top-down orientiertes Vorgehen ist die Tatsache, dass die Entscheidungen von oben nach unten an Bedeutung für das Portfolio verlieren (vgl. Brinson/Hood/Beebower, 1986), aber meist mit steigendem Analyse- und Umsetzungsaufwand verbunden sind. Es existiert somit auch eine **Kosten-Nutzen-Argumentation** zugunsten eines top-down initiierten Ansatzes.

3.1.3 Kosten- und Losgrößenprobleme

Die Konzepte der Asset Allocation lassen sich sinnvoll erst ab einer gewissen Portfolio-Größe anwenden. Beispielsweise benötigt man für die Darstellung eines international diversifizierten Aktien-Portfolios zumindest vier bis sechs Märkte mit jeweils – je nach Größe der Marktsegemente – zwischen 10 und 30 Einzelwerten. Ansonsten besteht die Gefahr, dass gewollte „Wetten“, etwa zwischen Regionen oder Ländern, in ihrer Auswirkung von ungewollten Einzeltitel- oder kumulierten Stil-Risiken überlagert werden. Wie viele Titel im Einzelfall zur Abdeckung eines Aktienmarktes einer Region oder eines Sektors benötigt werden, hängt von der Verteilung des Gesamtmarktwertes und dem akzeptierten Einzelwertisiko ab. Je stärker dabei die Konzentration dieses Marktsegments auf wenige große Werte ausfällt, desto geringer ist die Titelanzahl, die man für eine indexnahe Abbildung des Marktes benötigt. Die folgende Tabelle gibt beispielsweise an, welchen Anteil die jeweils 10 größten Einzelwerte am Gesamtmarktwert im jeweiligen Land aufweisen.

Insgesamt erscheint eine Anzahl von 80 bis 100 Titeln als realistischer Anhaltspunkt für den Umfang eines internationalen Aktienportfolios. Institutionelle Portfolios halten nicht selten 150, 200 oder mehr Aktienwerte.

Auch bei Rentenportfolios benötigt man zur Abdeckung des Laufzeitenspektrums eines nationalen oder regionalen Marktes zumindest etwa drei bis fünf Einzelwerte. Anderenfalls werden zusätzliche Risiken durch nichtparallele Verschiebungen der Zinsstrukturkurve eingegangen. Die Marktdotierung mit lediglich einem Titel ist nur dann sinnvoll, wenn von Vornherein eine deutlich aktive Laufzeitentscheidung getroffen wurde, die andere Entscheidungen klar dominieren soll.

Darüber hinaus gelten an einigen Märkten – insbesondere im Hinblick auf den variablen Handel – Mindeststückzahlen. In den letzten Jahren haben jedoch die Öffnung computergestützter Handelssysteme (Xetra, Nasdaq) sowie die Splittung der Aktiennennwerte und damit der Kurse für deutlich mehr Chancengleichheit auch für den Privatanleger gesorgt.

Ein international gut diversifiziertes Aktienportfolio lässt sich erfahrungsgemäß unter einer halben Million Euro kaum darstellen, eine in aller Regel nur für vermögende Privatanleger und institutionelle Anleger erreichbare Größenordnung. Kleinanleger sind daher gezwungen, zumindest in Teilen auf Fonds- bzw. Indexprodukte auszuweichen, oder aber a priori sehr hohe Einzelwertrisiken einzugehen.

Anteile der 10 größten Werte am MSCI*-Aktienmarktindex

Japan	25,97 %
USA	19,49 %
Großbritannien	48,04 %
Deutschland	64,67 %
Frankreich	56,73 %
Niederlande	73,85 %
Schweiz	86,58 %
Hongkong	60,87 %

* MSCI = Morgan Stanley Capital International

Abbildung 51 Quelle: Morgan Stanley Capital International, 05/2006

Eine weitere Restriktion, die bei der Umsetzung der Asset Allocation im Allgemeinen – insbesondere jedoch der aktiven Investmentpolitik – zu beachten ist, sind die **Transaktionskosten (TAK)**, die bei der Zusammenstellung eines wohl diversifizierten Portfolios anfallen. Sie gehen voll zu Lasten der Wertentwicklung des Portfolios. Wer nach Abzug aller Kosten das Benchmark-Ergebnis erreicht, hat die Benchmark damit eigentlich bereits geschlagen (vgl. Benke, 1995). Dies gilt umso mehr angesichts der Managementgebühren, die der Asset Manager insbesondere bei Produkten für Privatkunden in erheblichem Umfang – häufig über 1% p.a. – berechnet.

Einer Schätzung von Goldman/Sachs zufolge belaufen sich die TAK insgesamt – selbst für große institutionelle Anleger und an großen Märkten – auf 0,6 % bis 1,6 % pro „**Round Trip**“, also Kauf und Verkauf einer Position. Hierin enthalten ist jeweils ein Schätzwert für den so genannten **Market Impact**, also den Einfluss, den die eigene Transaktion auf den Geld- bzw. Briefkurs ausübt. Der zu erwartende Market Impact hängt dabei positiv von der Größe der zu handelnden Position sowie der Volatilität des Titels und negativ von der Markttiefe des jeweiligen Titels ab. Dies zeigt, dass auch sehr große Portfolios – z.B. Publikumsfonds mit mehreren Milliarden Euro Volumen – einer Größenproblematik, wenn auch im umgekehrten Sinne, unterliegen. Um dies zu umgehen, werden manchmal große Positionen en bloc über Brokerhäuser und unter Umgehung des offiziellen Marktes ausgetauscht (zum Blockhandel siehe auch Gerke/Rasch, 1992).

Die Transaktionskosten wirken wie eine Hemmschwelle für die aktiven Investmententscheidungen des Portfolio-Managers. Für ihn gilt es stets, die Kosten des Handelns gegen die (Opportunitäts-)Kosten des Nichthandelns abzuwägen (vgl. Perold, 1988). Im Endergebnis bedeutet dies, dass der Portfolio-Manager auf „kleinere" Portfolio-Anpassungen verzichten muss und somit nicht alle Opportunitäten ausschöpfen kann. Die Portfolio-Effizienzkurve inklusive der TAK-Restriktion verläuft somit unterhalb der unrestringierten Effizienzlinie.

3.1.4 Zusammenfassung und Arbeitsaufgaben

Zusammenfassung

Eine sinnvolle oder gar professionelle Vermögensanlage erfolgt in logisch aufeinander abgestimmten Schritten.

Die unüberschaubare Vielfalt der Kapitalmärkte zwingt dabei zur Bildung von Kategorien, auf deren Ebene Entscheidungen getroffen werden.

Die Strategische Allocation schafft die grundsätzliche Anlagepolitik, mit der die Anlegerziele langfristig erreicht werden sollen.

Die Taktische Asset Allocation beschreibt deren konkrete Umsetzung im „Tagesgeschäft" durch aktive oder passive Strategien.

Abweichungen von der Generallinie der strategischen Neutralposition (Benchmark) bedeuten dabei aktives Abweichungsrisiko. Mit diesem soll Outperformance zum Index erzielt werden.

Hierfür muss klar sein, bei welchen Entscheidungen Informationsvorteile vorliegen, um bei gegebener Markteffizienz, nach Kosten und bei ausreichender Diversifizierung, „besser" als der Index zu sein.

Top-down und Bottom-up bezeichnen zwei Denkrichtungen aktiven Managements, um Aussagen zu Assets über Entscheidungsebenen zu einem Portfolio zu aggregieren.

Arbeitsaufgaben

1. Nennen Sie Kriterien für die Abgrenzung von Strategischer Asset Allocation und Taktischer Asset Allocation.
2. Erläutern Sie das Konzept des relativen Risikos im Vergleich zum herkömmlichen Risikobegriff.
3. Woran muss sich das Ergebnis aktiven Portfolio-Managements messen lassen? Welche Faktoren spielen hierbei die Hauptrolle?
4. Erläutern Sie, auf welchen Prämissen (explizit oder implizit) aktive und passive Management-Stile basieren. Machen Sie dabei Ihre Antwort an konkreten Beispielen fest.
5. Was verstehen Sie unter dem Begriff „Tracking Error“? Welche Faktoren tragen zu seiner Verringerung bei?
6. Auf welchen Entscheidungsebenen ist eine Indexierung denkbar, und wann erscheint sie sinnvoll?
7. Beurteilen Sie den Bottom-up-Ansatz im Hinblick auf seine Eignung für die folgenden Portfolios:
   - deutsche Aktien
   - internationale Aktien
   - europäische Aktien und Renten.

3.2 Strategische Asset Allocation

Als Herr Tätig am Montagmorgen zum vereinbarten Termin die Bank betritt, trifft er auf einen sehr aufgeweckten jungen Mann von kaum mehr als 30 Jahren, den er jedoch schon nach wenigen Minuten vertrauenswürdig und kompetent findet.

Herr Tätig wundert sich, dass er nicht sofort mit Anlagevorschlägen überfallen wird. Immerhin weiß der junge Mann bestimmt, wie viel Geld Herr Tätig zur Anlage zur Verfügung steht. Stattdessen sagt ihm dieser: „Viele Menschen denken einen Monat darüber nach, welchen Fernseher sie sich kaufen, Geldanlagen für viele tausend Euro oder gar Millionen erledigen sie dagegen zwischen Tür und Angel und quasi auf Zuruf. Ich freue mich, Ihr Geld anzulegen, aber bis dahin sollten wir beide es uns nicht leicht machen.“

Schlüsselbegriffe

- Langfristig festgelegte Anlagepolitik
- Anlegerprofil
- Geldmarkt-, Renten- und Aktienanlagen für die Vermögensanlage
- Instrumente zur Risikoentscheidung
- Ertrag und Risiko der Asset-Klassen
- Kunden- und Marktprofil

Die Aufgabe der SAA ist es, die langfristige Anlagepolitik des Investors zu formulieren. Ihr kommt für den Anlageerfolg des Investors gegenüber taktischen Positionierungen die überragende Bedeutung zu. Im Zusammenhang mit der Delegation des Portfolio-Managements an Dritte ist die eindeutige Definition einer Benchmark von besonderer Bedeutung, da sie zugleich Auftrag und Erfolgsmetrik für den Beauftragten definiert. Der Prozess der SAA kann hierbei in die folgenden drei Schritte zerlegt werden:

1. **Erstellung des Anlegerprofils**: Ermittlung der Ertrags- und Risikopräferenzen des Anlegers sowie der endogenen und exogenen Restriktionen, die das Anlageuniversum von Vornherein für ihn einschränken.
2. **Erstellung des Marktprofils**: Das Aktionsfeld des Portfolio-Managers wird abgesteckt. Das heißt, dass, unter Berücksichtigung des Anlegerprofils, die Assets festzulegen sind, in die grundsätzlich investiert werden darf (**Anlageuniversum**). Dabei sind dem Anleger die langfristigen Chancen und Risiken eines Engagements in den einzelnen Assets transparent zu machen (Informations- und Beratungsfunktion des Portfolio-Managers).
3. **Definition der Benchmark**: Zusammenführung von Markt- und Anlegerprofil, und zwar in der Form, dass eine effektive Gewichtung der einzelnen Assets im so genannten **Neutralportfolio** festzulegen ist.

Im Grundsatz spiegeln die aufgelisteten Schritte die Vorgehensweise der Theorie bei der Suche nach dem optimalen Portfolio wider. Das eigentliche Problem in der Praxis ist dabei die Frage, wie man im Einzelfall zu einer korrekten und vollständigen Erfassung der Anlegerpräferenzen kommt.

Die Einschätzung von Erträgen und Risiken am Kapitalmarkt wird hingegen auf lange Sicht als weniger problematisch angesehen. Hierbei ist es sinnvoll, sich an langfristigen historischen Durchschnittswerten zu orientieren, ggf. bereinigt um ebenfalls langfristige, strukturelle Veränderungen, z.B. bezgl. der langfristigen Inflationserwartungen.

Die folgende Darstellung der SAA lehnt sich an die oben dargestellte dreistufige Vorgehensweise an. In einem ersten Schritt sollen jedoch noch einige grundsätzliche Überlegungen angestellt werden.

3.2.1 Grundgedanken zur langfristigen Anlagepolitik

> *Es gibt keinen günstigen Wind für den, der nicht weiß, wohin er segeln will. (Chinesisches Sprichwort)*

Die Strategische Asset Allocation determiniert einen überaus großen Teil der langfristigen Wertentwicklung des Portfolios (vgl. Brinson/Hood/Beebower, 1986). So bedeutete beispielsweise eine Buy-and-Hold-Investition in deutsche Aktien, etwa mithilfe eines Index-Fonds, auf lange Sicht (1978 – 2000) einen Mehrertrag gegenüber einem Engagement in deutschen Rentenwerten in Höhe von 5,5 % p. a. Bemerkenswert ist dabei, dass dieser Wert unter Berücksichtigung sämtlicher Aktienmarkt-Crashs ermittelt wurde. Auf der anderen Seite beinhaltet der Beobachtungszeitraum allerdings auch die exzellenten Börsenjahre 1985, 1989, 1993 und 1999 mit jeweils weit über 30 % Wertentwicklung. Mindestens ebenso gefährlich wie das Durchlaufen eines Crashs ist für ein Portfolio das Versäumen dieser exzellenten Phasen. Wie stark die langfristige Performance eines Portfolios von einzelnen Börsentagen abhängt, zeigt das folgende Beispiel (siehe Bateman, 1996).

„Der Zeitraum von 1983 bis 1992 hatte in den USA 2526 Börsentage. Bei ununterbrochenem Vollinvestment im S&P-500-Index hätte der durchschnittliche Jahresertrag 16,25 % betragen. Hätte man jedoch nur die 10 besten Tage verpasst, schrumpft dieser Wert auf 11,6 % und bei einem Verpassen der 40 besten Börsentage (1,6 % der Tage) gar auf 3,6 % p. a.“ (Handelsblatt, 05./06.01.1996)

Aus dieser Beobachtung ergibt sich als Schlussfolgerung für die Anlagepraxis, dass ein **permanentes Investment** in der Regel deutlich **vorteilhafter** ist als ein sprunghaftes, kostenträchtiges und oftmals falsches „Rein und Raus“. Sich aus dem Markt zurückzuziehen und Liquidität aufzubauen, ist aus dieser Sicht oftmals „riskanter“, als immer voll investiert im Markt zu bleiben, und bedarf daher einer größeren subjektiven Sicherheit der Einschätzung. Dies gilt umso mehr angesichts der bei jeder Umschichtung fällig werdenden Kosten.

Im Zusammenhang mit der Delegation des Portfolio-Managements an Dritte hat die explizite Vereinbarung einer langfristigen Anlagepolitik insbesondere auch den Zweck, das Portfolio vor **Ad-hoc-Revisionen** einer mit Bedacht gewählten ursprünglichen Zielsetzung zu schützen. Diese drohen vor allem dann, wenn kurzfristige Markturbulenzen die solide Langfristpolitik infrage zu stellen scheinen. Optimisten neigen dabei gerade in der Nähe von Markthöchstständen zu Käufen, Pessimisten entsprechend an den Tiefpunkten zu Verkäufen, wollen also jeweils zum genau falschen Zeitpunkt ihre Risikostruktur verändern. Der sachkundige Investor sollte die Eigenarten der Märkte sowie die der Anlegerpsychologie kennen und über den Zusammenhang von Risiko, Ertrag und Anlagehorizont informiert sein. Er sollte verstehen, dass selbst das Phänomen starker Kursrückgänge („Crash“) zur Normalität der Märkte gehört. Dann kann er seinen langfristigen Ertrag allein schon dadurch erhöhen, dass er konsequent an seiner einmal definierten Langfristpolitik festhält und gerade nicht in besonders kritischen Phasen die falschen willkürlichen Richtungswechsel vollzieht.

Die Formulierung der **Anlagepolitik** sollte daher **bindend** und **verlässlich** sein und möglichst so **konkret** erfolgen, dass ein kundiger Dritter ohne nähere Kenntnis der Umstände die Verwaltung des Vermögens übernehmen könnte (Ellis, 1993).

Eine oft zitierte Faustregel für Kleinanleger lautet, nur mit dem Geld zu „spekulieren“, das auf absehbare Zeit nicht für andere Zwecke zwingend benötigt wird.

Unter **Spekulation** wird dabei i.d.R. die Anlage in Aktien oder andere Instrumente mit höherer Volatilität verstanden. „Spekulant“ gilt manchem als Schimpfwort, für den Börsenveteran und Autor André Kostolany war es ein Ehrentitel.

Analog hierzu lässt sich folgende **Grundregel der Strategischen Asset Allocation** formulieren:

> Bei der SAA sollte gewährleistet sein, dass die mit ihr verbundenen Konsequenzen auch dann noch vom Investor verkraftet werden können, wenn das historisch betrachtet negativste Ergebnis dieser Anlagepolitik erneut einträte (Worst-Case-Szenario).

Die Entscheidung über die generelle Ausrichtung der Anlagepolitik kann und darf nur vom Investor selbst vorgenommen werden. Der Portfolio-Manager greift an dieser Stelle nur in beratender Funktion in den Entscheidungsprozess ein. Seine Aufgabe besteht vielmehr in der anschließenden gewissenhaften Verfolgung der explizit definierten Ziele des Anlegers. Aufgrund seiner Expertise obliegt es ihm, das Risiko des Portfolios innerhalb der Vorgaben zu steuern und „böse“ Überraschungen wenn nicht zu verhindern, so doch zumindest zu begrenzen.

3.2.2 Erarbeitung des Anlegerprofils

Die Erstellung eines detaillierten **Anlegerprofils** sollte am Anfang des Investmentprozesses stehen, da hier schon oftmals a priori das **Anlageuniversum** eingegrenzt wird. Die Ursachen hierfür können zum einen zwingender Natur sein, so z. B. die Beachtung bestehender gesetzlicher Beschränkungen oder die Berücksichtigung feststehender Zahlungsverpflichtungen in einer bestimmten Währung oder mit einer definierten Verlässlichkeit (z. B. Pensionszahlungen). Zum anderen muss oftmals auch Rücksicht auf die subjektiven Wünsche des Anlegers, so z. B. nach der „Überschaubarkeit“ des Anlageuniversums, genommen werden. Letztere sind in der Praxis oft auch irrational und lassen sich nicht immer durch sachliche Argumente des Portfolio-Managers widerlegen („... im Urlaubsland X wurde mir meine Brieftasche gestohlen, da lege ich mein Geld nicht an“).

Die Erfassung von **exogenen** und **endogenen Restriktionen** ermöglicht im nächsten Schritt eine Fokussierung auf einen enger abgesteckten Bereich, wodurch sich unnützer Aufwand vermeiden lässt. So erübrigt sich etwa die Generierung einer Effizienzkurve aus international gemischten Anlagen, wenn der Anleger beispielsweise aus rechtlichen Gründen nur in deckungsstockfähige EUR-Titel investieren darf.

In der Theorie werden die Präferenzen des Investors durch eine **Risiko-Nutzen-Funktion** abgebildet. Dabei wird generell Risikoaversion unterstellt, das heißt, dass der Investor nur dann bereit ist, ein höheres Risiko einzugehen, wenn er hierfür einen überproportional höheren Ertrag erwarten kann. Eine derartige Präferenzstruktur lässt sich beispielsweise durch eine quadratische Nutzenfunktion darstellen. Durch die spiegelbildliche Krümmung von Effizienz- und Indifferenzkuve lässt sich das Problem der Portfolio-Selektion in der Theorie mathematisch exakt lösen.

Die Risikonutzenfunktion des Anlegers ist in dieser Form jedoch in der realen Welt nicht ohne weiteres zu ermitteln. In der Praxis ist dies auch nicht unbedingt erforderlich, da sich der Investor ohnehin nur in einem bestimmten **Risikobereich** für den Durchschnitt seiner Gesamtanlagen „wohl fühlt" und somit auch nur dort seine Ziele als erreicht ansehen wird. Mithin ist lediglich ein kleiner Abschnitt der Indifferenzkurve relevant, auf die extremen „Äste" kann bei der Portfolio-Optimierung verzichtet werden.

Trotz dieses heuristischen Vorgehens tritt hierbei die Schwierigkeit auf, dass der Investor meist nur vage Vorstellungen hinsichtlich Bedeutung der Risikokennzahl Volatilität und ihrer praktischen Auswirkungen hat. In einem ersten Schritt muss der Portfolio-Manager daher versuchen, einem diesbezüglich manchmal unkundigen Anleger den **Risikobegriff** greifbarer und transparenter zu machen. Im Anschluss daran gilt es, den relevanten Risikobereich sowie das zur Verfügung stehende Anlageuniversum so genau wie möglich einzugrenzen. Dabei kann man sich z. B. an folgenden Fragestellungen orientieren:

Erarbeitung des Anlegerprofils – Fragestellungen für den Anleger

Abbildung 52

1. Was ist die **Referenzwährung** des Anlegers? In welcher Währung „denkt" er? In welchen Währungen fallen Verbindlichkeiten oder Konsumausgaben an?

2. Gibt es A-priori-**Restriktionen** rechtlicher oder anderer Art? *So sind beispielsweise Versicherungen, aber auch Pensionskassen durch ihre Satzung, in aller Regel hinsichtlich bestimmter Anlageproportionen (USD-/EUR-Anteil) oder Anlagequalitäten (Deckungsstockfähigkeit, Rating) eingeschränkt.*

3. Wie lang ist der **Anlagehorizont**? Was ist die Messperiode? Wie ist der Abstand der Beurteilungszeiträume? Gibt es wichtige Stichtage, etwa Bilanzierungsstichtage? *Langfristige Anlageziele gestatten z. B. mehr Risikoengagement, weisen dann kurzfristig aber auch stärkere Wertschwankungen auf. Ein langer Anlagehorizont verträgt sich daher schlecht mit einer kurzfristigen, stichtagsbezogenen Erfolgsmessung. Ein prinzipiell längerfristig ausgerichtetes Aktieninvestment kann nicht sinnvoll tagtäglich an der stabilen Wertentwicklung einer verzinslichen Anlage oder einer langfristigen Zielrendite gemessen werden.*

4. Wie sieht die **Cashflow-Planung** aus? Werden laufende Erträge benötigt? Was sind die „echten" Konsequenzen bei „negativem Erfolg", etwa die Nichterfüllung von Zahlungsverpflichtungen?

5. Besteht **Steuerpflicht**? *Wenn ja, wird es sinnvoll sein, nach Möglichkeit zu versteuernde Erträge, etwa Kupon- oder Dividendeneinkünfte, in nicht zu versteuernde Kursgewinne umzuwandeln. Ein für Privatanleger übliches Verfahren ist z. B. der Kauf von Niedrigkuponanleihen unter pari mit hohem Einlösungsgewinn.*

6. Wie lautet die **Ertragsvorstellung** oder Zielrendite? Gibt es lang- und kurzfristige Ertragsziele? An welchem Asset soll die Anlagepolitik generell mehr ausgerichtet sein (Aktien, Renten)? *In den meisten Fällen wird der Investor über die Ertragsvorstellung zur Risikobetrachtung gelangen. Risiko wird somit als die in Kauf zu nehmende „Kehrseite" der über den Geldmarktertrag hinausgehenden Wertentwicklung verstanden.*

7. Was versteht der Investor unter „**Risiko**"? Was darf auf keinen Fall passieren (z. B. Nichterreichen von Festgeldertrag, negatives Periodenergebnis, Unterschreiten der Inflationsrate, ...)? Was wären die emotionalen Reaktionen bei einem derart negativen Ergebnis? Wie lange können

Verluste durchgehalten werden? Wie sieht es mit den Opportunitätskosten aus, kein Risiko einzugehen und daher auf Erträge zu verzichten, etwa starke Aufschwungphasen am Markt zu verpassen? Was wären zwischenzeitliche Konsequenzen von starken Wertschwankungen?
Kontrovers diskutiert wird seit langem die Frage nach der ***Eignung der Volatilität als Risikomaß****. Zum einen ist die Annahme normal verteilter Renditen strittig, zum anderen entspricht das zweiseitige Schwankungsmaß der Volatilität nicht dem, was ein Investor normalerweise unter Risiko versteht. Risiko heißt für ihn vielmehr, dass er finanzielle Einbußen erleiden kann oder eine Zielrendite unterschritten wird. Eine Abweichung zum Positiven wird hingegen allemal gern akzeptiert werden.* ***Risiko*** *im Sinne der Portfolio-Theorie lässt sich vielleicht am besten als „****Unvorhersagbarkeit****" interpretieren. Die Entwicklung eines Assets, das beispielsweise jede Woche konstant 1 % an Wert verliert, weist demnach aber gerade kein Risiko auf, obwohl es verlässlich in den Ruin führt.*

8. Ist **Substanzerhaltung** innerhalb eines Kalenderjahres oder innerhalb anderer Zeitperioden zwingend notwendig?
   Wer stichtagsbezogen rechnet und keine Abschreibungen verkraften kann, der muss sein Geld anders investieren als jemand, der zugunsten längerfristiger Wertentwicklung zeitweise Verluste akzeptieren kann. Hier sei bereits auf die Wertsicherungsstrategien im Kapitel 4 hingewiesen. Zahlreiche institutionelle Investoren werden gerade im ersten Anlagejahr bilanzwirksame Wertminderungen vermeiden wollen, diese aber in kommenden Perioden, nach angesammelten (Kurs-)Reserven, besser akzeptieren können. Einem anderen Investor könnten Abschreibungen aus steuerlichen Gründen gerade gelegen kommen.

9. Gibt es **Grenzen für Umsatz** im Portfolio?
   Hoher Umsatz kann im schlimmsten Fall ein Indiz für einen sorglosen Umgang mit dem investierten Vermögen sein, bedeutet aber in jedem Fall Kosten. „Hin und her macht Taschen leer" ist ein immergrüner Spruch, der darauf hinweist, dass 2 % Mehrertrag, mit 3 % Transaktionskosten erkauft, kein wünschenswertes Ergebnis sein kann.

Ergänzt werden kann dies noch durch Fragen, die über den Kenntnisstand des Anlegers, die Kunde-Manager-Beziehung und seine Einstellung zu Fragen des Portfolio-Managements Auskunft geben:

10. Wie definiert der Investor langfristigen **Anlageerfolg**? Wer beurteilt diesen und anhand welcher Kriterien? Wie erfolgt das Feedback an den

Portfolio-Manager? Worauf beruht dieser Erfolg seines Erachtens? Worin sieht der Investor die Hauptaufgabe des Portfolio-Managements? Was ist die Erfolgsmetrik?

Die in diesem Kapitel dargestellte Erarbeitung des Anlegerprofils soll die Richtung vorgeben, in der das für den Investor optimale Neutralportfolio zu suchen ist. Dass es sich bei den gewonnenen Informationen in der Regel nicht um quantitativ messbare Größen handelt, die man z. B. in einem Scoring-System nur noch zu addieren bräuchte, macht der oben vorgestellte Fragenkatalog mehr als deutlich. Dennoch wird man auf dieser Basis zumindest eine grobe Einordnung des Anlegers, etwa in **Risikoklassen**, vornehmen können (vgl. Steiner/Bruns, 1995). Ebenso werden Präferenzen, Einstellungen und Kenntnissstand des Investors in Ansätzen sichtbar.

Nach anstrengenden, aber spannenden zwei Stunden ist sich Herr Tätig über seine Antworten zu allen Fragen im Klaren. Er denkt und konsumiert in Euro, rechtlichen Restriktionen unterliegt er nicht, will aber nicht in sichtbar „schlechte Qualität" investieren, möchte also das Ausfallrisiko einzelner Aktien oder Anleihen vermeiden. Sein Anlagehorizont ist mit mindestens 10 Jahren recht lang, da er durch Immobilienbesitz, Lebensversicherungen und Geldmarktanlagen sein notwendiges Einkommen gesichert sieht. Zur Ergänzung braucht er laufende Erträge, um seinen Lebensstandard zu sichern.

Herr Tätig ist voll steuerpflichtig, wird dies aufgrund seines hohen Vermögens aber auch auf Lebenszeit bleiben. Daher sind steuerattraktive Anlagen wie Aktien grundsätzlich interessant für ihn. Das Ertragsziel für die langfristig anzulegenden Mittel soll möglichst „zweistellig" sein, also mindestens 10 % p.a. Hier zielt Herr Tätig aber durchaus darauf ab, „rauszuholen, was drin ist", wie er sich ausdrückt. Wertverluste in einzelnen Kalenderjahren sind kein Problem, er ist niemandem Rechenschaft schuldig, Bilanzstichtage existieren für ihn nicht mehr. Als „Risiko" versteht er unwiederbringliche Ausfälle, also Konkurskandidaten im Depot, sowie heftige Schwankungen im Wert des Gesamtportfolios. Die Höhe des Umsatzes ist Herrn Tätig nicht wichtig, solange Chancen in der Summe genutzt werden und die Transaktionen sich für ihn auszahlen.

3.2.3 Erstellung des Marktprofils

3.2.3.1 Charakteristika von Geldmarkt-, Renten- und Aktienanlagen

- **Charakteristika von Geldmarktanlagen**

Die hinsichtlich ihres Ertrages am einfachsten zu typisierende Asset-Klasse ist die **Geldmarktanlage**. Liquidität wird für einen vorher vereinbarten Zeitraum (Termingeld) oder aber täglich abrufbar (Sichtguthaben, Call Money) am Geldmarkt bzw. bei einer Bank gegen Habenzinsen deponiert. Gleichwertig hierzu ist der Kauf von Geldmarktpapieren wie Commercial Papers, Einlagenzertifikaten, Schuldwechseln des Staates (T-Bills, Bu-Bills) oder anderen. Die Zinszahlung erfolgt meist nachschüssig am Periodenende. Geldmarktpapiere sind in aller Regel diskontierte Wertpapiere, das heißt, sie werden mit einem Abschlag vom Nominalwert gekauft und zu pari eingelöst. Dabei sind **Kursrisiken** und Chancen auch bei börsengehandelten Geldmarktpapieren **vernachlässigbar gering**.

Trotz einer sicheren Verzinsung ist die Anlage am Geldmarkt auf längere Sicht keinesfalls risikolos. Zieht man nämlich in Betracht, dass sich Geldmarktsätze laufend ändern können, so ist der Ertrag zum Ende eines mehrperiodigen Anlagehorizonts alles andere als sicher. Dies verdeutlicht einen weiteren interessanten Aspekt der Abhängigkeit des Risikos vom jeweiligen Anlagehorizont.

Geldmarktsätze sind über die Steuerungsmaßnahmen der Notenbank und die Erwartungen über die künftige Geldpolitik **hoch mit der Inflationsrate korreliert** (vgl. Zinstheorie von Fisher, z. B. Dornbusch et al., 2000). Der Realzins am Geldmarkt ist vergleichsweise stabil und lag in Deutschland bzw. Euroland in der jüngeren Vergangenheit meist zwischen 2 % und 5 %.

- **Charakteristika von Rentenanlagen**

Der Ertrag eines **Rentenengagements** setzt sich für den Anlagezeitraum aus zwei Komponenten zusammen:

- dem **Kuponertrag**, ausgedrückt in Prozent p. a. des Nominalwertes und
- **Kursveränderungen**, die sich
  - zwangsläufig aus einer Bewegung „von rechts nach links“ auf der Renditestrukturkurve, also der stetigen Verkürzung der Restlaufzeit bis zur Fälligkeit **(Riding-the-Yield-Curve-Effekt)** und

– fallweise aus einer **Änderung** der Höhe des aktuellen **Renditeniveaus** im Laufzeitbereich des Rentenwertes ergeben können.

Unabhängig von der Steigung und der Änderungserwartung der Renditestruktur besteht eine generelle Tendenz zum Fälligkeitswert von 100. Den Riding-the-Yield-Curve-Effekt kann man sich anhand des folgenden Beispiels verdeutlichen: Ein heute vierjähriges Papier hat in einem halben Jahr nur noch eine Restlaufzeit von dreieinhalb Jahren und wird sich daher auf die Rendite der geringeren Restlaufzeit zubewegen. Bei normal ansteigendem Verlauf der Renditestrukturkurve kommt es somit zu einem Renditerückgang und damit bei konstantem Kupon zu Kurssteigerungen in dem Papier.

Riding-the-Yield-Curve-Effekt bei „normaler" Renditestruktur

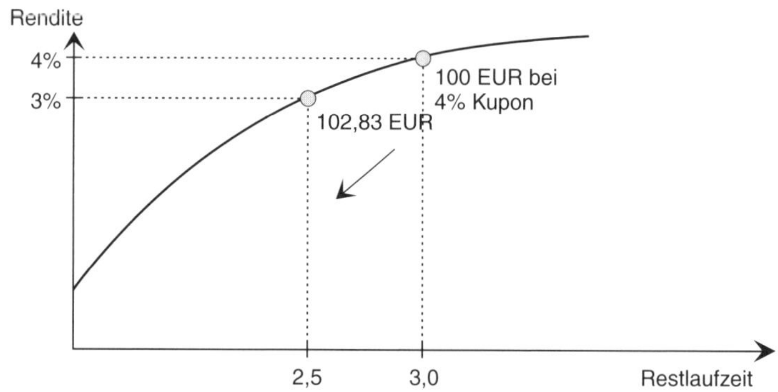

Abbildung 53 Quelle: Eigene Berechnungen

Der Kurseffekt bei einer Verschiebung der Renditestrukturkurve aufgrund von Zinsniveauänderungen ist um so größer, je länger die Restlaufzeit des Rentenwertes ist. Dies lässt sich anhand des Barwerts der Zahlungsrückflüsse aus einem Rentenengagement verdeutlichen:

$$BW = \frac{CF_1}{1+r_1} + \frac{CF_2}{(1+r_2)^2} + \cdots + \frac{CF_T}{(1+r_T)^T} = \sum_{t=1}^{T} \frac{CF_t}{(1+r_t)^t}$$

mit BW = Barwert der Rückflüsse, CF_t = Cashflow in Periode t (Kuponzahlungen, Tilgung am Ende der Laufzeit), r_t = Marktrendite des Restlaufzeitbereiches t, und T = Restlaufzeit des Papiers.

Gegen Ende der Restlaufzeit anfallende Cashflows werden nämlich ceteris paribus mit einem höheren Diskontierungsfaktor $(1 + r_t)^t$ abgezinst und sind somit stärker der Abzinsung durch r unterworfen. Bei Zero-Bonds und besonders niedrig verzinslichen Anleihen ist der Kurseffekt damit besonders groß, da sich bei ihnen die Rückflüsse am Laufzeitende kumulieren. Dieser Sachverhalt schlägt sich auch in der **Duration**-Kennzahl (vgl. z.B. Schulte, 1996) nieder. Sie drückt die durchschnittliche Bindungsdauer des eingesetzten Kapitals in Jahren aus.

$$D = \frac{\sum_{t=1}^{T} t \cdot \frac{CF_t}{(1+r_t)^t}}{BW}$$

Da die Cashflows mit den Zeitpunkten ihres Anfalls gewichtet werden, ist die Duration um so höher, je länger die Laufzeit und je geringer die Kupons – als vorzeitige Rückflüsse – ausfallen. Die Duration eines Zero-Bonds entspricht somit seiner Restlaufzeit. Die folgende Tabelle enthält exemplarisch die Duration für verschiedene Kombinationen von Laufzeit und Kupon bei einer angenommenen Marktrendite von 4 % („flache“ Renditestruktur):

Duration (in Jahren)	**Kupon**		
Restlaufzeit	**3 %**	**4 %**	**5 %**
3 Jahre	2,91	2,89	2,86
5 Jahre	4,71	4,63	4,56
10 Jahre	8,72	8,44	8,19

(Quelle: Eigene Berechnungen)

Eine direkte Maßzahl für die Kurs-Reagibilität einer Rente oder eines Rentenportfolios auf eine Veränderung des Renditeniveaus ist die so genannte **Modified Duration (MD)**:

$$MD = -\frac{D}{(1+r)}$$

Die MD hat anstatt der Dimension „Zeit in Jahren“ die Dimension „Prozent“ und sagt aus, welche Kursänderung näherungsweise eintritt, wenn sich die Rendite um einen Prozentpunkt verändert. Präzise Angaben können jedoch nur bei infinitesimalen Renditeänderungen gemacht werden. Die Änderung der Duration wird als **Konvexität** bezeichnet (vgl. Options-Gamma zu Options-Delta). In Bezug auf das obige Zahlenbeispiel ergeben sich demnach folgende Kursveränderungen, wenn sich die angenommene Marktrendite von 4 % auf 5 % erhöht:

mod. Duration (in %)	**Kupon**		
Restlaufzeit	**3 %**	**4 %**	**5 %**
3 Jahre	– 2,80	– 2,78	– 2,75
5 Jahre	– 4,53	– 4,45	– 4,38
10 Jahre	– 8,38	– 8,12	7,88

(Quelle: Eigene Berechnungen)

Die Duration eines Rentenportfolios ergibt sich, analog zur Rechnung beim Beta-Faktor, als mit den Portfolio-Anteilen gewichtete Summe der Duration-Kennziffern der einzelnen Papiere:

$$D_P = \sum_{i=1}^{N} X_i \cdot D_i$$

wobei die x_i wiederum die Portfolio-Gewichte der Einzelwerte darstellen.

Aus makroökonomischer Sicht enthält die Rendite am Rentenmarkt neben einem Ausgleich für die aktuelle **Inflationsrate** eine **Risikoprämie** für die künftige, heute noch nicht abschätzbare Geldentwertung sowie den momentan am Markt geforderten (Netto-)**Realzins**. In Zeiten einer Hochkonjunktur mit hoher Kapitalauslastung und hoher Produktivität ist aufgrund der Knappheitsverhältnisse der Realzins, und damit ceteris paribus das Renditeniveau, höher als in Zeiten schwacher Konjunktur und mangelnder Investitionsmöglichkeiten.

In die gleiche Richtung gehen in der Regel die jeweiligen Inflationsraten und -prognosen, sodass sich die Komponenten zeitweise gegenseitig verstärken.

• Charakteristika von Aktienanlagen

Die Erträge am Aktienmarkt sind am schwierigsten zu prognostizieren, da alle ihre Bestandteile variabel sind. Die höhere Unsicherheit lässt sich zum einen durch den komplexeren Suchprozess des Marktes nach einem fairen Preis, die sprunghafte Einpreisung neuer Informationen und den größeren Kurshebel aufgrund der unendlichen Laufzeit erklären. Da eine Aktie einer ewigen Rente mit unsicheren, aber tendenziell steigenden „Kupons" (Unterstellung eines Unternehmensgewinnwachstums) gleicht, wirken sich Einschätzungsänderungen hinsichtlich künftiger Rückflüsse entsprechend stark aus (vgl. Duration-Konzept).

Bei Aktien existiert kein fester Rückzahlungskurs wie bei Renten, und die Dividenden, als meist einziger Cashflow, sind – wenn auch stabiler als die ihnen zugrunde liegenden Unternehmensgewinne – Schwankungen unterworfen oder können sogar ganz entfallen (allerdings nicht negativ werden wie die Gewinne). Die folgende Abbildung stellt diesen Zusammenhang unter der Prämisse eines langfristigen Wachstumstrends dar.

Dividenden- und Gewinnschwankungen im Vergleich

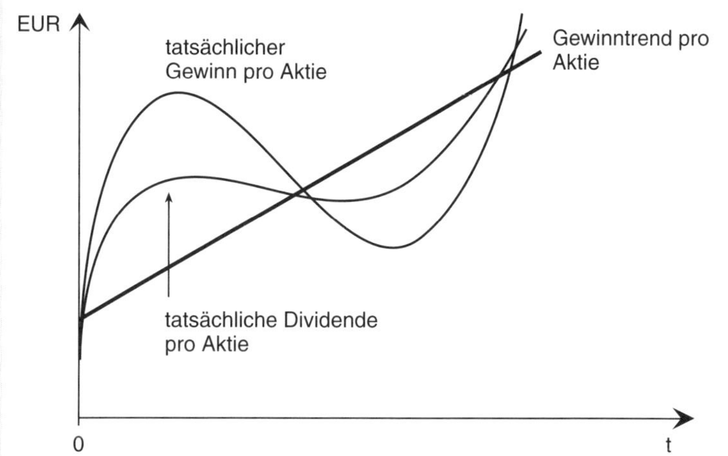

Abbildung 54

Die Bewertung von Aktien erfolgt oft anhand von **Dividendenmodellen.** Auch hierbei gilt das eherne statistische Gesetz, dass die Zuverlässigkeit der Dividendenprognosen mit der Länge des Prognosehorizonts abnimmt und mit der Anzahl der Aktien im Portfolio zunimmt (Diversifikationseffekt). Ein breit gestreutes Aktienengagement bietet einen besser prognostizierbaren Dividendenstrom als eine einzelne Aktie. Der Gesamtertrag einer Aktienanlage lässt sich z. B. mithilfe des folgenden Dividendenmodells approximieren (vgl. Bogle, 1991):

$$R_A = DY_A + DG_A - dK_A$$

mit R_A = Gesamtertrag der Aktie, DY_A = aktuelle Dividendenrendite, DG_A = prognostiziertes Dividendenwachstum und dK_A = Kursveränderung aufgrund einer Veränderung der Dividendenrendite. Dabei gilt:

$$dK_A = 1 - \frac{DY_{A,\,alt}}{DY_{A,\,neu}}$$

Die aktuelle **Dividendenrendite** stellt den zunächst als sicher angenommenen Teil des Aktienertrages dar. Über eine Prognose von (langfristigem) Dividendenwachstum (DG) und Veränderung der Dividendenrendite (dDY) wird anschließend versucht, die Aktienkursveränderung zu approximieren, um im Ergebnis zu einem Schätzwert für die Gesamtrendite zu gelangen. Im folgenden Beispiel wird zunächst eine gleich bleibende Dividendenrendite unterstellt (dDY = 0). Synonym gilt die Darstellung auch für die Unternehmensgewinne pro Aktie.

Die Dividendenrendite einer Aktie beträgt 3 %, der aktuelle Marktpreis 100,00 EUR. Im ersten Jahr wird somit ein Ertrag von 3,00 EUR vereinnahmt.

Nimmt nun die Dividendensumme um jährlich 5 % (= DG) zu – im ersten Jahr somit von 3,00 EUR auf 3,15 EUR – und verändert sich die Dividendenrendite in Höhe von 3 % nicht (dDY = 0), so muss hierfür der Aktienkurs von 100,00 EUR um 5 % auf 105,00 EUR ansteigen, damit wieder gilt:

3,15 / 105 = 3 %

Die 5 % Dividendenwachstum schlagen sich somit, bei Annahme zunächst konstanter Marktbewertung, als Kursgewinn im Gesamtertrag nieder. Durch Einsetzen in obige Formel erhält man demnach:

$$R_A = \underbrace{3\%}_{DY_A} + \underbrace{5\%}_{DG_A} - \underbrace{0}_{dK_A} = 8\%$$

Je höher das angenommene Dividendenwachstum ist, desto kleiner darf die aktuelle Dividendenrendite sein, um einen geforderten Ertrag R_A zu erreichen. Umgekehrt wird hier deutlich, warum in Phasen unsicheren Wachstums Investoren Aktien mit hohen Dividendenrenditen bevorzugen: Ein großer Teil des Ertrages ist relativ vorhersagbar, die Abhängigkeit von künftigem Wachstum geringer. Geht man nun von der vereinfachenden Annahme konstanter Bewertung ab, so wird die **Veränderung der Dividendenrendite (dDY)** relevant. Bei einer Verringerung (Erhöhung) von DY und damit einer Verteuerung (Verbilligung) der Aktie spricht man von einem **Rerating (Derating)**. Beides entsteht, wenn der Markt, z. B. aufgrund veränderter Zukunftserwartungen, allgemein höherer Unsicherheit („Risikoprämie") oder einem neuen Zinsumfeld, die aktuelle Dividende anders bewertet und ihr ein höheres oder geringeres Vielfaches als Kurs zubilligt.

Steigt die Dividendenrendite bei zunächst konstanter Dividendenhöhe (3,00 EUR) marktbedingt von 3 % auf 4 %, so bedeutet dies einen Kursrückgang von 100,00 EUR auf 75,00 EUR, also um 25 %. Nach obiger Formel gilt nämlich:

$$dK_A = 1 - \frac{DY_{A,\,alt}}{DY_{A,\,neu}} = 1 - \frac{3\%}{4\%} = 25\%$$

Die Gesamtrendite der Aktie beträgt folglich:

$$R_A = \underbrace{3\%}_{DY_{A,\,alt}} + \underbrace{0}_{DG_A} - \underbrace{25\%}_{dK_A} = -22\%$$

Umgekehrt führt ein Rückgang der Dividendenrendite von 3 % auf 2 % zu einer Kurssteigerung in Höhe von 50,00 EUR, also 50 %.

Allgemein gilt:

$$K_{A,neu} = \frac{DY_{A,alt}}{DY_{A,neu}} \cdot K_{A,alt}$$

Ein weiteres weit verbreitetes Modell zur Bewertung von Aktien oder Aktienmärkten ist das so genannte **Dividend Discount Model (DDM)**, siehe dazu auch Kapitel 2.2.4.3. Wie schon bei der Bewertung von Renten, so wird auch hier der Barwert des zu erwartenden Zahlungsstroms berechnet. Da für Aktien kein Endfälligkeitszeitpunkt existiert, reicht die Zahlungsreihe theoretisch bis unendlich. Die Schätzung des Dividendenstroms ist – zusammen mit der Wahl eines geeigneten Diskontierungssatzes – das eigentliche Problem des DDM. Bei Annahme einer konstanten Dividendenwachstumsrate DG vereinfacht sich die Barwertberechnung (**Constant Growth Model**). Man erhält dann folgenden Ausdruck:

$$BW_A = \frac{Div_{A,aktuell}}{r - DG_A}$$

r stellt dabei einen risikoadjustierten Kalkulationszinsfuß dar, wie er sich z. B. aus dem CAPM oder der APT ergibt. Er besteht wiederum aus dem risikofreien Zins plus einer Risikoprämie. Der berechnete „faire" Barwert wird sodann mit dem aktuellen Marktpreis verglichen, um hieraus eine Aussage über die Preiswürdigkeit der betrachteten Aktie abzuleiten.

Bei Annahme folgender Parameter

- *Aktuelle Dividende pro Aktie:* *3,00 EUR*
- *Aktueller Aktienkurs:* *100,00 EUR*
- *Erwartete Rendite nach CAPM:* *8,5 %*
- *Geschätzte Dividendenwachstumsrate:* *5,0 %*

ergibt sich als geschätzter Barwert der Aktie:

$$BW_A = \frac{3{,}00\ EUR}{8{,}5\% - 5\%} = 85{,}71\ EUR$$

Der geschätzte **Barwert des Dividendenstroms** ist in diesem Fall kleiner als der aktuelle Marktpreis. Nach diesem einfachen Modell würde man daher zu der Einschätzung gelangen, dass die betrachtete Aktie momentan überbewertet ist. Im Rahmen der Taktischen Asset Allocation würde man daher von einem Zukauf Abstand nehmen bzw. sich von einer bestehenden Position trennen. Entspricht hier die Prozentsumme aus Dividendenrendite und Wachstumsrate exakt 8,5% (= r), liegt DG_A also bei 5,5%, errechnet sich exakt der aktuelle Kurs von 100 EUR als fairer Wert. Realitätsnäher wird das Growth-Model, wenn mehrere Phasen mit unterschiedlichen Wachstumsraten hintereinander geschaltet werden. Das Modell wird dann unsinnig, wenn der Nenner gegen null geht oder sogar negativ wird.

Abschließend soll noch auf ein Problem der vorgestellten – auf Dividendenprognosen basierenden – Modelle hingewiesen werden. Sie sind nämlich im Fall stark wachsender Unternehmen in der Regel nur bedingt anwendbar. Der Grund hierfür ist, dass in diesem Fall oft nur geringe oder überhaupt keine Dividenden ausgeschüttet werden. Vielmehr wird Unternehmenswachstum durch die Einbehaltung von Gewinnen mitfinanziert. Unproblematischer ist der Ansatz dagegen auf Gesamtmarktebene.

Auf Einzelwertebene haben sich mittlerweile Verfahren auf Gewinn- oder noch mehr Cashflow-Basis durchgesetzt. Dahinter steckt zudem der Gedanke, die oft politisch und kosmetisch bedingten Dividendengrößen durch aussagefähigere Erfolgsgrößen zu ersetzen, die durch ihre stärkere Variabilität im Zeitablauf besseren Aufschluss über die Lage des Unternehmens geben.

3.2.3.2 Risiko und Ertrag an realen Kapitalmärkten

Einerseits kann sich die Definition eines zur Verfügung stehenden Anlageuniversums aus zwingenden Restriktionen ergeben, denen der Investor unterliegt und die das Aktionsfeld des Portfolio-Managers von Vornherein einschränken. Das Ziel einer möglichst effektiven Risikostreuung führt andererseits zu der Forderung, das Anlageuniversum nicht unnötig einzugrenzen. Daher ist z. B. grundsätzlich die **internationale Diversifizierung** des Portfolios wünschenswert (vgl. Solnik, 1988).

Der kapitalmäßige Anteil des deutschen Aktienmarktes am Weltaktienmarkt entspricht mit gut 3 % etwa dem des Einzelhandels am europäischen Aktienindex Stoxx 50. Obwohl sich kaum ein Investor bei der Anlage in europäische Aktien allein auf den Einzelhandelssektor beschränken würde, ist es bei vielen Investoren immer noch üblich, sich, trotz gegebener Möglichkeiten zur Internationalisierung des Portfolios, ausschließlich auf den Heimatmarkt zu konzentrieren. Dies verwundert insbesondere angesichts der engen wirtschaftlichen (und Währungs-) Verflechtung mit zahlreichen europäischen und außereuropäischen Ländern in einer globalisierten Wirtschaftswelt.

Anhand folgender Tabelle wird deutlich, dass ein **rein nationales Aktienengagement** ineffizient wäre. Die weltweite Anlage in Aktien offerierte für den Zeitraum von 1978 bis 2005 einen höheren durchschnittlichen Ertrag bei einem gleichzeitig niedrigeren Risiko gegenüber einem rein deutschen Aktieninvestment. Bemerkenswert ist dabei noch, dass in diesem Ergebnis bereits die **Wechselkursverluste** enthalten sind, die die meisten Währungen gegenüber der DM – bzw. heute dem Euro – zu verzeichnen hatten. Des Weiteren fällt auf, dass der durchschnittliche Mehrertrag deutscher Aktien gegenüber deutschen Renten im internationalen Vergleich relativ gering ausfiel.

Weltweite versus nationale Anlagesegmente (1978 – 2005)*

	Ertrag p. a. (in EUR)	Volatilität p. a.
Deutsche Aktien	9,89%	20,7 %
Deutsche Renten	6,90 %	4,5 %
Aktien Welt	11,25 %	16,7 %
Renten Welt	7,47 %	8,1 %

* Der Beobachtungszeitraum (1978 bis 2005) umfasst etwa vier volle Zinszyklen in den G3-Ländern (USA, Japan, Deutschland) und ist daher als annähernd repräsentativ anzusehen. Verwendet wurden J. P. Morgan-, Salomon-Brothers- und MSCI-Indizes sowie eigene Berechnungen.

Abbildung 55

Im Risiko-Ertrags-Raum führt die Ausdehnung des Anlageuniversums auf internationale Assets zu einer Verschiebung der Effizienzkurve nach „links oben“. Die folgende Abbildung verdeutlicht beispielhaft das Ausmaß des **Risikosenkungspotenzials**, das sich durch die Internationalisierung eines Aktienportfolios erzielen lässt.

Beispielsweise lässt sich auch durch die Mischung von deutschen Renten (20 – 30 %) mit europäischen Aktien ein Portfolio generieren, das bei wenig höherem Risikoniveau wie die Euro-Renten in der Vergangenheit einen signifikant höheren Jahresertrag erzielte. Vorgaben wie „... Anlagen nur in deutschen Rentenwerten ...“ sind daher zwar in manchen alten Anlageregelungen üblich, aber in der Sache problematisch. Eine Anleihe mit 30 Jahren Laufzeit kann z. B. eine höhere Volatilität aufweisen als ein gemischtes Portfolio mit kürzer laufenden Renten und einem signifikanten Anteil internationaler Aktien. Wünschenswert wäre daher aus risikopolitischer Sicht ein stärkeres Abstellen auf Risikokennzahlen, wie es beispielsweise schon lange im Risiko-Controlling der Banken Anwendung findet.

Risikosenkung durch Beimischung internationaler Aktien (1978 – 2005)

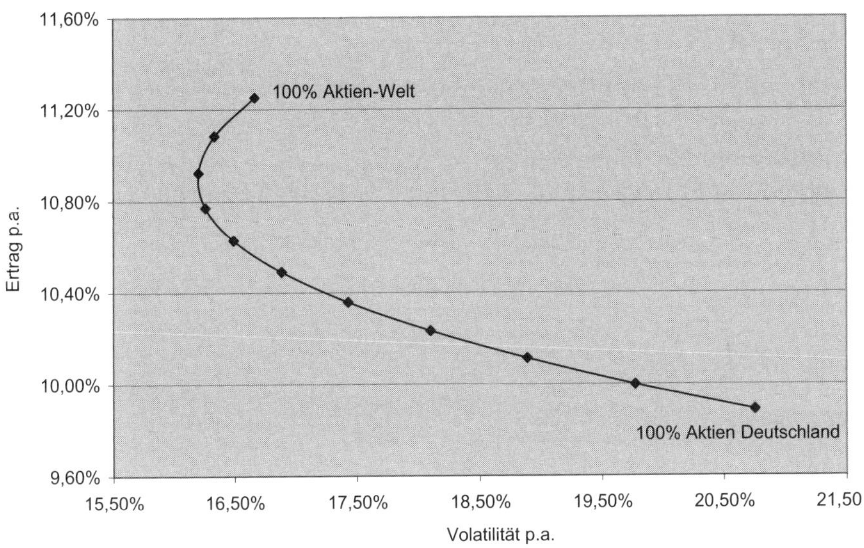

Abbildung 56

Der Grund für die **bessere Diversifikation internationaler Portfolios** ist, dass Assets über Landesgrenzen und Wirtschaftsblöcke (Europa, USA, Japan) hinweg in aller Regel weniger hoch korrelieren als auf nationaler Ebene, also unterschiedlichen Einflüssen unterliegen. Zum Beispiel korreliert die Bayer-Aktie typischerweise stärker mit Schering und Merck als mit Glaxo-SmithKline oder Pfizer. Dies gilt, obwohl jüngere Studien gerade Pharmasektor als einen der internationalsten und weltweit am engsten verknüpften Industriezweige ausweisen.

Korrelationen der Aktienmärkte auf Monatsbasis – MSCI-Indizes in lokaler Währung – von 12/98 bis 04/06

	USA	Japan	UK	Frankreich	Schweiz	Deutschland
USA	100,0 %	48,1 %	82,3 %	81,7 %	73,5 %	80,1 %
Japan	48,1 %	100,0 %	43,8 %	46,7 %	43,8 %	41,3 %
UK	82,3 %	43,8 %	100,0 %	81,6 %	81,4 %	77,6 %
Frankreich	81,7 %	46,7 %	81,6 %	100,0 %	77,9 %	93,4 %
Schweiz	73,5 %	43,8 %	81,4 %	77,9 %	100,0 %	75,4 %
Deutschland	80,1 %	41,3 %	77,6 %	93,4 %	75,4 %	100,0 %

Abbildung 57 Quelle: MSCI-Indizes in Lokalwährung (total return)

Korrelationen der Rentenmärkte auf Monatsbasis – Salomon-Indizes in lokaler Währung – von 12/90 bis 04/06

	USA	Japan	UK	Frankreich	Schweiz	Deutschland
USA	100,00 %	24,81 %	55,98 %	61,35 %	45,52 %	66,38 %
Japan	24,81 %	100,00 %	14,96 %	20,89 %	25,54 %	30,94 %
UK	55,98 %	14,96 %	100,00 %	76,47 %	53,33 %	75,21 %
Frankreich	61,35 %	20,89 %	76,47 %	100,00 %	66,29 %	91,70 %
Schweiz	45,52 %	25,54 %	53,33 %	66,29 %	100,00 %	72,45 %
Deutschland	66,38 %	30,94 %	75,21 %	91,70 %	72,45 %	100,00 %

Abbildung 58 Quelle: Salomon-Indizes in Lokalwährung (total return)

In beiden Asset-Klassen fällt die Korrelation Deutschlands mit Frankreich am größten aus. Während dieses Ergebnis ebenso wenig überrascht wie die relativ schwache Korrelation mit dem japanischen Aktienmarkt, so erstaunt um so mehr der hohe Gleichlauf zu den übrigen Märkten.

Als **Fazit** lässt sich an dieser Stelle festhalten, dass man bei der Definition des Anlageuniversums zunächst möglichst nur die Einschränkungen vornehmen sollte, die sich zwingend aus ökonomischen Gründen oder gesetzlichen Bestimmungen ergeben.

Im Hinblick auf die Formulierung der Benchmark ist darüber hinaus von Bedeutung, dass man sich bewusst macht, welchen **Einflussfaktoren** das Portfolio des Anlegers durch bestimmte Entscheidungen ausgesetzt wird.

Hierbei unterscheidet man in der Regel **fundamentale, statistische und branchenspezifische Faktoren**. Beispielsweise impliziert der Kauf einer IBM-Aktie folgende Risikodimensionen:

- Risiko der Asset-Klasse Aktien,
- Länderrisiko USA,
- Währungsrisiko US-Dollar,
- Branchenrisiko Computerindustrie,
- Risiko der Style- (Value/Growth) und Size-Klasse (große Werte).

Hinzu kommt das **unsystematische Einzelwertrisiko** der Aktie gegenüber unternehmensspezifischen Nachrichten und Ereignissen, das aber durch eine breite Diversifikation des Portfolios im Wesentlichen eliminiert werden kann.

Das Denken in Risikofaktoren und **Faktorsensitivitäten** ist deshalb so bedeutsam, weil es kaum eindimensional determinierte Renditen gibt. Der Investor sollte sich bewusst sein, dass mehrere Einflussgrößen auf sein Investment wirken und daher mit praktisch jeder Anlage unmittelbar mehrere Risiken eingegangen werden. Im Portfolio-Zusammenhang machen sie sich dann bemerkbar, wenn sich die Faktorsensitivitäten kumulieren. Andererseits eröffnet dies auch die Möglichkeit, Risikoprämien quasi zu „sammeln“ und zu einem attraktiven Gesamtertrag zusammenzuführen.

Geschieht dies bewusst im Rahmen einer aktiven Positionierung, hat dies seine Berechtigung. Das unbewusste Inkaufnehmen von Risiken („uninformed risk“) sollte jedoch tunlichst vermieden werden, da hierdurch die Planbarkeit des langfristigen Anlageerfolges in Frage gestellt wird.

Bei der Konstruktion der Benchmark wie auch vor allem im aktiven Management werden oben genannte Aggregationsebenen zu **Entscheidungsebenen**. Moderne Spezialsoftware ermöglicht Risikoanalysen und Optimierungen hinsichtlich einer Vielzahl exakt definierter Faktoren. Bei der passiven Abbildung von Marktportfolios gilt es z. B., die Faktorsensitivitäten in etwa marktneutral zu halten, um ein gegenüber verschiedenen Einflüssen robustes Portfolio zu generieren. Die folgende Abbildung veranschaulicht das Zusammenspiel von Anlagedimensionen in einem vereinfachten dreidimensionalen Entscheidungsraum.

Entscheidungswürfel

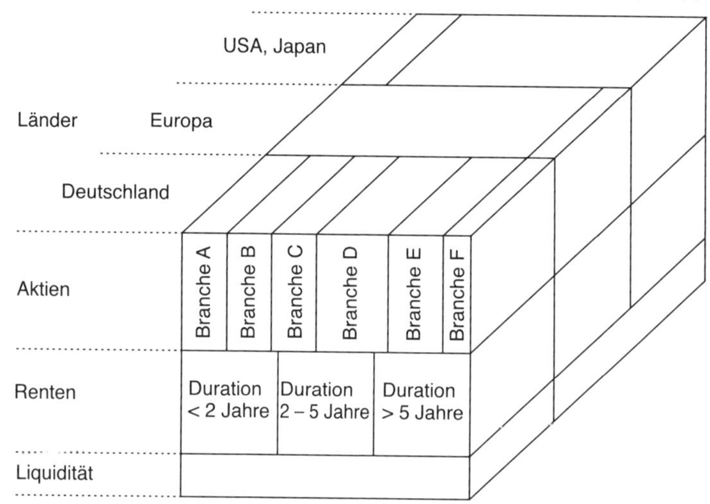

Abbildung 59

Nicht nur Aktien, sondern auch Renten unterliegen voneinander abgrenzbaren Einflussfaktoren, die in der Regel makroökonomischer Natur sind (z. B. Inflation und Staatsverschuldung), aber auch Unternehmens- bzw. Länder- oder Kreditrisiko beinhalten können. Die Steuerung anhand von Risikofaktoren bzw. Faktorrisiken wird im Allgemeinen dadurch erschwert, dass die einzelnen Faktorsensitivitäten erheblichen Schwankungen im Zeitablauf unterworfen sind. Als besonders schwerwiegend hat sich dieses Problem in Phasen eines konjunkturzyklischen Umbruchs erwiesen.

3.2.3.3 Einfluss des Anlagehorizonts auf die Anlagepolitik

Die für ein Investment zur Verfügung stehende Zeit ist neben dem systematischen Risiko die wichtigste Determinante für dessen Erfolg. Die für das Investment zur Verfügung stehende Anlagedauer bedingt gleichzeitig das Niveau des systematischen Risikos, das vom Anleger akzeptiert werden kann.

In der mehrperiodigen Betrachtungsweise wird der Ertrag eines Investments durch den **Zinseszins- bzw. Wiederanlageeffekt** positiv beeinflusst. Ein Anleger, der einen gewissen Teil seines Vermögens – unter bewusster Inkaufnahme des höheren Risikos – in eine höherverzinsliche Anlage investiert, erzielt einen doppelten Mehrerfolg: zum einen die nominal höhere Rendite und zum anderen den **Mehrertrag durch Reinvestition** der während der Laufzeit des Investments anfallenden Erträge.

Der Wiederanlageeffekt zeigt sich in folgender Abbildung darin, dass die Verdreifachung des Jahresmehrertrages von 1 % auf 3 % nach 10 Jahren zu deutlich mehr als dem dreifachen Mehrertrag in Euro (10,46 Mio. versus 35 Mio.) führt.

Wiederanlageeffekt bei unterschiedlich hohen Mehrerträgen

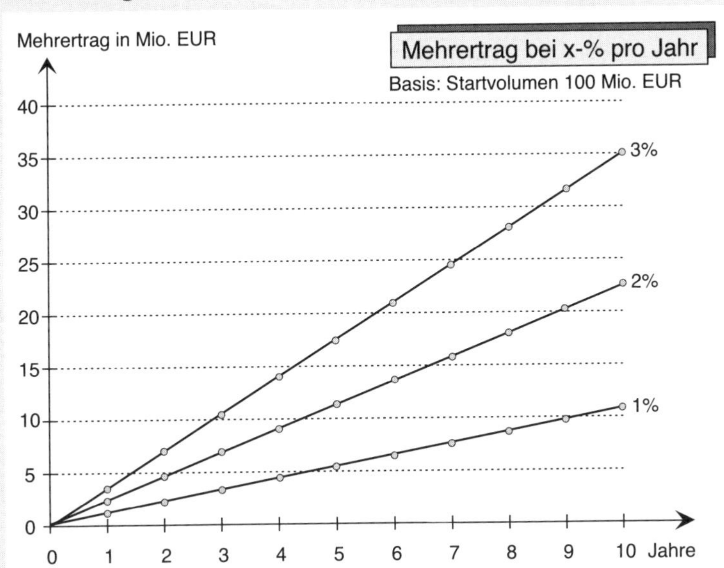

Abbildung 60 Quelle: Eigene Berechnungen

Die Frage nach dem zu erwartenden **Mehrertrag der Aktienanlage** gegenüber der Rentenanlage ist auch in Bezug auf den deutschen Kapitalmarkt Thema zahlreicher Studien gewesen. Die Ergebnisse fallen dabei keineswegs eindeutig aus, sondern sind sehr periodenabhängig. Der Grund hierfür liegt in der starken **Konzentration extremer Aktienmarkterträge** auf wenige, kurze Zeiträume. Zum Beispiel ergeben sich große Unterschiede im durchschnittlichen Jahresertrag, je nachdem, ob man den Crash von 1987 mit in die Berechnung einbezieht oder aber außen vor lässt: Während sich für deutsche Aktien für den Zeitraum von August 1987 bis Juli 1994 lediglich eine Rendite von 5,6 % p. a. ergab, beträgt der entsprechende Wert für den Zeitraum von Januar 1988 bis Dezember 1994 immerhin 12,3 %. Die Schlussfolgerungen hinsichtlich der relativen Vorteilhaftigkeit von Investitionen am Aktienmarkt hängen somit stark vom Timing der Anlageentscheidung bzw. ihrer Umsetzung ab. Erst über sehr lange Anlageperioden verlieren derartige „Ausreißer“ ihren Einfluss auf das Gesamtergebnis. Ob kurz vor oder kurz nach einem Crash investiert wurde, ist an einem sich gut entwickelnden Markt nach 7 Jahren noch von Bedeutung, nach 27 Jahren jedoch kaum noch von Belang.

Die Zeitraumabhängigkeit empirischer Ergebnisse lässt sich durch die Betrachtung **monatlich rollierender Zeiträume** deutlich verringern. Aus einem 25-Jahres-Zeitraum können beispielsweise 180 monatlich rollierende 10-Jahres-Zeiträume gewonnen werden. Berechnet man nunmehr auf dieser Basis einen durchschnittlichen Ertrag, so hat dieser eine viel größere Aussagekraft als ein mehr oder weniger zufällig herausgegriffener Zeitabschnitt (vgl. Günther, 1993). Die folgende Tabelle enthält beispielsweise Ergebnisse für den deutschen Kapitalmarkt, die auf diese Art und Weise gewonnen wurden.

Die Ergebnisse sind hinlänglich stabil.

Monatlich rollierende Zeiträume	**Durchschnittl. Aktienertrag p. a.**	**Durchschnittl. Rentenertrag p. a.**
5 Jahre (193 Perioden)	14,81 %	7,56 %
10 Jahre (133 Perioden)	12,46 %	7,79 %
Beobachtungszeitraum: 01/1980 – 12/2000		

(Quelle: MSCI, Salomon Bros., eigene Berechnungen)

Aufgrund dieses Datenmaterials würde man ableiten, dass die Risikoprämie deutscher Aktien im Vergleich zu deutschen Renten durchschnittlich 4,5 % bis 7 % p. a. beträgt. Dieser Wert sollte jedoch nicht darüber hinwegtäuschen, dass in einer Vielzahl der Perioden die Aussage „Aktien schlagen Renten“ nicht erfüllt wurde.

„Aktien schlagen Renten“*				
Zeitraum	**Anzahl rollierender Zeiträume**	**traf zu**	**traf nicht zu**	**traf zu in %**
5 Jahre	193	146	47	76 %
10 Jahre	133	117	16	88 %
* Beobachtungszeitraum: 01/1980 – 12/2000				

(Quelle: MSCI, Salomon Bros., eigene Berechnungen)

Aus obiger Tabelle lässt sich entnehmen, dass die Wahrscheinlichkeit für einen Mehrertrag der Aktienanlage im Vergleich zur Rentenanlage mit zunehmender Haltedauer ansteigt.

Bei Einbeziehung der **Risikoebene** erweitert sich die Betrachtung. Es nimmt nämlich nicht nur der Ertrag eines Investments, sondern auch das damit verbundene Risiko im Zeitablauf zu. Während der Ertrag aufgrund des Wiederanlageeffekts überproportional ansteigt, nimmt das Risiko, gemessen als Standardabweichung der Rendite, jedoch nur unterproportional zu. Es gelten nämlich:

$$\sigma_T = \sigma \cdot \sqrt{T}$$

$$R_T = (1+R)^T - 1$$

Je länger die Haltedauer, desto mehr relativiert sich somit das höhere Risiko einer Aktienanlage im Hinblick auf den zu erwartenden Mehrertrag gegenüber der Rentenanlage.

Beide Verteilungskurven werden zwar in die Breite gezogen, driften mit der Zeit aber auch immer stärker bezüglich ihres Mittelwertes auseinander. Je länger der Anlagezeitraum, desto mehr entfernt sich der **Ertragskorridor** (Schwankungsintervall mit z. B. 95 %iger Wahrscheinlichkeit) des riskanteren Assets von dem des weniger riskanten. Die Bereiche überschneiden sich irgendwann nicht mehr, das riskantere Asset dominiert das weniger riskante bei dem vorgegebenen **Signifikanzniveau**.

Mehrertrag und Mehrrisiko der Aktienanlage gegenüber der Rentenanlage im Zeitablauf

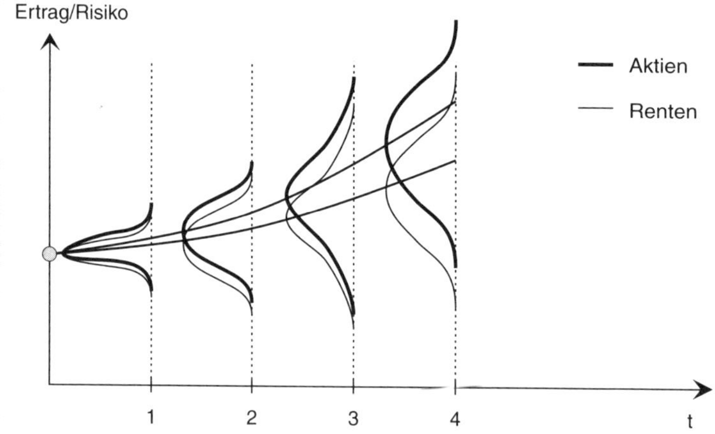

Abbildung 61

Aus den Darstellungen dieses Kapitels sind **zwei Kernaussagen** ableitbar:

1. Extreme periodische Ertragsschwankungen gleichen sich im Zeitablauf aus. Je länger die Haltedauer, desto typischer verhalten sich Assets und desto vorhersagbarer werden ihre **Durchschnittserträge pro Periode**.

2. Die Schwankungsbreite von Aktien- und Rentenerträgen verringert sich mit zunehmender Haltedauer in Relation zum jeweiligen Erwartungswert. Ab einem bestimmten Zeithorizont überkompensiert der Mehrertrag der Aktienanlage ihr höheres Risiko und dominiert von dort an die Rentenanlage.

Extrapoliert man die in der Vergangenheit gültigen Zusammenhänge in die Zukunft, so lässt sich hieraus **unabhängig vom Grad der Risikoaversion** des Anlegers folgende Grundregel ableiten:

Je länger der Anlagehorizont, desto höher sollte die Aktienquote des Portfolios sein.

3.2.4 Zusammenführung von Anleger- und Marktprofil

Der finale Schritt in der SAA ist die **Formulierung der Benchmark**. Wie inzwischen bekannt, handelt es sich dabei um die formale Kombination von Anlagemöglichkeiten, die den Nutzen des Anlegers voraussichlich langfristig maximiert. Sie wird auch **als Neutralportfolio** bezeichnet, da die Anlageziele auf lange Sicht als erfüllt angesehen werden, wenn nicht von den in der Benchmark definierten Positionen abgewichen wird. Die Spezifizierung der Benchmark erfolgt in Zusammenarbeit mit dem Investor und basiert im Kern auf einem sorgfältig ausgearbeiteten Anleger- und Marktprofil. Wie dabei konkret vorgegangen werden kann, soll in der folgenden Abbildung in stilisierter Form zum Ausdruck kommen.

Die Suche nach dem investoroptimalen Asset-Mix

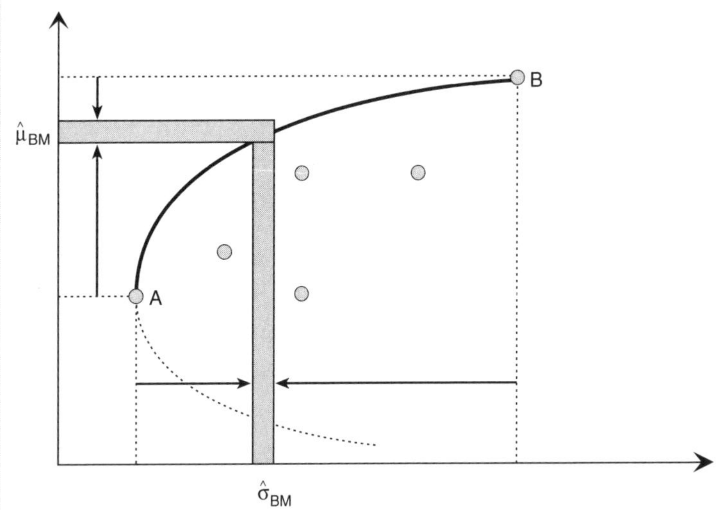

Abbildung 62

Zunächst erfolgt die Berechnung der Effizienzmenge für das zugrunde liegende Anlageuniversum. Hierbei wird in der folgenden Abbildung von der Unzulässigkeit von Leerverkäufen ausgegangen. Um die Indifferenzkurvenproblematik zu umgehen, wird ein für den Investor adäquater **Risikobereich** ermittelt. Hierzu beginnt man mit den Extrempunkten der Effizienzkurve und arbeitet sich dann iterativ bis zu einem Risikoniveau vor, das vom Anleger akzeptiert wird. In der Regel wird es sich dabei nicht um einen konkreten Volatilitätswert handeln, sondern um ein **Volatilitätsintervall**

(Risikoklasse). Diesem Gedanken folgen in der standardisierten Vermögensverwaltung die häufig anzutreffenden Konzepte mit drei oder vier Portfolios, etwa „konservatives“, „ertragsorientiertes“ und „chancenorientiertes“ Depot bzw. Management. Die Unschärfe resultiert aus dem Problem, die Risikopräferenz des Investors an einer abstrakten Kennzahl festzumachen.

Die Aufgabe des Portfolio-Managers besteht in diesem Zusammenhang darin, die Bedeutung der Volatilität für den Anleger transparenter zu machen, indem er ihn möglichst konkret mit den Konsequenzen der verschiedenen, auf der Effizienzkurve liegenden Portfolio-Strukturen konfrontiert. Als besonders zweckdienlich hat sich dabei die sehr anschauliche Risikokennzahl **Ausfallwahrscheinlichkeit (AFW)** erwiesen. Die AFW gibt die Wahrscheinlichkeit an, mit der ein Investment einen geforderten Mindestertrag („**Threshold**“) unterschreitet. Ausgehend von einer Normalverteilung der Renditen gilt somit:

$$AFW_i = P(R_i < R_{TH}) \approx P(R_i \leq R_{TH}) = N\left(\frac{R_{TH} - R_i}{\sigma_i}\right)$$

wobei R_i die Rendite von Asset i und R_{TH} die vorab zu definierende Threshold darstellt.

Durch die Standardisierung des kritischen Wertes R_{TH} lässt sich nunmehr die AFW direkt aus der Normalverteilungstabelle ablesen.

Der erwartete Ertrag eines Portfolios aus 25 % deutschen Renten, 25 % deutschen Aktien und 50 % internationalen Aktien liege bei 12,6 % und die Volatilität betrage 11,7 %.

Als Threshold wird eine Zielrendite in Höhe von 4,5 % festgelegt. Wie hoch ist nunmehr die Wahrscheinlichkeit, diesen Mindestertrag zu unterschreiten?

1) Standardisierung der Threshold:

$$Z_{TH} = \frac{0{,}045 - 0{,}126}{0{,}117} = -0{,}69231$$

2) Ablesen der AFW aus der Normalverteilungstabelle (siehe Anhang):

$$AFW = N(-0{,}69231) = 1 - N(0{,}69231) = 1 - 0{,}755 = 0{,}245$$

Die Wahrscheinlichkeit, unter dem vorgegebenen Mindestertrag von 4,5 % zu liegen, beträgt im vorliegenden Fall etwa knapp 25 %. Als Benchmark wäre ein Portfolio mit dieser Charakteristik dann abzulehnen, falls der Anleger nicht bereit wäre, alle vier Jahre eine Rendite zu akzeptieren, die unterhalb des momentanen Festgeldzinses liegt.

Setzt man z. B. die Threshold auf null, so ergeben sich, in Bezug auf die bereits weiter oben tabellierten Daten, folgende Ausfall-/Verlustwahrscheinlichkeiten (Zeitraum 12/1977 bis 12/2005):

Asset	**Ertrag p. a.**	**Volatilität p. a.**	**AFW**	**12-Monats-Verlust-zeiträume**
Deutsche Aktien	9,89 %	20,7 %	31,67 %	32,62 %
Deutsche Renten	6,90 %	4,5 %	6,15 %	10,46 %
Aktien Welt	11,25 %	16,7 %	24,99 %	25,85 %
Renten Welt	7,47 %	8,10 %	17,70 %	25,23 %
3-Monats-Geld	5,65 %	0,78 %	0,00 %	0,00 %

Eine sehr ähnliche Informationsquelle wie die AFW bildet der prozentuale Anteil der 12-Monats-Verlustzeiträume. Hierbei wird einfach ex post beobachtet, wie häufig die Rendite des Assets kleiner null ausfiel. Der Vorteil bei diesem Verfahren ist, dass ihm keine Verteilungsannahme zugrunde liegt. Offensichtlich lag für den gewählten Zeitraum die Anzahl der tatsächlichen Verlustperioden insbesondere bei den internationalen Rentenanlagen über der statistisch errechneten.

Auch die Betrachtung historischer **Kursverläufe fiktiver Asset-Mischungen** gibt dem Investor ein Gefühl für das jeweilige Schwankungsverhalten im Zeitablauf, das in der Volatilitätskennzahl nur sehr abstrakt zum Ausdruck kommt.

Veranschaulichung der Ertrags-/Risiko-Charakteristik von Portfolios anhand historischer Kursverläufe (12/77 – 12/05)

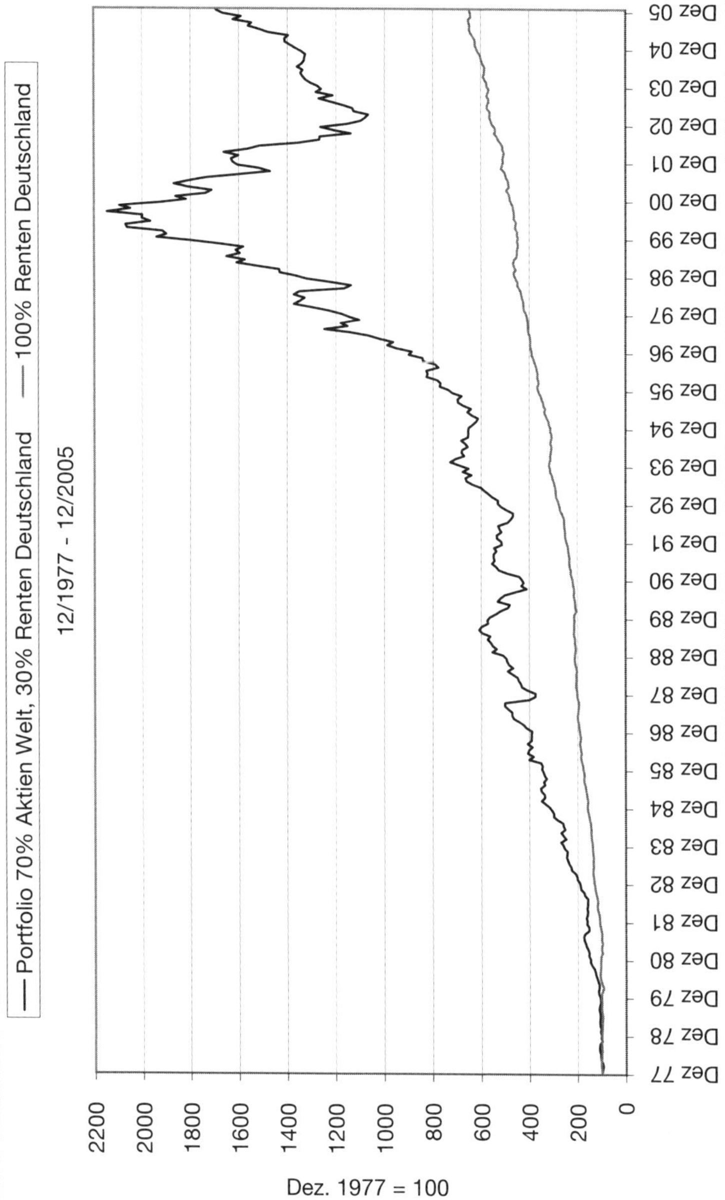

Abbildung 63

Wichtig sind dabei vor allem die **Phasen kräftiger Kurseinbrüche**, da diese den Anleger zu folgenden entscheidenden Fragen zwingen sollen:

1. Kann ich eine solche Phase verkraften?
2. Was wären die realen Konsequenzen, wenn das – im schlimmsten Fall nahe einem Markthoch investierte – Kapital erst nach X Jahren wieder seinen anfänglichen Wert erreicht?

Wertvolle Zusatzinformationen liefern dabei **Sensitivitätsanalysen**, mit denen man das Verhalten der fiktiven Portfolios beim Eintritt verschiedener Umweltszenarien zu prognostizieren versucht. Zum Beispiel kann man in diesem Rahmen der Frage nachgehen, wie ein Portfolio auf einen Dollareinbruch bei einem gleichzeitigen starken Zinsanstieg im Inland reagiert (vgl. Rohweder, 1992). Die Grundlage für derartige Analysen bilden in der Regel makroökonomische Faktormodelle, deren Parameter zuvor auf der Basis historischer Daten geschätzt wurden.

Bei der Veranschaulichung des bei bestimmten Kursverlaufsmustern einzugehenden Risikos hat sich in der Praxis der Einsatz so genannter **Konfidenzrechnungen** als äußerst hilfreich erwiesen. Dabei wird die Wahrscheinlichkeit dafür angegeben, mit der sich die Wertentwicklung eines fiktiven Portfolios innerhalb einer bestimmten Bandbreite (Konfidenzintervall) bewegt. Es handelt sich dabei im Kern um eine Erweiterung des Threshold-Gedankens. In der mehrperiodigen Betrachtung erhält man so genannte **Konfidenztrichter**, die durch die unterproportionale Zunahme des Risikos im Zeitablauf entstehen.

Die Intervallgrenzen geben jeweils an, in welcher Bandbreite sich der Portfolio-Ertrag nach n Jahren mit einer Wahrscheinlichkeit von 80 % bewegen wird. Je höher man dabei das Konfidenzniveau und damit die gewünschte Zuverlässigkeit der Prognose ansetzt, desto breiter werden die dazugehörigen (Prognose-) Intervalle.

Die Voraussage wird dadurch „sicherer“, es werden jedoch auch zunehmend sehr unwahrscheinliche Ereignisse miteinbezogen. Die Wahrscheinlichkeit dafür, aus dem Konfidenztrichter herauszufallen, ergibt sich offensichtlich als Komplementärwahrscheinlichkeit zur **Trichterkonfidenz** (100-Konfidenzniveau). Aufgrund der Symmetrie der angenommenen Normalverteilung gilt natürlich auch, dass die Wahrscheinlichkeit für einen Ertrag oberhalb der oberen Intervallgrenze der Wahrscheinlichkeit für einen Ertrag unterhalb der unteren Intervallgrenze (Ähnlichkeit mit der AFW) entspricht.

Konfidenztrichter

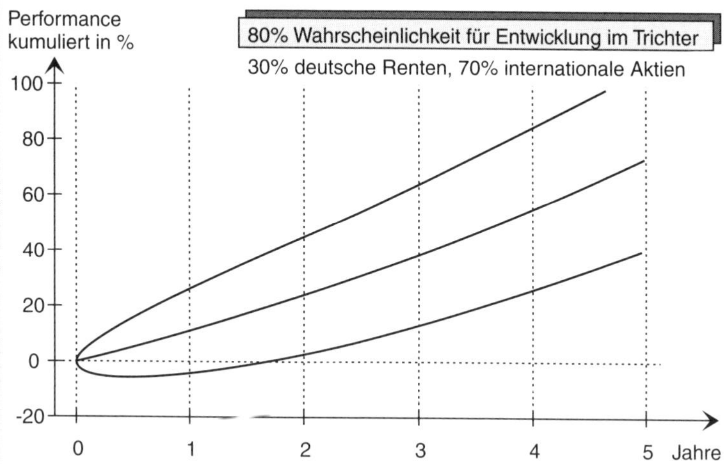

Abbildung 64 Quelle: Cominvest

Die Attraktivität der aktienlastigen Portfolios nimmt mit der Länge des Anlagehorizonts zu. Während nämlich die unteren Intervallgrenzen ab einem Aktienanteil von 50 % bei einer Haltedauer von einem Jahr noch deutlich unterhalb derjenigen des reinen Rentenportfolios liegen, ändert sich dieses Bild grundlegend bei einer Ausdehnung des Anlagehorizonts auf fünf Jahre. In diesem Fall steigen nämlich nicht nur die oberen Intervallgrenzen kontinuierlich mit dem Aktienanteil an, sondern auch die unteren Intervallgrenzen. Dehnt man den Anlagehorizont gar auf zehn Jahre aus, so ergibt sich die in der folgenden Abbildung dargestellte Situation.

Die Art der Längsbalken kennzeichnet dabei verschiedene Konfidenzniveaus. Der dunkle Kern deckt den Bereich 80 % Wahrscheinlichkeit ab, der gesamte Balken 90 %. Eine 90 %-Wahrscheinlichkeit für eine Entwicklung im Intervall bedeutet wiederum 95 % Wahrscheinlichkeit für das Erreichen mindestens des unteren Randes. Dabei wird deutlich, dass bei einem genügend langen Anlagehorizont der höhere Durchschnittsertrag den Unsicherheitseffekt der höheren Streubreite überkompensiert. Bei gegebener Konfidenz übersteigt der untere Rand der drei rechten Portfolios den oberen der beiden linken Portfolios. Es liegt somit **Dominanz bei dem jeweiligen Sicherheitsniveau** (Konfidenz) vor (vgl. Sharpe/Alexander, 1990).

Konfidenzintervalle verschiedener Anlagemischungen zwischen deutschen Renten und internationalen Aktien

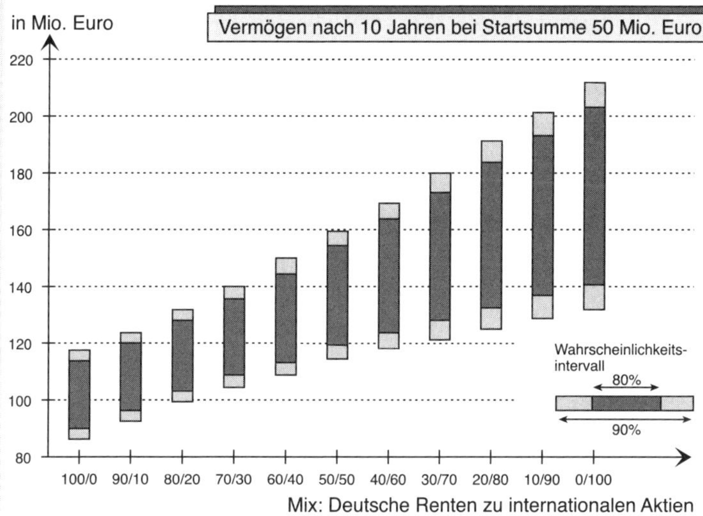

Abbildung 65 Quelle: Cominvest, Datenbasis 1979 – 1994

Auf der Grundlage der vorgestellten Analysen sollte der Portfolio-Manager nunmehr in der Lage sein, zusammen mit dem Investor den passenden Asset-Mix zusammenzustellen. Die Darstellungen sollten sich dabei eng daran anlehnen, was als Zielvorstellung des Investors vorab eingegrenzt werden konnte. Von diesem Punkt an ist es nur noch ein kleiner Schritt bis zur eigentlichen **Benchmark**. Neben den oben dargestellten grundsätzlichen Anforderungen an die langfristige Neutralposition des Investors sind bei ihrer expliziten Formulierung nämlich noch einige **technische Aspekte** zu berücksichtigen. Nach Sharpe sollte die Benchmark

- eine real erwerbbare Alternative,
- sehr gut diversifiziert und damit schwer zu schlagen,
- mit geringen Kosten erwerbbar und
- allen Beteiligten vorab explizit bekannt sein (vgl. Sharpe/ Alexander, 1990).

Die Konzentration auf liquide Titel sowie eine aus Gründen der Handhabbarkeit sinnvolle Verringerung der extrem großen Einzelwertanzahl, die gerade bei breiter internationaler Streuung ins Spiel kommt, lässt die Portfolio-Management-Praxis auf **Marktindizes** als Surrogate für die jeweiligen Märkte zurückgreifen. Das Problem bei dieser heuristischen Vorgehensweise ist, dass die ausgewählten Indizes oftmals ineffizient sind und damit streng genommen gegen das Postulat der Portfolio-Theorie verstoßen wird. Um einen zumindest näherungsweise effizienten Index zu erhalten, sollte dieser möglichst breit diversifiziert sein (siehe Günther, 2001).

Neben den in Deutschland bekannten Indizes, allen voran den von der Deutschen Börse AG erstellten **DAX**-Indizes für Aktien und **REX**- und **iBoxx**-Indizes für Rentenwerte, herrschen für die Benchmark-Konstruktion auf internationalem Parkett vor allem die **MSCI**- und Financial-Times-(**FT**-)S&P-Indizes für Aktien sowie die **J. P. Morgan**-, **Merrill-Lynch**- und **Salomon-Brothers**-Indizes für Staatsanleihen vor. Im Zuge der Europäisierung zahlreicher Aktienanlagen wurden in den letzten ca. 10 Jahren die europäischen Dow Jones Stoxx (Europa, 600 Werte) und Euro Stoxx (Euroland, gut 300 Titel) mit ihren Blue-Chip-Indizes, DJ Stoxx 50 und DJ Euro Stoxx 50, populär, rentenseitig die REUTER-Indizes GovTop, PfandTop und CorpTop sowie die iBoxx-Indexfamilie. Diese Indizes werden für alle umfassten Märkte jeweils methodisch gleich errechnet, werden teilweise aus Sicht mehrerer Währungen verfolgt und bieten daher internationale Vergleichbarkeit. Die Aktienindizes existieren als **Kurs-** und **Performance-Indizes** (mit reinvestierten Dividenden), und es existieren zahlreiche **Subindizes** für Branchen, Länder, Laufzeitklassen etc.

In der Praxis wird man sich für die Benchmark-Konstruktion meist eines der obigen anerkannten und auf kontinuierliche Art und Weise errechneten Index-Systeme bedienen. Sie kommen auch den Nebenzielen der realistischen Preise, Datenverfügbarkeit, Investierbarkeit und Marktnähe nahe (siehe Lang, 1993). Für einen strategischen Asset-Mix von 60 % europäischen Renten und 40 % internationalen Aktien ließe sich beispielsweise folgende Benchmark formulieren:

- 60 % J. P. Morgan Europa und
- 40 % MSCI Welt, Total Return (net dividends reinvested).

Für die Portfolio-Insurance ist darüber hinaus von Bedeutung, dass ein Index als Grundlage für einen äußerst liquiden Terminkontrakt (zu DAX-Future, Euro Stoxx-50-Future) sowie Index-Optionen dient.

Häufig erfolgt die Formulierung der Benchmark inklusive der Deklaration bestimmter **Bandbreiten** für die Gewichtung von Asset-Klassen, Währungen oder auch bei der Restlaufzeitpositionierung von Rentenportfolios, die der Portfolio-Manager im Rahmen der Taktischen Asset Allocation einzuhalten hat (vgl. Benke/Sendelbach, 1995). Diese sollten ein zu starkes Verfremden des angestrebten Profils und Risikoniveaus verhindern.

Die oben dargestellte, Benchmark-orientierte, auf den Erkenntnissen und Zielsystemen der Portfolio-Theorie aufbauende Vorgehensweise der SAA ist in der Praxis nur dann sinnvoll, wenn hinreichend hohe Freiheitsgrade bei der Definition des Anlageuniversums bestehen. Gelegentlich schränken jedoch die feststehenden Zahlungsverpflichtungen des Anlegers den Entscheidungsraum in einem derart starken Ausmaß ein, dass eine auf die Zielgrößen Ertrag und Risiko fokussierte Optimierung unmöglich wird. Die primäre Aufgabe des Portfolio-Managers besteht in diesem Fall darin, die Zahlungsströme des Portfolios in Übereinstimmung mit den exogenen Zahlungsanforderungen zu bringen („Matching"). In diesem Zusammenhang spricht man auch von einem **Dedicated Portfolio**. Die Struktur des Portfolios auf Asset-Klassen-, Laufzeiten- und Währungsebene liegt dabei im Wesentlichen von Vornherein fest. Beispielsweise wird man auf Aktienanlagen gänzlich verzichten, da sowohl die laufenden Erträge als auch der Endwert im Voraus nicht kalkulierbar sind. In der Regel wird die Rentenanlage zum Investment mit dem geringsten Risiko, da ihre Zahlungsflüsse langfristig kalkulierbar sind und sich am besten mit den künftigen Zahlungsanforderungen in Übereinstimmung bringen lassen. Aufgrund des hohen Bestimmtheitsgrades zählt man den Dedicated-Portfolio-Ansatz zum passiven Portfolio-Management.

Nach einem zweiten Termin können Herr Tätig und sein Portfolio-Manager Folgendes vereinbaren: 8 Mio. Euro gehen in professionelle Betreuung über, 1,5 Mio. will er selbst nach eigenem Wissen in Aktien anlegen, 500.000 Euro bleiben als Eingreifreserve und für eine anstehende Anschaffung auf einem Geldmarktkonto. Mit dem Portfolio-Manager vereinbart er einen Benchmark-Mix aus 70 % internationalen Aktien und 30 % Euroland-Renten. Die langfristigen Erwartungen belaufen sich auf ca. 9,9 % Ertrag und ca. 11,6 % Risiko, wobei Herr Tätig diesen historischen Zahlen angesichts heute stabilerer Inflation und niedrigeren nominalen Renditen nicht ganz traut. Dennoch weist diese Kombination ein ausgezeichnetes Ertrag-Risiko-Verhältnis ebenso wie eine attraktive Nachsteuerrendite auf.

Die laufenden Kuponerträge der Renten sollen teilweise ausgeschüttet werden, um den gewohnten Lebensstandard zu sichern. Aufgrund des Euroland-Teils wird auf weitere dauerhafte Währungssicherungen verzichtet. Die Anlagepolitik wird schriftlich vereinbart, Stressanalysen unter Einbe-

ziehung historischer Aktien-Crashs haben ergeben, dass Herr Tätig denkbare Verluste ertragen und „aussitzen" kann. Als Benchmark für die mittelfristige Messung des Anlageerfolgs wird als Marktsurrogat 30 % J. P. Morgan Government Bond Index Euroland und 70 % MSCI Welt-Aktienindex gewählt. Beides sind breite, gut diversifizierte und transparente Indizes, die weitestgehend liquide Werte hoher Qualität beinhalten.

3.2.5 Zusammenfassung und Arbeitsaufgaben

Zusammenfassung

Durch Abstimmung von Anleger- und Marktprofil lässt sich die langfristig neutrale Position ermitteln, die Ausdruck in der Benchmark findet.

Diese dient einer Politik der ruhigen Hand, insbesondere in stürmischen Märkten, und sollte auch – wirtschaftlich und psychisch – einem „Worst Case" standhalten.

Ein Fragenkatalog, der auch persönliche Einstellungen und Forderungen berührt, sollte als wesentliche Vorleistung vom Anleger durchgearbeitet werden.

Die einzelnen Asset-Klassen haben stark unterschiedliche Risiko-Ertrags-Profile und verhalten sich sehr unterschiedlich. Mit der Länge der Anlagedauer werden sie berechenbarer.

Ein längerer Anlagehorizont hat einen doppelten „Hebel": bei den Erträgen wirkt der Zinseszinseffekt, das Risiko wächst im Random Walk deutlich weniger stark an.

Über Analysen der Vergangenheit, Wahrscheinlichkeitsbänder und Szenario-Playing lassen sich zum Investor passende Risiko-Ertrags-Profile finden.

Für die konkrete Benchmarkdefinition steht heute eine Vielzahl transparenter Indizes für unterschiedliche Abgrenzungen und Marktsegmente zur Auswahl.

Arbeitsaufgaben

1. Warum ist eine vom Investor völlig akzeptierte Anlagepolitik so wichtig, und in welchen Phasen gilt dies ganz besonders?
2. Nennen Sie Argumente für eine breite internationale Anlagenstreuung.
3. Stellen Sie die Mehrdimensionalität von Anlagerisiken exemplarisch anhand einer südafrikanischen Goldminenaktie dar.
4. Beschreiben Sie den Zusammenhang zwischen Ertrag und Risiko unter besonderer Berücksichtigung des Anlagehorizonts. Welche Schlussfolgerungen lassen sich daraus für die Asset-Klassen-Allocation ziehen?
5. Welcher Ertrag muss sich im Mittel ergeben, um bei einer Volatilität von 15 % eine Ausfallwahrscheinlichkeit von 18,41 % sicher zu stellen? (Threshold = 0)
6. Diskutieren Sie die Probleme, die bei der Benchmark-Definition mithilfe gängiger Marktindizes entstehen können. Wägen Sie dabei die Vor- und Nachteile dieser Vorgehensweise gegeneinander ab.

3.3 Taktische Asset Allocation

Herr Tätig weiß nun, was er mit seinem freien Vermögen tun will. Er wird 8 Mio. Euro seinem Vermögensverwalter anvertrauen, 0,5 Mio. Euro ist seine Liquiditätsreserve in Geldmarktanlagen und kurz laufenden Renten. 1,5 Mio. Euro will er selbst chancenorientiert in spannenden Wachstums-Storys investieren. Dem will er einen beträchtlichen Teil seiner Zeit widmen – es macht ihm schließlich Spaß und er hat das Gefühl, dass, da fast alles in Politik, Technik und Wirtschaft irgendwie börsenrelevant sein kann, ihn die Börse jung, gespannt auf die Zukunft und mitten im Zeitgeschehen hält.

Bezüglich der 8 Mio. Euro in der Vermögensanlage ist er von einer breiten, internationalen Anlage überzeugt. Angesichts der Sicherheitsreserve und inklusive seiner selbst getätigten aggressiven Wachstumsanlagen hat er sich zu einer deutlich aktienlastigen Anlagepolitik entschieden. Der Vermögensverwalter soll einen verlässlichen und fairen Erfolgsmaßstab bekommen und so gibt er die Benchmark 30 % Renten Europa-Raum (J. P. Mor-

gan-Index), 70 % Aktien Welt (MSCI-Index) vor. Er will zunächst beobachten, wo und wie stark sein Portfolio-Manager von dieser Position abweicht und ggf. später konkretere Vorgaben machen. Hierzu lässt er sich jeden Monat berichten, welche Umschichtungen seines Vermögens vorgenommen wurden und aus welchem Grund.

Schlüsselbegriffe

- Timing, Mean Reversion, Information Ratio, Information Coefficient, aktives Risiko
- Ertrags-Schätzwerte
- Schätzung von Risikokennziffern
- Attraktivitätsbewertung von Asset-Klassen
- Scoring-Verfahren
- Währungsrisiken
- Hedging-Verfahren
- Quantitatives Optimierungsverfahren

3.3.1 Grundgedanken zum aktiven Portfolio-Management

Unter Taktischer Asset Allocation (TAA, auch aktive TAA) versteht man die kurz- bis mittelfristige Umsetzung der vorab definierten Anlagepolitik unter besonderer Berücksichtigung der aktuellen Marktgegebenheiten. In einer weiter gefassten Auslegung beinhaltet dies auch die Benchmark-neutralen Verhaltensweisen, die in Kapitel 3.1.2 vorgestellt wurden (Stichwort: **Index-Tracking**). Einer in der Investmentbranche allgemein üblichen Sprachkonvention folgend, sollen diese Fälle auch weiterhin unter dem Begriff **passives Portfolio-Management** bzw. **passive Asset Allocation** subsummiert werden. Demgegenüber wird der Begriff **Taktische Asset Allocation** in aller Regel in einem engeren Sinne verstanden. Demnach umfasst die TAA nur diejenigen Verhaltensweisen, die eben nicht auf ein bloßes Nachbilden der Benchmark hinauslaufen, sondern aktive, durch Markteinschätzungen veranlasste, zeitweise Positionierungen beinhalten.

Hierauf basierend lassen sich die zwei Stufen der „Asset Allocation Pyramide" folgendermaßen charakterisieren: Während die SAA eine neutrale

Ausgangsposition zur Erreichung der Anlageziele schafft, zielt die TAA in erster Linie darauf ab, auf aktiven Prognosen basierende Mehrerträge gegenüber der Benchmark zu erwirtschaften. Sie unterstellt unvollständige Markteffizienz und basiert häufig auf einer **antizyklischen Investmentstrategie**, bei der „unterbewertete“ Asset-Klassen, Märkte oder Titel hinzugekauft und „überbewertete“ gemieden bzw. verkauft werden. Man geht somit explizit davon aus, dass **Marktungleichgewichte** existieren, die sich erkennen und Gewinn bringend ausnutzen lassen. Eine notwendige Bedingung hierfür lautet, dass es sich um **temporäre** Ungleichgewichte handelt, die eine Tendenz zum Wiederausgleich zum „Normalzustand“ („**Mean Reversion**“) aufweisen. Nur wenn sich die angenommenen Fehlbewertungen im Zeitablauf – durch die Erkenntnisse und darauf aufbauenden Arbitrage-Bemühungen der Marktteilnehmer – korrigieren, können mit einer solchen Strategie Mehrerträge geplant erzielt werden. Ein außerordentlich schwer zu lösendes Problem stellt dabei die Definition eines Bewertungsgleichgewichts dar. Insbesondere gilt dies, wenn man die relative Attraktivität verschiedener Asset-Klassen über Ländergrenzen hinweg beurteilen will (z. B. ein Vergleich zwischen japanischen Aktien und Euroland-Renten). In der Praxis greift man in diesem Zusammenhang auf heuristische, z. B. kennzahlengestützte Verfahren zurück. Die folgende Abbildung stellt ein solches Beurteilungskriterium exemplarisch dar:

Abbildung 66 Quelle: COMINVEST

In der Abbildung oben werden Renten- und Aktienrenditen (Gewinnrendite, Cashflow – Rendite, Dividendenrendite) von 16 Märkten in normierter Form zueinander in Beziehung gesetzt. Dabei kommt es weniger auf die absolute Höhe des Verhältnisses zwischen beiden Kennzahlen als auf die

Entwicklung im Zeitablauf an. Starke Abweichungen von einem langfristigen Durchschnitt werden dabei als Indikatoren für relative Attraktivitätsaussagen betrachtet. Demnach wäre im vorliegenden Fall der Welt-Aktienmarkt beispielsweise Mitte der 90er Jahre gegenüber Renten unterbewertet gewesen. Besonders auffällig ist auch die äußerst krasse Entwicklung der Kennzahl in der „Bubble"-Phase bis Anfang 2000 (Aktien sehr teuer) sowie im nachfolgenden Absturz der Märkte.

Antizyklische Investmentstrategien basieren im Wesentlichen darauf, bei signifikanten Abweichungen vom langjährigen Durchschnittswert entsprechende **Umschichtungen im Portfolio** vorzunehmen. Kurz gesagt handelt es sich hierbei um die Umsetzung der alten Investmentregel „buy low, sell high". Um noch einmal auf Abbildung 66 zurückzukommen, kann man beispielsweise die These aufstellen, dass die 1990er und 2000er Aktienmarkt-Crashs „vorhersehbar" waren. Beiden ging eine extreme Abweichung der relativen Bewertungskennzahl von ihrem langjährigen Durchschnittswert voraus.

Anders als die SAA „lebt" die TAA von der **Annahme der Marktineffizienz**.

Die konsequente Umsetzung einer antizyklischen Investmentstrategie wird von Anlegern mitunter jedoch als äußerst schmerzlich empfunden. So muss man unter Umständen in einer Phase der Aktieneuphorie aussteigen und in Zinsanlagen wechseln oder aber in Märkten zukaufen, die scheinbar unaufhaltsam fallen und dadurch, an ihren Fundamentaldaten gemessen, „billig" werden. Hinzu kommt eine häufig zu beobachtende **episodische Häufung von Erträgen**. In den dazwischen liegenden längeren Zeiträumen, die oft durch einen Seitwärtsmarkt gekennzeichnet sind, wird der langfristige Erfolg der Vorgehensweise nur schwer erkennbar. Für den externen Portfolio-Manager besteht in diesem Zusammenhang das Problem, dem Anleger vorübergehende „Schieflagen" plausibel zu machen. Sie sind oftmals der Auslöser für übereilte Dispositionen.

Die gezielten **Über- bzw. Untergewichtungen** von Assets im Rahmen einer antizyklischen Investmentstrategie können in die Kategorien Timing und (Titel-)Selektion eingeordnet werden. Als **Timing** bezeichnet man dabei die Veränderung des Investitionsgrades, insbesondere das temporäre Abweichen von der Benchmark-Gewichtung auf Marktebene. Beispielsweise wird das Gewicht der Asset-Klasse Aktien aufgrund optimistischer Gewinnprognosen zu Lasten des Geldmarktanteils erhöht. Während es sich beim Timing somit um marktübergreifende Entscheidungen handelt, spielt sich die **(Titel-)Selektion** innerhalb eines mehr oder weniger homogenen

„Marktes“ – dies kann ein Land oder Sektor sein – ab. Dabei wählt der Portfolio-Manager, unter Berücksichtigung des Diversifikationsgedankens, die Einzelwerte aus, die gemäß seiner Erwartungshaltung besser abschneiden als der Markt oder Sektor im Ganzen. Insgesamt errechnet sich der **aktive Gesamtertrag** aus Timing-Ertrag und Selektions-Ertrag.

Der Portfolio-Ertrag summiert sich aus Benchmark-Ertrag und aktivem (Mehr-)Ertrag. Bei der Planung und Beurteilung des Erfolgs der TAA wird häufig die so genannte **Information Ratio** (vgl. Grinold, 1989) als zu maximierende Zielgröße verwandt. Sie setzt den (geplanten) **aktiven Ertrag** ins Verhältnis zum relativ zur Benchmark eingegangenen **aktiven Risiko** (Tracking Error [TE]).

$$IR_P = \frac{E\left[R_P - R_{BM}\right]}{TE_P} = \frac{E(R_a)}{\sigma(R_a)}$$

Bei dem im Zähler stehenden aktiven Ertrag handelt es sich um die vom Portfolio-Manager prognostizierte Differenz zwischen Portfolio- und Benchmark-Ertrag, wobei als Benchmark-Surrogat wiederum ein Index eingesetzt wurde. Im Nenner steht das Abweichungsrisiko, das in der Regel als Tracking Error relativ zur Benchmark gemessen wird, und zwar auf der Basis historischer Daten.

Um eine aggressivere Anlagepolitik (Abweichung vom Index) rechtfertigen zu können, muss demnach der prognostizierte Mehrertrag das in Kauf genommene aktive Risiko überkompensieren.

Für die Höhe der Information Ratio sind sowohl die **Prognosegüte** als auch die **Anzahl der „aktiven Wetten“** entscheidend. Es gilt nämlich:

$$IR_P = \sqrt{M \cdot IC^2} = \sqrt{M} \cdot IC$$

wobei IC den so genannten **Information Coefficient** als Maß für die Prognosegüte und M die Anzahl der unabhängigen „**Einzelwetten**“ kennzeichnet. Der IC ergibt sich dabei als Korrelation zwischen prognostiziertem und tatsächlich realisiertem Ertrag. Er spiegelt die prognostische Fähigkeit eines Portfolio-Managers wider. Entsprechende Schätzwerte werden in der Regel auch hier wieder aus vergangenheitsbezogenen Daten gewonnen.

Zu einer in etwa gleich hohen Information Ratio führen beispielsweise folgende Kombinationen von Prognosegüte und Anzahl der Aktionen des Portfolio-Managers:

a) Viele „Einzelwetten" innerhalb eines Marktes:
Korrelation 0,02, 200 Aktien monatlich, 12-mal im Jahr

$$M = 200 \cdot 12 = 2400$$
$$IC = 0{,}02$$
$$IR = \sqrt{2400 \cdot 0{,}02^2} = 0{,}98$$

b) Begrenzte Anzahl von Wetten auf Marktebene:
Korrelation 0,155, 10 Märkte im Quartal, 4-mal pro Jahr

$$M = 10 \cdot 4 = 40$$
$$IC = 0{,}155$$
$$IR = \sqrt{40} \cdot 0{,}155 = 0{,}98$$

c) Geringe Anzahl von Wetten auf Asset-Klassen-Ebene:
Korrelation 0,035, 3 Assets (Asset-Klassen), tägliche Positionierung, ca. 267 Börsentage p. a.

$$M = 3 \cdot 267 = 801$$
$$IC = 0{,}035$$
$$IR = \sqrt{801} \cdot 0{,}035 = 0{,}99$$

Je weniger aktive Wetten gesetzt werden, desto besser muss – bei gleichem Ergebnis – die Qualität der Prognosen sein. Wird der Erfolg jedoch negativ, maximiert eine steigende Anzahl umgesetzter Entscheidungen den Verlust. Vorausgesetzt wird hierbei die gleich bleibende Güte der Vorhersagen sowie serielle Unabhängigkeit der Prognosen.

3.3.2 Ermittlung von Ertrags- und Risikokennziffern

3.3.2.1 Ertragsschätzer

Für alle im Rahmen der Portfolio-Bildung verwendeten Assets – einzelne Aktien oder Anleihen, ganze Märkte oder auch Währungen – werden **Schätzwerte** für den Ertrag und das Risiko (zu Varianzen/ Kovarianzen vgl. Kapitel 2.2.1) benötigt.

Während die Strategische Asset Allocation in der Praxis meist auf passiven Ertragsschätzungen (**historische Durchschnitte**) basiert, bezieht sich die Taktische Asset Allocation auf aktive, modellgestützte Prognosen. Passive Ertragsschätzungen werden somit nur dann verwendet, wenn generelle Aussagen über lange Zeiträume gemacht werden sollen, etwa:

„In den letzten 28 Jahren erzielten deutsche Aktien (ca.) 10 % Ertrag bei 20,7 % Risiko gegenüber 6,9 % Ertrag und 4,5 % Risiko für lang laufende deutsche Renten. Dies wird für künftige Perioden im Durchschnitt ähnlich erwartet. Um einen Ertrag von 9 % zu realisieren, muss die Aktienquote bei einer reinen EUR-Anlage daher etwa 65 % betragen."

Auf taktischer Ebene, das heißt für eine konkrete Einzelperiode, werden derartige Aussagen jedoch in aller Regel nicht für befriedigend erachtet. Daher greift man auf **Prognosemodelle** zurück, von denen man annimmt, dass sie Fehlbewertungen (Marktungleichgewichte) erkennen. Man unterscheidet:

1. absolute Ertragsprognosen,
2. relative Ertragsprognosen,
3. approximative Verfahren (z. B. Scoring-Modelle).

Zu 1.
Absolute **Ertragsprognosen** können beispielsweise aus einer **Expertenbefragung** oder aus einem quantitativen Modell abgeleitet werden. Zum Beispiel ermitteln Industrieunternehmen ihre Prognosegröße für den US-Dollar oftmals durch Befragung mehrerer unabhängiger Banken. **Multiple Regressionen** mit für den jeweiligen Markt relevanten Einflussfaktoren (zum APT-Modell vgl. Kapitel 2.2.3.2.) als erklärende Variablen können ebenfalls Ertragsschätzungen auf Einzelwert- bzw. Index-Ebene liefern. Beispielsweise beschreibt bereits Hielscher (1990) ein **quantitatives Modell zur Prognose** des deutschen Aktienmarktes mit lediglich drei Faktoren:

- Nettogewinn pro Aktie,
- Geldmenge M 1 und
- Rentenrendite.

Die Gewichtung der Faktoren gibt er mit ca. 50 %, 20 % und 25 % an.

Demgegenüber werden oftmals auch **zweischrittige Prognosemodelle** verwendet. Hierbei wird in einem ersten Schritt eine angemessene Bewertungskennzahl (z. B. ein „faires" Kursgewinnverhältnis für ein bestimmtes Marktsegment) ermittelt. Im zweiten Schritt kommen dann auf anderen Daten beruhende separate Zins-, Dividenden- oder Gewinnschätzungen hinzu, die mit der relativen Bewertungskennzahl zu einem **„fairen" Kursniveau** kombiniert werden. Durch diese Zerlegung wird die Ertragsschätzung transparenter sowie ihre nachträgliche Beurteilung vereinfacht. Zum Beispiel lassen sich Sensitivitätsanalysen mit veränderten Inputs problemlos durchführen. Ferner können beide Komponenten aus verschiedenen in- oder externen Quellen bezogen werden (arbeitsteiliger Prozess).

Zu 2.
Die relative **Ertragsprognose mittels Risikoprämien** beruht stets auf einem Vergleich von Assets mit unterschiedlicher Risikocharakteristik. Eine Möglichkeit zur übersichtlichen Aufbereitung des meist umfangreichen Datenmaterials bietet die folgende fiktive Risikoprämien-Matrix, bei der der sichere Euro-Geldmarktsatz den **Ankerpunkt** bildet und die Überschusserträge (Risikoprämien) aller anderen Assets relativ zu diesen dargestellt sind.

	Euro-Geld	**$-Geld**	**Euro-Renten**	**$-Renten**	**Dt. Aktien**	**US-Aktien**
Euro-Geld	–					
$-Geld	1,50 %	–				
Euro-Renten	2,10 %	0,60 %	–			
$-Renten	3,20 %	1,70 %	1,10 %	–		
Dt. Aktien	6,00 %	4,50 %	3,90 %	2,80 %	–	
US-Aktien	5,50 %	4,00 %	3,40 %	2,30 %	–0,50 %	–

Beispielsweise wird bei $-Renten ein Ertrag prognostiziert, der den am Euro-Geldmarkt erwarteten Wert um 3,2 % übertrifft. Der Mehrertrag gegenüber dem $-Geldmarkt wird mittels einer aktiven Prognose auf 1,7 % geschätzt. Im Vergleich zu Euro-Renten beträgt der erwartete Ertragsvorsprung somit 1,1 %.

Selbst wenn sich die Taktische Asset Allocation auf wenige große Märkte konzentriert (z. B. die 22 Märkte, die der MSCI-Weltaktienindex enthält), stellt die Belegung aller einbezogenen Titel mit Ertragsschätzern eine „Mammutaufgabe" dar. Hinzu kommt, dass sich Asset-Klassen nur innerhalb eines Landes sinnvoll miteinander vergleichen lassen, also beispielsweise jeder Aktienmarktertrag über den lokalen Geld- oder Rentenertrag geschätzt wird.

Zu 3.
Approximative Bewertungsverfahren kommen vor allem dann zur Anwendung, wenn es sich um die relative Beurteilung gleichartiger Asset-Klassen über Ländergrenzen hinweg (japanische, deutsche, US-Aktien) handelt. Sie werden auch dort angewandt, wo sich der Prognostiker keine direkten Ertragsprognosen zutraut. Diese Assets werden z. B. mithilfe eines **Scoring-Modells** in eine Attraktivitäts-Rangfolge gebracht. Der Score ist noch keine explizite Ertragsschätzung, kann aber in eine solche überführt werden.

In der Praxis steht man bei der Ertragsschätzung vor dem Entscheidungsproblem, ob man pro Asset lediglich auf ein Prognosemodell setzt oder aber gleichzeitig auf mehrere Modelle zurückgreift. Ist Letzteres der Fall, so muss man sich darüber Gedanken machen, wie die in aller Regel unterschiedlichen Prognoseergebnisse zu einem Ertragsschätzer verdichtet werden sollen. Hierbei sind im Wesentlichen zwei Verfahren zu nennen:

- Best Guess und
- Weighted Average.

Das **Best-Guess-Verfahren** verwendet als Ertragsschätzung lediglich das Ergebnis eines Prognosemodells (z. B. quantitatives Aktienprognosemodell von Hielscher). Dabei wird derjenige Wert ausgewählt, dem man im konkreten Fall die höchste Zuverlässigkeit bei der Prognose zubilligt.

Geeignet ist das Verfahren bei einem wahrscheinlichen Zentralwert mit symmetrischer Verteilung (Fall A) oder dann, wenn dem Best Guess im Vergleich zu den anderen Prognosen eine besonders hohe Eintrittswahrscheinlichkeit zugeordnet wird und diese **nicht** symmetrisch um den Best Guess verteilt sind (siehe Abbildung 67, Fall C). Wenig sinnvoll ist das Verfahren jedoch, wenn die Alternativprognosen als nur wenig unwahrscheinlicher angenommen werden als der Best Guess (Fall B).

Angenommene Wahrscheinlichkeit für Ertragsprognosen

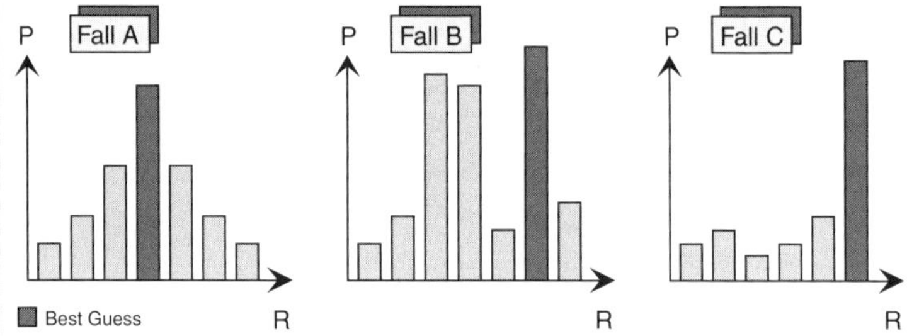

Abbildung 67

In diesen Fällen bietet sich das Verfahren des **Weighted Average** an. Hierbei werden alle Prognosen mit ihren angenommenen Eintrittswahrscheinlichkeiten gewichtet und zu einem Durchschnittswert komprimiert.

Betrachtet werden drei verschiedene Prognosemodelle (A,B,C), die jeweils für die betrachteten Assets zu unterschiedlichen Schätzwerten gelangen. Bei den angenommenen Prognosezuverlässigkeiten (20 %, 30 %, 50 %) kommen Best Guess und Weighted Average zu verschiedenen Ergebnissen.

Asset	*Prognosemodelle*			*Best Guess*	*Weighted Average*
	A (20 %)	*B (30 %)*	*C (50 %)*		
1	*4,2 %*	*5,7 %*	*7,2 %*	*7,2 %*	*6,15 %*
2	*6,4 %*	*3,1 %*	*–2,2 %*	*–2,2 %*	*1,11 %*
3	*1,3 %*	*6,8 %*	*11,8 %*	*11,8 %*	*8,20 %*

Bei Asset 2 führt dies z. B. dazu, dass die Methode des Best Guess zu einer negativen Ertragsschätzung kommt, während die Methode des Weighted Average zu einem positiven Wert gelangt.

Im Kontext einer Portfolio-Gestaltung relativ zu einer Benchmark ist ein „**Irrtum**“ **bei den Ertragsschätzern** in beide Richtungen gleichermaßen unerwünscht. Eine Unterschätzung führt dann nämlich zu einer zu geringen Gewichtung des Assets im Portfolio, ebenso wie eine Überschätzung zu einer zu hohen Gewichtung führt. Beides ist in der relativen Betrachtung zur Benchmark gleichermaßen negativ. Daher macht die Volatilität als zweiseitiges Risikomaß durchaus Sinn. Die Konsequenzen einer möglicherweise falschen Prognose lassen sich mithilfe von Sensitivitätsanalysen abschätzen. Sie geben an, wie sich das Prognoseergebnis bei Variation **einer** Input-Größe (ceteris paribus) verändert.

3.3.2.2 Risikoschätzer

Die **Risikoparameter**, also die Volatilität und die Korrelationen der Assets untereinander, werden in der Regel mithilfe historischer Daten geschätzt. Ein Problem ist dabei, dass sich diese Schätzungen als sehr zeitraumabhängig erwiesen haben. Diese Unzuverlässigkeit der Risikoschätzer nimmt jedoch mit der Anzahl der Assets in einem Portfolio ab, da sich die Prognoseungenauigkeiten gegenseitig ausgleichen. Diversifikation ist daher auch ein Mittel zur Verringerung des Prognoserisikos.

Um die Veränderung der Volatilität im Zeitablauf zu erfassen, arbeitet man bei der Volatilitätsprognose in der Regel mit dynamischen Modellen. Dynamisch bedeutet in diesem Zusammenhang, dass sich auch die Prognosewerte im Zeitablauf anpassen. Das einfachste Beispiel für ein solches Modell ist der so genannte **gleitende Durchschnitt** (Moving Average).

Vereinfachend wird dabei bei kurzfristigen Daten (Tagesrenditen) von einer erwarteten Kursveränderung = 0 ausgegangen (Random Walk). In diesem Fall ergibt sich ein verkürzter Ausdruck, der einer gewichteten Aufsummierung der quadrierten Renditen entspricht:

$$\hat{\sigma}^2_{t+\tau} = \sum_{j=0}^{k-1} \frac{1}{k} \cdot R^2_{t-j}$$

Beim Prognosewert $\hat{\sigma}^2_{t+\tau}$ handelt es sich um das arithmetische Mittel der letzten k-Realisationen der Zeitreihe. Man spricht daher auch von einem k-gliedrigen Moving Average. Beim Parameter τ handelt es sich um die so genannte **Prognosedistanz**, also den zukünftigen Zeitraum, auf den sich die Prognose bezieht. Die Bezeichnung gleitender Mittelwert rührt daher, dass mit jeder neuen Periode t eine Aktualisierung der Prognose stattfindet. Für die neue Beobachtung in t fällt nämlich der [t – (k + 1)]-Wert der Zeitreihe aus der Mittelwertberechnung heraus. Man gleitet damit sozusagen über die Zeitreihe hinweg.

Es soll die Volatilität einer Aktie auf der Basis monatlicher Daten mithilfe eines gleitenden Mittelwerts für den jeweils nächsten Monat prognostiziert werden. Dabei wird jeweils auf die 10 aktuellsten Renditerealisationen zurückgegriffen (in der Praxis wird man in der Regel mit mindestens 36 Monaten Historie arbeiten).

t=0				5%	6,5%	-2,2%	7,1%	3,4%	-1,1%	0,3%	4,6%	-7,1%	11,3%
t=1			4,1%	5%	6,5%	-2,2%	7,1%	3,4%	-1,1%	0,3%	4,6%	-7,1%	11,3%
t=2		-1,7%	4,1%	5%	6,5%	-2,2%	7,1%	3,4%	-1,1%	0,3%	4,6%	-7,1%	11,3%
t=3	-3,8%	-1,7%	4,1%	5%	6,5%	-2,2%	7,1%	3,4%	-1,1%	0,3%	4,6%	-7,1%	11,3%

Varianzprognosen mithilfe eines gleitenden Mittelwerts

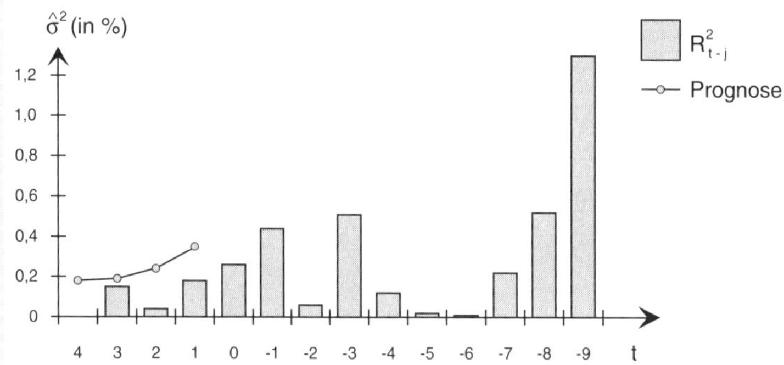

Abbildung 68

Die Punkte für t = 1 bis t = 4 stellen die Prognosewerte dar, die man mithilfe eines 10-gliedrigen (k = 10) gleitenden Mittelwerts für eine Prognosedistanz von t = 1 erhält.

Um aktuellere Werte stärker zu berücksichtigen als weit in der Vergangenheit liegende, bietet sich eine **geometrische Glättung** (Exponential Smoothing) an. Diese kann mithilfe folgender Formel erfolgen:

$$\hat{\sigma}^2_{t+\tau} = \sum_{k=0}^{\infty} \underbrace{\alpha \cdot (1-\alpha)^2}_{g_k} \cdot R^2_{t-k}$$

mit $0 < \alpha < 1$. Wie man nunmehr relativ leicht erkennen kann, klingt die Folge der Gewichtskoeffizienten g_k (k = 0, 1, 2, 3, ...) geometrisch ab.

Die Einführung eines **Glättungsparameters** α ermöglicht dem Anwender, im Vergleich zum einfachen gleitenden Mittelwert, flexibler auf die Charakteristik der vorliegenden Datenzeitreihe einzugehen. Eine vereinfachte Berechnung geometrisch geglätteter Prognosen ermöglicht die folgende **Rekursionsformel**:

$$\underbrace{\hat{\sigma}^2_{t+\tau}}_{\text{neue Prognose}} = \underbrace{\hat{\sigma}^2_{(t-1)+\tau}}_{\text{alte Prognose}} + \alpha \cdot \underbrace{\left[R_t^2 - \hat{\sigma}^2_{(t-1)+\tau}\right]}_{\text{Prognosefehler}}$$

In welchem Ausmaß Prognosen von der Wahl des Verfahrens und der Setzung des Glättungsparameters abhängen, soll die folgende Tabelle verdeutlichen. Die Berechnung der Prognosewerte erfolgte auf der Basis des in der letzten Tabelle eingeführten Zahlenbeispiels.

t	**Einfacher gleitender Mittelwert**	**Geometrische Glättung**		
		α = **0,4**	α = **0,2**	α = **0,1**
1	33,462	26,921	24,579	19,333
2	22,374	22,568	20,283	14,629
3	17,622	14,575	15,722	11,697
4	16,950	14,470	15,011	11,234

In die Berechnung der geometrischen Mittelwerte wurden, genau wie beim einfachen gleitenden Mittelwert, lediglich 10 Datenpunkte mit einbezogen. Man sollte sich jedoch darüber im Klaren sein, dass dies nur dann eine zulässige Vereinfachung der obigen Formel darstellt, falls die Gewichte g_k ab k = 10 gegen null gehen. Streng genommen ist dies jedoch im vorliegenden Fall nur bei α = 0,4 gegeben.

Seit Mitte der 80er Jahre erfreut sich eine neue Klasse von Zeitreihenmodellen zur Volatilitätsprognose einer stetig wachsenden Beliebtheit. Hierbei handelt es sich um die **Modelle vom so genannten ARCH-Typ**, die auf Engle (1982) zurückgehen (eine Einführung findet man z. B. in Geyer, 1994). ARCH ist die Kurzform für „**A**uto **R**egressive **C**onditional **H**eteroscedasticity". Als Heteroskedastizität bezeichnet man die statistische Eigenschaft von Zufallsvariablen, eine nicht konstante Varianz aufzuweisen. Genau dies trifft auf das Verhalten finanzwirtschaftlicher Zeitreihen und insbesondere auf Preise bzw. Renditen am Kapitalmarkt zu. Die Besonderheit der ARCH-Modelle liegt nun darin, dass sie die empirisch zu beobachtende **Volatilitätsklumpung** (Volatility Clustering) mithilfe eines autoregressiven Ansatzes abbilden. Volatilitätsklumpung bedeutet, dass sich relativ ruhige Marktphasen mit relativ turbulenten Perioden abwechseln. Volatilitätsschocks (besonders hohe Preisausschläge) in einer Periode bedingen somit auch relativ hohe Preisausschläge in den Folgeperioden, die dann in ihrer Ausprägung nur relativ langsam abklingen.

Die Anwendung von ARCH-Modellen in der Praxis wird dadurch eingeschränkt, dass man als Anwender über ein recht umfangreiches Methodenwissen verfügen muss. Dies trifft im Übrigen auch auf andere Verfahren zu, die weder dem Kunden noch dem oft anderweitig spezialisierten Portfolio-Manager selber nicht unbedingt zugänglich sind. Die Erstellung derartiger Prognosen erfolgt dementsprechend in der Regel in spezialisierten Research-Abteilungen. Der Nachteil dieses arbeitsteiligen Vorgehens liegt darin, dass das Entstehen der Prognosen für den Portfolio-Manager eine Black Box bedeutet, was nicht unbedingt zur Akzeptanz der Ergebnisse beiträgt. Hinzu kommt, dass die üblichen Standard-Optimierungsmodelle meist mit relativ einfacher Verarbeitung der historischen Daten zu Volatilitätsprognosen (arithmetischer oder geometrischer Durchschnitt) rechnen.

Abschließend sei noch kurz auf die Möglichkeit hingewiesen, Volatilitätsprognosen mithilfe so genannter **impliziter Volatilitäten** zu erstellen. Als implizite Volatilitäten bezeichnet man die Standardabweichungen, die man durch Einsetzen aktueller Marktpreise der Optionen und des jeweiligen Underlyings in die Optionspreisformel von Black/Scholes (1973) erhält. In der Regel greift man dabei auf die besonders liquiden Optionskontrakte auf Marktindizes zurück. Durch die Verkettung impliziter Volatilitäten von Optionskontrakten mit unterschiedlichen Fälligkeiten lässt sich eine so genannte **Volatilitäts-Strukturkurve** generieren, die – in Analogie zur Renditestrukturkurve – die Erwartungen der Marktteilnehmer in Abhängigkeit vom Zeithorizont abbildet.

Für den deutschen Aktienmarkt existiert seit dem 05.12.1994 der VDAX, der als Volatilitätsindex aus liquiden DAX-Optionskontrakten errechnet wird. Als Schätzer künftiger Volatilität scheint er (vgl. Wagner, 1995) erfolgreicher zu sein als die oben dargestellten vergangenheitsorientierten Verfahren. Die praktische Umsetzung dieser Methode führt insbesondere auf Titelebene zu Problemen, da oft keine liquiden Optionskontrakte verfügbar sind.

Die Prognose der **Korrelationsmatrix** für das gewählte Anlageuniversum erfolgt im Grundsatz mit den gleichen Methoden wie die Schätzung der Volatilitäten, wirft aber insgesamt gesehen weniger Probleme auf. Der Grund hierfür liegt in der empirischen Beobachtung einer weitaus **größeren zeitlichen Stabilität** von Korrelationsschätzern. Mit anderen Worten bedeutet dies, dass sich die Schätzwerte für Korrelationen im Zeitablauf nicht so stark verändern wie die geschätzten Volatilitäten. Der Rückgriff auf historische Daten und ihre Extrapolation in die Zukunft führt daher in der Regel zu guten Prognosen. Hinzu kommt, dass die Schätzungen nicht so sensitiv gegenüber der Auswahl des Schätzzeitraums und der Periodizität der Daten sind. Das zuvor Gesagte ist allerdings nicht so zu verstehen, als ob man es mit einer quasi konstanten Korrelationsstruktur zu tun hätte. Vielmehr sollte man sich bewusst sein, dass sich auch hier signifikante Verschiebungen ergeben können. Sie sind aber, im Gegensatz zu den Volatilitäten, fast ausschließlich auf eine Veränderung fundamentaler Daten zurückzuführen. Volatilitäten werden hingegen in signifikantem Umfang z. B. auch durch liquiditätsbedingte Handelsaktivitäten und so genanntes Noise-Trading (vgl. Black, 1986) beeinflusst.

Die Veränderung der Korrelationsstruktur kann zum einen stetiger Natur sein, zum anderen aber auch sehr abrupt erfolgen. Ebenso lässt sich zeigen, dass aufgrund der wirtschaftspolitischen Konvergenz im Rahmen der europäischen Währungsunion auch die Kapitalmärkte der EU-Staaten kontinuierlich zusammenwachsen. Diversifikationseffekte werden in diesem Rahmen somit künftig geringer ausfallen als in der Vergangenheit.

In Zeiträumen heftiger Marktbewegungen – so die Erfahrung aus dem Crash-Jahren 1987 und 1998 – schnellen die Korrelationen der Märkte untereinander hoch („Crash-Korrelationen“). Daher werden Crash-Perioden bei der Verwendung historischer Datenreihen zur Korrelationsprognose ebenso wie zur Volatilitätsprognose oftmals ausgeschlossen.

Abschließend sei noch auf ein statistisches Problem hingewiesen, das sowohl bei der Schätzung der Volatilitäten als auch bei der Schätzung der Korrelationen zu berücksichtigen ist. Die Schätzergebnisse hängen nämlich in beiden Fällen von der **Periodizität der erhobenen Daten** (täglich, monatlich, jährlich) ab. Der Grund hierfür liegt in der Autokorrelation der Daten, die in der Regel mit der Länge des gewählten Zeitintervalls abnimmt. Insbesondere bei der Verwendung täglicher Daten ist daher von einer gewissen Verzerrung der Risikoschätzer auszugehen (**Intervaling Effect**, vgl. Frantzmann, 1990). Auf der anderen Seite steht man bei Zugrundelegung monatlicher oder gar jährlicher Daten vor dem Problem, dass eine zu geringe Anzahl von Beobachtungen vorliegt. In diesem Fall leidet die statistische Konfidenz der erzielten Schätzresultate. Als Anwender muss man daher an dieser Stelle Kompromisse eingehen, wobei sich die Periodizität möglichst an den Betrachtungszeitraum des Investors (wie oft wird auf die Entwicklung der Anlagen geschaut?) anlehnen sollte.

3.3.3 Asset-Klassen-Allocation

Das Ziel der Asset-Klassen-Allocation im Rahmen der TAA besteht in der Erzielung eines Mehrertrags gegenüber der Benchmark durch strukturierte Rotation zwischen den Asset-Klassen Aktien, Renten und Liquidität. Darunter versteht man das fallweise Über- bzw. Untergewichten der Asset-Klassen im Vergleich zur Neutralposition des Investors. Wie groß das hiermit verbundene Ertragspotenzial ist, soll noch einmal durch folgende Tabelle exemplarisch verdeutlicht werden.

Zeitraum	**Durchschnittliche Jahreserträge am Deutschen Kapitalmarkt**		
	Aktien	**Renten**	**3-Monats-Interbankengeld**
31.12.93 – 31.12.94	–7,72 %	–0,39 %	5,49 %
31.12.94 – 31.12.95	8,04 %	16,27 %	4,72 %
28.02.99 – 28.02.00	57,07 %	–1,78 %	3,06 %

(Quelle: MSCI, Salomon Bros., eigene Berechnungen und Daten)

Während im Rahmen der SAA die Variabilität der Erträge als strategisches Risiko akzeptiert wird, sieht die TAA diese als Chance. Man geht davon aus, die aktuellen Attraktivitäten der Asset-Klassen untereinander vorausschauend, zumindest teilweise richtig abschätzen zu können und somit z. B. rechtzeitig vor einem Crash am Aktienmarkt stärker in eine festverzinsliche Anlage wechseln und damit einen Teil des Kurseinbruchs vermeiden zu können. Wie man hierbei konkret vorgeht, soll anhand zweier praxisrelevanter Ansätze demonstriert werden. Dabei handelt es sich zum einen um ein Verfahren, das auf Bewertungskennzahlen beruht, und zum anderen um einen konjunkturzyklischen Ansatz.

3.3.3.1 Beurteilung der relativen Vorteilhaftigkeit von Asset-Klassen anhand von Bewertungskennzahlen

Das Ziel der antizyklischen Asset-Klassen-Allocation besteht darin, „teure“ Assets zu meiden und in „billige“ zu investieren. Als Grundlage für eine solche Strategie benötigt man daher eine Messlatte, an der sich die Preiswürdigkeit einer Asset-Klasse ablesen lässt. In der Praxis beobachtet man in diesem Zusammenhang die Entwicklung von **Bewertungskennzahlen im Zeitablauf**. Als Indikator für die Chancenhaltigkeit einer Asset-Klasse dient dann ein besonders auffälliges Abweichen von einem langfristigen Durchschnittswert. Wann eine solche Abweichung groß genug für eine aktive Gegenpositionierung ist, lässt sich beispielsweise mithilfe statistischer Kriterien definieren.

Allerdings sind historisch hohe oder niedrige Kurse oder Renditen nicht immer ein Zeichen für eine günstige Bewertung. Gerade der Aktienmarkt folgt schließlich nicht einem ständigen Auf und Ab, sondern weist einen langfristigen Wachstumstrend auf, der sich auf den Transmissionsmechanismus aus Wirtschafts-, Gewinn-, und Dividendenwachstum gründet. Insbesondere bei der Beurteilung des Aktienmarktes wird man daher in aller Regel auf **relative Bewertungskennzahlen**, wie z. B. das Kursgewinnverhältnis (KGV) zurückgreifen. Dabei geht man entweder vom aktuellen oder von einem aktiv prognostizierten Gewinn aus. Den Kehrwert des KGV bezeichnet man als **Gewinnrendite**.

Neben dem eigentlichen Vergleich der relativen Attraktivitäten von Asset-Klassen sollte eine vollständige Analyse auch die Frage nach den Ursachen der aktuellen Konstellation beinhalten. Wenn ein Aktienmarkt einmal mit dem 30fachen, ein anderes Mal aber nur mit dem 10fachen seines Jahresgewinns bewertet wird, mag es dafür durchaus plausible Gründe geben, so z. B. eine Veränderung des Marktrisikos, der Volatilität, divergierende Wachstumserwartungen oder Unterschiede im Zinsniveau. Es könnte jedoch auch tatsächlich eine ausnutzbare Fehlbewertung vorliegen.

Aussagen über die Preiswürdigkeit von Aktien in Relation zu Festzinsanlagen sind von besonderer Bedeutung. Der Zins

- hat über die Finanzierungskosten direkten Einfluss auf die Unternehmensgewinne,
- ist für die Anleger Alternativinvestment zu Aktien,
- ist bei der Bewertung Diskontierungssatz künftiger Aktienerträge.

Erste Aussagen zur Preiswürdigkeit lassen sich z. B. anhand folgender Grafiken ableiten:

Vergleich von Bewertungskennzahlen für verschiedene Asset-Klassen innerhalb Europas (1981 – 04/2006)

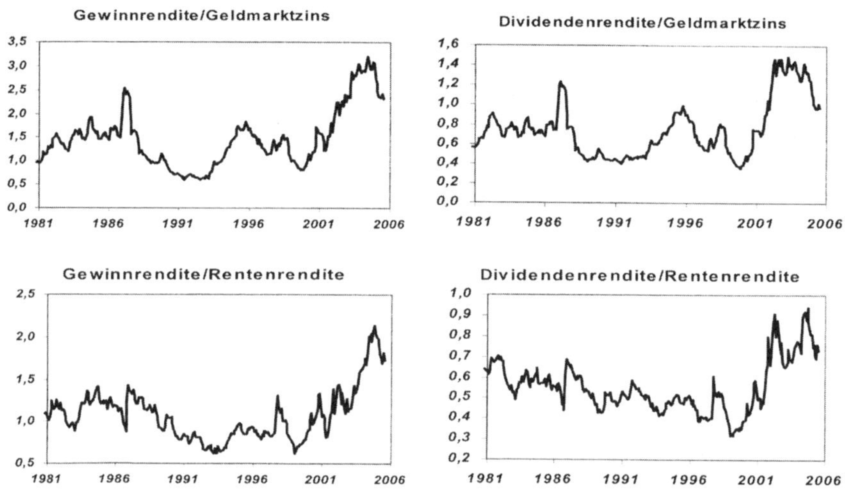

Abbildung 69 Quelle/Daten: MSCI, Umlaufrendite 10-jähriger Staatsanleihen, 3-Monats-Geldmarktsatz (COMINVEST)

Als Bewertungskriterien dienen hierbei die Quotienten aus den Bewertungskennzahlen des Aktienmarkts auf der einen Seite und den Renditen am Renten- bzw. Geldmarkt auf der anderen Seite. Extrema nach unten (oben) kennzeichnen Zeiten, in denen die Rendite der Festzinsanlagen relativ hoch (tief) und damit attraktiv (unattraktiv) im Vergleich zur Aktienanlage war. Zum Beispiel würde man somit an den historischen Tiefpunkten die Aktienanlage bevorzugen und die festverzinsliche Anlage meiden.

Derartige Bewertungsmaße lassen sich noch weiter verfeinern. Oft wird beispielsweise mit **gleitenden Durchschnitten** gearbeitet, um die allmähliche Anpassung an etwaige strukturelle Änderungen der Märkte zu verbessern. Signale werden als Abweichung zum langjährigen Durchschnitt dargestellt. Probleme entstehen dadurch, dass Strukturveränderungen an den Märkten häufig plötzlich in Form von so genannten Strukturbrüchen auftreten.

Um eine bessere Vergleichbarkeit – insbesondere auch im internationalen Kontext – zu gewährleisten, betrachtet man in der Regel nicht die absoluten

Abweichungen von einem Durchschnittswert, sondern die mit der **Standardabweichung normierten Abweichungen**. Hat die Bewertung historisch stark geschwankt, sind demnach auch deutlichere Abweichungen nötig, um ein „Signal" auszulösen. Mathematisch erreicht man damit, dass die derart transformierten Daten einen Erwartungswert von null und eine Standardabweichung von eins aufweisen. Ein Wert von + 2 hieße demnach, dass die betrachtete Bewertungskennzahl um zwei Standardabweichungen nach oben von ihrem Durchschnittswert abweicht. Unterstellt man nunmehr eine Normalverteilung, so würde dies ein Verlassen des zweifachen zentralen Schwankungsintervalls bedeuten, das immerhin einen Wahrscheinlichkeitsbereich von 95 % abdeckt. Damit liegt ein weiterer Vorteil der Standardisierung auf der Hand: Ist die Annahme der Normalverteilung annähernd gerechtfertigt, so lassen sich ohne großen Aufwand **objektive Signifikanzschwellen** für die betrachteten Bewertungskennzahlen angeben. Ein Überschreiten dieser kritischen Werte wird demnach als zuverlässiges Anzeichen für eine Fehlbewertung gesehen und bildet den Ausgangspunkt für eine entsprechende Anpassung der Asset-Klassen-Gewichtung im Portfolio. Abschließend sei noch darauf hingewiesen, dass man bei kleinen Stichprobenumfängen – anstelle der Standardnormalverteilung – von einer t-Verteilung ausgeht. Die Gründe hierfür werden später näher erläutert.

Neben den oben dargestellten Relativmaßen sind weitere Kombinationen aus Dividenden-, Gewinn-, Cashflow- und anderen Erfolgsgrößen mit Renditen des kurzen und langen Laufzeitenspektrums denkbar. Unterschiedlich lange Durchschnitte können als Referenzgröße Verwendung finden. Die Berechnung der Kennzahlen kann auf aktuellen sowie historischen Daten (z. B. Geschäftsberichte) beruhen, aber auch aktive eigene oder Consensus-Prognosen mit einbeziehen. Anschließend werden die signifikanten Kriterien oftmals einfach oder gemäß ihrer Prognosegüte gewichtet und zu einer Gesamtaussage (Best Guess oder Weighted Average) zusammengefasst („Composite Valuation Indicator").

3.3.3.2 Konjunkturzyklische Einschätzung der Attraktivität von Asset-Klassen

Antizyklische Investmentstrategien setzen voraus, dass sich die Renditen am Kapitalmarkt mit einer gewissen Regelmäßigkeit von ihrem Durchschnitt entfernen, um dann wieder zu ihm zurückzukehren (**Mean Reversion**). Ihr Erfolg hängt somit davon ab, inwiefern man als Anwender dazu in der Lage ist, den aktuellen Punkt innerhalb eines solchen Prozesses zu lokalisieren. Eine Möglichkeit hierzu besteht in den oben beschriebenen bewertungsgestützten Verfahren. Hierzu stellt die **konjunkturzyklische Analyse** eine in der Praxis häufig anzutreffende Alternative oder Ergänzung dar. Die Entwicklung an den Kapitalmärkten wird hierbei als Bestandteil oder Resultat eines übergeordneten makroökonomischen Prozesses gesehen, der sich in seiner Gesamtheit zyklisch verhält. Als Ausgangspunkte für Portfolio-Umschichtungen dienen hierbei nicht mehr die Extrempunkte marktendogener Bewertungskennzahlen, sondern vielmehr mehrere exogene, konjunkturabhängige Indikatoren, die einen Einfluss auf Unternehmen und Aktienkurse aufweisen.

Beispielsweise gibt eine expandierende Konjunktur den Unternehmen die Möglichkeit, über Umsatz- und Margenausweitung ihre Gewinne zu steigern. Daraus lässt sich jedoch nicht schlussfolgern, dass man generell eine starke Konjunktur mit steigenden und eine schwache Konjunktur mit fallenden Aktienkursen gleich setzen kann. Die Beziehungen sind vielfältiger Natur und anhand langfristiger Untersuchungen aus den USA lässt sich eher ableiten, dass der Aktienmarkt konjunkturelle Entwicklungen antizipiert. Demnach läge der beste Zeitpunkt für einen Aktienkauf bereits in einem konjunkturellen Tief (vgl. Gayed, 1990). Die folgende Abbildung zeigt einen idealtypischen Zinszyklus, der erfahrungsgemäß eng mit der konjunkturellen Entwicklung korreliert. Die Gründe hierfür liegen in den inflationsbedingten geldpolitischen Steuerungsmaßnahmen der Notenbanken und im Angebots-Nachfrage-Mechanismus am Kapitalmarkt.

Idealtypischer Konjunktur- bzw. Zinszyklus

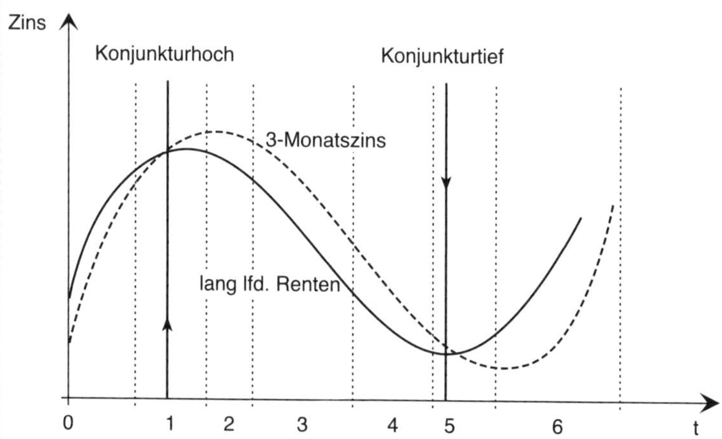

Abbildung 70

Die eingezeichneten sechs Phasen eines Zyklusses lassen sich idealtypisch in etwa wie folgt charakterisieren (vgl. ähnlich ein am Output Gap orientiertes Vier-Phasen-Modell in „Entering a new Phase of the Global Cycle", Goldman Sachs, Global Economics Weekly, 22. März 2006).

- **Phase 1:**

Die **Wirtschaft expandiert kräftig**. Die Kapazitätsauslastung der Unternehmen ist hoch, die Margen der Unternehmen haben sich deutlich ausgeweitet, die Gewinne wachsen kräftig. Hohe Nachfrage führt zu Preiserhöhungen auf Absatz- und Beschaffungsmärkten. Die Inflation ist spürbar angestiegen und die Notenbank hat schon mehrfach die Leitzinsen erhöht. Aufgrund hoher Kapitalnachfrage, hoher Rentabilität des in Sachkapital eingesetzten Kapitals und anhaltender Befürchtungen über weiter steigende Preise sind die Rentenrenditen hoch. Die Aktienkurse stagnieren oder korrigieren auf hohem Niveau.

- **Phase 2:**

Geldverteuerung, Kostensteigerungen, Kapazitätsausweitungen und Nachfragesättigung machen sich bemerkbar, das **Wachstumsmomentum verflacht**, die Margen schrumpfen. Die Rentenrenditen stagnieren bei den ersten Anzeichen für eine Wachstumsverlangsamung und beginnen allmählich zu fallen. Die Inflationsrate steigt jedoch zunächst noch weiter an. Eventuell folgen weitere Zinserhöhungen der Notenbank, die Zinsstruktur flacht sich ab, wird oftmals sogar invers. Die Aktienkurse fallen. Sie antizipieren ein **verschlechtertes Ertragsklima**.

- **Phase 3:**

Aufgrund der **konjunkturellen Abkühlung** und der Geldverteuerung durch die Notenbank überschreitet die Inflation ihr Maximum. Erste Lockerungsschritte der Geldpolitik erfolgen zur Unterstützung der Konjunktur in den Abschwung hinein und beflügeln den Rentenmarkt weiter. Das düstere Konjunkturbild und fallende Unternehmensgewinne treiben die Aktienkurse zunächst weiter nach unten, und zwar überproportional zu den Gewinnen (**KGV-Kontraktion**).

- **Phase 4:**

Etwa kurz vor dem Konjunkturtief, bei oftmals wieder normal ansteigender Zinsstrukturkurve und schon deutlich gefallenen Rentenrenditen, erfolgt die Bodenbildung am Aktienmarkt. Das KGV hat sich verringert, die Margen ebenso, die Gewinne fallen. Letzteres ist jedoch bereits stark in den Aktienkursen eskomptiert. Erste Kurssteigerungen am Aktienmarkt sind zu beobachten, oft ist dies die volatilste Phase der Aktienkurse.

- **Phase 5:**

Erste Anzeichen, dass die konjunkturelle Lage sich nicht weiter verschlechtert, sinkende Zinsen am Geld- und Rentenmarkt und hohe Liquidität, die noch nicht in die Realwirtschaft geht, treiben die Aktienkurse kräftig nach oben (**Liquiditätshausse**). Die noch schlechte aktuelle Gewinnsituation der Unternehmen ist dabei von geringer Bedeutung. Es kommt somit zu einer **KGV-Expansion**. Die Kurse am Aktien- und Rentenmarkt steigen in dieser Phase in der Regel zunächst gemeinsam, danach erfolgt eine Bodenbildung am Rentenmarkt.

- **Phase 6:**

Die Wirtschaft befindet sich auf einem **gesunden Wachstumspfad**, die Inflation vollzieht ihre Bodenbildung, die Rentenrenditen korrigieren nach oben. Die Phase expansiver Notenbankpolitik endet. Erste restriktive Maßnahmen erfolgen, nachdem die Preissteigerungsrate wieder zu steigen beginnt. Die Aktienkurse korrigieren zunächst – irritiert vom Auslaufen der Zinsunterstützung – nach unten. Steigende Unternehmensgewinne müssen die davongeeilten Kurse „einholen" (**KGV-Korrektur**). Nach dieser Korrekturphase steigt der Aktienmarkt weiter an, aber langsamer als in Phase 5. Der Einfluss der tendenziell ansteigenden Zinsen nimmt ab. Gute Gewinnzahlen begründen nun die Kurssteigerungen, die Ertragsaussichten scheinen die ansteigende Bewertung relativ zu den Zinsen zu rechtfertigen (**Gewinnhausse**). Die Kurse wachsen in etwa mit den Unternehmensgewinnen (**KGV-Stagnation**).

Die folgende Tabelle enthält noch einmal die wesentlichen Konjunkturindikatoren mit ihren Ausprägungen in der jeweiligen schematischen Zyklusphase sowie die zu bevorzugende Asset-Klasse.

Konjunktur-Indikatoren	**Zyklusphasen**					
	1	**2**	**3**	**4**	**5**	**6**
Inflation	steigt	steigt	Max.	fällt	fällt noch	untere Wende
kurzer Zins	steigt	steigt, stagniert	beginnt zu fallen	fällt	fällt	untere Wende
langer Zins	Max.	fällt	fällt	fällt noch	untere Wende	steigt
Aktien	korrigieren	fallen	fallen	untere Wende	steigen kräftig	korrigieren, dann steigen

Konjunktur-Indikatoren	Zyklusphasen					
	1	**2**	**3**	**4**	**5**	**6**
Untern.-gewinne	Max.	fallen	fallen	fallen	untere Wende	steigen
zu bevorzugende Asset-Klasse	Liquid.	L. + Renten	Renten	Aktien	Aktien	noch Aktien

Diese stark vereinfachende deskriptive Analyse eines Konjunkturzyklusses lässt sich in folgenden Kernaussagen zusammenfassen:

1. Die Inflation und der „kurze Zins" sind aufgrund der Geldpolitik der Notenbank sehr eng miteinander korreliert.

2. Der „lange" Rentenzins, in dem sich die Marktkräfte stärker ausdrücken, läuft dem Geldmarktzins voraus. Er reagiert sehr schnell auf sich ändernde Wachstumserwartungen.

3. Die Aktienkurse laufen der Konjunktur- und Gewinnentwicklung voraus und steigen bereits bei noch fallenden Gewinnen (Phase 4 und 5). Bereits in der Rezession sollte man daher Aktien kaufen.

4. Aktien- und Rentenmarkt laufen teilweise parallel (Phase 5, „Liquiditätshausse"), später aber auch entgegengesetzt (Phase 6, „Gewinnhausse").

Als besonders problematisch hat sich in der Praxis das richtige Timing beim Übergang von Phase 6 zu Phase 1 erwiesen. Der Grund hierfür ist, dass man als Investor in Phase 6 – oft der längsten Phase eines Zyklusses – häufig mit Fehlsignalen konfrontiert wird, die dann zu einer verfrühten Portfolio-Umschichtung verleiten.

Das **Ende einer** längerfristigen **Aktienhausse** wird in der Regel durch mindestens zwei der folgenden Charakteristika signalisiert:

1. Deutlich steigende **Zinsen**, auch am Geldmarkt sowie auch real (Zins minus Inflation),

2. Einbruch der Konjunktur **und** der Unternehmens**gewinne** (Margenverschlechterung),

3. ein stark überhöhtes **Bewertung**sniveau ggü. Zinsanlagen.

Die konjunkturzyklische Analyse bildet eine wichtige qualitative Grundlage für die generelle Beurteilung der aktuellen Attraktivität von Asset-Klassen. Um immer richtig reagieren zu können, müsste jedoch stets bekannt sein, in welcher Phase man sich gerade befindet. Ebenso müsste sich jeder Zyklus nahezu identisch wiederholen. Genau dies stellt jedoch das eigentliche Problem dar. In der Praxis versucht man daher mit relativ aufwendigen ökonometrischen Mehrfaktor-Modellen – vergleichbar mit den Faktormodellen, die im Rahmen der APT zum Einsatz kommen – eine Standortbestimmung vorzunehmen (vgl. z. B. DuBois, 1988). Insbesondere bezieht man hierbei auch makroökonomische Variablen – z. B. Auftragseingänge, Kapazitätsauslastung (Output Gap), Geldmengenwachstum etc. – mit ein, denen eine gewisse **Frühindikatorfunktion** zugebilligt wird.

Neben ihrer Einfachheit – zumindest was das grundsätzliche Vorgehen anbelangt – und Plausibilität ist die konjunkturzyklische Analyse auch deshalb wertvoll, weil sie sich als relativ gering korreliert mit sonstigen Prognosemodellen erwiesen hat.

Interessant sind konjunkturzyklische Modelle auch deshalb, weil sich auch **bei Bewertungskennzahlen** vielfach ein **zyklisches Ablaufmuster** feststellen lässt. Ebenso kann man auch für fundamentale Faktoren wie Unternehmensgewinne einen Mean-Reversion-Prozess (Rückkehr zum Gewinntrend) feststellen, der wiederum eng mit konjunkturellen Entwicklungen verknüpft ist. Eine Denkrichtung ist daher die, Bewertungsfaktoren wie das KGV bzw. deren Beurteilung zyklisch zu adjustieren (Goldman Sachs Research: Forecasts and Valuation, May 1996). Dieser Gedanke wird auch auf die Beurteilung von Sektoren ausgeweitet, die unterschiedlich von den Zyklusphasen beeinflusst werden (Merrill Lynch: The European Investment Clock, 08/2001).

Kritisch bleibt jedoch noch anzumerken, dass es sich beim dargestellten konjunkturzyklischen Schema um eine starke Vereinfachung makroökonomischer Prozesse handelt und es sich zudem lediglich auf eine nationale Volkswirtschaft bzw. einen homogenen Wirtschaftsraum bezieht. Vor dem Hintergrund der aktuell zu beobachtenden dynamischen Strukturveränderungen – bestes Beispiel hierfür ist die Konvergenz der europäischen Volkswirtschaften, inkl. Mittel- und Osteuropa – ist ein derartiges Verfahren, auch angesichts des stets hohen Einflusses der US-Finanzmärkte, niemals unkritisch zu verwenden.

Im Anschluss an die Beurteilung der relativen Attraktivitäten müssen die Ergebnisse in eine effektive **(Neu)Allocation der Asset-Klassen** übersetzt werden. Dies gilt sowohl für den bewertungsgestützten Ansatz als auch für das konjunkturzyklische Vorgehen. Ein einfaches Verfahren ermittelt auf Grundlage der getroffenen Einschätzungen z. B. für jede Asset-Klasse die

Wahrscheinlichkeiten, mit der die erwarteten Renditen der übrigen Asset-Klassen übertroffen werden (Hammer, 1991). Gemäß dieser Wahrscheinlichkeiten wird dann die (Neu)Gewichtung der Asset-Klassen im Portfolio vorgenommen, die sich allerdings in der Regel an bestimmten Maximal- und Minimalgrenzen orientieren muss, die im Rahmen der Benchmark-Definition festgelegt wurden.

Herr Tätig diskutiert im September 2002 morgens mit seinem Portfolio-Manager. Sie kommen zu folgendem Ergebnis: Aktien sind sowohl weltweit als auch in Europa und Euroland auf einem sehr günstigen Bewertungsstand gegenüber Zinsanlagen, vergleichbar mit der Zeit nach den Kurseinbrüchen 1987 und 1998. Hierzu wird ein Modell verwendet, das verschiedene Aktienkennzahlen (Dividendenrendite, Gewinnrendite, Cashflow-Rendite und Preis/Buchwert) in Beziehung zu Renten- und Geldmarktzinsen setzt. In den USA drehen die ersten Frühindikatoren der Konjunktur nach oben (NAPM-Index, v. a. Auftragskomponente). Wirtschaftswachstum und Arbeitsmarkt sehen trübe aus, aber die Notenbank hat schon mehrfach die Zinsen gesenkt und auch die Rentenrenditen sind niedrig. Die Inflation ist kein Problem mehr. Die Unternehmensgewinne befinden sich in der Bodenbildungsphase. Offensichtlich ist die Stimmung schlechter als die tatsächliche Lage.

Die gemeinsame „Analyse" ergibt, ein Übergewicht an den Aktienmärkten aufzubauen, da Phase 4 diagnostiziert wird.

3.3.3.3 Zusammenfassung und Arbeitsaufgaben

Zusammenfassung

Neben den rein mechanischen und der technischen Analyse entstammenden Verfahren wie der „Relativen Stärke" gibt es im Wesentlichen zwei generelle Vorgehensweisen bei der Ermittlung der relativen Vorteilhaftigkeit von Asset-Klassen. Zum einen sind es Bewertungskriterien, die einen Vergleich der relativen Preiswürdigkeit vornehmen. Zum anderen sind es verschiedene investmentzyklische Denkansätze, die versuchen, aus einer Einordnung in den Konjunktur-, Notenbank-, Zinszyklus usw. eine Aussage – meist anhand historischer Referenzzeiträume – über die wahrscheinliche Vorteilhaftigkeit von Aktien, Renten oder Liquiditätshaltung zu treffen.

Der Erfolg aktiven Managements hängt von der Güte und der Häufigkeit der „Wetten“ ab.

Es existieren unterschiedliche Verfahren, um absolute oder relative Ertragsschätzer zu generieren sowie quantitative Methoden zur Prognose von Risikokennzahlen.

Häufig werden für die Attraktivitätsbeurteilung der Asset-Klassen Aktien und Renten Bewertungsmodelle und die investmentzyklische Betrachtung angewandt.

Arbeitsaufgaben

1. Ein neues „Wunder-Modell“ erzielt in allen Tests eine Information Ratio von 2. Würden Sie einen eher hohen oder eher niedrigen Tracking Error wählen?
2. Wie hoch muss bei einem Information Coefficient von 0,1 die Anzahl der Wetten sein, damit eine IR von 0,5 realisiert wird?
3. Analysieren Sie die aktuelle investmentzyklische Situation anhand der beschriebenen Kriterien und begründen Sie eine Aktien-Renten-Entscheidung.
4. Welche Quellen sind typischerweise die Grundlagen von absoluten Ertragsprognosen?
5. Nennen Sie zwei moderne Verfahren zur Volatilitätsprognose.
6. Schlagen Sie ein einfaches Modell vor, das die Bewertung von Aktien zu Renten historisch vergleicht. Wie werden unterschiedlich volatile Perioden vergleichbar?
7. Erläutern Sie die Bedeutung der Bezeichnung „Antizipationsmechanismus“ für den Aktienmarkt. Gehen Sie dabei auf Konjunktur- und Investmentzyklus ein.

3.3.4 Länder-, Sektor- und Währungs-Allocation

Die Dotierung eines Auslandsmarktes bringt zwangsläufig eine Entscheidung für die entsprechende **Fremdwährung** mit sich. Im Rahmen der Asset Allocation werden Länder-, Sektor- und Währungsebene jedoch meist voneinander getrennt. Neben einer Erweiterung des Aktionsfeldes und einer Verbesserung der Feinsteuerung von Risiken gibt es hierfür auch organisatorische Gründe. In der Praxis der Investmentgesellschaften findet man nämlich oft eine Aufgabenzuordnung, die sich an den Prognosemethoden und den damit befassten Personen orientiert. Gerade in dieser Hinsicht bestehen aber deutliche Unterschiede zwischen den Anforderungsprofilen und Spezialisierungen bei der Länder-, Sektor- und der Währungs-Allocation.

Um die Länder-Allocation gedanklich von der Währungs-Allocation zu trennen, sollte die Einschätzung der relativen Attraktivität von Auslandsmärkten zunächst auf Basis der Lokalwährungen erfolgen. Bei der Prognose des Euro-Ertrages sind danach entweder die erwarteten Wechselkursänderungen oder aber die Kosten entsprechender Hedge-Positionen explizit mit einzukalkulieren. Demnach kann der Euro-Ertrag eines Auslandsmarktes grundsätzlich in die Komponenten

- Rendite in Fremdwährung (Lokalwährung) und
- Währungsbeitrag

unterteilt werden.

3.3.4.1 Länder- und Sektor-Allocation

Unabhängig von der Währungsgewichtung zielt die Länder-Allocation darauf ab, durch das **temporäre Über- bzw. Untergewichten nationaler Märkte** gegenüber ihrem Indexgewicht Mehrerträge in Relation zur Benchmark zu erwirtschaften. Dabei liegt es auf der Hand, dass sich die Länder-Allocation innerhalb der zwingend vorgegebenen Restriktionen zu bewegen hat. So kann es beispielsweise durchaus sein, dass die Länder-Allocation von Vornherein entfällt, wenn z. B. aufgrund gesetzlicher Vorgaben grundsätzlich nur in deutschen Titeln angelegt werden darf.

Die **Allocation von Sektoren** oder Branchen gegeneinander hat seit etwa Mitte der 90er Jahre einen starken Aufschwung genommen und hat vielfach die Länder-Allocation ergänzt, wenn nicht sogar ersetzt. Sie findet primär Anwendung innerhalb vergleichsweise homogener Wirtschaftsräume, wie Euroland/Europa, in denen die klassische Länderdifferenzierung aufgrund ähnlicher oder gleicher Ausprägung der klassischen Differenzierungsmerkmale Zins, Wachstum und Währungsentwicklung immer weniger möglich ist. Gerade innerhalb Europas und insbesondere Eurolands hat es durch die Einführung des Euro und die zunehmende Harmonisierung der Wirtschaftspolitiken eine starke Hinwendung zu einem sektorbezogenen Denken gegeben. In den letzten Jahren wird jedoch zunehmend über eine „neue Divergenz“ und eine Renaissance der Länder-Perspektive und von länderspezifischen Themen diskutiert (aktuell hierzu: UBS Investment Research: „Do countries matter anymore?“, Nick Nelson, 27. März 2006, aus fundamentaler und quantitativer Sicht). Gleichzeitig hat die durch große Privatisierungen, man denke an den Telekombereich, erfolgte Verschiebung der Sektorgewichte innerhalb der Märkte dazu geführt, dass Marktaussagen immer weniger sinnvoll mit ihrer Historie verglichen werden konnten. Unterlegt wurde diese Argumentation durch signifikant zunehmende Korrelationen zwischen Werten einer Branche über Ländergrenzen hinweg, hingegen stark unterschiedlicher oder sogar gegenläufiger Entwicklungen von Sektoren gegeneinander.

Begleitet wird diese Entwicklung von einer zunehmenden Anzahl fein gestaffelter Sektor-Indizes verschiedener Indexanbieter, zunächst auf europäischer, mittlerweile auch zunehmend auf globaler Ebene. Einige Research- und Investmenthäuser haben gar versucht, einen globalen Sektor-Ansatz in ihrem Investmentprozess zu realisieren und unterstellen damit, dass die Einflussfaktoren sowie der Gleichlauf der Kurse weltweit innerhalb einer Branche größer sind als innerhalb von Ländern.

Zu Beginn des Allokationsprozesses erfolgt meist – genau wie bei der Asset-Klassen-Allocation – eine Beurteilung der relativen Länderattraktivitäten, aus der sich dann im nächsten Schritt die aktuelle Portfolio-Zusammensetzung ergibt. Die hierbei in der Praxis verwendeten Methoden lassen sich grob in **vertikale** und **horizontale Verfahren** einteilen.

Bei den **vertikalen Verfahren** erfolgt die Einschätzung der Länderattraktivitäten zunächst separat nach Märkten und relativ zur eigenen Historie. Erst in einem zweiten Schritt werden die Teilergebnisse miteinander in Beziehung gesetzt und zu einer Gesamtaussage verdichtet. Typisch für vertikale Verfahren sind Regressionsmodelle mit mehreren, für die Wertentwicklung des Marktes bedeutsamen Einflussfaktoren.

Weniger mathematisch ambitioniert sind Verfahren der **Punktbewertung** ("Scoring") über eine Vielzahl von weitgehend überschneidungsfreien Einflussgrößen.

Durch eine Addition der vergebenen Scores ergibt sich dann die Gesamtattraktivität eines Landes. Unterschiede in der Signifikanz der Beurteilungskriterien lassen sich durch eine entsprechende **Gewichtung bei der Aufsummierung** der Punktzahlen berücksichtigen. Denkbar sind in diesem Zusammenhang auch Gewichtungsfunktionen, die sich von Land zu Land unterscheiden.

Die Vorteile einer solchen **Einschätzungsmatrix** liegen in der Einfachheit und Übersichtlichkeit, der Kombinierbarkeit vielfältiger Einflussfaktoren, der Möglichkeit zur Trennung der Inputs nach Know-how-Quellen in einem Team, der Möglichkeit unterschiedlicher Gewichtungen der Faktoren und der einfachen Durchführung von Konsistenzprüfungen.

Vertikales Scoring-Verfahren					
Kriterien	**USA**	**JAP**	**GB**	**D**	**HongKong**
Gewinne					
Gewinnmomentum	2	0	1	2	2
Gewinnrevisionen	1	–2	0	–1	0
Zinsen/Monetäres					
Zinsmomentum 10j.	–1	0	–1	1	2
Steilheit Zinsstruktur	1	2	1	2	1
überschüss. Liquidität	0	1	1	0	1
Notenbankpolitik	–1	1	–1	0	1

Vertikales Scoring-Verfahren					
Kriterien	**USA**	**JAP**	**GB**	**D**	**HongKong**
Bewertung					
Histor. Vergleich	–1	1	0	0	0
Zinsvergleich	0	2	1	1	1
TOTAL (Durchschnitt)	0,13	0,63	0,5	0,63	1,0
Punktbewertung: von –2 (sehr unattraktiv) bis +2 (sehr attraktiv)					

Auf der anderen Seite ist kritisch anzumerken, dass die Gesamtpunktzahlen nicht unbedingt direkt miteinander vergleichbar sind. Die Punktwerte sind nicht „gleichnamig“. So kann z. B. der Fall eintreten, dass ein Auslandsmarkt in Relation zur eigenen Historie zwar positiv einzuschätzen ist, im

Vergleich zu anderen Ländern jedoch immer noch relativ schwach. Das vorgestellte Verfahren hat daher insbesondere dann Sinn, wenn die zu beurteilenden Länder auf lange Sicht in etwa auf dem gleichen Niveau anzusiedeln sind. Dementsprechend sollte man beispielsweise vermeiden, die relativen Attraktivitäten von Industrie- und Schwellenländern mithilfe eines einheitlichen vertikalen Scoring-Modells zu beurteilen. Hierfür eignen sich eher vertikale Modelle, die mit expliziten Punktschätzungen für die zu erwartenden Erträge arbeiten. Explizite Punktschätzungen liefern beispielsweise die ökonometrischen Faktormodelle, wie sie im Rahmen der APT vorgestellt wurden. Allerdings beziehen sie sich jeweils auf einen konkreten Markt, wie z. B. den japanischen Aktienmarkt. Dabei liegt es auf der Hand, dass sich die Modellstrukturen von Land zu Land mehr oder weniger deutlich voneinander unterscheiden können. Um eine bessere Vergleichbarkeit der Ergebnisse zu gewährleisten, werden die Modelle daher in der Regel auf der Grundlage von Risikoprämien (Mehrertrag gegenüber dem lokalen, bekannten Geldmarktzins) formuliert.

Horizontale Beurteilungsverfahren setzen in ihrer Beurteilung auf der Ebene jedes einzelnen Beurteilungskriteriums die Märkte vergleichend miteinander in Beziehung. Es wird jeweils ein sofortiger Vergleich angestellt und daraus eine Rangfolge abgeleitet. Beispielhaft sei hier ein **horizontales Scoring-Schema** für fünf Sektoren vorgestellt.

Die Beurteilungskriterien sind dabei teilweise die selben wie für Länder. Innerhalb eines Wirtschaftsraumes wird jedoch üblicherweise auf allgemeine und für alle Sektoren identische makroökonomische Faktoren verzichtet, an deren Stelle treten individuelle, für die Sektoren wirksame „Makro-Faktoren", etwa Frühindikatoren für die Branchen. Dies liegt daran, dass Sektoren z.T. sehr unterschiedlich auf bestimmte Einflussfaktoren, etwa den Zins, reagieren. Während steigende Renditen für Versorger meist negativ wirken, können sie für Industrie- oder Pharmaaktien wenig bedeutsam sein.

Beurteilungskriterien	**Banken**	**Telekom**	**Gesundheit**	**Energie**	**Technologie**
Unternehmensgewinne	5	1	2	4	3
Bewertung	2	1	3	5	4
Monetäre Kriterien	1	5	2	3	4
Relative Stärke	2	4	5	3	1
Gesamteinschätzung	10	11	12	15	12

Zunächst einmal fällt bei obiger Matrix auf, dass sich die Notenskala im Vergleich zum vertikalen Scoring-Verfahren geändert hat. Der Grund hierfür ist, dass sich die Bewertungsziffern nunmehr direkt aus der Rangfolge der Sektoren im Hinblick auf das jeweilige Beurteilungskriterium ergeben. Bei der Beurteilung der Unternehmensgewinne schneiden demnach die Banken am besten (Rangzahl 5) und Telekom am schlechtesten (Rangzahl 1) ab. Im Gegensatz zum vertikalen Scoring-Modell ist somit – zumindest **auf der Ebene jedes einzelnen Kriteriums** – die **direkte Vergleichbarkeit** gegeben. Auf der Gesamtbewertungsebene gilt diese Aussage jedoch nur mit Einschränkung. Beim horizontalen Scoring-Modell wird nämlich unterstellt, dass die Abstände zwischen den Rängen gleich groß sind und jeder Faktor in jedem Land eine gleich hohe Bedeutung besitzt, daher alle Faktoren sinnvoll addierbar sind. Um die mathematische Konsistenz des Modells zu gewährleisten, dürfen die Einflussgrößen nicht mehr je nach Sektor unterschiedlich gewichtet werden. Eine Verschiedengewichtung der Faktoren müsste einheitlich über alle Sektoren erfolgen.

3.3.4.2 Währungs-Allocation

Wie bereits weiter oben dargelegt, ist die Trennung von Währungs- und Länder-Allocation sowohl auf der gedanklichen als auch auf der Handlungsebene sinnvoll. So ist es z. B. durchaus möglich – mithilfe entsprechender Transaktionen am Terminmarkt –, den deutschen Aktienmarkt in US-Dollar zu halten.

Mit jeder Auslandsanlage ist zunächst einmal ein **Mehrrisiko** verbunden, das **durch** die **Volatilität** der entsprechenden **Fremdwährung** verursacht wird. So resultiert z. B. etwa die Hälfte der Ertragsschwankung einer weltweiten Rentenanlage aus den Veränderungen der Wechselkurse, bei Aktien sind es immerhin noch etwa 20 – 25 %. Dieses Mehrrisiko wird insbesondere dann relevant, wenn den Anlagen in fremder Währung Verbindlichkeiten in heimischer Währung gegenüberstehen. Dem zusätzlichen Währungsrisiko eines internationalen Portfolios steht eine Risikominderung durch die effizientere Diversifikation gegenüber. Auf der **Ertragsseite** ist jedoch – insbesondere aus der Sicht eines deutschen Anlegers – davon auszugehen, dass das Eingehen von Währungsrisiken nicht entsprechend entgolten wird. So hat z. B. der US-Dollar seit Freigabe der Wechselkurse in den 70er Jahren gegenüber der DM bzw. dem Euro verloren. Dies ist im Übrigen kein Einzelfall: Nahezu jede Fremdwährung – Ausnahmen sind der japanische Yen und der Schweizer Franken – hat seit der Freigabe der

Wechselkurse gegenüber DM/EUR abgewertet. Aus der Sicht eines in DM (Euro) rechnenden Investors handelt es sich daher bei Währungen um Assets mit eher negativen Ertragserwartungen trotz signifikanter Risiken. Beispielsweise entspricht das Risiko des US-Dollars in etwa dem einer 60:40-Mischung aus deutschen Aktien und deutschen Renten mit langer Restlaufzeit.

Die folgende Tabelle soll noch einmal verdeutlichen, in welcher Größenordnung sich Währungserträge und Währungsrisiken auf den Anlageerfolg auswirken können.

	Ertrag p. a.	**Risiko p. a.**
S&P-500	8,60 %	15,10 %
US-$ in DM/EUR	–1,26%	9,50 %
S&P-500 in DM/EUR	7,23 %	18,78 %
Zeitraum: Ende 2001 bis 31.03.2005		

(Quelle: Datastream, eigene Berechnungen)

Ein in DM/EUR rechnender Investor wurde für den Zeitraum von 1984 bis März 2005 gegenüber einem US-Anleger mit einem Mehrrisiko in Höhe von 3,68 % konfrontiert. Man spricht bei diesem zusätzlichen Risiko auch vom **Währungsrisiko** im engeren Sinne. Demgegenüber wird die Volatilität der Fremdwährung, also im vorliegenden Fall 9,50 % p. a., als **Wechselkursrisiko** bezeichnet. Bei den Ergebnissen fällt übrigens auf, dass sich zwar die Erträge, nicht aber die Risiken (quadriert) der beiden oberen Posten zum Gesamtrisiko (quadriert) addieren lassen. Der Grund hierfür ist, dass Fremdwährung und Auslandsmarkt in aller Regel nicht vollständig positiv miteinander korreliert sind. Oftmals gilt sogar eine gegenläufige Beziehung, da in Märkten mit schwacher Währung die Unternehmen von währungsbedingten Wettbewerbsvorteilen auf dem Weltmarkt profitieren und die Aktien hiervon ebenfalls profitieren.

In Analogie zum herkömmlichen Zwei-Wertpapier-Fall lauten die Berechnungsformeln für den Gesamtertrag und das Gesamtrisiko einer Auslandsanlage in heimischer Währung vereinfacht folgendermaßen:

$$R_{i,HW} = R_{i,FW} + R_{FW}$$

und

$$\sigma^2_{i,HW} = \sigma^2_{i,FW} + \sigma^2_{FW} + 2 \cdot \rho_{(i,FW),FW} \cdot \sigma_{i,FW} \cdot \sigma_{FW}$$

wobei i = eine konkrete Auslandsanlage (z. B. US-amerikanischer Aktienmarkt), HW = Heimatwährung und FW = Fremdwährung.

Durch Einsetzen in die Varianzformel lässt sich beispielsweise für die Daten in obiger Tabelle der Korrelationskoeffizient zwischen dem amerikanischen Aktienmarkt und dem US-Dollar errechnen:

$$\underbrace{0{,}1878^2}_{\sigma^2_{S\&P,\,US\text{-}\$}} = \underbrace{0{,}1510^2}_{\sigma^2_{S\&P,\,US\text{-}\$}} + \underbrace{0{,}095^2}_{\sigma^2_{US\text{-}\$}} + 2 \cdot \rho_{(S\&P,\,US\text{-}\$),\,US\text{-}\$} \cdot 0{,}1510 \cdot 0{,}095$$

$$\Leftrightarrow \rho_{(S\&P,\,US\text{-}\$),\,US\text{-}\$} = \frac{0{,}1878^2 - 0{,}151^2 - 0{,}095^2}{2 \cdot 0{,}151 \cdot 0{,}095} = 0{,}1206$$

Dieses Ergebnis zeigt eine leicht positive Korrelation zwischen Dollar und Aktienmarkt in lokaler Währung. Das Wechselkursrisiko schlägt somit, zumindest bei der Anlage an ausländischen Aktienmärkten, nicht voll durch. Bei einem kritischen Korrelationskoeffizienten in Höhe von:

$$\rho^*_{(i,FW),FW} = -0{,}5 \cdot \frac{\sigma_{FW}}{\sigma_{i,FW}}$$

– hier – 0,3146, kürzt sich das Wechselkursrisiko gar völlig heraus. Das Währungsrisiko im engeren Sinne wäre in diesem Fall gleich null. Liegt ρ noch darunter, ist das Risiko der Auslandsanlage – zugegebenermaßen ein seltener Fall – in Euro sogar geringer als in Lokalwährung.

Bei einer Anlage in verschiedenen Fremdwährungen hängt das Währungsrisiko zusätzlich noch von der Korrelation der Wechselkurse untereinander sowie von den Kreuzkorrelationen zwischen den einzelnen ausländischen Assets und den Wechselkursen der übrigen Währungen ab.

Der oftmals geringe und aus der Sicht eines in Euro rechnenden Anlegers gar negative Ertrag fremder Währungen, bei einem gleichzeitig einzugehenden signifikanten Währungsrisiko, führt dazu, dass Fremdwährungspositionen in der Praxis häufig mit **Währungstermingeschäften** bzw.

Währungs-Futures oder -Swaps abgesichert werden. Das klassische, nicht standardisierte Termingeschäft stellt dabei in Deutschland die übliche Form des Hedgings dar. Anleger, die Assets in fremder Währung halten (Long-Position), verkaufen hierbei die entsprechenden Fremdwährungen per Termin (Short-Position). Bis zum Fälligkeitstag wird damit der Wert der Fremdwährung in Euro festgeschrieben und das Währungsrisiko vollständig eliminiert. Termingeschäfte werden in aller Regel nicht physisch erfüllt, sondern durch ein Gegengeschäft glattgestellt. Sollte der Wechselkurs der Fremdwährung tatsächlich gefallen sein, so kompensiert der Gewinn aus dem Termingeschäft den Währungsverlust der Auslandsanlage.

Ändert sich der Kurswert der Auslandsanlage in Fremdwährung, so erhöht bzw. verringert sich damit der abzusichernde Währungsgegenwert. Das Volumen des Termingeschäfts müsste dann dementsprechend dynamisch angepasst werden. Oft wird man daher in der Praxis keine vollständige Absicherung (full coverage) des momentanen Währungsgegenwerts vornehmen. Neuere Instrumente, wie z. B. die so genannten Quanto-Options, ermöglichen demgegenüber eine automatische Anpassung des Geschäftsvolumens.

Probleme kann die Absicherung von „exotischen" oder relativ unbedeutenden Randwährungen bereiten. Eine praktikable Vorgehensweise, die Währungsrisiken jedoch nicht völlig zu eliminieren vermag, ist das Bilden von Währungsblöcken und das Hedgen der jeweiligen Leitwährung eines Blocks. So lassen sich beispielsweise HK-Dollar und AUS-Dollar mithilfe des US-Dollar oft, aber nicht immer hinlänglich hedgen (Cross Hedge).

Das Hedgen von Währungsrisiken verursacht – aus der Sicht eines in einer Niedrigzins- und Hartwährung wie Euro rechnenden Investors – in der Regel Kosten, die den Ertrag der Auslandsanlage schmälern. Die **Hedge-Kosten** werden **durch** die **Zinsdifferenzen** zwischen den Fremdwährungen und der Heimatwährung determiniert. Sie führen dazu, dass der Terminkurs einer – im Vergleich zur Heimatwährung – höher verzinslichen Währung unterhalb des aktuellen Kassakurses liegt. Man sagt auch, die Währung wird mit einem **Terminabschlag (Deport)** gehandelt. Allgemein ergibt sich die Differenz zwischen dem Termin- und Kassakurs folgendermaßen:

$$TK_{FW} = KK_{FW} \cdot \frac{1+i_{HW}}{1+i_{FW}}$$

wobei TK den Terminkurs, KK den Kassakurs und i den aktuellen Zinssatz bei einer vorgegebenen Laufzeit darstellt. Dieser Zusammenhang ergibt sich aufgrund einer einfachen **(Cost of Carry) Arbitrage-Überlegung**. Würden sich beispielsweise Termin- und Kassakurs einer Fremdwährung trotz eines höheren Zinsniveaus im Vergleich zur Heimatwährung entsprechen, so würde dies die folgende Arbitrage-Möglichkeit eröffnen: Kauf der Fremdwährung in der Kasse und Anlage des Betrages zum höheren Zins bei gleichzeitigem Verkauf der Fremdwährung per Termin. Durch diese Transaktionen ließe sich ein risikoloser Mehrertrag in Höhe der bestehenden Zinsdifferenz erzielen. Ist die Zinsdifferenz zwischen den Währungen größer als diejenige zwischen Soll- und Habenzins in der Heimatwährung, so könnte ein Arbitrageur bei dieser Konstellation unbegrenzt hohe Gewinne erzielen, indem er die Auslandsanlage kreditfinanziert.

Ein solches Ungleichgewicht hat in einem kompetitiven Markt nicht lange Bestand. Die erhöhte Nachfrage am Kassamarkt sowie das erhöhte Angebot am Terminmarkt sorgen für eine dementsprechende Anpassung der Kurse bis zu dem Punkt, an dem sich die oben dargestellten Arbitrage-Transaktionen nicht mehr lohnen.

Bislang lag das Hauptaugenmerk auf dem zusätzlichen Risiko, das mit einem Engagement in Fremdwährungen verbunden ist. Implizit wurde dabei unterstellt, dass man als Portfolio-Manager darauf abzielt Währungsrisiken möglichst vollständig zu eliminieren. Bei der **TAA** steht jedoch die mit einem Investment verbundene **Chance im Vordergrund**. Währungsrisiken werden hierbei bewusst eingegangen, um Mehrerträge gegenüber der Benchmark erzielen zu können. Das aktive Abweichen von der in der Benchmark formulierten neutralen Währungsposition erfolgt dabei auch hier aufgrund einer aktuellen Einschätzung der relativen Attraktivitäten. Allerdings stellen sich Währungsprognosen in der Praxis immer wieder als besonders schwierig heraus. Ein Grund hierfür könnte sein, dass der **innere Wert einer Währung in ihrer Kaufkraft** liegt. Arbitrage-Überlegungen, die auf einer Verletzung der Kaufkraftparitäten beruhen, lassen sich jedoch aufgrund von Handelsschranken, Transaktionskosten und sonstigen regulativen Maßnahmen besonders schwer in die Tat umsetzen. Zudem wird das Geschehen an den Devisenmärkten nicht allein von Transaktionen bestimmt, denen ein Güter- bzw. Dienstleistungsaustausch zwischen den Ländern zugrunde liegt. Bei einem Großteil des Handelsvolumens handelt es sich um reine Finanztransaktionen, die oftmals die Handelstransaktionen überkompensieren. Viele Investmentgesellschaften sind deshalb dazu übergegangen, aufgrund der extrem schwierigen Währungsprognose die Abweichungsrisiken in diesem Punkt gering zu halten.

Liegen dennoch aktive Währungsprognosen vor, so lässt sich eine von der Benchmark und auch von der aktiven Länder-Allocation abweichende Gewichtung der Fremdwährungen relativ leicht mithilfe der Devisenterminmärkte realisieren. Von besonderer Relevanz für den Portfolio-Manager ist auch hier wieder das Abweichungsrisiko, das er – in Relation zur Benchmark – mit einer aktiven Gewichtung der Fremdwährungen eingeht.

Da die gewünschte Währungspositionierung dabei „über die Ländergewichtung gelegt" wird, spricht man auch von einem **Währungs-Overlay**. Die Fremdwährung wird dabei als völlig separates Asset betrachtet, das nicht nur separat eingeschätzt, sondern frei mit anderen Assets kombiniert bzw. von diesen getrennt werden kann. Das folgende Beispiel verdeutlicht, wie man mithilfe eines Währungs-Overlays eine aktive Währungspositionierung vornehmen kann, ohne dabei die Entscheidungen, die im Rahmen der Länder-Allocation getroffen wurden, zu tangieren.

Asset	**Ertrag 2005**	**US-Anleger**		**Dt. Anleger**	
		ungesichert	gesichert	ohne Währungs-Overlay	mit Währungs-Overlay
1	2	3	4	5	6
DAX	27 %	long	long	long	long
DM-Cash	2 %		short		short
S&P-500	3 %				
US-$-Cash	3,5 %		long		long
US-$ in DM	12 %				offen
DM in US-$	–12 %	offen			
Performance:		15 %	28,5 %	27 %	40,5 %

(Quelle : COMINVEST)

Für das Jahr 2005 hätte ein amerikanischer Anleger einen 12 %igen Währungsverlust erlitten, wenn er seine Position im DAX nicht währungsgesichert hätte. Von 27 % Kursgewinn blieben somit nur ca. 15 % übrig. Die Hedge-Position („short" DM-Cash, „long" US-$-Cash) hätte ihm den Währungsverlust erspart und die Zinsdifferenz zwischen beiden Ländern in Höhe von 1,5 % Hedge-Ertrag zusätzlich erbracht. Sein Gesamtertrag hätte in diesem Fall sogar 28,5 % betragen (Spalte 4).

Ein in Euro rechnender Anleger hätte jedoch zusätzlich zur positiven Entwicklung des deutschen Aktienmarktes auch vom Anstieg des US-Dollar profitieren können. Hierzu hätte er sein DM-Engagement im DAX per Termin in US-Dollar tauschen müssen. In diesem Fall würde er den **deutschen Aktienmarkt in US-Dollar** halten. Seine Performance würde sich um 13,5 % auf 40,5 % erweitern (Währungsgewinn in Höhe von 12 % und Zinsdifferenz in Höhe von 1,5 %). Für den Gesamtertrag von Asset i bei Währungs-Overlay gilt allgemein folgender Zusammenhang:

$$R_{i,HW} = x_i \cdot \left[R_{i,FW} + HP\right] + x_{FW} \cdot \left[R_{FW} - HP\right]$$

im letzten Fall

$$= 100\,\% \cdot [27 - 0] + 100\,\% \cdot [12 + 1{,}5]$$

$$= 27 + 13{,}5 = 40{,}5$$

wobei HP die so genannte Hedge-Prämie darstellt, also die Zinsdifferenz aus Sicht der Heimatwährung.

3.3.4.3 Einzelwertauswahl

Eine Beschreibung von Portfolio-Management-Prozessen wäre unvollständig, würde man nicht auch auf die unterste Ebene der Entscheidungspyramide, die Einzelwertauswahl oder Titelselektion, eingehen. Ihre Bedeutung wird manchmal überschätzt, da insbesondere spektakuläre Kursentwicklungen einzelner Aktien – im Guten wie im Schlechten – ins Bewusstsein dringen, die im Rahmen eines gut diversifizierten Portfolios und mit „normaler“ Prognosefähigkeit jedoch nur sehr gedämpften Einfluss auf die Gesamtanlage haben. Ebenso trifft es meist zu, dass ein überdurchschnittlich „guter“ Wert in einem „schlechten“ Sektor oder Land sich weniger gut entwickelt als ein unterdurchschnittlicher Einzelwert in einem sich besonders gut entwickelnden Marktsegment. Allerdings bedeutet ein ausschließlich top-down ausgerichteter Prozess einen hohen Informationsverlust, v.a. in sehr heterogenen Segmenten, für die eine Pauschalaussage wenig sinnvoll ist. Zusätzlich hilft eine bottom-up erzielte Validierung von Top-Down-Prognosen, eine stimmige Investmentstrategie und ein erfolgreiches Portfolio zu erreichen.

Ist die Einzelwertauswahl eingebettet in einen systematischen Asset-Allocation-Prozess, erfolgt sie in aller Regel innerhalb der jeweils übergeordneten Anlageklasse, also innerhalb von Ländern oder innerhalb der Sektoren. In großen Investmenthäusern existieren häufig zu diesem Zweck „Sektor-Teams", „Länder-Spezialisten" oder „regionale Kompetenzzentren" für die enge und zeitnahe Verfolgung der Titel sowie für daraus abgeleitete Empfehlungen oder Entscheidungen.

Auch hier setzt sich immer stärker die Kategorisierung nach Sektoren und Branchen durch, um gezielt Ähnliches mit Ähnlichem zu vergleichen und Spezialisten-Know-how nutzen zu können.

Stärker als auf Länder- oder Sektorebene wird bei Einzelwerten auf die Individualität abgestellt. Insbesondere in den für den Laien schwer verständlichen Branchen z.B. des Technologie- und Biotech-Bereiches entscheiden oft „weiche" Faktoren, etwa unterschiedliche Ausrichtung auf Produkte, Forschungsprojekte oder Schnelligkeit am Absatzmarkt, über späteren Erfolg. Dies gilt ansatzweise aber auch z. B. für die unterschiedliche Modellpolitik von Automobilunternehmen, die Tarifpolitik von Versorger- und Telekommunikationsunternehmen oder das frühe Erfassen von Modetrends und Präferenzen bei Konsumgüterherstellern.

Grundsätzlich hat der aktive Portfolio-Manager drei Möglichkeiten, durch Einzelwertauswahl Überrenditen zu erzielen:

- Er gewichtet die Titel im Benchmark-Index anders als der Index dies tut.
- Er mischt am Markt gelistete Titel zu, die nicht im Benchmark-Index enthalten sind.
- Er kauft aus Platzierungen oder Neuemissionen Aktien, die bislang nicht am Markt erwerbbar waren und erweitert damit nochmals sein Anlageuniversum.

Unterschiedliche Portfolio-Manager suchen unterschiedliche Charakteristika in Aktien. Internationalen Konventionen folgend werden die Anlagestile von Portfolio-Managern bei der Einzelwertauswahl häufig nach den Hauptkategorien **„Growth" und „Value"** klassifiziert sowie nach der Größe, d.h. Marktkapitalisierung, der Titel, in die sie schwerpunktmäßig investieren, als **„Large", „Small" oder „Mid Cap"- Manager**. Mischformen oder Portfolios ohne klare Stilausprägung werden häufig als „Blend" oder „Core" bezeichnet.

Diese Klassifizierung hilft Anlegern wie auch Consultants und Rating-Agenturen, den Anlagestil von Portfolio-Managern zu beschreiben, aber auch sinnvolle Vergleichsgruppen zu bilden, innerhalb derer wiederum entsprechend fair die Anlageerfolge verglichen werden können.

Während der „Growth"-Stil ein Portfolio-Management bezeichnet, das in der Einzelwertauswahl nach erfolgreich und überdurchschnittlich stark wachsenden Unternehmen sucht, bezeichnet „Value" die Fokussierung auf „Substanz", d.h. eine vergleichsweise günstige Bewertung.

Der international führende Indexanbieter MSCI gibt beispielsweise für seinen „Growth-Score" die fünf Kriterien: geschätztes lang- und kurzfristiges Wachstum, interne Wachstumsrate sowie die Regression historischer Umsatz- und Gewinnwachstumsraten vor. Der „Value-Score" hingegen wird definiert als gleichgewichtetes Mittel aus Dividendenrendite, Preis/Buchwert-Verhältnis und Kurs/Gewinn-Verhältnis. Es fällt auf, dass die Growth-Kriterien sowohl die Wachstumshistorie als auch die Wachstumserwartungen einbezieht. Durch diese Kenngrößen werden einzelne Aktien nach der Klassifizierung der Indexanbieter zu „Growth-Stocks" oder „Value-Stocks".

Empirisch zeigt die Mehrheit der Studien – einen guten Überblick geben Lakonishok/Chan (Louis K. Chan, Josef Lakonishok: „Value and Growth Investing: Review and Update", in: Financial Analysts Journal, Vol. 60, No.1, Jan./Feb. 2004) –, dass Value-Aktien, also Werte mit besonders günstigen Bewertungsrelationen, in der Mehrzahl der Jahre eine signifikant überdurchschnittliche Wertentwicklung aufweisen, zusätzlich meist sogar gepaart mit geringerer Volatilität. Dieses zweite, der Kapitalmarkttheorie auf den ersten Blick widersprechende Ergebnis, gilt ganz besonders in schwachen Marktphasen mit negativer Kursentwicklung.

Der Grund für die Überlegenheit von „Value" dürfte darin zu suchen sein, dass sich in den Kursen teurer Aktien hohe Erwartungen widerspiegeln, die häufig irgendwann enttäuscht werden. Die „Schwerkraft" fundamentaler ökonomischer Gesetze und Zyklen gilt für alle, und ein Unternehmen, das Jahr für Jahr deutlich überdurchschnittliche Erfolge vorweist, am besten sogar hoch gesteckte (und damit bereits eingepreiste) Erwartungen noch übertreffen kann, ist selten – seltener allemal, als es hoch bewertete „Growth"-Aktien gibt.

Bei den günstigen „Value"-Aktien handelt es sich hingegen oft um vom Markt vernachlässigte und ungeliebte Werte, die häufig in der Vergangenheit enttäuscht haben oder aber einfach „langweilig" sind und wenig im Brennpunkt des Interesses stehen. Hier reichen, spiegelbildlich, angesichts geringer Markterwartungen, manchmal schon ausbleibende Enttäuschungen, kleine positive Überraschungen oder eine ganz allmähliche Verbesserung der Fundamentals, um eine überdurchschnittlich positive Kursentwicklung auszulösen. Hinzu kommt die in der Regel höhere Dividendenrendite, die einen zusätzlichen und vergleichsweise stabilen Return-Beitrag liefert. (Zu diesem Themenkomplex siehe Robert A. Haugen: The New Finance – The Case Against Efficient Markets, 2nd Edition, Prentice Hall, 1999.)

Auffällig an den meisten Studien ist jedoch, dass nicht wirklich „Value" mit „Growth" verglichen wird, z.B. nach den oben von MSCI skizzierten Kriterien. Es wird vielmehr „Value" gegen **„Non-Value"** gestellt, indem Quartile oder Dezile von „billig" bis „teuer" gebildet werden, meist nach Dividendenrendite, KGV oder Preis-/Buchwert, und deren Wertentwicklung über viele Jahre inklusive periodische Rebalancierung verglichen wird. Richtigerweise werden die teuersten Werte dann häufig nicht als „Growth", sondern z.B. als „Glamour" bezeichnet (einen aktuellen Überblick für den US-Markt und internationale Märkte geben The Brandes Institute: Value vs. Glamour, October 2005).

Eine Klassifizierung, die, wie früher üblich und heute immer noch anzutreffen, „Growth" als das Gegenteil von „Value" definiert, nämlich als die Titel, die unterdurchschnittlich attraktiv bewertet sind, begeht damit eine Ungenauigkeit. Das Gegenteil von „Value" ist nicht „Growth", sondern „Non-Value", und dies ist in der Tat ein Rezept zur Underperformance in der Mehrzahl der Zeitperioden. Umgekehrt heißt dies, dass offensichtlich „billige" Aktien sich besser entwickeln als offensichtlich „teure", der Faktor Bewertung also eine große Bedeutung bei der Einschätzung von Einzelwerten hat.

Nichts spricht jedoch gegen eine sinnvolle Kombination aus „Growth"- und „Value"-Kriterien, um aus beiden Blickwinkeln attraktive Aktien herauszufiltern. Selbst der so genannte Urvater der Value-Investoren, Benjamin Graham, führte in seinen Kriterien für die Auswahl von Aktien neben „Value"-Indikatoren auch „Growth"-Kriterien wie das „Wachstum des Gewinns pro Aktie von über 7% im Durchschnitt der letzten 10 Jahre" auf. Je strenger die Auswahlkriterien in ihrer Summe sind, desto weniger Aktien aus einem Anlageuniversum werden diese Hürde nehmen, umso größer sollten jedoch die Erfolgschancen dieser Auswahlwerte sein.

Eine als **„GARP"** bezeichnete Spielart (= „Growth at a reasonable Price") versucht, Growth und Value dergestalt zu verknüpfen, dass zunächst nach Growth selektiert wird und innerhalb dessen nach vernünftig („reasonable") bewerteten Aktien. Die Umkehrung könnte „VARG", also „Value at reasonable Growth" heißen. Hier würde – was statistisch signifikant chancenreicher ist – zunächst nach Value-Aktien gefiltert, und innerhalb dieses Universums würden die Werte selektiert, die gleichzeitig die vorgegebenen Growth-Kriterien erfüllen.

Die Verknüpfung von mehreren Kriterien ist als **Filtern** oder **„Screening"** bekannt (s. auch: „Ben Graham – The Father of Screening", in: Aswath Damodaran – Investment Philosophies, Wiley Finance, 2003, S. 221).

Wird dies zum Zwecke einer Vorauswahl einer individuellen Analyse von Einzelwerten vorgeschaltet, nennt man es auch **„Pre-Screening"** und es dient der **Ideengenerierung** von Portfoliomanagern oder Finanzanalysten. Voraussetzung von Screening-Techniken ist lediglich die Quantifizierbarkeit von objektiven Kriterien über alle Unternehmen des Investmentuniversums. Letztendlich beruhen auch die meisten Konzepte quantitativ-aktiven Managements auf der Basis von quantitativ erfassbaren, fundamentalen Kriterien, die nach hauseigenen „Rezepten" kombiniert und ohne Einschaltung menschlicher Einschätzungen umgesetzt werden.

Ein auf den ersten Blick gutes Unternehmen ist noch nicht unbedingt ein gutes Investment. Der Ideengenerierung bzw. dem Screening folgt daher in aller Regel eine weitere, eingehende **finanzanalytische Bewertung** der Unternehmen. Diese erfolgt üblicherweise nach sektorspezifischen Kriterien. Während für die „traditionellen" Unternehmen auch die etablierteren Kennziffern Verwendung finden, etwa Vergleiche des KGV, Kurs/Cashflow-Verhältnis oder der Kapitalverzinsung, wurden gerade zum Ende der 90er Jahre für die „New-Economy"-Unternehmen auch neue Bewertungsmaße entwickelt. Diese zielen häufig darauf ab, noch nicht vorhandene, minimale oder aber stark schwankende Gewinne außer Acht zu lassen und auf einer vorgelagerten Stufe der Gewinnermittlung anzusetzen. Populär ist hier z. B. die Vergleichsgröße „Enterprise Value (EV) zu EBITDA", wobei der EV der bereinigte Marktwert des Unternehmens ist, der EBITDA (Earnings before Interest, Taxes, Depreciation and Amortization) eine Ertragsgröße vor Zinsen, Steuern, Abschreibungen und Goodwill-Abschreibung.

Das Risiko in dieser immer weiteren Entfernung von der „Bottom Line", also vom schlussendlichen Gewinn pro Aktie, ist, dass jedes Unternehmen trotz aller dem Vergleich dienenden Bereinigungen Zinsen bezahlen und Abschreibungen vornehmen muss. Irgendwann muss die Ertragskraft hierzu ausreichen, sonst gerät – wie insbesondere am Neuen Markt erlebt – die Existenz des Unternehmens in Gefahr, insbesondere dann, wenn die immer weitere Zuführung neuen Kapitals ins Stocken gerät, zum Beispiel durch eine Verschlechterung des Börsenklimas.

Hilfreich sind für eine Vielzahl von Branchen systematische und einheitliche Bewertungsmodelle etwa auf **DCF- (Discounted Cash Flow)** Basis. Hierbei wird eine für die nähere Zukunft unternehmensspezifisch ermittelte Ertragsprognose mit längerfristigen und häufig brancheneinheitlichen Trendwachstumsvoraussagen kombiniert und mit einem risikoadjustierten und die Kapitalstruktur berücksichtigenden Diskontierungssatz („WACC" = Weighted Average Cost of Capital) auf den aktuellen Zeitpunkt abgezinst. Der Gegenwartswert dieser Zahlungsströme wird anschließend mit dem aktuellen Börsenkurs verglichen und eine Über- oder Unterbewertung diagnostiziert. Positiv ist die hohe Nachvollziehbarkeit und theoretische Fundierung, die zu einer vergleichbaren Ausgangsbasis für weitergehende Analysen führt. Nachteilig ist die hohe Sensitivität gegenüber Änderungen des Diskontierungssatzes und der langfristigen Wachstumsannahmen sowie die Gefahr einer zu wenig individuellen Betrachtung des Unternehmens.

Ergänzt werden diese Verfahren auf Seiten professioneller institutioneller Anleger häufig durch intensive **Unternehmenskontakte**. Hierbei sollte auf die Kriterien Produkte, Marktstellung und Management besonderer Wert gelegt werden.

In diesem Zusammenhang wird auch in Deutschland immer mehr Offenheit von den Unternehmensführern erwartet. Die Bindung von Managergehältern an die Ertragslage sowie die zunehmende Bezahlung durch Aktien oder Aktienoptionen des eigenen Unternehmens machen die Vorstände auch der größten Börsenschwergewichte sensibel für eine konsequent gewinnorientierte Politik sowie für die Wünsche der Börse und somit der Analysten und Großanleger. Längere Zeit schwache Ertragslage, Verstekken von Gewinnen, unklare strategische Ausrichtung und mangelhafte Kommunikation zu den Investoren werden eindeutig zum K.o.-Kriterium für Vorstandschefs.

Innerhalb des Portfolio-Management-Prozesses ist eine schnelle Kommunikation von aktuellen Einzelwerteinschätzungen wichtig. Je größer ein Investmenthaus, desto mehr entscheidet die **Informationsinfrastruktur** über seinen Erfolg. Die einzelnen Schritte der Prozesskette – z.B. makroökonomischer Research, Marktanalyse, Allokation von Ländern/Sektoren, Einzelwertauswahl, Handel – müssen effizient, schnell und fehlerfrei ineinandergreifen. Dies wird bzgl. Einzelwerten häufig über die Zurverfügungstellung von transparenten Empfehlungslisten, Kauflisten oder Musterportfolios realisiert. Letztere werden manchmal direkt „bottom-up" in die Länder- oder Sektorgewichte „eingebaut" und sollen über einen positiven Performancebeitrag das Gesamtportfolio mit dezentralem Spezialisten-Know-how verstärken.

3.3.5 Portfolio-Optimierung

Nach der Frage, wie man zu einer Einschätzung der relativen Attraktivitäten von Assets gelangt, besteht der nächste Schritt in der Umsetzung aktiver Ertrags- und Risikoprognosen in eine effektive Portfolio-Gewichtung.

Auch im Rahmen der TAA muss dabei das Ziel sein – wie dies schon bei der SAA auf lange Sicht gilt – ein effizientes Portfolio zu generieren. Schließlich möchte man auch kurz- bis mittelfristig bei gegebenem Risiko ungern auf einen zusätzlichen Ertrag verzichten. Im Übrigen war ja gerade die temporäre Ineffizienz der Benchmark die Antriebsfeder für ein aktives Vorgehen. Das Auffinden effizienter Portfolios wird durch das Verfahren von Markowitz ermöglicht. In der Praxis wird in der Regel von Vollinvestments (keine Liquiditätshaltung) ausgegangen, Short-Positionen werden ausgeschlossen. Die **Optimierung** wird entweder **absolut** mit dem sicheren Zins als Ausgangspunkt, häufiger aber **relativ zur Benchmark** durchgeführt. Man setzt also als Daten-Input relative Erträge und relative Risiken (aktives Risiko = Tracking Error) ein.

Portfolio-Optimierung mithilfe des Markowitz-Verfahrens

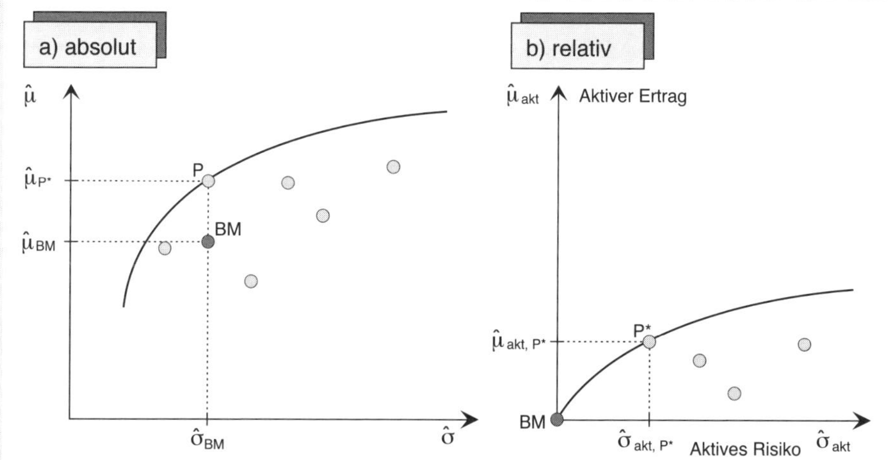

Abbildung 71

Aus obiger Abbildung ergibt sich, dass man von einer temporären Ineffizienz der Benchmark (BM) ausgeht. Das Ziel der TAA ist nunmehr, ein auf der Basis aktiver Prognosen effizientes Portfolio zu generieren. Ein solches ist beispielsweise durch das Portfolio P* gegeben. Das absolute Risiko dieses Portfolios entspricht dabei dem BM-Risiko und somit dem Auftrag des Anlegers (siehe Abbildung 71 a). Bei einem aktiven Abweichen von der BM-Gewichtung ist immer auch von einem Abweichungsrisiko auszugehen, gleichgültig, ob das absolute Risiko (Volatilität) gleich bleibt, verringert oder erhöht wird. Selbst bei identischem absoluten Gesamtrisiko kann sich dieses anders als in der Benchmark im Portfolio aus systematischen und unsystematischen Risiken zusammensetzen und somit ein Tracking-Error-Risiko begründen (siehe Abbildung 71 b).

In der Abbildung 71 ist bezüglich P* unterstellt, dass ein aktives Risiko von $\hat{\sigma}_{akt,P*}$ eingegangen werden muss, um ein nach Markowitz effizientes Portfolio (siehe Abbildung 71 a) zu generieren. In Abbildung 71 b liegen auf der Kurve links von P* diejenigen Portfolios, die nicht Markowitz-optimal, aber immerhin besser als die Benchmark sind. In der Praxis wird man – je nach gewünschtem $\hat{\sigma}_{akt}$ – oftmals mit einem dieser Portfolios vorlieb nehmen.

Dies bedeutet: es kann passieren, dass – bei richtigen Prognosen! – das effiziente Portfolio* bei gleicher Volatilität dennoch nicht realisiert wird, weil dem Portfolio-Manager „sein" Risiko (Tracking Error) zu groß wird. er muss ja davon ausgehen, dass er sich irren könnte. Umgekehrt: Bewegt sich der Manager vom BM nach links in der Grafik 71 bis zur Effizienzkurve, erhöht er zwar den risikoadjustierten Ertrag, er wird dies jedoch vermeiden, da er – ohne Mehrertrag zu erzielen – seinen Tracking Error und damit sein „Manager-Risiko" ausweitet.

Hier zeigt sich, dass trotz aller Sinnhaftigkeit der „Benchmark-Denkweise" im konkreten Fall Manager- und Anlegerinteressen nicht immer identisch sind.

Um zu Prognosen für den relativen Ertrag und das relative Risiko zu gelangen, greift man in der Praxis häufig auf das Single-Index-Model (SIM) von Sharpe zurück. Der benchmarkunabhängige Bestandteil der Ertragsprognose lautet in diesem Fall:

$$\hat{\alpha}_i = \hat{R}_i - \hat{\beta}_i \cdot \hat{R}_{BM}$$

Trotz einer gewissen Inkonsistenz mit der ursprünglichen Terminologie des SIM wird $\hat{\alpha}$ oft als **Residual Return** bezeichnet.

Bei allen drei Inputs auf der rechten Seite der Gleichung handelt es sich um Prognosen respektive um Schätzwerte (deshalb auch die „Dächer" über den Symbolen). Dabei wird die Risikogruppe $\hat{\beta}_i$ in aller Regel aus Vergangenheitsdaten abgeleitet ebenso wie das relative Risiko, der **Tracking Error**:

$$TE = \sqrt{(\beta_i - 1)^2\ \hat{\sigma}^2_{BM} + \hat{\sigma}^2_{\varepsilon_i}}$$

Hierbei handelt es sich um die Residualvolatilität aus dem SIM $\hat{\sigma}^2_{\varepsilon_i}$; zuzüglich der Abweichung des systematischen Risikos von dem der Benchmark durch Differenz des Portfolio-Betas von 1.

Die so ermittelten Residualerträge und -Volatilitäten dienen nunmehr direkt als Daten-Input für das Markowitz-Verfahren. Ein Zwischenschritt wird jedoch dann benötigt, wenn die Ertragsprognosen lediglich in einer ordinalen Metrik vorliegen.

In diesem fall lässt sich nach Grinold das folgende Adjustierungsverfahren verwenden (Grinold, 1994):

$$\hat{\alpha}_i = RS_i \cdot IC_i \cdot \hat{\sigma}_{\tilde{\varepsilon}_i}$$

Der adjustierte Residual Return („Alpha") setzt sich demnach aus den Komponenten **Residual Score (RS)**, Residualvolatilität und dem **Information Coefficient (IC)** als Ausdruck der Prognosegüte oder -konfidenz zusammen. Mit diesem Verfahren wird eine Spreizung ordinal-skalierter Attraktivitäten – der Scores – erreicht.

Die Berechnung des **Residual Scores** (oder „Signal Returns") erfolgt analog zu der Vorgehensweise bei der Berechnung des Residual Returns bei intervall-skalierten Werten (siehe Formel oben):

$$RS_i = S_i - \hat{\beta}_i \cdot S_{BM}$$

wobei es sich bei der Variablen S beispielsweise um den Punktwert aus einem Scoring-Modell und bei S_{BM} um den gewichteten Score der Benchmark handelt. Hierdurch wird das individuelle Signal S um eine benchmarkbezogene Komponente bereinigt.

Der zweite Faktor im Adjustierungsverfahren von Grinold ist der **Information Coefficient**. Er gibt die Korrelation zwischen prognostizierten und tatsächlich realisierten Erträgen an. Man spricht daher in diesem Zusammenhang häufig auch von der **Prognosegüte**. Diese kann sowohl intuitiv gesetzt werden als auch auf einer objektiven statistischen Analyse historischer Prognosen beruhen. Eine hohe Konfidenz bei der Attraktivitätsbeurteilung wirkt sich – nach obiger Formel positiv auf die Höhe des prognostizierten Ertrages aus. Erfahrungsgemäß bewegt sich der IC dabei in einem Intervall von 0,01 bis 0,1.

Neben dem IC wirkt sich auch eine höhere **Residualvolatilität** positiv auf die Ertragsprognose aus. Dies führt dazu, dass bei zwei qualitativ gleich gut beurteilten Assets dasjenige bevorzugt wird, das die höhere Eigenvarianz aufzuweisen hat, das positive Signal also durch sein ausgeprägtes „Eigenleben" stärker umsetzt.

Das oben skizzierte Verfahren zur Übersetzung eher qualitativer Attraktivitätsmaße in quantitative Ertragsprognosen soll noch einmal anhand des folgenden Zahlenbeispiels demonstriert werden:

Markt	**BM-Gewicht**	**Score**	**Beta**	**Residual Score**	**IC**	**Residual-volatilität**	**Alpha**
USA	40%	–1	0,9	–1,18	0,05	08,9%	–0,525%
JAP	30%	+1	1,1	0,78	0,04	14,8%	+0,462%
D	10%	+2	1,1	1,78	0,10	16,2%	+2,884%
GB	10%	–1	0,8	–1,16	0,05	10,4%	–0,603%
HoKo	10%	+2	1,2	1,76	0,01	13,5%	+0,238%
Benchmark	100%	+0,2	1,0	0,00		–	–

Für den deutschen Markt ergibt sich der adjustierte Residual Return beispielsweise aus den folgenden Berechnungen:

- *Zunächst ist der Residual Score zu bestimmen:*

$$RS_D = \underbrace{2}_{S_D} - \underbrace{1{,}1}_{\beta_D} \cdot \underbrace{0{,}2}_{S_{BM}} = 1{,}78$$

- *In einem zweiten Schritt wird dann der Residual Return ermittelt:*

$$\hat{\alpha}_D = \underbrace{1{,}78}_{RS_D} \cdot \underbrace{0{,}10}_{IC_D} \cdot \underbrace{16{,}2\%}_{\hat{\sigma}_D} = 2{,}884\%$$

Es wird somit ein Mehrertrag gegenüber der Benchmark in Höhe von ca. 2,9 % prognostiziert. Dieser Wert fließt als relative Ertragsprognose für den deutschen Markt in das mathematische Optimierungsverfahren nach Markowitz ein. Wie man anhand eines Vergleichs zwischen Deutschland mit hoher und Hong Kong mit geringer Prognosegüte sieht, kann das Verfahren – selbst für den Fall, dass qualitativ keine Unterschiede zwischen zwei Assets gemacht werden können – zu sehr unterschiedlichen Ertragsprognosen führen.

Die gängigen Optimierungsprogramme errechnen entweder ein ertragsmaximales Portfolio für ein vorgegebenes (relatives) Risikoniveau oder ein risikominimales Portfolio bei einem geforderten Ertrag. Sie ermöglichen in der Regel auch die Berücksichtigung einer ganzen Reihe zusätzlicher **Restriktionen**:

- Beschränkung der Leerverkaufsmöglichkeiten;
- Umsatzbeschränkungen: Umschichtungsaktivitäten im Rahmen der TAA bedeuten die Verursachung von Transaktionskosten. Hierfür werden häufig Obergrenzen festgelegt;
- Festlegung von Obergrenzen für die Abweichung von der Benchmark-Gewichtung für Länder, Regionen, Sektoren, Größenklassen etc.;
- Festlegung einer maximal zu tolerierenden Ausfallwahrscheinlichkeit;
- Vorgabe des gewünschten Portfolio-Betas.

Bei der Setzung von Nebenbedingungen sollte man sich jedoch darüber im Klaren sein, dass das so ermittelte „optimale“ Portfolio – bei Aktivierung zumindest einer der Nebenbedingungen – mehr oder weniger deutlich unterhalb der unrestringierten Effizienzlinie liegen wird. Auf der anderen Seite neigt die unrestringierte Optimierung zu Extremlösungen, bei denen viele Assets überhaupt nicht dotiert werden, andere dagegen „unvernünftig“ hoch (so genannte „Ecklösungen“). Die Ergebnisse werden oftmals als unplausibel empfunden und drücken nicht die „Meinung“ des Portfolio-Managers aus. Die Akzeptanz einer solchen Lösung würde darüber hinaus auch die SAA völlig auf den Kopf stellen und ein Verlassen des zusammen mit dem Investor abgesteckten Rahmens bedeuten. In aller Regel wird man daher mit Ober- und Untergrenzen bei der aktiven Gewichtung einzelner Assets arbeiten.

Ein verwandtes Problem ist, dass die mathematische Portfolio-Optimierung mithilfe des Markowitz-Verfahrens äußerst sensitiv auf eine Veränderung der Eingabeparameter – insbesondere der Ertragsprognosen – reagiert. Prognosefehler auch bei nur einem Asset können sich aufgrund der Kovarianz-Verknüpfung der Assets im Portfolio bereits signifikant auf das Ergebnis auswirken („Error Maximization“). Dies ist vor allem deshalb von Bedeutung, weil man in der Regel von einer großen Prognoseunsicherheit ausgehen muss. Oft lassen sich beispielsweise lediglich gewisse Bandbreiten angeben, in denen man den Ertrag einer Anlage erwartet. Man hat es in der Praxis somit eher mit „weichen“ denn mit „harten“ Prognosen – in Form von Punktprognosen – zu tun. Auch für diesen Fall wurden in der jüngeren Vergangenheit mathematische Verfahren entwickelt, die mit Unschärferelationen umgehen können (Fuzzy Programing). Eine Einführung in dieses Gebiet geht jedoch weit über den Rahmen dieses Fachbuchs hinaus.

Eine Möglichkeit, das Problem der subjektiven Prognoseunsicherheit zu entschärfen, besteht darin, die eigenen Erwartungen mit den im Markt enthaltenen durchschnittlichen Erwartungen aller Marktteilnehmer – dem Marktkonsens – abzugleichen. Wäre man dazu in der Lage, den Marktkonsens für jedes einzelne in den Optimierungsprozess eingehende Asset zu ermitteln, so könnte man die eigenen aktiven Prognosen noch einmal kritisch reflektieren. Darüber hinaus liegen üblicherweise nicht für alle Assets aktive Prognosen vor, sodass man an diesen Stellen den Konsensschätzer als Daten-Input für das Optimierungsverfahren verwenden könnte.

Bei der **Konsensschätzung** geht man von einem Marktgleichgewicht aus, das die durchschnittlichen Erwartungen der Marktteilnehmer widerspiegelt. Sie kommen in den aktuell bezahlten, relativen Marktpreisen zum Ausdruck. Legt man nunmehr das Marktgleichgewichtsmodell CAPM zugrunde, so kann man über die momentan geltenden Marktpreise die **impliziten Ertragserwartungen** der Marktteilnehmer ermitteln.

Der Ausgangspunkt ist hierbei das Marktportfolio, wie es im Rahmen der Kapitalmarkttheorie definiert wurde. Die Gewichtung der Assets im Marktportfolio entspricht ihren relativen Marktwerten. Legt man beispielsweise den Aktienmarkt zugrunde, so wäre der momentane Marktwert des Aktienkapitals gegeben durch: Anzahl der Aktien mal Aktienkurs. Davon ausgehend, dass die Ertragserwartungen sämtlicher Marktteilnehmer in den aktuellen Marktpreisen enthalten sind und dass zudem die Zusammensetzung des Marktportfolios bekannt ist, kann man nunmehr über eine so genannte **Rückwärtsoptimierung (Reversed Optimization)** einen Konsensschätzer für jedes im Marktportfolio enthaltene Asset ermitteln. Im Grundsatz geht man dabei folgendermaßen vor:

1. Ermittlung der Marktportfolio-Varianz durch Einsetzen in die Portfolio-Varianzformel.
2. Prognose des erwarteten Marktportfolio-Ertrags: Marktpreis des Risikos mal Marktportfolio-Varianz.
3. Ermittlung der erwarteten Erträge für jedes einzelne Asset durch Einsetzen in die Bewertungsgleichung des CAPM.

An dieser Stelle sei jedoch noch einmal darauf hingewiesen, dass die Ergebnisse dieses Verfahrens auf der Annahme basieren, dass es sich bei dem Ausgangsportfolio um ein effizientes Portfolio – genauer gesagt um das Marktportfolio – handelt. Die Konsensschätzer geben somit an, welche Erwartungswerte die Marktteilnehmer im Durchschnitt haben müssten, damit es sich bei dem Ausgangsportfolio tatsächlich um das Marktportfolio handelt.

Der Portfolio-Manager kann nunmehr die eigenen aktiven Ertragsprognosen mit dem Marktkonsens abgleichen und sich – je nach subjektiver Prognosesicherheit, ausgedrückt etwa durch den Information Coefficient (IC) – mehr oder weniger stark an ihnen orientieren oder von ihnen abweichen.

Liegen für bestimmte Assets gar keine aktiven Einschätzungen vor, so wird man in aller Regel den Marktkonsens akzeptieren, die impliziten Erträge als Daten-Input bei der Portfolio-Optimierung verwenden und hierdurch benchmarknahe Gewichtungen für diese Assets erhalten.

Die Komplexität der dargestellten Methodik, die hohe Prognoseunsicherheit, die Instabilität der Risiko- und Korrelationsdaten sowie die speziellen, oben dargestellten Probleme der Markowitz-Optimierung erklären, warum Portfolio-Manager häufig heuristische Methoden der Portfolio-Konstruktion bevorzugen. Häufig werden, ergänzt um bestimmte Grundrestriktionen über Minimum-/Maximalgewichte, max. Titelanzahl u.a., die Portfoliowetten nach subjektiver Überzeugung gesetzt und ergänzend nur noch die Risikostruktur kontrolliert.

3.3.6 Erfolgsfaktoren

Nachdem nun der gesamte **Prozess der Asset Allocation** in seinen verschiedenen Stufen abgehandelt wurde, bleibt die eingangs gestellte Frage nach der Chance auf überdurchschnittlichen Anlageerfolg. Gibt es Portfolio-Manager, die es besser machen als der Durchschnitt, der bekanntlich – nach Kosten – die Benchmarkindizes nicht erreicht?

Einige Faktoren scheinen für den Anlageerfolg auf lange Sicht zumindest eine besondere Bedeutung zu haben und sie lassen sich unterteilen in prozessbezogen-organisatorische und verhaltenspsychologische.

Konzentration auf Stärken (Fokus) und Ausnutzung von komparativen Informationsvorteilen einerseits sowie andererseits die Vermeidung von Fehlern da, wo keine Stärken nachweisbar sind, ist eine wichtige **organisatorisch-prozessbezogene** Grundregel. Die Bedeutung klar definierter individueller Anlageziele und möglichst die Abbildung in einer adäquaten Benchmark ist in den vorangegangenen Kapiteln herausgearbeitet worden. Diversifizierung als „einziger Free Lunch" sollte ebenfalls eine Selbstverständlichkeit sein.

Die Verfolgung eines validen, strukturierten und erprobten Investmentprozesses mit leistungsfähigen Modellen, die die aktuellen Marktgegebenheiten optimal berücksichtigen, ist ein wichtiger Leitgedanke für den institutionellen Anleger. Hinzukommen sollte eine gut organisierte Arbeitsteilung durch Implementierung eines **Team-Ansatzes** mit schnellem Informationsfluss für das aktive Management. Aufgrund der hohen Komplexität der Finanzmärkte ist hier das Ziel, durch Zerlegung des Investmentprozesses in Teilaufgaben Spezialisierungsvorteile zu realisieren und durch eine effiziente Informationsinfrastruktur an jeder Stelle wirksam werden zu lassen. Hier geht kaum ein Weg an der Urteilsfähigkeit der handelnden Personen vorbei, deren Erfahrung sich häufig über mehrere Börsenzyklen gebildet hat. Dies sollte abgerundet werden durch eine zeitnahe und disziplinierte Umsetzung der getroffenen Anlageentscheidungen am Markt zu minimalen Kosten.

Als erfolgversprechend hat sich ebenfalls eine strikte **Verkaufsdisziplin** erwiesen. Nach einer enttäuschenden Gewinnberichterstattung zu verkaufen, anstatt auf Besserung „beim nächsten Mal" zu hoffen, gehört ebenso dazu wie die konsequente Überprüfung aller Portfolio-Positionen darauf, ob die Gründe für ihren damaligen Erwerb noch Gültigkeit haben.

Die **verhaltenspsychologischen Aspekte** haben einen anderen Ausgangspunkt. Hier steht der Mensch mit seinen Verhaltens- und Beurteilungsmängeln im Vordergrund. Kursbewegungen sind in aller Regel volatiler als die fundamentalen Wirtschaftsdaten und weisen daher, so die Lehre der „**Behavioral Finance**“, eine verhaltenspsychologische Komponente auf. Ziel ist es hierbei, simple Fehler zu vermeiden, die in der menschlichen Natur begründet sind. Menschen kennen nicht alle Alternativen, haben oft keine klaren Nutzenvorstellungen und verhalten sich auch häufig nicht rational Gewinn maximierend.

Dem Börsianer geht es oftmals so, dass er nur sieht, was er sehen will. Ein im Depot befindlicher Wert wird in aller Regel weniger nüchtern betrachtet als dies noch vor dem Kauf der Fall war. Menschen behalten gerne Recht. Nachrichten werden daher eher positiv interpretiert, um sich nicht selbst den Vorwurf einer Fehleinschätzung machen zu müssen. Der Nobelpreisträger Herbert Simon hat schon früh auf die wechselseitige Beeinflussung von Individuen, Situationen und Verhaltensweisen hingewiesen.

George Soros hat betont, dass „vollständige Information“, durch moderne Medien immerhin annähernd erreichbar, nicht gleich „vollkommenes Verständnis“ bedeutet. Situationen und Ereignisse werden unterschiedlich interpretiert und führen zu oft gegenläufigen Handlungen. Ein Händler mag Aktie X verkaufen, weil sie eine charttechnische Unterstützung nach unten durchbrochen hat und er daher weiteres Abwärtspotenzial sieht. Ein anderer kauft sie ihm ab – er stellt nach dem erfolgten Kursverfall eine attraktive Bewertung und überverkaufte Situation fest und rechnet daher mit einer Bodenbildung Gegenbewegung nach oben. Zum Teil kann man sich dieses gegenläufige Handeln aus unterschiedlichen Zeithorizonten erklären. Der auf die technische Erholung setzende Händler hat hier einen kürzeren Prognosehorizont als sein Kollege und daher würden sich beide aus ihrer Perspektive rational und „richtig“ verhalten. Plausibel scheint aber auch die Erklärung, dass aufgrund der Komplexität von Situationen, der Größe des Sets von Handlungsalternativen sowie der Menge und Unstrukturiertheit von Informationen, Menschen keine vollständige Informationsanalyse durchführen können. Entscheidungen erfolgen daher in der Regel zumindest teilweise intuitiv, beeinflusst von „Meinungen“ und aufgrund von einstudierten Mustern und so genannten „somatischen Markern“ aus dem Unterbewusstsein, wodurch auch kognitive Illusionen die Handlung beeinflussen (siehe hierzu z.B. „Klug entscheiden“, in: Harvard Business Manager, Special, April 2006).

Typische und bekannte Fehler in diesem Zusammenhang sind etwa „**Overconfidence**“ oder „**Illusion of Control**“. Bei Ersterem wird die eigene Prognosezuverlässigkeit überschätzt, die Wahrscheinlichkeit von eher unwahrscheinlichen Ausgängen, die jedoch an der Börse erhebliche Konsequenzen haben können, hingegen unterschätzt. Eine Prognosebandbreite, die 99% Konfidenz abdecken soll, erweist sich meist ex post eher als 85%-Band, 90 % entsprechen 50 % (Kahneman/Riepe 1998). Die Illusion of Control bedeutet die Überschätzung der eigenen Einflussmöglichkeit und damit, oft gepaart mit zu hohem Optimismus, eine zu rosige Beurteilung der eigenen Prognosefähigkeit. Zufall und Risiko werden unterschätzt, das eigene Wissen überschätzt.

Der Mensch sucht bei Dingen, die er beobachtet, bekannte Muster. Zufällige Ereignisse werden daher mit einer angenommenen Kausalität in Verbindung gebracht, die häufig nicht existiert. Das Risiko besteht darin, dass Handlungen dann auf Regeln und vermuteten „Trends“ beruhen, die es gar nicht gibt. Ähnlich wirkt „**Availability**“: Die Erinnerung zieht heran, was am ehesten verfügbar ist – häufig das jüngste vom Gedächtnis abgespeicherte „ähnliche“ Ereignis. Gemeinsamkeiten mit der aktuellen Situation werden überbewertet, Unterschiede verkannt, Schlussfolgerungen voreilig gezogen. „**Hindsight**“ bedeutet hingegen, dass man hinterher schlauer ist als vorher. Dies ist hinlänglich bekannt, kann aber gefährlich werden: Die Erinnerung an eine Einschätzung einer Situation oder eines Ereignisses vor diesem Ereignis selbst wird durch das heutige Wissen verfälscht. Da mit heutigen Informationen die begangenen „Fehler“ dümmer und die nachfolgenden Ereignisse allesamt logisch und nahezu zwingend erscheinen, wächst der Anspruch, was insbesondere die Kunden-Portfolio-Manager-Beziehung empfindlich stören kann.

Neben diesen Wahrnehmungsfehlern werden noch Fehler bei der Festlegung von Präferenzen gemacht. Hohe Wahrscheinlichkeiten werden meist zu gering gewichtet, niedrige Wahrscheinlichkeiten – aber mit attraktivem Ausgang – zu hoch. Dies erklärt auch die große Beliebtheit von Lotterie- und vergleichbaren Spielen. Hinzu kommt bei den meisten Anlegern eine asymmetrische Risikoeinstellung: Fast jeder zahlt mehr als 10 Euro, um bei 99% Chance auf den Gewinn von 1 000 Euro das Restrisiko zu eleminieren – mathematisch ist dies jedoch eigentlich unsinnig.

Herr Tätig ist zufrieden mit den getroffenen Entscheidungen für seine Vermögensanlage. Die technischen Details des breiten internationalen Portfolios überlässt er den Profis. Größere Umschichtungen diskutiert er mit seinem Portfolio-Manager und notiert sich kurz die Entscheidungen, die er hinterher mit den Erfolgen abgleicht. Halbjährliche „Review"-Gespräche geben ihm die Sicherheit, dass „sein" Manager noch auf dem richtigen Weg ist und weiterhin seine Ziele verfolgt. Primär am deutschen Aktienmarkt, wo er sich selbst in einigen Feldern gut auskennt, ist er mit seinem „Spielgeld" aktiv. Er diversifiziert seine Wetten auf etwa 15 Titel und versucht, sich nicht von Marktmeinungen beeinflussen zu lassen, sondern auf Fakten zu schauen, diese weiterzudenken und ständig zu überprüfen. Für die Umsetzung hat er sich selbst eine strenge Disziplin auferlegt. Auch bei der Steuerung seiner Liquidität hält er sich an ein Konzept aus zyklischen Faktoren, Marktbewertung und Marktstimmung (wann zeigt sich zu viel Optimismus/Pessimismus?).

3.3.7 Zusammenfassung und Arbeitsaufgaben

Zusammenfassung

Realwirtschaftliche – und Kapitalmarkt-Indikatoren werden genutzt, um die Attraktivität von Märkten oder Sektoren untereinander zu ermitteln.

Sinnvoller als Währungsprognosen ist das Management von aktiven Währungsrisiken. Hier sind Hedging und Overlay sinnvolle Strategien.

Einzelwertauswahl erfordert Spezialisten-Know-how und ist daher sehr ressourcenintensiv. Finanzanalytischen Kriterien werden oftmals quantitative Filter und die Ideengenerierung vorgeschaltet. Ein qualitatives Element bildet die Beurteilung von Management, Produkten, Strategie und Marktstellung.

Anders als bei „Ur-Markowitz" erfolgt die Portfolio-Optimierung meist im relativen Raum. Einschätzungen werden durch Prognoseverfeinerungsschritte für den Optimizer kompatibel

Rückwärtsoptimierung und Verständnis für die zugrunde liegende Methodik schützt vor kritikloser Verwendung quantitativer Portfolio-Konstruktion.

Verschiedene verhaltenspsychologische Aspekte spielen für den Anlageerfolg eine wichtige Rolle, da Transaktionen letztlich von Menschen entschieden werden.

Arbeitsaufgaben

1. Hat eine aktive Investmentpolitik an effizienten Märkten Sinn?
2. In welcher spezifischen Form müssen Marktineffizienzen vorliegen, damit sie im Rahmen einer aktiven Investmentpolitik Gewinn bringend ausgenutzt werden können?
3. Stellen Sie horizontale und vertikale Scoring-Verfahren vergleichend gegenüber. Warum lassen sich die Scores nicht unmittelbar für eine quantitative Portfolio-Optimierung verwenden?
4. Worin unterscheidet sich die Berechnung eines Rentenbarwerts von der Ermittlung des „fairen" Aktienkurses auf der Grundlage des Dividend Discount Models?
5. Was versteht man unter einer Reversed Optimization?
6. Worin besteht der Unterschied zwischen der Duration und der Restlaufzeit eines Rentenpapiers? Geben Sie die Duration eines Zero-Bonds mit einer 2-jährigen Restlaufzeit und einem aktuellen Kurs von 85,73 % an.
7. Differenzieren Sie zwischen Wechselkurs- und Währungsrisiko. Warum fällt das Währungsrisiko in aller Regel geringer aus als das Wechselkursrisiko?
8. Was versteht man unter einem Währungs-Overlay? Erklären Sie dabei, wie man als deutscher Anleger den deutschen Aktienmarkt in US-Dollar halten kann.
9. Begründen Sie den Einsatz des Information Coefficient bei der Prognoseverfeinerung für die Optimierung.
10. Nennen Sie zwei „menschliche Schwächen" aus dem Bereich des Behavioral Finance und geben Sie je ein Beispiel für deren negative Wirkung.

4 Derivate und Portfolio-Insurance

Herr Glücklich, 65 Jahre und verheiratet, hat vor wenigen Jahren seine Firma verkauft. Da er schon immer die Chancen im Leben gesehen hat, hatte er mit 70 % den überwiegenden Teil dieser Gelder in Aktien investiert. Die enormen Kurssteigerungen in den anfänglichen Jahren haben ihn in diesem Schritt bestärkt. Die Aktienkrise in den frühen 2000er-Jahren hat einen größeren Teil seiner Kursgewinne wieder aufgezehrt. Dabei hat Herr Glücklich auf markante Weise festgestellt, dass die Börse keine Einbahnstraße ist. Nach der Markterholung vereinbart er mit seinem Berater bei der Bank ein Gespräch, um mit ihm die Frage zu erörtern, ob er zukünftige Kursverluste einfach hinnehmen muss oder ob er sich nicht auch dagegen versichern kann.

Schlüsselbegriffe

- Marktrisiko
- Buy-and-Hold-Strategie
- Konvexität
- Floor
- Termingeschäft
- Option, Future
- Call und Put, Put-Call-Parität
- Symmetrische und asymmetrische Renditeverteilung
- Wertbestimmung einer Option
- Innerer Wert und Zeitwert
- Volatilität
- Black & Scholes
- Delta, Gamma, Vega, Theta, Rho
- Strukturierte Produkte, Barrier, Pfadabhängigkeit

4.1 Vom Aufstieg und der Rolle von Derivaten im Portfolio-Management

„Einen guten Berater oder Manager erkennt man daran, welche Instrumente er nicht einsetzt!“

Dieses oft geäußerte Credo brachte in den frühen 90er-Jahren eine heute längst überholte Position auf den Punkt: Damals musste ein Portfolio-Manager den Einsatz von Derivaten rechtfertigen, ganz unabhängig davon, ob dabei die Absicherung oder Performanceausweitung als Anwendungsmotiv im Vordergrund stand. Heute dagegen sind diese Instrumente längst nicht mehr modern oder gar unpopulär, sondern aus einem professionellen Portfolio-Management kaum mehr wegzudenken. Termingeschäfte bieten eine **liebgewonnene Maßanfertigung von Ertrag-Risiko-Profilen**, die man isoliert nutzen, aber ganz besonders auch in den Dienst eines Gesamt-Portfolios stellen kann. Im Vordergrund steht dabei nicht mehr nur die Portfolio-Versicherung, sondern vor allem die Feinjustierung von Ertrag-Risiko-Profilen sowie die Optimierung von Steuerstrategien. Der spekulative Einsatz von Derivaten mit dem Ziel der Hebelung ist damit ausdrücklich nicht gemeint, weil er einer auf systematischen Vermögensausbau sowie Vermögenserhalt ausgerichteten langfristigen Vermögensverwaltung widerspricht.

Die einzelnen Anwendungsmotive sind so auch selbsterklärend für die verstärkte Anwendung:

Anwendungsmotive von Optionen – Was können sie leisten?

- Versicherung des Portfolios gegen große Verluste (Portfolio-Insurance)
- Absicherung von Positionen in Aktien, Renten und Devisen gegen kleinere wie mittlere Verluste (Teilsicherungen)
- Performance-Erweiterung / Rendite-Ausweitung
- Rabattierter Einkauf von Aktien, Anleihen und Devisen
- Lenkung steuerlicher Aspekte
- Nutzung von Arbitrage-Möglichkeiten
- Synthetisierung bzw. Nachbildung von Kassapositionen
- Portfolio-Feinsteuerung
    - zur flexiblen Steuerung von Risikomaßen (Duration, Beta, Delta)

- zur Akzentuierung von Einzel- oder Branchenchancen (Alpha)
- Verringerung von Transaktionskosten

Aufgrund der Systematik eines auf der Portfolio-Theorie basierten Portfolio-Managements steht im Weiteren die Portfolio-Versicherung im Vordergrund. Zur Abrundung werden gewisse andere Anwendungsmotive allenfalls anskizziert.

4.2 Portfolio-Insurance

4.2.1 Grundidee und Ziel des Konzeptes

Das Konzept der Versicherung gegen Risiken verschiedenster Art ist in den unterschiedlichen Lebensbereichen seit jeher von existenzieller Bedeutung. Um so mehr erstaunt die Tatsache, dass der hochprofessionelle Investmentbereich **erst in den 80er Jahren** diese Idee aufgegriffen und mit dem Konzept der „**Portfolio-Insurance**“ umgesetzt hat (Benninga, 1990). Die gewachsene Krisenanfälligkeit der internationalen und insbesondere der deutschen Börsen zwischen 1987 und 1992 mit fünf in kurzem Abstand aufeinander folgenden Kursstürzen hat schließlich zur Durchsetzung und allgemeinen Anwendung in der Praxis geführt. Die Aktienkrise nach dem Jahrtausendwechsel hat dies nur unterstrichen.

Gegenstand der Portfolio-Insurance ist das **Management des** systematischen oder **Marktrisikos**. Die Aufgabe ist anspruchsvoll, da der Wunsch nach Chancen stets einhergeht mit der Übernahme eben solcher Marktrisiken. Unter Einsatz des Konzepts zielt der „Portfolio-Insurer“ darauf ab, mit dem Portfolio an steigenden Marktbewegungen teilzuhaben (upside participation) und gleichzeitig in Zeiten von Kursrückschlägen das Ergebnis gegen Verluste weitgehend zu schützen (downside protection). Dieses Ziel kann mit mehreren, sehr unterschiedlichen Methoden und Techniken umgesetzt werden. Vor deren Darstellung soll das Schlüsselthema des Insurance-Konzepts am Erfolgsprofil eines **ungesicherten** Portfolios in der folgenden Abbildung veranschaulicht werden: Bei sinkenden Aktienkursen nimmt das Portfolio in voller Höhe an den Aktienmarktverlusten teil, da ein linearer Zusammenhang zwischen Portfolio-Wert und Marktentwicklung besteht.

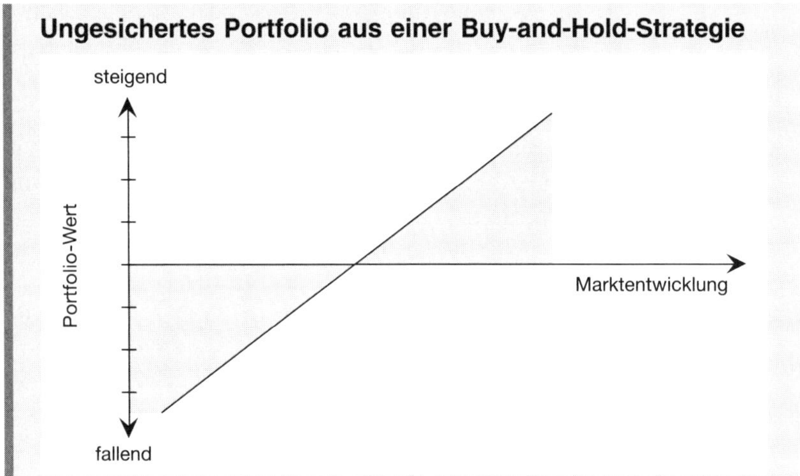

Abbildung 72

Für die Allgemeinheit erscheint eine überlegene Performance als das Ergebnis guter prognostischer Fähigkeiten. Tatsächlich kann man mit guten Prognosen oder Ahnungen Verluste vermeiden, indem rechtzeitig Portfolio-Bestände verkauft oder abgesichert werden. Doch wer verlässlich prognostiziert, wird eher Erfolg suchen, statt Misserfolg zu meiden. Ein Dilemma ist darin begründet, dass dauerhaft **erfolgreiche Prognosen auf effizienten Märkten kaum zu treffen** sind. Die Erfahrung hat vielmehr gezeigt, dass die Renditen des Aktienmarktes einem Random Walk mit „positive drift" folgen: Aktienkurse bewegen sich demnach „scheinbar zufällig" entlang einer erwarteten aufwärts gerichteten Trendlinie. Findet man sich mit dieser Unsicherheit als einem Wesenszug der Finanzmärkte ab, bieten asymmetrische Renditeverteilungen, wie sie für Optionen typisch sind, einen Ausweg aus dem Dilemma mit den Prognosen: Diese asymmetrischen Eigenschaften entsprechen dem Absicherungsbestreben gegen unerwünschte Marktentwicklungen, ohne dabei einer Anlage alle Chancen zu entziehen. Auf dem Gedanken der Asymmetrie gründen das Konzept sowie die meisten Strategien der Portfolio-Insurance, indem sie einen konvexen Wertverlauf des Portfolios begünstigen.

Drei verschiedene Wertverlaufsmuster des Portfolios

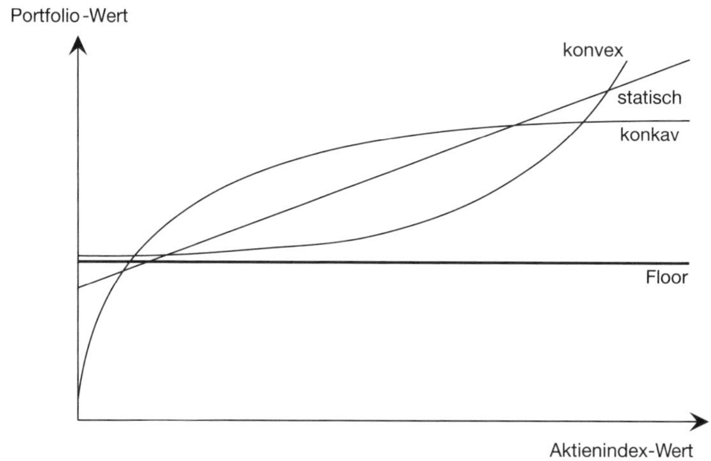

Abbildung 73 Quelle: Nach Loistl, 1992

Die **Konvexität** der Portfolio-Kurve in Abbildung 72 macht deutlich, was unter Portfolio-Insurance mehrheitlich (Black/Jones, 1988) verstanden wird: Der Portfolio-Wert soll nicht unter eine bestimmte, vorab festzulegende Untergrenze, den so genannten **Floor**, fallen (Aschinger, 1993). Andererseits soll an Kurssteigerungen umfassend partizipiert werden.

4.2.2 Asymmetrie als Grundlage des Konzeptes

Um die Bedeutung und Wirkung von Asymmetrien in der Portfolio-Insurance deutlich zu machen, bietet es sich an, das Instrument der Option kurz darzustellen und gegenüber symmetrischen Instrumenten, z. B. Aktien bzw. Aktienindex-Futures, abzugrenzen.

4.2.2.1 Bedeutung der instrumentellen Eigenschaften von Optionen

Bekanntermaßen werden an den internationalen Finanzmärkten **Kassageschäfte von Termingeschäften unterschieden.** Bei Kassaprodukten handelt es sich um die klassischen Anlageinstrumente „Aktie, Zins und Devise“. Terminprodukte sind davon abgeleitete Anlageformen (= Derivate). Da sich Derivate hinsichtlich ihrer preislichen Entwicklung und Funktionsweise im Rahmen einer festen Logik auf das jeweils zugrunde liegende klassische Instrument (**Underlying**) beziehen, nutzen Investoren mehr und mehr solche Termingeschäfte für ihre Anlageziele. Die zwei herausragenden Vertreter von **börsengehandelten** Termingeschäften sind der Future und die Option.

Eine **Option** beinhaltet – am Beispiel der Aktie – eine Vereinbarung zwischen zwei Parteien, die dem Käufer das Recht einräumt, eine bestimmte Anzahl der betreffenden Aktie (bis) zu einem in der Zukunft liegenden Zeitpunkt zu einem vorab festgelegten Preis (Basispreis) zu erwerben (**Call**) bzw. abzugeben (**Put**). Der Verkäufer einer Option geht im Gegenzug für einen Prämienerhalt dem Käufer gegenüber eine Pflicht ein und muss sich demnach dessen freier Entscheidung, sein Recht zu nutzen (Ausübung), fügen. Aus diesem Grund wird der Verkäufer auch Stillhalter genannt. Die unterschiedliche Rechtsausgestaltung, eine Option während oder erst am Ende der Laufzeit ausüben zu dürfen, führt zur Unterscheidung zwischen **amerikanischen** und **europäischen Optionen**.

Im Gegensatz zur Option beinhaltet der **Future** für den Käufer wie den Verkäufer die **feste Verpflichtung**, zu einem vorher bestimmten Preis (Kurs) und zu einem festgelegten Datum eine standardisierte Menge eines bestimmten Underlying entsprechend den Handelsusancen abzunehmen bzw. zu liefern.

Da beim Future eine beiderseitige Pflicht zur Erfüllung zwingt, der Käufer der Option aber sein Recht nutzen oder auch verfallen lassen kann, unterscheidet man grundsätzlich in **bedingte** und **unbedingte Termingeschäfte**. Allerdings bleibt festzuhalten, dass die hier vorgestellten **Börsentermingeschäfte handelbar** sind und grundsätzlich nicht auf Erfüllung, sondern auf Erzielung von (Hedge-)Gewinnen im Zuge von Preisveränderungen ausgerichtet sind. Mithilfe eines Gegengeschäfts kann dazu eine **Glattstellung** vorgenommen werden.

Auf Grundlage der beiden Optionstypen Call und Put sowie des Futures lassen sich sechs Grundpositionen unterscheiden, die von einem Investor als Ergebnis eines Kaufs bzw. Verkaufs eingenommen werden können.

Die sechs Grundpositionen von Termingeschäften

Position / Instrumente	Käufer	Verkäufer
Call	Call Long besitzt Kaufrecht	Call Short evtl. Verkaufspflicht
Put	Put Long besitzt Verkaufsrecht	Put Short evtl. Kaufpflicht
Future	Future Long Kaufpflicht	Future Short Verkaufspflicht

Abbildung 74

Obgleich im Allgemeinen der entscheidende **Unterschied** zwischen **Future** und **Option** am Zusammentreffen von Pflichten bzw. Recht und Pflicht festgemacht wird, interessieren im hier behandelten Zusammenhang vor allem die Konstruktionsunterschiede mit ihren weitreichenden Konsequenzen für die strategische Anwendungsvielfalt und die Ausformung möglicher Gewinn-Verlust-Profile im Portfolio. Schließlich berühren Letztere die Aufgabenerfüllung des Portfolio-Managers im Kern. So lassen sich die Instrumente ebenso dahingehend abgrenzen, dass der **Basispreis** als das **entscheidende Konstruktionsmerkmal der Option** der Future-Idee völlig zuwiderläuft. Er begründet das Recht und beinhaltet die ökonomisch gestützte Entscheidungsgrundlage für den Inhaber, ob er seine Option letztlich nutzt. So gelingt es auch mit der Wahl des entsprechenden Basispreises, die Gewinn-Verlust-Profile von Optionen gegenüber dem Future-Profil von „völlig unähnlich“ bis „nahezu gleichartig“ zu spannen.

Für vier unterschiedliche, von steigenden Kursen profitierende („bullische“) Positionen wird der Erfolg in Abhängigkeit vom Aktienkurs, abgestellt auf den Fälligkeitstag der Terminkontrakte, grafisch veranschaulicht.

Vergleich von vier konkreten Gewinn-Verlust-Profilen

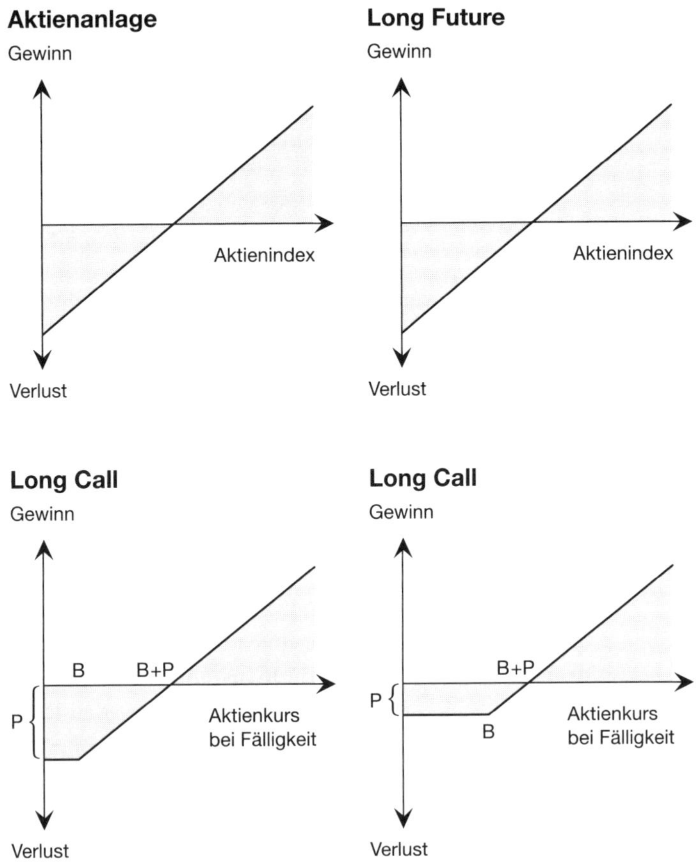

Abbildung 75

Im Vergleich wird deutlich, dass sich die Kasse und der Future in Bezug auf ihr Erfolgsprofil nicht unterscheiden. In symmetrischer Weise entsprechen sich die möglichen Gewinne und Verluste. In logischer Konsequenz muss die Short-Position immer das gegenteilige Profil aufweisen. Ein etwas anderes Bild vermitteln die Diagramme für die zwei Long Calls: Es fällt auf, dass die Erfolgsprofile in dem Maße gegenüber dem symmetrischen Future unähnlicher werden, je höher der Basispreis gewählt wird. Grundsätzlich gilt: Der Optionskäufer muss stets nur einen auf die Optionsprämie beschränkten maximalen Verlust befürchten, wobei die Gewinne davon abhängig sind, wie weit der Aktienkurs über die Gewinnschwelle (in der Abbildung 74 kurz: (B)asispreis + (P)rämie) steigt. Der Stillhalter sieht sich im Gegensatz dazu immer mit einer nicht-kalkulierbaren, technisch unbegrenzten Verlustmöglichkeit konfrontiert, da er schließlich die Gewinne des Käufers finanzieren muss. In Bezug auf seine eigenen Gewinnmöglichkeiten stellt sich die Situation spiegelbildlich dar. Während der Verkäufer als Stillhalter im besten Fall die Optionsprämie erzielt, besitzt der Optionskäufer also „unbegrenzte" Gewinnmöglichkeiten. Aus Gründen der Vollständigkeit sei erwähnt, dass eine Aktie zwar unendlich steigen, aber nicht unter null fallen kann. Genau genommen sind daher die Gewinnmöglichkeiten von Puts „technisch" begrenzt. Allgemein gesprochen verhält sich eine Option in Abgrenzung zu den symmetrischen Instrumenten Kasse und Future hinsichtlich ihres Gewinn-Verlust-Profils sowie hinsichtlich des Käufer-Verkäufer-Erfolgprofils grundsätzlich **asymmetrisch**.

Für den Portfolio-Manager sind die unterschiedlichen Gewinn-Verlust-Profile von Futures und Optionen besonders mit Blick auf die **abweichenden Eigenschaften bezüglich des Renditeverlaufs** entscheidend. Wie bereits hervorgehoben, weisen Futures- oder Aktien-Engagements eine symmetrische Renditeverteilung auf. Dagegen führen die Asymmetrien der vom Portfolio-Insurer favorisierten Optionen zu **schiefen Renditeverteilungen**. Abbildung 75 veranschaulicht die Eigenschaften einer rechtsschiefen Verteilung, wie sie für Long-Positionen bei Optionen typisch ist. Sie macht den angesprochenen Unterschied gegenüber den gleichfalls abgebildeten **normal verteilten symmetrischen Instrumenten** sichtbar: Der Optionsinhaber kann zwar mehr gewinnen als verlieren. Allerdings ist mit dieser hohen Gewinnchance eine kleine Erfolgswahrscheinlichkeit verbunden, während seinem kleinen Verlustrisiko eine hohe Eintrittswahrscheinlichkeit gegenübersteht. Das Spiegelbild in der Abbildung und im Inhalt wären die linksschiefen Short-Positionen mit ihren kleinen Gewinnen bei hoher Erfolgswahrscheinlichkeit. In der **Gegenläufigkeit von Renditehöhe und dem Grad der Eintrittswahrscheinlichkeit** liegt der ökonomische Gehalt dieser schiefen oder asymmetrischen Verteilungseigenschaften von Optionen. In Anlehnung an die unterschiedlichen Renditeverteilungen hat sich in der Literatur die Abgrenzung der symmetrischen („symmetrics") von den asymmetrischen Instrumenten („asymmetrics") eingebürgert.

Symmetrische versus rechtsschiefe Renditeverteilung

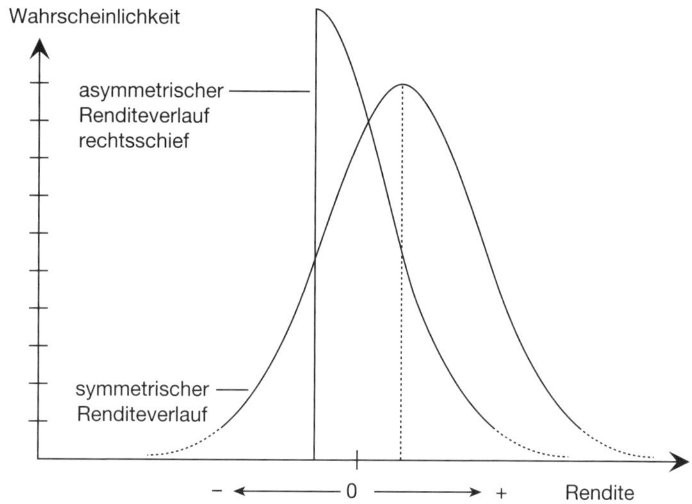

Abbildung 76

Asymmetrics und Portfolio-Theorie – ein Zwiespalt?

Bei der Integration von Optionspositionen in Aktienportefeuilles erweisen sich die traditionellen symmetrischen Risikomaße der Portfolio-Theorie kaum als problemgerecht. Aus der formalen Definition der Varianz folgt unmittelbar folgende Problematik: Es werden durch den Einsatz der Quadratfunktion sowohl positive als auch negative – historische bzw. geschätzte – Renditeabweichungen vom Mittelwert gleich stark gewichtet. Ihrer statistischen Natur nach sind Varianz bzw. Standardabweichung demnach eher Schwankungsmaße. Deren Eignung als Risikomaße erscheint vor allem dann kritisch, wenn die zu beurteilenden Verteilungen asymmetrischer Natur sind (vgl. Albrecht/Maurer/Stephan, 1995). So ist das Verlustrisiko des Optionskäufers nach unten absolut begrenzt. An Gewinnen partizipiert er – wenn auch um die Kaufprämie vermindert – jedoch uneingeschränkt. Insofern wäre die Varianz eher als Chancen- denn als symmetrisches Risikomaß zu begreifen. Von besonderer Bedeutung ist dieser Umstand für den forschungslogischen wie forschungspraktischen Platz von Optionen in der Portfolio-Theorie. Der dortige Portfolio-Optimierungsansatz geht schließlich von einem symmetrischen Risikobegriff, der Annahme normal verteilter Renditen und davon aus, dass die beiden Parameter Erwartungswert und Varianz hinreichen, um die im Optimierungsansatz gewählte Datenkomprimierung zuzulassen.

Aus all dem folgt, dass sich asymmetrische Finanzinstrumente wie Optionen weder stimmig in die Portfolio-Theorie noch in deren zentralen Ertrag-Risiko-Zusammenhang integrieren lassen. So wird in diesem Themenkreis der Begriff des **Gewinn-Verlust-Profils** als begriffliche Alternative in die Diskussion eingebracht.

Der praktische Nutzen asymmetrischer Instrumente mit schiefen Verteilungseigenschaften liegt für den Portfolio-Manager sicherlich nicht in der Aushebelung des ehernen Finanzmarkt-Gesetzes. So gilt auch in den Optionsmärkten der positive Zusammenhang von Ertrag und Risiko, und auch hier bleibt das „free lunch“ ein unerreichbares Ziel für Analysten, Händler und Investoren. Die Einbindung von Optionen versetzt den Manager jedoch in die Lage, die Risikosituation einzelner Positionen und eines gesamten Portfolios viel feiner als bisher zu steuern.

Im Ergebnis bietet der systematische Einsatz von Asymmetrics eine breite und fein ausdifferenzierte Ertrag-Risiko-Skala (Fischer, 1983), wobei der Präferenzordnung vor allem auch risikoscheuer Anleger wirkungsvoll und effizient Rechnung getragen werden kann. Den Investoren bietet sich fortan nahezu jedwedes gewünschte Erfolgsprofil.

Um die **Abbildung unterschiedlicher Investorpräferenzen über den Einsatz asymmetrischer Instrumente** plakativ aufzuzeigen, werden beispielhaft drei konkurrierende Bull-Positionen in ein und derselben Aktie betrachtet, die in unterschiedlicher Weise von aufwärts gerichteten Kursen profitieren. Im Rahmen eines zweifachen zentralen Schwankungsintervalls, das immerhin 95% aller Fälle der Aktienkursentwicklung abdeckt, lässt sich eine „maximale“ Gewinn-Verlust-Bestimmung für die gewählten Positionen „Aktie“, „Long Call“ sowie „Short Put“ auf dieselbe Aktie vornehmen. Per Fälligkeitstermin ergibt sich über den Vergleich der jeweiligen Balken-Diagramme folgendes Ergebnis:

„Maximale" Gewinne bzw. Verluste dreier Bull-Positionen

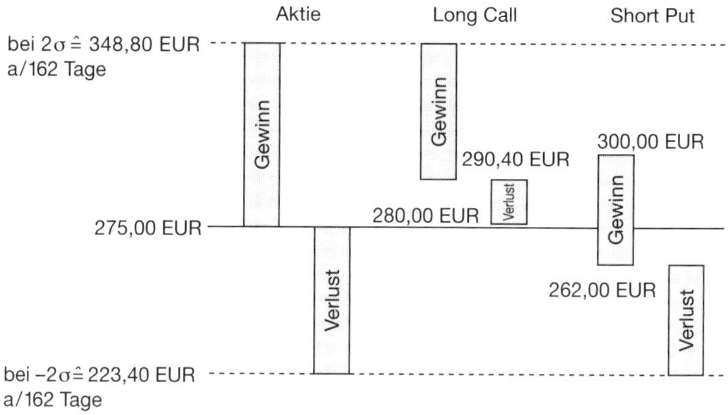

Legende (Daten fiktiv)

Planungshorizont 162 Tage (letzter Handelstag Calls und Puts)
Aktie: 275,00 EUR
Aktie CSEP 280: 10,40 EUR (Call fällig September, Basis 280,00 EUR)
Aktie PSEP 300: 38,00 EUR (Put fällig September, Basis 300,00 EUR)
Schätzdaten für die Aktie
Erwartungswert = μ = 9 % (auf 162 Tage ≙ 4,05 %)
Volatilität = σ = 17 % (auf 162 Tage ≙ 11,40 %)

Abbildung 77

Liest man das Balkendiagramm zusammen mit den aus Abbildung 75 getroffenen Verteilungsaussagen, so wird verständlich, dass sich ein Aktieninvestor **je nach Gewinnerwartung, Markteinschätzung und Risikoneigung individuell für eine der drei Varianten entscheiden** wird. Beispielsweise bietet der Short Put im hochwahrscheinlichen Kursbereich der Aktie um 275,00 EUR alle Chancen eines Aktien-Engagements, ohne die „frühen" Verlustgefahren der alternativen Bull-Positionen zu beinhalten. Das einzige „Opfer" des Short Put liegt im Verzicht auf die späten und schwach-wahrscheinlichen Chancen, die bei einem Kurs der Aktie oberhalb von 313,00 EUR einsetzen – also in der Nähe des Kurspotenzials der Aktie im Rahmen der einfachen Standardabweichung (317,00 EUR). Unberücksichtigt geblieben sind weitere Aspekte von Optionen, vor allem die Transaktionskosten, Kapitalbindungskosten und eventuelle Zeitwertaspekte, die ein ökonomisch-rational handelnder Aktieninvestor in sein Kalkül mit einbeziehen wird.

Der Vergleich der drei alternativen Aktien-Engagements vermittelt einen Eindruck darüber, dass aufgrund der asymmetrischen Optionseigenschaften das „Jonglieren“ mit der **Wahl des Basispreises** oder des Optionstyps die **verschiedensten Positions- und Portfolio-Profile** definieren hilft. So können neben den Extrempunkten bei der Markterwartung (positiv/negativ) und bei der Risikoeinstellung (spekulativ/konservativ) eben auch sämtliche dazwischen liegenden Grautöne angezielt werden.

Das Beispiel „Long Call“ vergegenwärtigt, dass je nach Erwartung der Kurssteigerung des Underlyings während der Laufzeit der Basispreis zur Erzielung des optimalen Ergebnisses variiert werden sollte. Ein hoch über dem Aktienkurs liegender Basispreis („out of the money“) bietet sich bei Erwartung sehr starker und schneller Kurssteigerungen an, da dort im Verhältnis zum Geldeinsatz der relativ größte Gewinn in Aussicht steht. Liegt die Erwartung einer langsamen und eher (mittel)mäßigen Kurssteigerung vor, passt der „Short Put“ bestens und bietet zudem den Vorteil, dass kleinere Enttäuschungen dieser Erwartung (Timing-Fehler) aufgefangen werden. Durch die Wahl des Basispreises wird das Kauf-Limit und das Risiko definiert, da bei Unterschreiten durch den Underlyingkurs mit der Übernahme der Aktie gerechnet werden muss. Wesentlich bei diesem Einsatz sind risikolos geparkte Mittel, die bei besonders tiefen Preisen auch für die Aktienanlage infrage kommen.

Vor dem Hintergrund der aufgezeigten Vorzüge von Optionen stellt sich die Frage nach den zentralen Anwendungsmotiven des **Futures** im Portfolio-Management und insbesondere **in der Portfolio-Insurance**. Nennenswert sind bedeutsame Liquiditätsvorteile, vor allem aber ist der Future das kostengünstigste Instrument, ungeachtet eines eventuellen Absicherungs- oder Spekulationsmotivs. Unterstellen wir Normalkonditionen bei privaten Kunden für Aktiengeschäfte, dann liegen die Transaktionskosten von Futures bei rund 1/50 gegenüber den Gebühren in der Kasse selbst. Der Transaktionskostenanteil bei Optionsgeschäften liegt gegenüber der Kasse bei rund 1/10. Dazu ein Zahlenbeispiel:

Termingeschäfte sind günstiger als Kassageschäfte

Gebührenermittlung für ein DAX-Engagement über 565 EUR * (Konditionen einer Musterbank)		
1. Weg über Aktienkauf direkt	**2. Weg über Kauf von 4 Kontrakten**	**3. Weg über Kauf von 20 Kontrakten**
DAX 30-Abbildung *(Beta-adjusiert)*	DAX-Futures**	DAX-Calls ** ODAX C Dez 5200 zu 692 EUR
Bankprovision 1%	Bankprovision ./.	Bankprovision 0,5 % vom Gegenwert (346 EUR)
Fixe Bank-Spesen pro Geschäftsvorfall	Fixe Bank-Spesen à Kontrakt 25,00 EUR	Fixe Bank-Spesen pro Trade: 50 EUR
Xetra, keine Courtage	Eurex-Spesen à 0,50 EUR/Kontrakt	Eurex-Spesen à 0,75 EUR/Kontrakt
Absolute Gebühren = 5.650 EUR (565 000 · 1%)	Absolute Gebühren = 102,00 EUR (25,00 EUR + 0,50 EUR) · 4	Absolute Gebühren = 411,00 EUR (0,75 EUR · 20 + 346 EUR + 50 EUR
= 100%	= 1,81 %	= 7,27 %

* Daten-Basis: Xetra-Kurs 19.05.2006, 17.30 Uhr, Dax-Niveau bei 5.672,28

** Kontraktspezifikationen Eurex-DAX-Futures (FDAX) und DAX-Option (ODAX):

Underlying:	DAX-Index
Kontraktgegenwert ODAX:	entspricht dem 5fachen DAX-Wert
Kontraktgegenwert FDAX:	entspricht dem 25fachen DAX-Wert
Maximale Laufzeit ODAX:	60 Monate
Maximale Laufzeit FDAX:	jeweils nächste 3 Quartalsmonate (Mrz, Jun, Sept, Dec)
Ausübung:	europäisch + Barausgleich

Abbildung 78

Aufgrund der unterschiedlichen Gebühren der einzelnen Banken sowie variabler Effekte (in Abhängigkeit von Marktniveau, Optionsprämiengegenwert sowie eventueller Anschlussgeschäfte) fällt die **Ersparnis**, die mit dem **Einsatz von Derivaten** erzielt werden kann, recht unterschiedlich aus. Sie ist jedoch mit über 90% generell sehr **hoch**.

Vergleicht man die Strategiemöglichkeiten von Optionen und Futures, nehmen sich die zwei einzigen Future-Grundpositionen karg aus. Weder die Call- und Put-Variante noch die für Optionen vielfältigen Nutzungsalternativen über die Wahl des Basispreises – mit ihrer Spannbreite von symmetrisch bis asymmetrisch – sind verfügbar. Auch bei der Wahl der Laufzeit ist der Future weniger variantenreich. Dieser Mangel an Vielfalt verschafft dem Future im Vergleich zur Option zu Recht das Image eines „naiven" Instruments. Die **„intelligente" Option** bietet dem Portfolio-Manager in der Tat viel mehr Anwendungsvorteile und Gestaltungsmöglichkeiten. Stark vereinfacht soll der Unterschied mit dem Bild eines Lichtschalters verdeutlicht werden: Während der Future den Eindruck eines einfachen Ein-Aus-Schalters vermittelt, ist man bei der Option geneigt, an einen „Dimmer" zu denken: Der Dimmer vermag je nach Bedarf fein dosiert die idealen Lichtverhältnisse zu liefern.

4.2.2.2 Bedeutung von Bewertungsmodellen

Bewertungsmodelle für asymmetrische Terminprodukte sind im Portfolio-Management in dreierlei Hinsicht von praktischer Bedeutung.

- Es wird ein „fairer Wert" bestimmt und somit ein objektiver Maßstab für die Auswahl vernünftig bewerteter Instrumente bereitgestellt.
- Es werden die wesentlichen Preisbestimmungsfaktoren erkannt und nach ihrem Einfluss exakt gewichtet.
- Mit ihrer Grundidee des risikolosen Arbitrage-Portfolios wird die analytische Grundlage bereitgestellt, um asymmetrische Positionen synthetisch nachzubilden (Duplikation).

Natürlich ist der Portfolio-Manager darauf angewiesen, den „fairen Wert" von Derivaten zu kennen, um günstige Bewertungen zu nutzen. Anders als bei unbedingten Termingeschäften ist die Bewertungssituation bei einer Option mit der Unsicherheit behaftet, ob der Inhaber sein Recht letztlich nutzt oder verfallen lässt. Diese ungeklärte Situation macht die **Wertbestimmung einer Option** während der Laufzeit außerordentlich **schwierig**.

Intuitive Prämienerklärungen lassen einige grundsätzliche Aussagen zu. So hängt der Wert z.B. einer Call-Option auf eine Aktie am Verfalltag vom Basispreis und vom Kurs des Underlying in folgender Weise ab:

Call-Preis = Aktienkurs – Basispreis

Liegt der Aktienkurs am Verfalltag über dem Basispreis, so ist der Wert des Calls genau die positive Differenz zwischen den beiden Größen (**innerer Wert**). Steht der Aktienkurs unterhalb des Basispreises, so wird der Inhaber seine wertlose Call-Option verfallen lassen: Der innere Wert ist dann gleich null. Danach kann der Optionspreis während der Laufzeit einer amerikanischen Option nicht unter den inneren Wert sinken. Zudem kann eine Kaufoption zu keinem Zeitpunkt mehr wert sein als der Kassakurs des Underlying. Ansonsten könnten Arbitrageure durch entsprechende Transaktionen risikolos Gewinne erzielen – dies lässt ein funktionierender Markt jedoch nicht zu.

Im Regelfall liegt der Wert einer Option während der Laufzeit über dem inneren Wert. Bei Kursen des Underlying unter dem Basispreis liegt kein innerer Wert vor (out of the money), sodass der Call bei Ausübung wertlos wäre. Da die Zukunft aber unsicher ist, bleibt immer die Hoffnung, dass das Underlying im Kurs steigen wird und bis zum Ende der Optionslaufzeit doch noch über den Basispreis springt. Der Call-Käufer hätte dann bei absolut kleinem Einsatz einen relativ hohen Gewinn. Diese Hoffnung hat einen positiven Erwartungswert, der um so größer ist, je länger die Option läuft. Insofern haben Optionen ohne inneren Wert zumindest einen Zeitwert. Also gilt:

Optionswert = innerer Wert + Zeitwert

Der Wert eines Calls bewegt sich also zwischen dem inneren Wert und dem Kurs des Underlying. Steigt der Kurs der Aktie, muss also auch der Wert des Calls steigen. Liegt der Kassakurs der Aktie weit über dem Basispreis (deep in the money), ist die Ausübung der Option sehr wahrscheinlich, der Wert nähert sich dem Kurs des Underlying, abzüglich des Basispreises, also dem inneren Wert. In Abhängigkeit davon sinkt der Zeitwert als Aufgeld Richtung null. In Abbildung 78 ist der Wertverlauf des Calls unter Heraushebung des Zeitwerts idealisiert:

Wertverlauf eines Calls während der Laufzeit

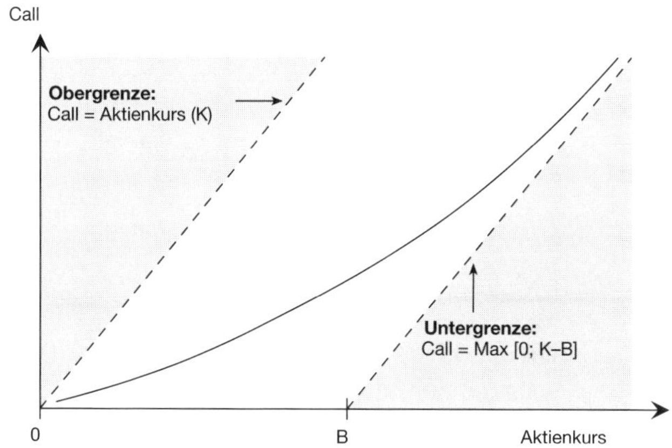

Abbildung 79

Ein weiterer Unterschied beim Halten des Calls im Vergleich zum Besitz der Aktie liegt im geringen Kapitaleinsatz, der einem dennoch ein Engagement in der Aktie ermöglicht. Dieser so genannte **Hebeleffekt** (kleiner absoluter Einsatz – hohe relative Veränderung) ist bei aus dem Geld liegenden Optionen besonders ausgeprägt. Beim Call muss zuerst nur dessen Preis (Prämie) entrichtet werden, und erst bei Bezug des Underlying wird der Basispreis fällig. So ist der Wert des Calls um so höher, je höher der Kapitalmarktzins steht oder je länger die Laufzeit gewählt wird. Durch die spätere Zahlung des Restbetrages kann das Geld inzwischen risikolos angelegt werden. Insofern besteht der **minimale Call-Preis während der Optionslaufzeit** in der Differenz zwischen Aktienkurs und dem Barwert des Basispreises.

Je größer die erwartete Volatilität der Aktie, desto größer ist die Wahrscheinlichkeit dafür, dass der Basispreis überschritten wird und die Option sich im Geld befindet. Dementsprechend besteht ein **positiver Zusammenhang zwischen dem Optionswert und der Volatilität** des Underlying.

Fünf Einflussgrößen auf den Call-Wert

Einflussgröße	Veränderung	Veränderung Call
Kurs Underlying	steigt	steigt
Basispreis	steigt	fällt
Risikofreier Zins	steigt	steigt
Laufzeit	verkürzt	fällt
Volatilität	steigt	steigt

Abbildung 80

Die intuitive Annäherung an die korrekte Bewertung von Optionen führt während der Laufzeit zu unbefriedigenden Ergebnissen. Um den Zeitwert preislich korrekt zu bestimmen, bedurfte es leistungsfähiger Bewertungsmodelle: Das **Black&Scholes-Modell** hatte sowohl in der wissenschaftlichen Diskussion als auch in der praktischen Anwendung eine bahnbrechende Wirkung (Black/Scholes, 1973). Die Preisfindung des Modells fußt auf der wegweisenden Idee eines risikolosen Arbitrage-Portfolios. Mit diesem Prinzip hatte die moderne Optionspreis-Theorie dank Black und Scholes ihren Bewertungsansatz gefunden. Die grundlegende Überlegung der beiden Wissenschaftler war, dass unter bestimmten Bedingungen eine perfekte Hedge-Position zwischen Aktie und Option zu konstruieren ist. Dabei werden die Gewinne aus dem Verkauf von Calls genau durch die Kursverluste von gekauften Aktien ausgeglichen und vice versa. Da mit der Veränderung des Aktienkurses und der Restlaufzeit der Option auch die Hedge-Ratio variiert, muss die Anzahl der Optionen ständig angepasst werden.

Außerdem unterstellt das Modell, dass das **risikolose Arbitrage-Portfolio** (Aktie und Short Call) den gleichen Ertrag abwirft wie eine Geldmarktanlage – es handelt sich schließlich um eine risikolose Anlage. Sofern dieser Gleichgewichtszustand vorliegt, entspricht der markthandelbare Optionspreis seinem theoretischen Wert. Auf diese Weise ist eine von Risikoüberlegungen und Kurserwartungen der Investoren losgelöste Bewertung von Optionen möglich. Es lassen sich faire, für alle Akteure annehmbare Gleichgewichtspreise berechnen, die mit dem Marktpreis verglichen werden können.

Die von Black und Scholes hergeleitete **Bewertungsgleichung** definiert den Wert eines Calls wie folgt:

$$C_{B\&S} = K \cdot \underbrace{N(d1)}_{\text{Hedge-Ratio}} - B \cdot \overbrace{e^{-r_f t}}^{\text{risikolose kontinuierliche Verzinsung}} \cdot \underbrace{N(d2)}_{\text{Ausübungs-wahrscheinlichkeit}}$$

$$d_1 = \frac{\ln\frac{K}{B} + \left(r_f + 0{,}5 \cdot \sigma^2\right) \cdot t}{\sigma\sqrt{t}}$$

$$d_2 = d_1 - \sigma\sqrt{t}$$

$$d_2 = \frac{\ln\frac{K}{B} + \left(r_f - 0{,}5 \cdot \sigma^2\right) \cdot t}{\sigma\sqrt{t}}$$

mit:

C = Call-Preis
K = Aktienkurs
B = Basispreis
e = Eulersche Zahl (= 2,718281828)
$N(d_i)$ = Flächeninhalt unter der Verteilungsdichtefunktion der Standard-Normalverteilung
r_f = risikoloser Zinssatz p. a.
t = Restlaufzeit der Option in Jahren
σ = Erwartete Standardabweichung des Aktienkurses p. a.

Bei genauer Betrachtung erinnert die **Black&Scholes-Formel** an die bereits bekannte Gleichung zur Ermittlung des inneren Wertes eines Calls per Verfalltag, das heißt: **Call-Preis** = Aktienkurs – Basispreis

Jedoch wird durch die Abzinsung des Basispreises der **Aspekt der risikolosen Verzinsung** mit einbezogen. Außerdem werden durch die Multiplikation mit den Korrekturfaktoren $N(d_1)$ und $N(d_2)$ die Preisschwankungsmöglichkeiten des Aktienkurses und damit die **Absicherungserfordernisse** (Hedge-Ratio) $N(d_1)$ sowie die **Eintrittswahrscheinlichkeiten für eine Ausübung** $N(d_2)$ berücksichtigt. Dieser Zuwachs an Komplexität führt zu einer besseren Abbildung des tatsächlichen Wertverlaufs eines Calls, als dies mit naiven bzw. intuitiven Verfahren der Prämienerklärung möglich wäre. Das nachfolgende Rechenbeispiel verdeutlicht dies:

Daten:
ODAX C DEZ 5200, EUREX-Quote: 686,00/698,00

K	=	$5\,672{,}28$
B	=	$5\,200$
E	=	*Eulersche Zahl (= 2,718281828)*
r_f	=	$3{,}1150\ \%$
T	=	*0,57534247 (19.05.2006 – 15.12.2006 = 210 Tage)*
σ	=	$19{,}00\ \%$
d_1	=	$\dfrac{ln\dfrac{5672{,}28}{5200}+\left(0{,}03115+0{,}5\cdot 0{,}190^2\right)\cdot 0{,}57534247}{0{,}190\cdot\sqrt{0{,}57534247}}=0{,}799620804$
d_2	=	$\dfrac{ln\dfrac{5672{,}28}{5200}+\left(0{,}03115-0{,}5\cdot 0{,}190^2\right)\cdot 0{,}57534247}{0{,}190\cdot\sqrt{0{,}57534247}}=0{,}655503272$
oder d_2	=	$d_1-0{,}190\cdot\sqrt{0{,}57574247}$
C	=	$5672{,}28\cdot N\left(0{,}799620804\right)-5200\cdot e^{-0{,}031150\cdot 0{,}57534247}\cdot N\left(0{,}655503272\right)$
N (0,799620804)	=	*N(0,79)+0,9620804·(N(0,80)-N(0,79)) (Linearregression)*
	=	*0,7852+0,9620804·(0,7881-0,7852) = 0,787990*
N (0,655503272)	=	*N(0,65)+0,5503272·(N(0,66)-N(0,65)) (Linearregression)*
	=	*0,7422+0,5503272·(0,7454-0,7422) = 0,743961*
$C_{B\&S}$	=	*4469,7-3799,88 = 669,82*

Die Bewertungsformel für den Put lässt sich aus der Call-Formel ableiten und gründet auf derselben Idee und den gleichen Grundbedingungen. Bei europäischen Optionen kann alternativ verhältnismäßig einfach eine Preisbeziehung zwischen Calls und Puts bei gleicher Ausstattung hergeleitet werden, sodass bei Kenntnis des einen Wertes der Wert des Pendants bestimmt werden kann. Dabei bezieht man sich auf das von Black und Scholes im Rahmen der Optionspreis-Theorie angewendete Bewertungsprinzip, das man als **„Law of one Price“** bezeichnen kann: Danach besitzen zwei unterschiedliche Portefeuilles, die in der Zukunft zu denselben Gewinn- wie Verlustpositionen führen, denselben Gegenwartswert. Unterscheiden sich also zwei „gleiche“ Portfolios im Preis, dann sind risikolose Arbitrage-Gewinne („free lunches“) möglich, bis wieder „faire“ Preise hergestellt sind.

Zur Veranschaulichung werden zwei Portfolios betrachtet: Portfolio 1 besteht aus einem Long Call (C) und einer sicheren Anlage (z.B. einem Zero-Bond) in Höhe des Barwerts des Basispreises (BW_B). Portfolio 2 enthält einen Long Put (P) und eine Einheit des jeweiligen Underlyings, z.B. eine Aktie (A). Die Optionspreis-Theorie erkannte, dass am Ende der Laufzeit beide Portfolios den gleichen Wert aufweisen. Da europäische Optionen nicht vor Fälligkeit ausübbar sind, gilt diese Gleichheit ebenso zu jedem Zeitpunkt während der Laufzeit, sodass gilt:

Portfolio 1		Portfolio 2
$C + BW_B$	=	$P + A$

*Diese Beziehung, die auch als **Put-Call-Parität** bekannt ist, kann nun sehr einfach nach dem gesuchten Optionstyp umgeformt werden. Das heißt, in Kenntnis des korrekten Call-Werts nach Black und Scholes ist über der Put-Call-Parität implizit auch der Put-Preis bekannt:*

$$P = C_{B\&S} + BW_B - A$$

Zahlenbeispiel DAX:

Situation in t_0:

DAX	=	5672,28	risikofreier Zins (r_f)	=	3,115%
$\boldsymbol{C_{B\&S}}$	=	**669,82**			
B	=	5200	Laufzeit	=	210 Tage

***P** (gesucht mit B = 5200 und t = 0,57534247 = 133 Tage)*

wenn t_1 (per Verfall) gilt: $C + B = P + A$

dann gilt in t_0 und sonst auch: $P = C + BW_B - A$

$$\boldsymbol{P} = (669{,}82 + 5200 \cdot 1{,}03115^{-0{,}57534} - 5672{,}28) = \boldsymbol{106{,}03}$$

Der Portfolio-Manager hat sich angesichts der Herausforderungen in der Praxis immer wieder zu vergegenwärtigen, dass das **B&S-Modell** uneingeschränkt **nur unter Hinzuziehung vielfältiger** (u.a. Normalverteilung, Random Walk), teils realitätsferner Annahmen (vor allem vollkommener Markt) gilt. Vor deren Hintergrund ist zu beurteilen, inwieweit die ermittelten Optionspreise tatsächlich den „fair value“ darstellen und ob dieser für alle Investoren gleichermaßen gültig sein kann. So existieren z.B. unterschiedliche Abwicklungskosten, verschiedene Geldanlage- und Kreditaufnahmesätze sowie keine uneingeschränkten Leerverkaufsmöglichkeiten. Allein dadurch können sich für Investoren bei sonst identischem Marktumfeld individuelle Bewertungen ergeben. Darüber hinaus gilt die Formel nur für europäische Aktienoptionen, ohne dass eventuelle Cashflows aus der Aktie während der Laufzeit Berücksichtigung finden.

Trotz aller Problematik liegt der **Vorteil der Formel für den Portfolio-Manager** darin, den Zeitwert besser „bepreisen" zu können. Zudem lassen sich für die vorgenannten Preisbestimmungsfaktoren aus dem Modell heraus Sensitivitätskennzahlen formal ableiten, die anzeigen, wie stark der Optionspreis bei Veränderung einer Einflussgröße bei sonst gleichen Bedingungen (ceteris-paribus-Annahme) reagiert. Ohne Kenntnis der Sensitivitätskennzahlen „Delta, Gamma, Rho, Theta und Vega" wäre eine erfolgreiche Umsetzung von Portfolio-Insurance-Strategien nicht gewährleistet.

Fünf Sensitivitäts-Kennzahlen

Die Hedge-Ratio (**Options-Delta**) zeigt an, um wie viel die Call-Option in absoluten Zahlen steigt, wenn die Aktie um 1 Euro steigt. Ein Delta von 0,33 bedeutet, dass die Call-Option bei einer Aktienkurssteigerung um den nächsten 1 Euro um 33 Cent zulegt. Calls weisen positive, Puts negative Delta-Werte auf. Der Delta-Wert ist für Hedge-Bestrebungen entscheidend, da er angibt, wie viele Aktien benötigt werden, um die Preisänderung der Option genau abzudecken. Der reziproke Wert des Deltas gibt dagegen die Anzahl von Optionen je Aktie an, die für die Abbildung einer perfekten Hedge-Position notwendig sind (hier: Short-Position von 3 Calls auf 1 Aktie bzw. 0,33 Aktien auf 1 Call oder 3 Long Puts auf 1 Aktie).

Der **Gamma-Wert** beschreibt die Delta-Anpassungen. Das Options-Delta wird mit zunehmender Verteuerung der Aktie bei einem Call immer höher, bis es den Wert Eins erreicht. Je mehr eine Option „in the money" läuft bzw. je mehr der innere Wert steigt, desto geringer wird der Zeitwert als Anteil am gesamten Optionspreis. Mit der Abnahme des Zeitwerts wächst die Empfindlichkeit und erhöht sich das Delta der Option. Konkret: Ein Gamma von 1,2 bedeutet, dass die gleiche Call-Option bei dem zweiten Euro Kurssteigerung der Aktie kein Delta von 33 Cent aufweist; sie wird statt dessen um 34,2 Cent (0,33 + 1,2/100) steigen.

Das **Options-Rho** drückt die Empfindlichkeit des Optionspreises in Bezug auf Veränderungen des risikolosen Zinssatzes aus. Die Bedeutung von Rho nimmt mit steigenden Aktienkursen zu, da dann die Kapitalbindung im risikolosen Arbitrage-Portfolio anwächst und die Zinskomponente an Bedeutung gewinnt. Folglich ist der Rho-Wert bei „in the money"-Optionen größer als bei Optionen, die keinen inneren Wert („out of the money") haben. Bei langen Restlaufzeiten haben Rho-Effekte spürbare Auswirkungen.

Das **Theta** kann als Maß für den Zeitwertverfall von Optionen angesehen werden, da hier die Empfindlichkeit des Optionspreises gegenüber der Optionsrestlaufzeit gemessen wird. Bei Annäherung an den Ausübungszeitpunkt nimmt der Zeitwertverfall stark zu. Deswegen profitiert der Stillhalter ganz besonders gegen Ende der Laufzeit. Für den Kontrahenten gilt dagegen grundsätzlich: „Time is always playing against you." Eher gering wirkt sich die Restlaufzeitverringerung bei aus dem Geld liegenden Calls aus.

Den größten Einfluss auf den Optionspreis besitzt neben der Kursschwankung des Underlying – vor allem bei am Geld liegenden Optionen – die Volatilität. Anhand des **Options-Vegas** wird die Empfindlichkeit des Optionspreises hinsichtlich einer Veränderung der Volatilität gemessen. Kauf- und Verkaufsoptionen werden gleichermaßen beeinflusst. Steigt die „Vola"(tilität), so steigt auch die Optionsprämie. Je nach aktuellem Niveau der Volatilität entscheidet der Portfolio-Manager, ob eher Long- oder Short-Strategien infrage kommen. Profis kaufen (verkaufen) Optionen vor allem in Erwartung steigender (fallender) Volatilitäten, die ceteris paribus den teureren Verkauf (günstigeren Kauf) der Option ermöglichen. Für solches „Vola-Trading" sind besonders „at the money"-Optionen (Basispreis entspricht ungefähr dem aktuellen Kurs des Underlying) geeignet, da deren Vega die größten Werte annimmt. Mit einer Verringerung der Restlaufzeit der Option verliert die Volatilität als Preisfaktor an Bedeutung und verhält sich damit umgekehrt zum Options-Theta. Konkret zeigt der Vega-Wert an, um welchen absoluten Betrag sich der Optionspreis verändert, wenn die Volatilität um einen Prozentpunkt steigt.

Darüber hinaus kann erst auf Rechenbasis der Black&Scholes-Formel – also mithilfe der Optionspreis-Theorie – die exakte **Synthetisierung von asymmetrischen Profilen (Duplikation)** mit den jeweils erforderlichen Eigenschaften gelingen (O'Brien, 1988). Hierauf baut eine Reihe von Insurance-Strategien maßgeblich auf.

4.2.3 Zusammenfassung und Arbeitsaufgaben

Zusammenfassung

Das Konzept der Portfolio-Insurance stellt mit dem Ziel eines konvexen Portfolio-Wertverlaufs vor allem darauf ab, Portfolio-Bestände gegen große Risiken und sich daraus ergebende Verluste zu immunisieren. Grundlegend hierfür ist der Einsatz von Instrumenten und Aktivitäten, die zu asymmetrischen Wirkungen im Renditeverlauf des Portfolios führen. Eine Schlüsselrolle spielen dabei Optionsinstrumente. Bezogen auf die Normalverteilung liegt der ökonomische Gehalt der schiefen und asymmetrischen Verteilungseigenschaften von Optionen in der Gegenläufigkeit von hoher Rendite und dem Grad der Erfolgswahrscheinlichkeit. Dem Image der „intelligenten" Option folgend, ergibt sich allein mit den vier bekannten Grundpositionen für das Portfolio-Management eine strategische Anwendungsvielfalt sowie unterschiedlichste Gewinn-Verlust-Profile im Portfolio. Das hört sich in punkto Theorie leichter an, als es tatsächlich ist, da vor allem die Wertbestimmung bei Optionen doch recht schwierig ist. Dank Black & Scholes und deren Formel konnte jedoch der Bewertungsunsicherheit, die sich aus der unsicheren Situation ergibt, ob denn der Inhaber sein Recht letztlich nutzt, nach vielen Jahren theoretischer Arbeit endlich etwas entgegengesetzt werden. Heute weiß man nur zu gut, wie die Wissenschaft hier „befruchtet" hat: Die „Griechen" – gemeint sind die fünf Sensitivitätskennzahlen Delta, Gamma, Rho, Theta und Vega – sind schließlich auch aus der praktischen Arbeit nicht mehr wegzudenken.

Arbeitsaufgaben

1. Erläutern Sie die Grundgedanken der Portfolio-Insurance. Mit welchem Schlagwort lässt sich ihr Doppelziel auf den Punkt bringen?

2. Welche unterschiedlichen Wertverlaufsmuster von Portfolios kennen Sie und welches favorisieren Sie? Begründen Sie Ihre Entscheidung.

3. Welches technische Konstruktionsmerkmal hat die Option dem Future voraus? Was bietet dieses Ausstattungsplus für Vorteile?

4. Worin unterscheiden sich die Rechtsstellungen des Inhabers einer europäischen und einer amerikanischen Option? Welche Konsequenzen vermuten Sie hieraus?

5. Was versteht man unter der asymmetrischen Eigenschaft von Optionen?

6. Wie lässt sich eine linksschiefe Renditeverteilung grafisch beschreiben? Nennen Sie ein konkretes Produkt und erläutern Sie die ökonomische Bedeutung dieser Schiefe sowie die Anwendungsmotive.

7. Erklären Sie den ökonomischen Unterschied zwischen einer Aktienposition und einem Long Call auf diese Aktie mit einem theoretisch kleinstmöglichen Basispreis (very deep in the money).

8. Warum ist die Volatilität kein ideales Risikomaß für Optionen?

9. Lässt sich grundsätzlich sagen, um wie viel günstiger Transaktionen in Derivaten als in der Kasse sind? Erläutern Sie Ihre Antwort.

10. Weshalb ist es zweckmäßig, in der Portfolio-Insurance Bewertungsmodelle zur Aufgabenerfüllung heranzuziehen?

11. Hinsichtlich welcher Aspekte bietet das B&S-Modell mehr Komplexität als intuitive Prämienerklärungsansätze?

12. Welche Verbindung sehen Sie zwischen der Put-Call-Parität und dem Law of one Price?

13. Erläutern Sie die zwei wichtigsten Preisbestimmungsfaktoren für den Optionswert. Wie heißen die Kennzahlen für diese beiden Einflussgrößen?

4.3 Zur Gestalt von Derivaten oder: Strukturierte Produkte

Mit der Vermarktung der so genannten **Strukturierten Produkte** hat die Geldindustrie mit in Zertifikate gehüllten Derivaten („verpackte Derivate") und deren Kombinationen die Anlegerherzen im Sturm erobert. Da gerade die strukturierten Instrumente eine beeindruckende Anwendungsvielfalt und Verbreitung angenommen haben, dürfen sie neben den direkten Termingeschäften in der Darstellung eines modernen Portfolio-Managements nicht fehlen. Die nachfolgenden übersichtsartigen Ausführungen sollen an dieser Stelle allerdings genügen, da die Profile von strukturierten Produkten in einem großen Portfolio jederzeit auch mittels direkter Optionen hergestellt werden können und zudem viele der im Angebot vorfindbaren Spielarten mehr den Regeln eines Retailmarktes folgen.

Der Begriff „strukturiertes Finanzprodukt" wird im deutschen Sprachraum insbesondere für solche Finanzinstrumente verwendet, die als Kombination von klassischen Kassa- wie Terminmarktanlagen (z.B. Aktien, Zinsen, Devisen und Rohstoffe) aufgefasst werden können. Die Zusammenführung mehrerer einzelner Komponenten ermöglicht das Eingehen einer Vielfalt von Rendite-Risiko-Profilen, die von hochrisikanten Wettstrukturen bis hin zu ausgesprochen defensiven Strategiezertifikaten reichen. Namensgebungen wie Discountzertifikate und Aktienanleihen, Korridor-Instrumente, Sprint- und Turbo-Zertifikate, Rainbow-Produkte oder Bonusstrukturen betiteln dabei eine jeweils spezifische Funktionslogik.

Die Vielfalt der Produkte und eine große Zahl von Neuemissionen auf Seiten großer Universal-, Investment- und Privatbanken macht den deutschen Angebotsmarkt mittlerweile sehr unübersichtlich. Unter Verwendung einer systematischen Anordnung verschiedener Typen (Typologie) zeigt Abbildung 81 eine mögliche Klassifikation der wichtigsten Produkte in Deutschland mit dem Ziel eines Überblicks entlang der Charakteristik einzelner Gruppen von Instrumenten. Aus Gründen der Marktrepräsentativität und der Methodik des Fachbuchs wurde bewusst eine Beschränkung auf aktiennahe Produkte vorgenommen.

Typologie der wichtigsten strukturierten Aktienprodukte am deutschen Kapitalmarkt (Stand: Juni 2005)

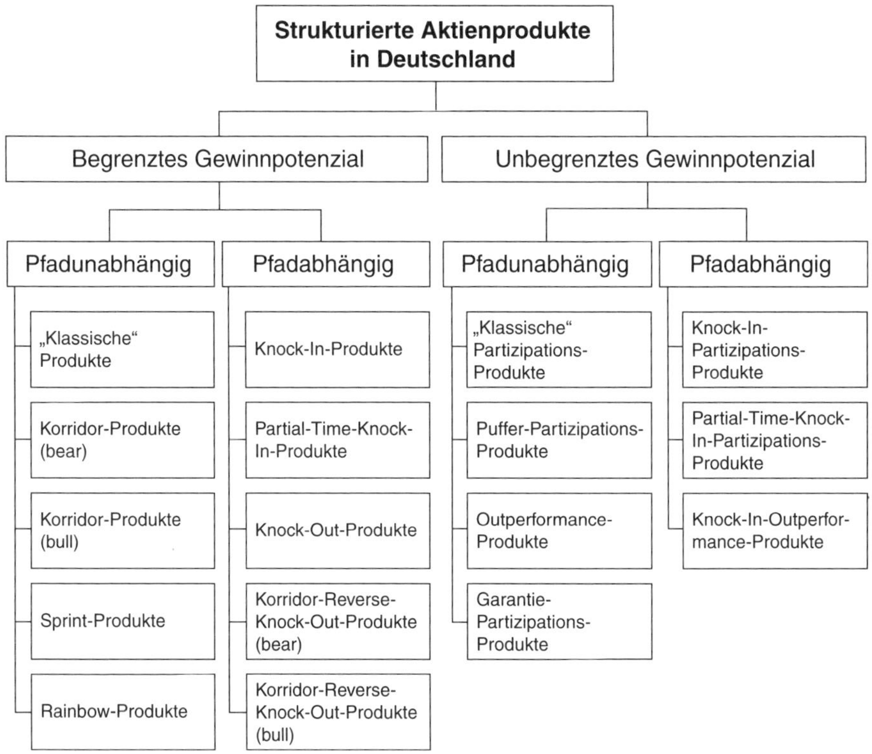

Abbildung 81 Quelle: Finanz Betrieb 7-8/2005, S. 513

Auf der ersten **Ordnungsebene** lassen sich Produkte mit begrenztem und unbegrenztem Gewinnpotenzial unterteilen. Darunter lassen sich pfadunabhängige von pfadabhängigen Strukturen unterscheiden. Dieses zweite Ordnungskriterium spiegelt wie kein anderer Aspekt die dynamische Entwicklung von Derivaten der zweiten Generation – gegenüber den „Plain-Vanilla-Strukturen" aus der ersten Generation – wider und kategorisiert deren komplexe Funktionsweise: Während pfadunabhängige Instrumente die alte Optionswelt der frühen 90er-Jahre beschreiben, wo mit dem Kurs des Basiswerts am Ende der Laufzeit das Ergebnisprofil bestimmt wurde, funktionieren pfadabhängige Instrumentenkombinationen im Sinne eines mehrschichtigen Wenn-Dann-Prinzips. Das im vorhinein offene Auszahlungsprofil ist nämlich von wenigen bis mehreren Nebenbedingungen abhängig, z.B. ob der Kurs der zugrunde liegenden Aktie während der Laufzeit oder einer bestimmten Laufzeitenphase bestimmte Schwellen berührt bzw. verletzt (Barrier-Options). In Abhängigkeit davon fallen Optionsrechte oder Sicherheits- bzw. Bonus-Komponenten zu oder weg. Im Einzelfall ist ein tieferer Blick in die komplexeren pfadabhängigen Produkte in jedem Fall vonnöten.

Wie bei den direkten Optionen auch, erfolgt die finanzmathematische Bewertung strukturierter Finanzprodukte mittels Duplikation durch geeignete Basisinstrumente; in aller Regel kommen dafür die zugrunde liegende Aktie, europäische Standardoptionen oder exotische Optionen, wie z.B. Knock-In-, Knock-Out- und Rainbow-Optionen, sowie (Nullkupon-)Anleihen infrage.

Zu den pfadunabhängigen Instrumenten mit begrenztem Gewinnpotenzial gehören v.a. „klassische“ strukturierte Produkte als die bekannteste und meist verbreitete Form, namentlich die Aktienanleihe sowie das populäre klassische Discount-Zertifikat. Gedanklich liegt diesen beiden Instrumenten das Ertrag-Risiko-Profil einer risikolosen Anlage in Kombination mit einem Short Put (alternativer Konstruktionsweg: Aktie + Short Call) zugrunde. Aktienanleihe und Discount-Zertifikat unterscheiden sich – trotz Gleichheit im ökonomischen Inhalt – gestalterisch alleine durch die Kuponzahlung, die im ersten Fall inbegriffen ist und im zweiten Fall fehlt, wodurch sich im Übrigen ungleiche einkommensteuerliche Wirkungen ergeben – im praktischen PortfolioManagement für private Adressen kann dies von entscheidender Bedeutung sein.

Unter den in Deutschland gehandelten pfadabhängigen strukturierten Aktienprodukten mit unbegrenztem Gewinnpotenzial stellen Barrier-Instrumente die gängigste Form dar. Hier wird, wie oben erwähnt, die Tilgungsart maßgeblich durch das Erreichen bzw. Nichterreichen fest vorgegebener Kursgrenzen während der Produktlaufzeit bestimmt. Zur Illustration soll ein Beispiel des populären Produkttyps herangezogen werden: Das 2003 in der Branche erstmals angewendete Protect-Bonus-Zertifikat auf den EuroStoxx50.

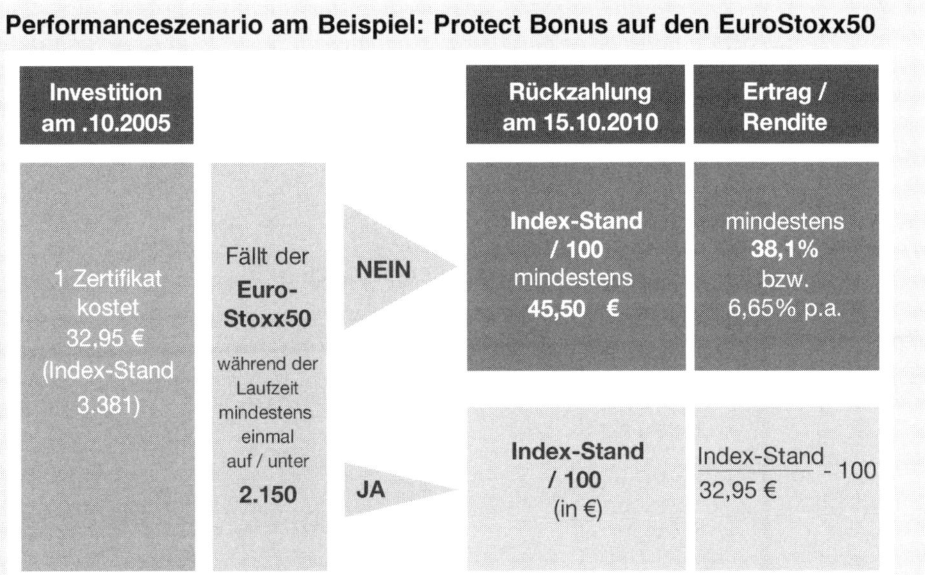

Abbildung 82

Empirische Studien zum deutschen Kapitalmarkt belegen (Stoimenov/Wilkens, 2004), dass strukturierte Aktienprodukte im Primärhandel im Durchschnitt eine Überbewertung zuungunsten der Investoren aufweisen. Interessanterweise sind davon komplexere und damit weniger transparente Produktformen stärker betroffen. Anders formuliert: Einfachere „Plain-Vanilla-Strukturen", namentlich klassische Discount-Zertifikate, vor allem auf gängige und markttiefe Underlyings wie den DAX30 oder den EuroStoxx50, können sich diesem Nachteil weitgehend entziehen. Der Popularität pfadabhängiger Strategie-Zertifikate hat dies keinen Abbruch getan, da die breite Anlegerschaft heute gern sicherheitsorientierte Strategien „einkauft", die in einer Wertpapierkennnummer einfach zu besorgen, übersichtlich zu verwalten sowie steueroptimal gestaltet sind.

4.4 Absicherungsstrategien für Aktien-Portfolios

Beim Gang durch das Basiswissen, die theoretischen Grundlagen und Modelle, aber auch Probleme dachte sich Herr Glücklich mehr als einmal: „Ganz schön heftig!" Im Nachhinein ist er aber froh um die vielen Mühen, denn mit der Theorie im Rücken bringt er doch ein ganz anderes Verständ-

nis und Bewusstsein mit. Aber weiß er nun auch, wie er sein persönliches Portfolio absichern muss? Natürlich nicht. Und so freut er sich darauf, im nächsten Schritt die Theorie mit der Praxis zu verbinden. Also auf in die konkreten Absicherungsstrategien, denkt er sich voller Vorfreude: „Vielleicht ist ja die ideale Lösung für mein Aktienengagement dabei ...“

Schlüsselbegriffe

- Statische und dynamische Strategien
- Stop-Loss-Strategie
- Protective Put, synthetischer Put
- Beta-Faktor
- Full Coverage
- Skew
- Rolling Hedge
- Long und Short Call
- Constant-Mix-Strategie
- Constant-Proportion-Portfolio-Insurance (CPPI)
- Kasse-Short-Put-Switch

4.4.1 Grundüberlegungen

Eine Portfolio-Insurance-Strategie kann auf vielfältige Weise gefahren werden (vgl. Zurack, 1989; Benninga, 1990). Der Portfolio-Manager muss zuerst **Art und Umfang der gewünschten Sicherung** für das Portfolio bestimmen. Nur dann kann das passende Konzept ausgewählt und ein effizienter Schutz aufgebaut werden. Damit unmittelbar verknüpft ist die Frage nach dem **Preis für den Schutz**. Die Kosten hängen davon ab, wieviel Absicherung der Portfolio-Manager für nötig hält bzw. wieviel Gewinnpotenzial er für wünschenswert hält (vgl. O'Brien, 1988; Dreher, 1988; Estep/Kritzman, 1988). Die volle Absicherung ohne Einbuße von Chancen verursacht die höchsten Kosten. Wenn der Manager aber gewillt ist, einen gewissen Rückgang im Portfolio-Wert hinzunehmen, bevor die volle Absicherung greift, oder er gewisse Teile des Gewinnpotenzials zu opfern bereit ist, dann ermäßigen sich die Absicherungskosten getreu dem positiven Zusammenhang von Ertrag und Risiko.

Ein **traditionelles Ordnungskriterium** für aktienseitige Portfolio-Insurance-Strategien sind Umschichtungsaktivitäten während des Planungszeitraums, wobei zwischen **statischen und dynamischen Strategien** unterschieden wird. Statische Strategien verändern die im Ausgangszeitpunkt gewählte Portfolio-Aufteilung maximal einmal (Steiner/Bruns, 1995). Hingegen kennzeichnen dynamische Strategien fortwährende Portfolio-Strukturanpassungen im Zeitablauf als Antwort auf Marktänderungen, die den Versicherungsauftrag immer wieder neu stellen (O'Brien, 1988). Alternativ zu dieser streng-formalen Differenzierung wird in der Praxis, die der aktuellen Kurssituation und damit Markterwartungen bei weitem mehr Rechnung trägt, auch nach dem Umfang des Sicherungswunsches geordnet. So kann man die **echten Sicherungsstrategien** konvexer bzw. rechtsschiefer Art von eher konkaven oder linksschiefen **Teilsicherungsstrategien** abgrenzen.

Tatsächlich werden Portfolio-Insurer ihre konkreten Sicherungskonzepte keinesfalls nur zwischen **statisch und dynamisch** bzw. **echt und teilsichernd** auswählen, sondern sich je nach Problemsituation (u.a. Markt- und Optionsbewertungsniveau, Investorpräferenzen und eigenem Stärkenprofil) auch für Variationen entscheiden und Mischkonzepte zur praktischen Anwendung bringen. Darüber hinaus kommen die Werkzeuge statischer Sicherungsstrategien oft genug gleichfalls zu dynamischer Anwendung. Aus diesem Grund wird hier die Gliederungssystematik nach dem Grad der Einfachheit und Bekanntheit der Instrumente bzw. der methodischen Zusammengehörigkeit vollzogen.

4.4.2 Stop-Loss-Strategie

Die zweifellos einfachste Strategie besteht in der Anwendung von Stop-Loss-Limiten (vgl. Aschinger, 1993). Im Ausgangszeitpunkt der Planung wird das Anlagevermögen vollständig in Aktien investiert. **Erreichen die Aktienkurse eine vorher definierte Preisuntergrenze, so werden die Aktienpositionen** entweder direkt oder über Index-Futures **zum nächstmöglichen Umsatz „bestens" verkauft**. Damit werden die symmetrische Natur sowie der „primitive" Charakter dieser Versicherungstechnik klar: Per Limit-Automatik werden sowohl weitere Verlustgefahren als auch die

Gewinnaussichten eines Aktien-Portfolios beendet und die bis dahin erreichte Performance besiegelt. Insofern ist die Stop-Loss-Strategie allenfalls eine „halbherzige“ Portfolio-Insurance.

Herkömmlicherweise wird der Erlös aus dem direkten Verkauf der Aktien in eine risikolose Anlage investiert. Damit gelingt die **Sicherung eines Mindestportfolio-Werts**, des so genannten **Floor**, zum Ende des Planungshorizonts. Bedingung für die „exakte“ Erzielung dieses Floor ist jedoch die Einhaltung folgender Regel: Das risikobehaftete Portfolio muss verkauft werden, sobald der Barwert des Floor, bezogen auf den Planungshorizont, erreicht wird. Der Erlös aus dem Verkauf des Index-Portfolios ist sodann risikolos anzulegen, sodass sich zum Ende genau der Floor ergibt. Das folgende Beispiel verdeutlicht diese traditionelle Vorgehensweise:

Ein Anleger kauft am 01.01.2006 ein DAX-Portfolio im Wert von 10 Mio. Euro. Nach einem Jahr soll das Portfolio auf keinen Fall weniger als 9 Mio. Euro wert sein. Der konstante risikolose Zins während der Laufzeit liegt bei 3,5%. Transaktionskosten werden vernachlässigt. Nun wird angenommen, dass der Barwert des Floor und das Kursniveau des DAX sich am 30.06.2006 genau entsprechen. Der minimale Liquidationswert des DAX-Portfolio muss zu diesem Zeitpunkt (K_t) genau 8783100,66 Euro betragen, da gilt: $K_t=F(1+r_f)^{-t}$. Deshalb wird das DAX-Portfolio an diesem Tag verkauft und der Betrag zu 3,5% Zins bis zum Jahresende angelegt. Am 31.12.2000 erhält man dann:

$$8\,846\,517{,}51 \cdot (1{,}035)^{0{,}5} = 9\,000\,000{,}00 \text{ Euro}$$

Wird anstatt einzelner Aktien ein **indexähnliches Portfolio** gehalten, so muss nicht mehr für jede Aktie einzeln ein Stop-Loss-Kurs festgelegt und überwacht werden, der den Erfordernissen des Gesamtportfolios entspricht. In der Praxis hat sich für diesen Fall die weniger zeitaufwändige **Stop-Loss-Variante mit Aktien-Index-Futures** durchgesetzt. Damit entfällt die Möglichkeit, den Erlös aus dem Aktienverkauf risikolos anzulegen. Die entgangenen Zinsen stellen im Hinblick auf das Ende des Planungshorizonts **keine Opportunitätskosten** dar, da bei korrekter Bewertung der Preis des Index-Futures die Zinskosten einer Aktienanlage beinhaltet, die der Portfolio-Insurer als Future-Verkäufer über die Laufzeit hinweg kontinuierlich realisiert. Etwaige Cashflows an den Aktionär sind im Future-Preis in einem „ausarbitragierten“ Markt ebenfalls berücksichtigt. Insofern gibt es im Idealfall keinen Rendite-Unterschied zwischen einer risikolosen Geldanlage auf der einen und einem Future-gesicherten Marktportfolio auf der anderen Seite. Neben dem geringeren Zeit- und Überwachungsaufwand liegt der entscheidende **Vorteil dieser Variante** in den deutlich niedrigeren Transaktionskosten. Dieser Vorteil greift, sobald sich der Investor und der Portfolio-Manager darauf verständigen, ein erneutes Aktienengagement aufzubauen. Statt das Marktportfolio neu zusammenkaufen zu müssen, hätte der Manager lediglich die Short-Position im Index-Future glattzustellen.

Die **Eignung von Stop-Limits** – ob über den Future oder direkt – ist im Portfolio-Management sehr **umstritten** und wird ganz besonders bei größeren Kurssprüngen auf eine Zerreißprobe gestellt. Beispielsweise führt ein Börsen-Crash über Nacht zu einem nicht zielgerechten Unterschreiten des festgelegten Floor und zu einem Misserfolg der gesamten Insurance-Bemühungen mit schwer kalkulierbarem Ausgang.

Eine zusätzliche Gefahr der dargestellten Strategie liegt in ihrem statischen Charakter. Einerseits wünscht man, dass der Verlust-Stopp so nah wie möglich am aktuellen Kurs liegt, sodass man aus verlustreichen Engagements so schnell wie möglich herausgeworfen wird. Andererseits führen Stopps, die zu nahe dem aktuellen Niveau gesetzt werden, zu unerwünschten Liquidationen bei kurzfristigen Marktausschlägen. Nimmt der Aktienmarkt nach Erreichen der Stop-Marke mit dem automatisierten Verkauf des Aktienbestands erneut eine Aufwärtsentwicklung, wäre das Portfolio daran nicht mehr beteiligt (**„Verwundbarkeit" von Protective Stops**). Um dem entgegenzuwirken, gibt es strategische Abwandlungen, die darauf abzielen, mittels eines Stop-Buy-Limits das zunächst aufgegebene Aktienengagement in einem anspringenden Aktienmarkt wieder einzugehen. Natürlich setzt man sich mit solch **dynamischen Stop-Systemen** dem Risiko der so genannten Verwundbarkeit von Stop-Marken nicht minder häufig aus, sodass die Frage nach dem idealen Stop-Limit oder -Verfahren zwangsläufig in das alte Prognose-Dilemma mündet.

4.4.3 Klassische Strategie: der Protective Put

Die klassische Form der Portfolio-Insurance ist die Verwendung von Long Puts als Schutz gegen mögliche Kursverluste. Das liegt an dem wesentlichen Vorteil, dass man mit dem Einsatz des so genannten Protective Put bereits **im Anlagezeitpunkt** den **Portfolio-Mindestwert definieren** kann. Dieser besteht in der Höhe des Basispreises abzüglich des Optionspreises und der mit dem Put verbundenen Transaktionskosten. Im Fall eines am Verfalltag unter dem Basispreis liegenden Portfolio-Werts werden die Put-

Gewinne realisiert und die Absicherung verlängert. Die Auswirkungen einer solchen Strategie sind in Abbildung 80 dargestellt.

Portfolio-Insurance mit einem Protective Put

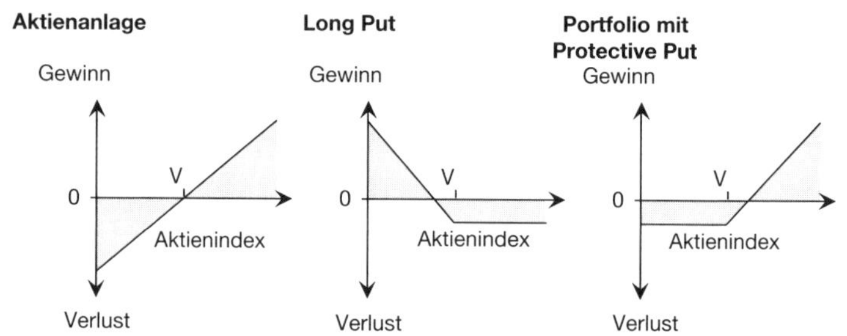

Abbildung 83

Durch die Kombination von Portfolio und Put ergibt sich das Gewinn- und Verlustdiagramm ganz rechts. Der mit V bezeichnete Punkt entspricht dem Einstiegskurs der Aktienanlage und dem Basispreis des Puts. Bei negativer Marktentwicklung ist der Verlust dieser Kombinationsstrategie auf die Höhe der gezahlten Put-Prämie und Transaktionskosten begrenzt. Das Portfolio ist somit keinem zusätzlichen Rückschlagrisiko ausgesetzt. Hingegen nimmt das abgesicherte Portfolio bei steigendem Aktienmarkt an der Aufwärtsentwicklung teil. Die Performance des abgesicherten Portfolios liegt jedoch um den Betrag der Optionsprämie und der Transaktionskosten gegenüber der Performance des nicht abgesicherten Portfolios zurück.

Grundsätzlich stehen **zwei Wege für die Portfolio-Insurance mit Puts** offen. Zum einen können Index-Puts erworben werden, die von der Gesamtmarktentwicklung (Index) abhängen. Ein solcher Fall ist in Abbildung 80 dargestellt. Diese Absicherungsvariante ist nur sinnvoll, wenn das gehaltene Portfolio in seiner Zusammensetzung und Gewichtung ungefähr dem Index entspricht, auf den sich der Put bezieht. Liegt keine entsprechende Übereinstimmung vor und lässt sich auch keine Umrechnung vornehmen, kann es zu Absicherungsfehlern kommen.

Der zweite Weg führt über den Kauf von Puts für jede einzelne im Portfolio gehaltene Aktie. Damit erwirbt man sozusagen ein „Portfolio individueller Versicherungs-Policen". Bedingung ist natürlich die Handelbarkeit von Optionen auf die im Portfolio gehaltenen Aktien. Des Weiteren erfordert der Aufbau einzelner Aktien-Puts mehr Zeitaufwand und höhere Transaktions- und Absicherungskosten. Da Indizes aufgrund ihres Diversifikationsgrades weniger schwanken, sind Index-Optionen wegen der niedrigeren Volatilität ihres Underlying in der Regel kostengünstiger als Optionen auf einzelne Aktien. Der Portfolio-Manager wird daher, wann immer möglich, individuellen Aktienoptionen zugunsten der Index-Option ausweichen.

In diesem Zusammenhang ist darauf hinzuweisen, dass die **Portfolio-Theorie** ohnehin ein gut diversifiziertes Portfolio empfiehlt, das ausschließlich dem Marktrisiko unterworfen ist. Das **Konzept des Marktportfolios** führt zurück zum **Beta-Faktor**, mit dessen praktischer Aussagefähigkeit und Zuverlässigkeit die Absicherungspraxis von Portfolios steht und fällt.

Der Beta-Faktor in Theorie und Empirie

Bekanntermaßen beschreibt das Beta in der Portfolio-Theorie ein Maß für das systematische Risiko einer Einzelanlage. Mathematisch wird dort dieses Risikomaß ermittelt aus dem Verhältnis der Kovarianz der Aktie mit dem Referenzmarkt zur Varianz des Referenzmarktes.

Die Formelstruktur führt zu der Frage nach der Zuverlässigkeit des Beta-Faktors für die praktische Anwendung (vgl. Bauer, 1991). Empirische Studien belegen in der Tat, dass Einzel-Betas sich im Laufe der Zeit stark verändern können. Extreme Werte haben die Tendenz, sich allmählich an den Durchschnitt anzugleichen. Zudem zeigen Untersuchungen, dass Aktien mit niedrigem Beta besser abschneiden, als nach der Theorie zu erwarten wäre. Dafür halten „High-Beta-Stocks“ mit den theoretischen Erwartungen nicht ganz Schritt, obwohl sie auf lange Sicht durchaus eine überdurchschnittliche Gesamtperformance erzielten.

Dennoch schlägt dieses Manko auf die Absicherungspraxis im Rahmen eines wohl-diversifizierten Depots kaum durch, da sich der **Beta-Faktor eines Portfolios** von mehr als einem Dutzend Aktien wiederum als recht zeitstabil erwiesen hat. Zeitliche Abweichungen einzelner Aktien werden im Portfolio-Verbund ausgeglichen.

Anhand eines Beispiels sollen der Aufbau und die Wirkung des Protective Put über Eurex-gehandelte DAX-Optionen veranschaulicht werden.

Kontraktspezifikation

Kontraktspezifikation	**Eurex-DAX-Option (ODAX):**
Underlying:	DAX
Kontraktgegenwert:	entspricht 5fachem DAX-Wert
Maximale Laufzeit	60 Monate
Ausübung	europäisch + Barausgleich

Abbildung 84

*Das **Ausgangsportfolio**, bestehend aus 12 Einzelwerten, weist folgende Eigenschaften auf:*

Ausgangsportfolio*					
	Anzahl	***Kurs***	***Kurswert***	***Beta-Faktor***	***DAX-Risiko***
Adidas	*1 500*	*157,90 €*	*236 850 €*	*0,4540*	*107 530*
Allianz	*2 300*	*123,38 €*	*283 774 €*	*1,5300*	*434 174*
BASF	*2 000*	*63,79 €*	*127 580 €*	*0,6710*	*85 606*
BMW	*4 000*	*39,93 €*	*159 720 €*	*1,0500*	*167 706*
Deutsche Bank	*3 000*	*91,00 €*	*273 000 €*	*0,9600*	*262 080*
Deutsche Post	*17 500*	*20,64 €*	*361 200 €*	*0,7910*	*285 709*
E.ON	*6 000*	*86,10 €*	*516 600 €*	*0,4190*	*216 455*
Henkel Vz	*4 700*	*90,32 €*	*424 504 €*	*0,3450*	*146 454*
Münchner Rück	*2 900*	*107,00 €*	*310 300 €*	*1,4700*	*456 141*
SAP	*2.450*	*164,86 €*	*403 907 €*	*1,5300*	*617 978*
Schering	*5 000*	*85,58 €*	*427 900 €*	*0,4030*	*172 444*
Siemens	*3 500*	*68,56 €*	*239 960 €*	*1,2800*	*307 149*
DAX 30 = 5.672,28		*Portfolio: 3 528 455 €* *Portfolio-Beta: 0,9238*		*DAX-Risiko: 3 259 426*	
** Beispieldaten vom 19.05.2006, 17.30 Uhr; Beta 250-Tage-Durchschnitt*					

Gesucht ist der ***Beta-gewichtete Portfolio-Wert****: Diesen erhält man, indem die Kurswerte der Einzelanlagen mit ihrem jeweiligen Beta-Faktor gewichtet und die Einzelergebnisse aufsummiert werden. Er zeigt an, welches DAX-Risikoengagement das Portfolio beinhaltet. Alternativ gelangt man zum gleichen Ergebnis über die Berechnung des Portfolio-Beta, das mit dem Portfolio-Wert zu multiplizieren ist.*

Demnach ergibt sich die Anzahl der für den Hedge erforderlichen Puts allgemein:

$$\frac{\text{Beta-gewichteter Portfolio-Wert}}{\text{Index-Stand} \cdot 5} = \text{Kontraktanzahl}$$

$$\text{Also: } 3\,259\,426/(5672{,}28 \cdot 5) = 114{,}92 \text{ Kontrakte}$$

Zur Ausgangssituation: *Der Portfolio-Manager hat 115 DAX-Put-Kontrakte zu kaufen, um sein Portfolio zu schützen. Der handelbare Preis für den annähernd siebenmonatigen Eurex-Index-Put mit einem Basispreis von 5 600 und einer Laufzeit bis zum 15.12.2006 beträgt 260 Euro. Das bedeutet sieben Monate Sicherheit für immerhin 4,2% Kosten. Über die Wahl der Optionsserie ist unter Einrechnung des Basispreises und der Put-Prämie das maximale Verlustrisiko im Portfolio auf 5,5% begrenzt. Über dieses Ausmaß hinaus ist das Portfolio sieben Monate lang immunisiert. Rein intuitiv könnte man zu der Bewertung gelangen, dass die Kosten im Verhältnis zum Absicherungseffekt unverhältnismäßig hoch sind. Im historischen Zeitablauf hat sich die Volatilität als zentraler Preisfaktor für die Option jedoch wieder deutlich reduziert. Nach den starken Kursrückgängen, die den DAX von seinen Hochs über 8 000 Punkten (März 2000) bis auf unter 2 200 Punkten (März 2003) gedrückt hatten, konnte man einen starken Anstieg der Volatilität sehen. Die Erholungsphase des DAX hat den Index als Reaktion wieder über die 6 000 Punkte herangeführt. Damit einher ging eine deutliche Reduzierung der Volatilität, was eine kostengünstigere Absicherung zur Folge hatte. Ob zyklisches Verhalten im Rahmen aktueller Stimmungen ein generelles Erfolgsrezept ist, wäre allerdings sehr vorsichtig zu beantworten. Welchen Effekt ein unterschiedliches Volatilitätsniveau auf den Preis von Optionen und damit die Vorteilhaftigkeit einer Protective-Put-Strategie hat, soll nachfolgende Tabelle wiedergeben:*

Von der Volatilität zum Optionspreis und den Absicherungskosten			
Die nachfolgenden Fair Values wurden mit einem Optionspreisrechner ermittelt. Sie stehen für einen DAX-Put mit Fälligkeit Dezember und einem Basispreis von 5 600 bei einem aktuellen DAX-Stand von 5 672,28 (Beispieldaten vom 19.05.2006):			
Bei Volatilität von	***Fairer Optionspreis***	***Kosten***	***Absicherung ab Verlust von***
10,00 %	*95,89 EUR*	*1,69 %*	*2,96 %*
12,00 %	*127,19 EUR*	*2,24 %*	*3,52 %*
15,00 %	*175,21 EUR*	*3,09 %*	*4,36 %*
*18,74 %**	*236,00 EUR***	*4,16 %*	*5,43 %*
20,00 %	*256,65 EUR*	*4,52 %*	*5,80 %*
25,00 %	*338,89 EUR*	*5,97 %*	*7,25 %*
30,00 %	*421,43 EUR*	*7,43 %*	*8,70 %*
** „Implizite" Volatilität = aktuell vom Markt bezahlte Volatilität* *** Marktpreis der Put-Option*			

Es fällt auf, dass der Absicherer für exakt die gleiche Option je nach Volatilitätsniveau verschieden viel bezahlen muss, was automatisch auf den Absicherungseffekt mit unterschiedlichem Erfolg durchschlägt. In signifikanter Weise wird damit die Attraktivität des Protective Put vor allem im Falle niedriger Volatiliät deutlich, weshalb diese Strategie auch in diesem Umfeld besonders empfehlenswert ist und verstärkt Anwendung findet. Aus diesem Grund wird in der weiteren Darstellung eine Rechnung mit dem aktuellen Volatilitätsniveau aufgemacht, im Rahmen einer zweiten Erfolgsbilanz illustriert, welches sich bei Geltung günstigerer Volatilitätsverhältnisse von 12% ergeben hätte, was in den vergangenen zwei Jahren das vorherrschende Niveau gewesen war.

Um den Vorteil der Immunisierung gegen ein unerwünschtes „down side risk" zu veranschaulichen, werden zwei Extremszenarien unterstellt, mit einem zeitstabilen Portfolio-Beta von 0,9238. Im ersten Szenario entwickelt sich der DAX bis zum 15.12.2006 um 20% (= 4 537,82) nach unten, im zweiten um 15% (= 6 523,12) nach oben.

Erfolgsbilanz der beiden Szenarien im Vergleich bei einer Volatilität von 12 %			
	Anfangswert (V_0)	***Szenario I (Index –20%)***	***Szenario II (Index +15%)***
DAX-Stand	*5 672,28*	*4 537,82*	*6 523,12(+15%)*
Underlying-Wert	*3 528 445*	*2 876 529,50 (V_0·(1-(20%·0,9238)))*	*4 017 381,62 (V_0·(1+(15%·0,9238)))*
Put-Wert	*127*	*1 062,18*	*wertlos*
Hedge-Position	*73 025 (127 x 115 x 5)*	*610 753,50 (1062,18·(115·5))*	*wertlos*
Gesamtportfolio – gesichert – ungesichert	*3 601 470 3 528 445*	*3 487 283 2 876 529,50*	*4 017 381,63 4 017 381,63*
ungesicherte Performance gesicherte Performance relativer Insurance-Erfolg		*– 18,48 % – 3,17 % + 15,31 %*	*+ 13,86 % + 11,55 % – 2,31 %*

Erfolgsbilanz der beiden Szenarien im Vergleich bei einer Volatilität von 18,74%			
	***Anfangswert** (V_0)*	***Szenario I** (Index –20%)*	***Szenario II** (Index +15%)*
DAX-Stand	*5 672,28*	*4 537,82 (-20%)*	*6 523,12 (+15%)*
Underlying-Wert	*3 528 445*	*2 876 529,50 (V_0·(1-(20%·0,9238)))*	*4 017 381,62 (V_0·(1+(15%·0,9238)))*
Put-Wert	*236*	*1 062,18*	*wertlos*
Hedge-Position	*135 700 (236·(115·5))*	*610 753,50 (1062,18·(115·5))*	*wertlos*
Gesamtportfolio – gesichert – ungesichert	*3 664 145,00 3 528 445*	*3 487 283 2 876 529,50*	*4 017 381,62 4 017 381,62*
ungesicherte Performance gesicherte Performance relativer Insurance-Erfolg		*– 18,48 % – 4,83 % + 13,65 %*	*+ 13,86 % + 9,64 % – 4,22 %*

Das Beispiel mit der Ausrechnung des relativen Insurance-Erfolgs verdeutlicht, dass eine Portfolio-Insurance mit Protective Puts eine wirksame Downside Protection bei gleichzeitiger Upside Participation gewährleistet. Der große Vorteil dieser Strategieart liegt in der für den Planungszeitraum guten Kalkulierbarkeit von Risiko und Kosten. Damit ist auch der Floor im Planungszeitpunkt genau festlegbar. Wenn der Investor die Auflage macht, nicht mehr als einen bestimmten Prozentsatz riskieren zu wollen, dann hat der Portfolio-Insurer mit der Option ein wirksames Instrument. Ein als ungünstig empfundener Fall für den Put-Absicherer ist – neben ungünstigen Volatilitätsverhältnissen – der Seitwärtsmarkt, der weder Absicherungsgewinne noch eine Aktienrendite erbringt, die Absicherungskosten auffangen könnte.

Je nach Absicherungsumfang können verschiedene Abstufungen in Abhängigkeit von der Risikotoleranz des Anlegers vorgenommen werden. Im einfachsten Fall ist ein **Full Coverage** vorgesehen, das heißt, der gesamte Portfolio-Wert wird – wie im Beispiel – durch einen Put-Kauf voll abgesichert. Zudem kann durch die Wahl des Basispreises bei Index-Puts eine den individuellen Vorstellungen gemäße **Untergrenze des Portfolio-Wertes** festgelegt werden. Damit zusammenhängend variieren freilich auch die **Absicherungskosten**. Der Unterschied eines „out of the money"- gegenüber einem „at the money"-Put ist der tiefere, für die Absicherung weniger günstige Basispreis, der immerhin Kostenvorteile mit sich bringt: Die „billigere" Absicherung wird daher mit einem geringeren Absicherungsumfang, einem tieferen Portfolio-Mindestwert und damit einem größeren Verlustrisiko erkauft. Daneben ist ein zweiter Nachteil zu bedenken: Eine derartige „billigere" Absicherung beinhaltet nämlich eine relative Verteuerung. Wesentlicher Bestimmungsfaktor bei der Optionspreisfindung ist die Volatilität. Je weiter man sich vom aktuellen Indexniveau nach unten entfernt, desto höher und je weiter man sich nach oben entfernt, desto niedriger wird in der Regel die gehandelte implizite Volatilität: ein Effekt, den man **Skew** nennt. Nachfolgende Tabelle soll dies verdeutlichen.

Skew		
Die gehandelten impliziten Volatilitäten an Optionsbörsen sind abhängig vom Basispreis in Relation zum aktuellen Indexniveau.		
Basispreis	**Put-Optionsprämie***	**Implizite Volatilität**
5 000	92	20,5 %
5 200	124	19,0 %
5 400	176	18,1 %
5 600	240	16,8 %
5 800	320	15,4 %
6 000	421	13,8 %
* handelbarer Preis an der EUREX am 19.05.2006 um 17.30 Uhr bei einem Indexstand von 5 672,28		

Vordergründig scheint die Wahl des Basispreises die einzige attraktive Möglichkeit zu sein, die Absicherungskosten zu reduzieren. So kostet eine Put-Option Basis 5 600 (1,3% unter dem aktuellen Indexstand) mit Laufzeit 15.12.2006 z. B. 240 Euro. Ein Put Basis 5 000 (11,8% unter dem aktuellen Indexstand) mit gleicher Laufzeit wie oben kostet dagegen nur 92 Euro. Der Anleger immunisiert sein Portfolio zwar erst auf einer rund 10% tieferen Basis gegen Kursverluste. Dafür muss er aber nur ein Drittel an Sicherungskosten aufwenden. Hierbei wird leicht übersehen, dass die ersten 10% oder 20% Kursverlust die wahrscheinlichsten sind. Kauft der Anleger daher einen Put mit niedrigem Basispreis, um Kosten zu sparen, sichert er Verluste ab, die eher selten auftreten. Eine attraktivere Absicherung greift daher möglichst nahe dem aktuellen Indexniveau und verursacht – so betrachtet – niedrige Kosten. Die Lösung könnte in einer Kombination liegen, dem so genannten **Bear-Spread**. Hierbei wird ein Put mit höherem Basispreis (sinnvollerweise mit Basis in der Nähe des Indexniveaus) gekauft und zugleich ein Put mit niedrigerem Basispreis verkauft. Die Wahl dieses niedrigeren Basispreises beeinflusst naheliegenderweise erheblich die Kosten und das Niveau der Absicherung. Kauft der Anleger sich im obigen Falle einen Put 5 600 zu 240 Euro und verkauft gleichzeitig einen Put 5 000 zu 92 Euro, so sichert er sich gegen einen Kursrückgang von bis zu 11,3% (1 – 5 000/5 672), muss aber nur 148 Euro Sicherungskosten je Optionskontrakt aufwenden, was eine Ersparnis von 38,3% bedeutet. Diese Strategie wird in dem so genannten teilgesicherten Garantiefonds, der auch als Airbag-Fonds bezeichnet wird, eingesetzt.

Charakteristisch für den Protective Put ist das Laufzeitproblem. Der Planungshorizont für das Portfolio ist im Normalfall länger als die Laufzeit von Index- bzw. Aktienoptionen, die beispielsweise an der damaligen Deutschen Terminbörse (DTB) bis März 1996 maximal neun Monate umfasste. Um das Portfolio dauerhaft gegen unerwünschte Marktentwicklungen abzusichern, mussten nach dem Auslaufen der alten Optionen neue Kontrakte erworben werden. Dieser Vorgang wird als **Rolling Hedge** bezeichnet, da die entsprechenden Optionen bei Verfall in die nächste Optionsfälligkeit hinübergerollt (roll over) werden. Dabei besteht der Vorteil bzw. der Nachteil, den Basispreis im Zuge eines stark veränderten Aktienniveaus nachziehen zu können bzw. zu müssen. Es wird deutlich, dass die gute **Kalkulierbarkeit von Kosten und Portfolio-Mindestwert durch** das Erfordernis von **Rolling Hedges beeinträchtigt** wird. Denn in diesem Fall hängen die Optionskosten und somit das Absicherungsergebnis von der Entwicklung des Aktienmarktes ab. Eine Lösung für dieses Problem des Rolling Hedges ist das Ausweichen auf Indexoptionsscheine, wobei Optionsscheine als Retail-Instrumente unter preisanalytischen Gesichtspunkten nicht ganz so vorteilhaft sind. Dafür gibt es sie häufig mit deutlich längeren Laufzeiten. In Deutschland gibt es den weltweit größten Optionsscheinmarkt. Aktuell sind über 40 000 Optionsscheine auf eine breite Anzahl von Aktien, Indizes, Währungen etc. verfügbar. Auch „exotische" Strukturen befinden sich darunter. So gibt es auch Bear-Spread-Optionsscheine, die die oben dargestellte Teilsicherung mit Optionsscheinen ermöglichen.

Drei **weitere Probleme** des Protective Put liegen darin begründet, dass oftmals nur Optionen mit nicht idealen Ausstattungsmerkmalen vorzufinden sind: Erstens sind häufig nur teure amerikanische Optionen verfügbar. Das zwingt den Portfolio-Manager dazu, für das nicht benötigte Recht der jederzeitigen Ausübbarkeit seiner Put-Option einen Mehrpreis in Kauf zu nehmen. Dieser Nachteil gilt beispielsweise für die an der Eurex gehandelten Aktienoptionen, während die DAX- bzw. Index-Optionen mit ihrer europäischen Ausstattung und damit günstigen Bewertung eher eine wunschgemäße Ausnahme sind. Zweitens bringt die Standardisierung von Optionen Basispreise mit sich, die oftmals nicht den gewünschten Werten und den individuellen Vorstellungen entsprechen. Drittens weisen Optionsserien mit weit in der Zukunft liegenden Fälligkeitsterminen nur sehr geringe Liquidität auf. Gerade angesichts dieses nicht zu unterschätzenden Liquiditätsproblems sind Optionsscheine in Deutschland eine alternative Möglichkeit zur Portfolio-Absicherung. Die Geld-Brief-Spannen sind in Indexoptionsscheinen meist auch bei langen Laufzeiten sehr gering und die Emittenten garantieren für große Stückzahlen i.a.R. die notwendige Liquidität.

4.4.4 Portfolio-Insurance mit Calls

Kommt das Thema auf eine Call-Option, so denkt man spontan an steigende Kurse und wohl kaum an eine Portfolio-Insurance. Tatsächlich lassen sich über Calls sehr wohl Aktienstrategien mit interessanten Sicherungsprofilen fahren. Mit dem Einsatz des Long Call kann man eine voll gesicherte Kassaposition nachbilden, ebenso wie über einen Short Call ein Aktien-Portfolio mit einer beachtlichen Spannbreite von Teilsicherungen zu konstruieren ist.

- **Der Long Call in der Portfolio-Insurance**

Die echte Portfolio-Insurance mit Calls läuft eigentlich weniger auf die tatsächliche Absicherung eines konkreten Aktienbestands hinaus. Statt dessen wird – ohne auch nur eine Aktie im Bestand – ein Gewinn-Verlust-Profil nachgebildet, wie es für ein **mit einem Protective Put klassisch gesichertes Aktien-Portfolio** charakteristisch ist (O'Brien, 1988).

Dazu werden im Ausgangszeitpunkt Long Calls mit Festzinsanlagen in einem festen Verhältnis kombiniert. Zum Planungsende ergeben die Festzinsanlage und der daraus erzielte Ertrag abzüglich der geleisteten Call-Prämie ohne jedwedes Risiko den Floor. Gleichzeitig ist der Investor über seinen gekauften Call an einem möglichen Anstieg der Aktienkurse beteiligt. Hier besteht wieder die Wahlmöglichkeit zwischen Index- und Aktienoptionen mit den zuvor genannten Konsequenzen. Gleichfalls bekannt ist die Notwendigkeit von Rolling Hedges, sofern der Planungszeitraum des Portfolios länger als die maximale Laufzeit der Calls sein sollte. Die darin begründeten zweidimensionalen Roll-over-Risiken entsprechen denjenigen beim Protective Put.

Durch Mischung der grafischen Gewinn-Verlust-Diagramme einer risikolosen Festgeldanlage mit einem Long Call ergäbe sich das aus Abbildung 80 bekannte kombinierte Profil einer Portfolio-Anlage mit einem Protective Put. Diese Beziehung lässt sich **in Anlehnung an die Put-Call-Parität** auch formal herstellen. Zunächst gilt:

$$\delta\,\text{Call} - \delta\text{Put} = \delta\ \text{Aktie} + \text{Dividende} + \text{risikofreier Zins}$$

Durch algebraische Umformung kann die Gleichung dergestalt abgewandelt werden, dass eine Kombination aus Aktie und Long Put einer Long-Call-Geldmarktanlage entspricht:

$$\delta\,\text{Call} + \text{risikofreier Zins} = \delta\,\text{Aktie} + \text{Dividende} + \delta\,\text{Put}$$

Über die **Optionspreis-Theorie** wird in der Praxis diese Strategieart konkret formuliert. Investmenthäuser investieren üblicherweise in sogenannten „90/10-Programmen“ (vgl. Fischer, 1983; Zurack, 1989). Darunter ist eine Portfolio-Aufteilung von 90% risikoloser Anlage im Geldmarkt (bzw. Bondmarkt bei entsprechendem Planungshorizont) und 10% risikofreudiger Anlage (Exposure) in Aktien-Calls zu verstehen. Selbstverständlich kann je nach individueller Risikoeinstellung das 90/10-Verhältnis feindosiert abgewandelt und auch dynamisch angewendet werden. Die **Kontrollstelle für das zumutbare Mischungsverhältnis** bleibt jedoch die **risikofreie Anlage,** über die – unter Einrechnung der Verzinsung – der ursprünglich definierte Floor garantiert sein muss.

Mögliche **Motive für diese Strategie** liegen in ihren spezifischen Eigenschaften, die zu den persönlichen Stärken des Portfolio-Managers passen müssen. So liebäugeln Manager mit einem von ihnen flexibel steuerbaren Cash-Asset vor allem dann, wenn sie von ihrer Fähigkeit überzeugt sind, die Zinsstrukturkurve besonders gut „spielen“ und damit Grenzerträge erzielen zu können (vgl. Zurack, 1989). Andere Portfolio-Manager mit besonderem Geschick für die Optionsbewertung bzw. Gespür für erfolgreiches Vola-Trading – eine Bedingung für das „Erwischen“ günstig-bewerteter Optionen – können sich flexibel für die vorteilhafteste Strategielösung entscheiden: Im Augenblick hoher impliziter Volatilitäten ausschließlich bei Calls werden sicherlich Long-Put-orientierte Portfolio-Strategien favorisiert (z.B.: Portfolio + Long Put anstatt des im Marktgleichgewicht gültigen Äquivalents Long Call + Geldmarkt). Drehen dann die Vola-Attraktivitäten im Umfeld einer gewandelten Börsenverfassung, kann der dafür sensible Portfolio-Manager dies zum Anlass nehmen, das klassisch gesicherte Bull-Engagement in die günstigere, aber ansonsten gleich orientierte Call-Geldmarkt-Variante zu tauschen.

Einen Eindruck über das Ausmaß der Veränderung, aber auch die Monotonie von Bewegungen bei der Volatilität gibt der nachfolgende Chart zur DAX 30-Volatilität (VDAX) über einen mehrjährigen Zeitraum, aus dessen Verlauf auch zu interpretieren ist, wie anspruchsvoll erfolgreiches Volatilitäts-Trading sein kann:

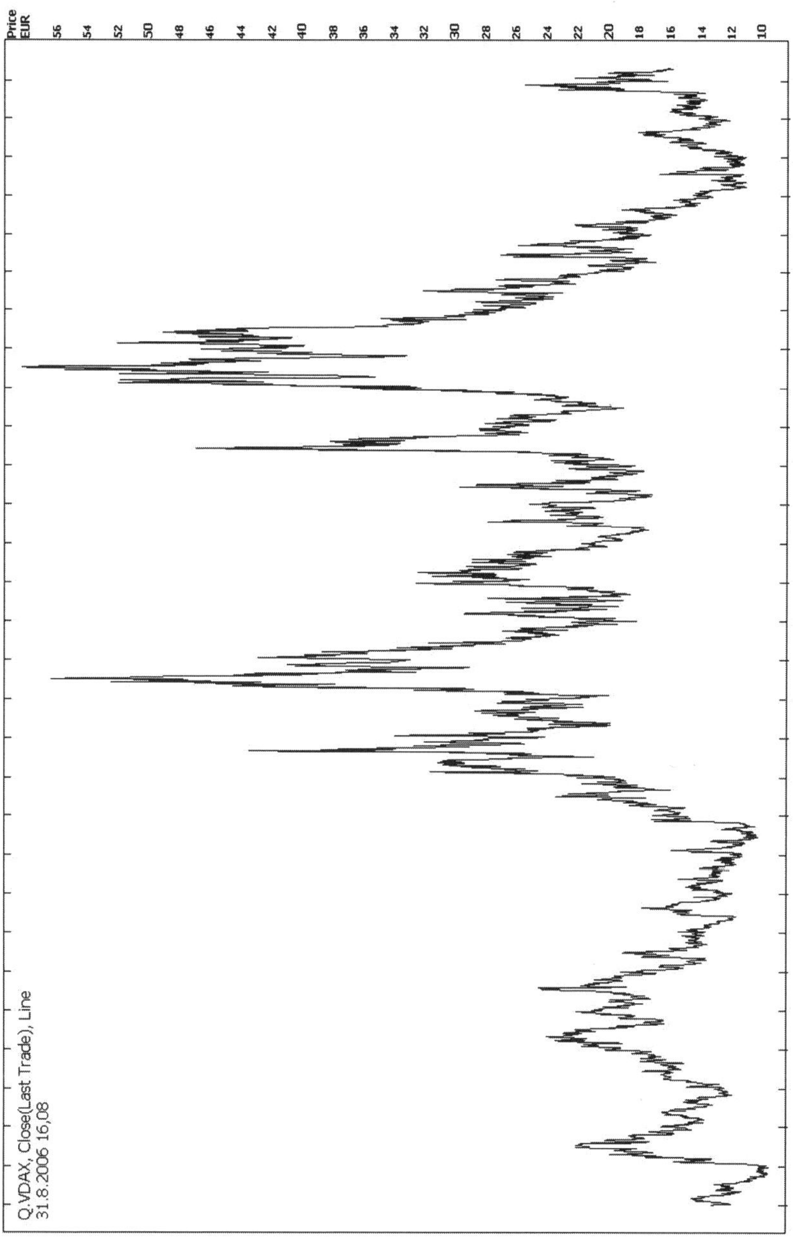

Abbildung 85

- **Der Short Call in der Portfolio-Insurance**

Im Gegensatz zur echten Portfolio-Insurance mit Long Calls bietet die **Short-Call-Variante** allenfalls eine **unterschiedlich ausgestaltbare Teilsicherung** (Mc Millan, 1986). De facto handelt es sich hier um ein konkretes Engagement in Aktien, das mit einem Short Call verknüpft wird (**Covered Call**). Der Call-Verkauf verringert das Aktien-Exposure im Rahmen der Prämieneinnahme (Teilsicherung), die um so höher ausfällt, je tiefer der Basispreis gewählt wird. Als Vorteil dieser linksschiefen Sicherungsstrategie wird oft gesehen, dass sie keine Kosten verursacht. Dabei ist es eine altbekannte, aber oft ignorierte Tatsache, dass die **kostenlose Sicherung mit dem Verzicht auf Chancen „erkauft"** wird. In Anbetracht dessen steckt in dem Bestreben, das Verlustrisiko zu minimieren, freilich auch eine Gefahr für die zentralen Portfolio-Ziele. Spätestens mit dem Verkauf eines „deep in the money"-Call verliert diese Insurance-Strategie nämlich ihren Sinn. Schließlich bedeutet das sehr große Sicherheitspolster in Form der hohen Prämieneinnahme, dass dem Portfolio (in Abbildung 83: ausschließlich investiert in die X-Aktie) in überproportional wachsendem Maße seine Chancen entzogen werden.

Im Ergebnis ähnelt das Gewinn-Verlust-Profil des Aktienportfolios, das mit dem „deep in the money"-Call gesichert ist, vielmehr einer Kombination aus Geldmarktanlage und einem „out of the money"-Short-Put. Von der Grundidee der „upside participation – downside protection" der Portfolio-Insurance wäre man damit völlig abgekommen. Aber auch für das alternative Beispiel ließe sich fragen, inwieweit eine Covered-Call-Strategie diesem Grundziel des Insurance-Konzepts gerecht wird. Portfolio-Manager rechtfertigen den Einsatz mit der **Roll-down-Strategie** (Demolière/Werner, 1993), die mit ihrem dynamischen Charakter selbst bei anhaltender Marktschwäche eine akzeptable Verlustminimierung sichert: Die Basispreise werden kontinuierlich dem sinkenden Aktienkursverlauf angepasst. Sobald der Prämienbetrag des Calls marktbedingt auf einen Wert sinkt, bei dem eine Glattstellung lohnend erscheint, wird die Position geschlossen und gleichzeitig neue Call-Kontrakte mit dem nächsttieferen Basispreis verkauft.

Zwei verschiedene Portfolio-Verläufe mit Covered-Call-Teilsicherung

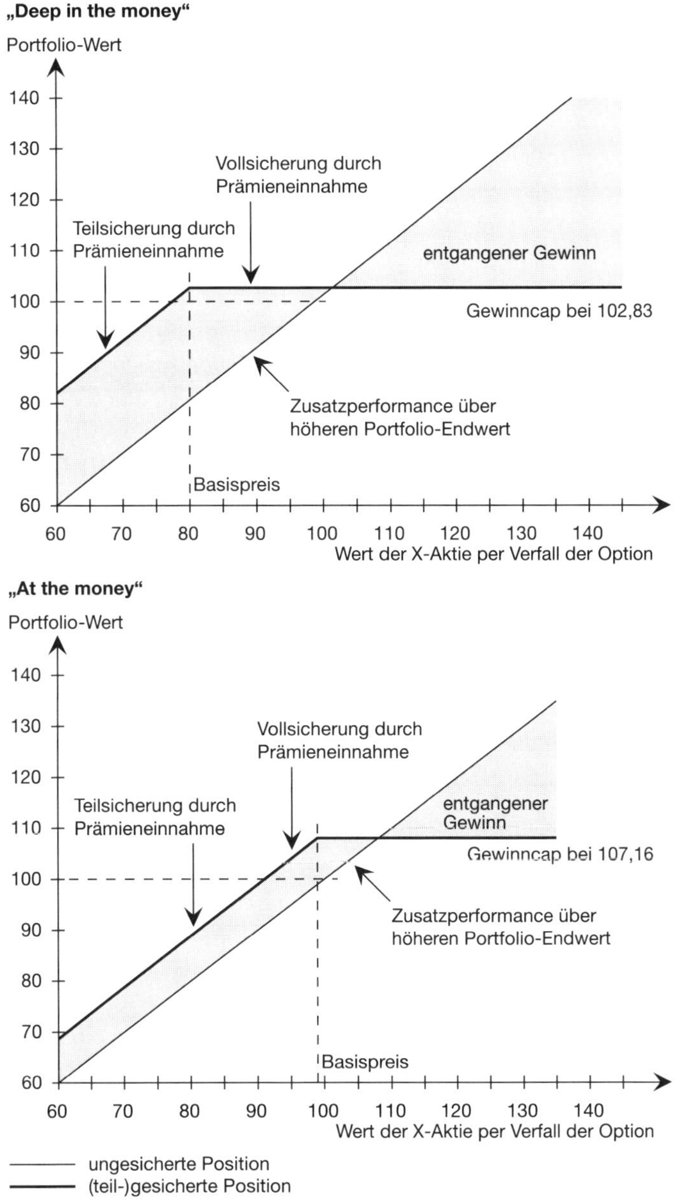

Abbildung 86

Ein Beweggrund für die Absicherung eines Portfolios über Short Calls kann in der Markteinschätzung des Managers liegen. Wenn z.B. die Aktienkurse ihr Renditepotenzial im Rahmen einer einfachen Standardabweichung bereits ausgeschöpft haben und der Haussetrend schon seit längerem läuft, bietet der Short Call die Chance, am Auslaufen dieses Trends noch teilzuhaben. Vorteile werden aus einem sich anschließenden Seitwärtsmarkt gezogen, indem der kontinuierliche Zeitwertverfall des Calls dem Stillhalter entgegenkommt. Dabei ist zu prüfen, welche Fälligkeiten bzw. Basispreise besonders günstige Theta-Werte aktuell aufweisen. So kann den **Erfolgskomponenten** Kurs- und Zeitwertgewinn sowie Absicherung je nach Einschätzung und Risikobereitschaft in unterschiedlichem Maße Rechnung getragen werden. Bei einem „hohen" **Volatilitätsniveau** empfiehlt sich diese Stillhalterstrategie natürlich besonders, da die vereinnahmten hohen Vola-Prämien einen eventuellen Chancenverzicht im Zweifelsfall erträglicher machen. Die Protective-Put-Lösung wäre bei hohen impliziten Volatilitäten und damit teurem Zeitwert gerade im dargestellten Szenario eine kostspielige Sicherung (Vega- und Theta-Nachteile).

4.4.5 Synthetischer Put

Bisher wurden ausschließlich Strategien vorgestellt, bei denen die Sicherung nicht kontinuierlich an ein sich ständig wandelndes Umfeld angepasst wird. Im Gegensatz dazu ist der synthetische Put eine **Absicherung dynamischer Art**. Der Reiz für den Portfolio-Manager liegt darin, dass diese Variante den wechselnden Sicherungsbedürfnissen fortwährend Rechnung trägt.

Die **Konstruktion eines synthetischen Put** beruht auf den Arbitrage-Überlegungen der Optionspreis-Theorie. Dort ist die Duplikation („Pricing by Duplication") europäischer Puts bekannt als die Kombination einer verkauften Aktienposition mit einer risikolosen Geldanlage. Ein auf diese Weise künstlich nachgebildeter (synthetischer) Put eignet sich zur Wertsicherung eines Aktien-Portfolios ebenso wie ein echter Put-Kontrakt. Nachfolgende Abbildung stellt die Sicherungskonzeption vereinfacht dar:

Portfolio-Insurance über einen synthetischen Put

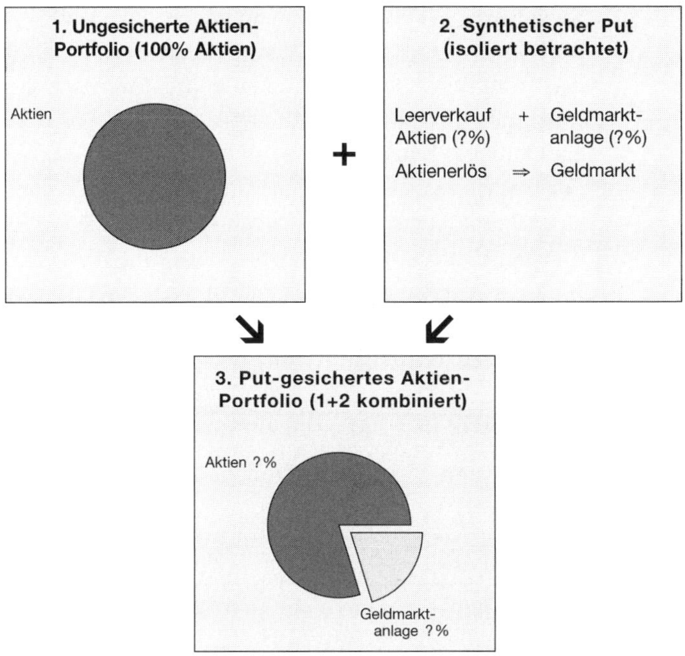

Abbildung 87

Die Abbildung 84 macht deutlich, dass es bei der synthetischen Put-Sicherung eines bestehenden Aktien-Portfolios **de facto** um die **systematische Steuerung des Investitionsgrades** in Aktien geht, aber gerade nicht um den faktischen Aufbau einer echten Put-Position. Welchen Wert die Aktienposition und die Geldmarktanlage aufweisen müssen, damit bei marginal kleinen Kursänderungen exakt die Ertragsentwicklung eines Put reproduziert wird, lässt sich durch das Options-Delta (Hedge-Ratio) bestimmen. Natürlich hängt das passende Verhältnis wesentlich auch von den erforderlichen Eigenschaften des zu konstruierenden Put ab. Aufschluss gibt das Black&Scholes-Modell mit den bekannten fünf Parametern „Aktienkurs, Basispreis, Volatilität, Laufzeit und risikoloser Zins". Auf Grundlage der aktuellen Werte lässt sich der Delta-Wert des Put über die Black&Scholes-Formel ermitteln. Das aus der Formel bekannte Delta $N(d_1)$ gibt die Anzahl der Aktien pro Verkaufsoption im Hedge-Portfolio an. Lediglich der Basispreis muss iterativ-mathematisch bestimmt werden. Eine Bedingung für die Festlegung des Basispreises ist, dass im Fall einer fiktiven Put-Ausübung im Verfallzeitpunkt der gewünschte Floor garantiert ist.

Das **prinzipielle Verständnis** für das Funktionieren des synthetischen Put ist in der Praxis **weitaus wichtiger als die Kenntnis des komplizierten Rechenwegs** (Formeln über Steiner/Bruns, 1995), zumal die aufwändige Berechnung im Portfolio-Management ohnehin an die EDV delegiert ist. An einem Praxisbeispiel soll verdeutlicht werden, wie zu einer bestehenden Aktienposition ein synthetischer Put (Short-Position in Aktien und Geldmarktanlage) hinzugefügt wird, um das **Profil eines Put-gesicherten Aktien-Portfolios** nachzubilden. Dabei werden für unterschiedliche Betrachtungszeitpunkte und unter Annahme verschiedener Kursniveaus über einen Black&Scholes-Optionspreisrechner Delta-Werte für jeweils konkrete Put-Optionen iterativ berechnet und in einer Tabelle dargestellt, die aufgrund ihrer Sicherungseigenschaft einen festen Floor von 8800 Index-Punkten eines fiktiven Aktienindex im Planungsendzeitpunkt garantieren.

Delta in Abhängigkeit von Kursniveau und Restlaufzeit				
Kursniveau	**Restlaufzeit in Tagen bis zum Planungshorizont**			
	360	270	180	90
10 400	–0,06270	–0,04491	–0,02373	–0,00399
10 200	–0,08404	–0,06443	–0,03852	–0,00911
10 000	–0,11260	–0,09155	–0,06067	–0,01964
9 800	–0,15002	–0,12865	–0,09449	–0,04011
9 600	–0,19960	–0,17839	–0,14427	–0,07766
9 400	–0,26251	–0,24688	–0,21506	–0,14330
9 200	–0,34400	–0,33837	–0,31893	–0,25565
9 000	–0,47800	–0,47400	–0,46300	–0,43920
Floor = 8 800	–1	–1	–1	–1

Über die Kenntnis des je nach Kursniveau (10000) und Restlaufzeit (270 Tage) notwendigen Delta-Werts (–0,09155) lässt sich bestimmen, in welchem Umfang Aktien zu verkaufen sind (9,155%) und welcher Investitionsgrad (90,845%) letztlich erforderlich ist.

Entwicklung des Investitionsgrades bei einem synthetischen Put

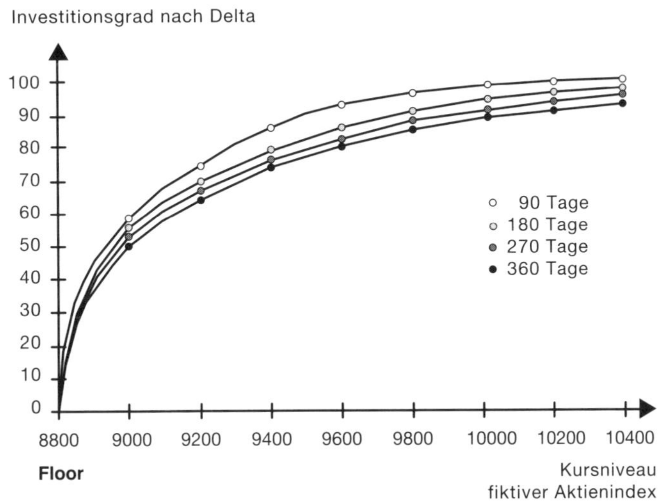

Abbildung 88

Im Ergebnis erhält man durch die Steuerung des Investitionsgrades das Profil eines Aktien-Portfolios inklusive Put-Sicherung, bei dem ein gewünschter Floor (8800 Index-Punkte) allzeit garantiert ist. Die **Aufteilung** des Portfolio-Wertes in Aktien und risikolose Zinsanlage ist **bei jeder Restlaufzeit- und Kursänderung zu revidieren,** denn das Delta ändert sich in Abhängigkeit davon: Bei Kurssteigerungen z.B. sind somit Aktien zu kaufen und vice versa. Aufgrund dieses formalen Zusammenhangs wird der dynamische Charakter der Portfolio-Insurance-Strategie über einen synthetischen Put deutlich.

Für diese Sicherungstechnik sprechen mehrere Vorteile. Sie gründen in den bekannten Problemen, die echte Optionskontrakte aufweisen: So stehen auf diesem Weg auch für Index-unähnliche Portfolios **Verkaufsoptionen „by duplication"** zur Verfügung. Es gibt kein Laufzeitproblem in Bezug auf den Planungshorizont. Teure amerikanische Optionen können gemieden werden, denn die über die Optionspreis-Theorie synthetisierbare Option ist generell europäisch ausgestattet.

Diese Methode der Portfolio-Insurance birgt aber auch gravierende Nachteile: Die Portfolio-Anpassungen dieser Absicherungsart führen gerade in

stürmischen Börsenzeiten wegen ihres prozyklischen Charakters zu Funktionsdefiziten – so laufen Crash-Formationen eher verstärkt ab und sind damit eine zusätzliche **Belastung für die Preisverhältnisse.** Notwendige Anpassungen sind über entsprechende Transaktionen dann kaum noch möglich. Außerdem verursachen die ständigen Portfolio-Umschichtungen fortwährend **Transaktionskosten**. Selbst die in der Praxis übliche Verwendung von Index-Futures zur Portfolio-Adjustierung kann diesen Nachteil allenfalls mildern. Vor diesem Hintergrund scheint der Hinweis problematisch, dass synthetische Optionen billiger als echte Kontrakte sind – die Synthetisierung der Option ist zwar preiswert zu bewerkstelligen, die ständige Sicherung wirkt sich auf Dauer aber kostspielig aus.

4.4.6 Dynamische Verfahren der Formelanlageplanung

Die **ideale Strategie** einer Kapitalanlage, **billig zu kaufen und teuer zu verkaufen**, ist bekanntlich schwer zu realisieren. Von Wissenschaft und Praxis wurden heuristische Verfahren entwickelt, um erfolgreiche und gegenüber der statischen Buy-and-Hold-Strategie überlegene Konzepte zu finden. Stellvertretend hierfür werden einfache dynamische Verfahren der Formelanlageplanung vorgestellt. Sie bieten gegenüber dem synthetischen Put den Vorteil, nicht auf die komplizierte Optionspreis-Theorie zurückgreifen zu müssen. Statt dessen versuchen sie ein möglichst gutes Ergebnis zu erzielen, indem der Kauf bzw. Verkauf von **Risikopositionen nach vorher festgelegten Regeln** erfolgt. Das Gebot eines Portfolio-Mindestwerts bei gleichzeitiger Wahrnehmung von Kursgewinnen wird jedoch unterschiedlich rigide befolgt.

- **Die Constant-Mix-Strategie**

Das **Exposure** als der risikobehaftete Anteil des Portfolio-Werts ist **über den gesamten Planungszeitraum konstant** zu halten. Dies erfordert eine **dynamische Anpassung** der absoluten Portfolio-Anteile und ständige Umschichtungen zwischen Aktien und Geldmarktanlagen. Bei steigenden Aktienkursen werden somit Aktien verkauft und umgekehrt. Es liegt auf der Hand, dass diese **antizyklische Form** der Formelanlageplanung bei monoton steigenden bzw. fallenden Aktienkursen gegenüber der statischen Buy-and-Hold-Strategie unterlegen ist. Obwohl der prozentuale Anteil des Exposures konstant bleibt, werden in einem aufwärts gerichteten Trendmarkt die Aktienstückzahlen doch kontinuierlich und in jedem Fall zu früh abgebaut. Der Ertrag aus der Aktienanlage wird so auch **vom Buy-and-Hold-Ergebnis dominiert**. In einem abwärts gerichteten Trendmarkt ist das Ergebnis ähnlich unbefriedigend. Bei stetig sinkenden Kursen werden laufend Aktien zugekauft, um den Aktienanteil konstant zu halten. Die Aktien werden dabei zudem zu verhältnismäßig hohen Kursen aufgebaut. Auch bei einem Buy-and-Hold-Portfolio verliert der Aktienanteil zunehmend an Wert und entwickelt sich negativ. Allerdings wird in die fallenden Aktienkurse hinein der Geldmarktblock nicht in Aktien umgebaut, um die Assets prozentual konstant zu halten. Insgesamt sind also die Kursverluste aus einer Buy-and-Hold-Strategie geringer.

In einem Seitwärtsmarkt mit schwankenden Kursen schneidet die Constant-Mix-Strategie jedoch außerordentlich erfolgreich und **überlegen** ab. Hier führen die kurzfristigen Kursbewegungen und volatilen Märkte zu einem Renditevorsprung gegenüber statischen Strategien. Allgemein lässt sich feststellen, dass Entscheidungsregeln, die einen Verkauf bei steigenden Kursen und einen Kauf bei fallenden Kursen vorsehen, zu einem **konkaven Ertragskurvenverlauf** führen. Der konkave Verlauf scheint nicht konform mit den Zielen der Portfolio-Insurance zu gehen, die eher einen konvexen Verlauf des Portfolio-Werts anstrebt. Vergegenwärtigt man sich aber, dass Börsen weder dauerhaft in „Einbahnstraßen“ laufen noch schnelle Trendläufe der Normalfall sind, sondern dass der weitaus größte Teil der Börsengeschichte aus Seitwärtsmärkten besteht, so hat die konkave Constant-Mix-Strategie durchaus ihre **Bedeutung im sicherheitsbetonten Portfolio-Management**. Sie bewertet die Sicherung des Floor weitaus weniger hoch als die Common-Sense-Regel, dass Aktienpositionen auf höherem Kursniveau zunehmend risikoscheu behandelt werden sollten und tiefere Kurslevels zunehmend mehr Risikobereitschaft erlauben: Die höchsten Aktienstückzahlen werden systemimmanent bei Tiefstkursen gehalten. Es liegt auf der Hand, dass die Herstellung der konstanten Anteile nicht in jedem Handelsmoment technisch möglich und ökonomisch sinnvoll ist. Zweckmäßig ist vielmehr die **Festlegung von Handlungskriterien**, beispielsweise bei 3%igen Veränderungen vom letzten Anpassungsniveau erneut aktiv zu werden. Trotz sinnvoller Toleranzen bleibt die Sorge vor einem Strukturbruch hin zu steilen und monotonen Märkten, der diese Sicherheitssystematik sicherlich zum Scheitern bringen würde.

- **Die „Constant Proportion“-Portfolio-Insurance**

Steile **Trendmärkte auszunutzen** versucht vielmehr eine weitere **dynamische Absicherungsstrategie**, die konvexe „Constant Proportion“-Portfolio-Insurance (CPPI). Im Unterschied zur konkaven „Schwester“-Strategie wird im Zuge von Marktschwankungen versucht, mit Portfolio-Umschichtungen einen Floor bei gleichzeitiger Wahrnehmung von Kursgewinnchancen zu garantieren. Es wird hier nicht antizyklisch, sondern regelrecht **prozyklisch** vorgegangen.

Im Ausgangspunkt ist eine Entscheidung über die Aufteilung des Portfolio-Wertes in Aktien und einen risikolosen Teil zu treffen. Auf Grundlage des Gesamtanlagebetrages und des jederzeit zu respektierenden Floor ist das Exposure in Aktien zu ermitteln. Dabei muss ein Multiplikator (m) formuliert werden, der den individuellen Risikoeinstellungen des Anlegers Rechnung trägt und **rechenbare Aussagen** über die Höhe des Exposures zulässt. Der Multiplikator liegt generell über eins und wächst mit der Risikofreudigkeit des Investors. Der Kehrwert des Multiplikators (1/m) gibt an, bis zu welchem Prozentsatz die Aktienposition an Wert verlieren darf, bevor ein Risiko-Stopp zum Schutz des Floor unbedingt erforderlich wird. Die Differenz zwischen dem Gesamtanlagebetrag (V) und dem Floor ergibt den tolerierten Verlustrahmen, den so genannten **Cushion** (C). Der in Aktien investierte Portfolio-Betrag (Exposure) entspricht dem mit dem Multiplikator gewichteten Cushion. Schließlich ist noch ein Limit festzulegen, das den prozentualen Maximalanteil der Aktien am Portfolio während der Laufzeit festlegt. Danach gelten folgende Beziehungen:

$$C = V_0 - F \quad \text{sowie} \quad E = m \cdot C$$

An einem Beispiel soll die praktische Anwendung der CPPI veranschaulicht werden: Ein Betrag in Höhe von 10 Mio. Euro soll auf ein Jahr angelegt werden. Der Anleger wünscht einen Floor von 8 000 000 Euro nicht zu unterschreiten. Somit beträgt das Cushion 2 000 000 Euro. Anleger und Manager verständigen sich darauf, dass etwaige Portfolio-Umschichtungen zu jedem Monatsende vorgenommen werden. Entsprechend seiner persönlichen Risikoneigung wählt der Anleger einen Multiplikator von 1,5. Der auf Aktien entfallende Portfolio-Betrag liegt damit bei 3 000 000 Euro. Der Restbetrag von 7 000 000 Euro wird in eine risikolose Anlage (einjährige Festzinsanlage) investiert. Somit wird die Anlagesumme auf die Assets Aktien und Geldmarkt im Verhältnis 30% zu 70% aufgeteilt. Im „worst case“ darf das Aktien-Depot äußerstenfalls bis auf 1/3 seines Anfangswertes fallen, um die Auflagen bezüglich des Floor noch zu erfüllen.

Das CPPI-Beispiel im Überblick

$C = V_0 - F$	$E = m \cdot C$
V_0 = 10 Mio. EUR	C = 2 Mio. EUR
	m = 1,5
F = 8 Mio. EUR	E = 3 Mio. EUR
(F = 7 Mio. EUR Festgeld + 1/3 · 3 Mio. EUR Aktien im „worst case“: (E – C))	
Portfolio-Mix: 70% Festgeld zu 30% Aktien	
Simulation eines 10%igen Aktienanstiegs:	
V = 10,3 Mio. EUR	
C = 2,3 Mio. EUR (10,3 Mio. Eur – 8,0 Mio. EUR)	
E = 3,45 Mio. EUR (1,5 · 2,3 Mio. EUR)	
F = 8,0 Mio. EUR	
(F = 6,85 Mio. EUR Festgeld + 1,15 Mio. EUR Aktien (E – C))	
Portfolio-Mix: 66,5% Festgeld zu 33,5% Aktien (!)	

Abbildung 89

Die Konsequenzen eines gestiegenen Aktienmarktes für die Portfolio-Aufteilung machen den ***prozyklischen Charakter*** *der Strategie deutlich: Unterstellt wird ein Aktienanstieg um 10% binnen Monatsfrist. Unter Vernachlässigung der Entwicklung der Geldmarktpapiere beläuft sich der Portfolio-Wert (V) auf 10,3 Mio. Euro. Das neue Cushion umfasst damit 2,3 Mio. Euro, und das neue Exposure errechnet sich mit 3,45 Mio. Euro. Wenn also 3,45 Mio. Euro des Portfolios nach einem Monat in Aktien investiert sein sollen und infolge der Kursgewinne nur 3,3 Mio. Euro Aktienwert aufgelaufen sind, dann muss das Exposure zu Lasten der risikolosen Anlage um 150 000 Euro aufgestockt werden.*

Prozyklisch heißt also, dass steigende Aktienkurse zu einem steigenden Exposure führen: in absoluten Beträgen, konkreten Stückzahlen und relativen Zahlen. Bei einer rückläufigen Marktentwicklung gilt die Prozyklik in umgekehrter Richtung.

Im Gegensatz zur Constant-Mix-Strategie schneidet die CPPI gegenüber einer statischen Buy-and-Hold-Anlage in einem klaren Trendmarkt deutlich besser ab. Konkrete Zahlensimulationen (vgl. Zhu/ Kavee, 1988) bestätigen die Erwartung, dass der Kurvenverlauf der CPPI konvexer Art ist.

Abbildung 72 bringt die **Unterschiede** zwischen dem konkaven, linearen und konvexen Portfolio-Wertverlauf **in einem Trendmarkt** plastisch zur Geltung.

Diesen Vorteil erkauft sich der CPPI-Anwender allerdings durch den ausgeprägten **Nachteil in einem Seitwärtsmarkt** gegenüber einer Buy-and-Hold-Anlage und ganz besonders im Vergleich zu einer Constant-Mix-Anlage. Die CPPI wird in diesem Umfeld zu einer regelrechten Verlustmaschine pervertiert: Steigende Kurse lösen Käufe aus, denen im steten Wechsel fallende Kurse mit Verkäufen folgen. Verschärft wird dieses Timing-Problem durch die beträchtlichen Transaktionskosten, die mit jeder Portfolio-Umschichtung automatisch anfallen. Der Einsatz von Derivaten federt die Problematik sicherlich in gewissem Umfang ab, kann aber nur im Rahmen von Investmentfonds oder bei entsprechenden Anlagevolumina erfolgen, da die Exposure-Anpassungen immer nur Bruchteile des bisherigen Risikoengagements umfassen. Deshalb greift man alternativ bzw. ergänzend zu geeigneten **Toleranzbandbreiten** bezüglich der Anpassungszeitpunkte und der Kursveränderungen: Allwöchentliche Anpassungstermine und beispielsweise 2%ige Niveauverschiebungen überstrapazieren schließlich das Kostenempfinden und schüren die Gefahr, kurzfristige Schwankungen der Märkte statt „strategiefreundliche" Trends zum Anlass von Portfolio-Dispositionen zu nehmen.

Zuvor ist klar geworden, dass sich das **Dilemma mit der Prognose** nicht alleine auf die einfache Frage nach dem „Auf und Ab" bezieht, sondern auch auf das dichotomische Verlaufsmuster des Marktes, der sich „**trendy**" oder **seitwärts** entwickeln kann. Wüsste der Portfolio-Manager wenigstens darauf eine verlässliche Antwort, wäre es nur noch eine handwerkliche Leistung, die marktgerechte Portfolio-Strategie auszuwählen und in systematische Gewinne umzumünzen. In diesem Prognosemangel liegt das **Handicap** der dynamischen Verfahren **der Formelanlageplanung** – trotz vereinzelter Toleranzelemente wird an starren, vordefinierten Entscheidungsregeln festgehalten und die Wahl für oder gegen den Trendmarkt getroffen.

4.4.7 Kasse-Short-Put-Switch

Eine Schlüsselfrage für den **Umgang mit der Unsicherheit** ist zweifelsohne, ob man sich auf Wahrscheinlichkeitskalküle stützt und die Aussagen der Normalverteilung anerkennt. Vor diesem Hintergrund wäre nämlich die Bewertung zu treffen, ob ein Markt deutlich überkauft und hochspekuliert ist. Wenn dieser Markt der „mean reversion"-Annahme folgt und immer wieder zu seinem Basistrend und historischen Renditedurchschnitten zurückkehrt, warum sollte man dann jederzeit an den starren Entscheidungsregeln aus der Formelanlageplanung festhalten? Antworten sind möglicherweise der menschliche Glaube an die Börse als „Einbahnstraße" sowie die Planung mit dem Strukturbruch, der den Statistikern wie den empirieverschworenen Praktikern Kopfzerbrechen bereitet. Dies führt dann oftmals zu dem bekannten Börsenspruch: „Aber diesmal ist alles ganz anders!" Dahinter verbirgt sich natürlich die **Börsenpsyche** mit ihrem Widerstreit von ständiger Angst und Gier („Risikoaversion contra Nichtsättigung"): Hat der Anleger Aktien, plagt ihn die Furcht vor einem Kursrückschlag. Hat er keine Aktien, treibt ihn die Sorge vor steigenden Kursen und verpassten Chancen regelrecht in den Markt.

Diese Problemsituation führt zum Kasse-Short-Put-Switch. De facto geht es bei dieser **sicherheitsorientierten Strategie** nicht um einen automatisierten Auf- oder Abbau eines Aktien-Engagements, sondern um den **Tausch** (Switch) von einer Anlage in eine andere: Ein klassisches Buy-and-Hold-Investment wird zu einem bestimmten als hoch angesehenen Kursniveau **in eine risikolose Anlage** getauscht, die gleichzeitig **mit einem Aktien-Short-Put unterlegt** wird. Der Switch bewirkt eine Reduzierung des Exposure bei „hohem" Index-Stand, insofern das Aktienrisiko über den Short Put erst bei einem tieferen Kursniveau wieder eingegangen wird. Das Ausmaß der Absenkung des Exposure hängt von der Wahl des Basispreises sowie der Prämieneinnahme ab. Der Wunsch nach teilweiser Absicherung begrenzt nach der Funktionslogik linksschiefer Positionen die Teilhabe an einem weiteren Aktienanstieg. So besehen wird mit dem sofortigen Verkauf eines Aktien-Portfolios der Angst des Investors entsprochen, und mit der Prämieneinnahme – zumindest zunächst – zugleich seine Gier befriedigt. Im Gegensatz zu den dynamischen, aber streng reglementierten Verfahren der Formelanlageplanung bietet der Switch neben einer Teilsicherung gegen „frühe", hochwahrscheinliche Verlustgefahren ein hohes Maß an Freiheiten. Auf extreme Marktsituationen kann flexibel und individuell geantwortet werden. Die Entscheidung für das Kursniveau zum Switchen, aber auch die Wahl der Optionseigenschaften kann ohne einzwängende Aktionsregeln gefällt werden. Ist der Markt schließlich auf ein deutlich tieferes Niveau abgesunken, bietet sich die Möglichkeit, den Switch umzudrehen und das ursprüngliche Buy-and-Hold-Portfolio wiederherzustellen. Diese Technik kann insofern durchaus dynamisch betrieben werden und sowohl in Abwärtstrendmärkten als auch in einem nervösen Seitwärtsmarkt, u.a. wegen der stillhalterüblichen Zeitwertgewinne, beeindruckende

Ergebnisse zeitigen. Bei dynamischer Strategieumsetzung bietet es sich an, Index-Futures anstelle des Portfolios zu verkaufen, um nicht unnötige Transaktionskosten aufzuwerfen.

Investor und Manager besprechen am frühen Abend des 19. Mai 2006 ein gewinnreiches DAX-Engagement. Angesichts der auch relativ günstigen Wertentwicklung des Vorjahres überlegen sie, die Aktiengewichtung in Deutschland taktisch zurückzufahren, sehen aber die Chance, dass der DAX (aktuell bei 5 672) die kommenden Monate sein Potenzial noch bis 5 850 Punkte stabilisiert. Allerdings beschäftigen Manager und Investor die kurzfristig überproportionalen Risiken an den Aktienmärkten (Abflauen der wirtschaftlichen Dynamik wegen der MwSt-Erhöhung und der Dollar-Schwäche, geopolitische Risiken sowie inflationäre Gefahren mit einer weiteren Zinsversteifung) weshalb der Manager folgende sicherheitsorientierte Strategie vorstellt:

Kasse-Short-Put-Switch
Daten vom 01.09.2006, 10:15 Uhr

Verkauf: Aktien bei DAX-Stand 5.870

alternativ

(1) Festgeld, Rendite 3,42%

(2) Verkauf ODAX Put März 2007, Basis 5.500 zu 145 €
= risikoärmeres Aktienengagement

Gewinnpotenzial:	akt. Indexstand	5.870
	+ Prämieneinnahme aus Option	145
	= Zwischensumme	6.015
	+ Festgeldertrag (196 Tage)	110
	= maximales Potenzial	**6.125**
Verlustschwelle	Basispreis	5.500
	- Prämie	145
	- Festgeldertrag (196 Tage)	110
	= Verlustschwelle	**5.245**

Abbildung 90

Der Kasse-Short-Put-Switch lässt den Investor einerseits an einem weiteren DAX-Anstieg teilhaben und stoppt erst bei 5 859 Punkten (Cap) das Gewinnpotenzial, womit der Investor allerdings einverstanden wäre; ande-

rerseits beginnt seine Verlustschwelle im Zuge eines Kursrückschlags erst wieder ab 4 813 Punkten – ab diesem Niveau wäre der Investor ohnehin gewillt, seine taktische Untergewichtung in deutschen Aktien aufzugeben und erneut in den DAX einzusteigen.

Die folgende Abbildung gibt noch einmal einen Überblick über die vorgestellten Strategien der Portfolio-Insurance.

Verschiedene Formen der Aktien-Portfolio-Versicherung

Strategie	***Charakter***	***Vorteil***	***Nachteil***
Stop Loss	• primär statisch • symmetrisch • linear	• simpel • Floor	• verletzbare Stop-Marken = teuer • upside participation?
Protective Put	• primär statisch • echte Sicherung • konvex/rechtsschief	• Kosten und Risiko für Laufzeit bekannt • Floor bekannt	• Ausstattung bis 24 Monate (Eurex) • Bewertung
Long Call und Festzinsanlage	• echte Sicherung • konvex/rechtsschief	• Kosten und Risiko für Laufzeit bekannt • Floor bekannt	• Optionspreis-Theorie • Bewertung
Short Call	• statisch ⇒ dynamisch • Teilsicherung • linksschief/linear	• „keine" Kosten • Performance-Erweiterung • Zeitwertgewinne	• Teilsicherung ⇒ Floor? • Gewinn-Cap • Bewertung
Synthetischer Put	• echte Sicherung • dynamisch • konvex	• preiswert • wunschgemäße Ausstattung	• Transaktionskosten • Optionspreis-Theorie
„Constant-Proportion"-Portfolio-Insurance	• dynamisch • konvex • prozyklisch	• Trendmarkt • Floor	• Transaktionskosten • Toleranzwerte? • Seitwärtsmarkt • Trendauslaufphase
Constant-Mix-Strategie	• dynamisch • konkav • antizyklisch	• Seitwärtsmarkt	• Floor nicht garantiert! • Toleranzwerte? • Trendmarkt
Kasse-Short-Put-Switch	• Teilsicherung • linksschief ⇒ linear	• „keine" Kosten • flexibel • Zeitwertgewinne • Kapitalkostenvorteile	• Teilsicherung ≠ Floor! • upside limitation • Bewertung

Abbildung 91

Herr Glücklich und sein Berater haben die einzelnen Strategien der Portfolio-Insurance mit ihren Vor-, aber auch Nachteilen klar vor Augen. Toll, was da alles so geht! Gemeinsam erörtern sie die Aussichten der Aktienmärkte und der von Glücklich gehaltenen Aktien. Gemeinsam neigen sie zu der Ansicht, dass großes Rückschlagspotenzial weniger über die Wachstumsseite, sondern mehr im Wege eines exogenen Schocks entstehen könnte. Im Mai 2006 liegt der DAX bei 5 672 Punkten, die Wiederaufholung der binnen weniger Tage verlorenen knapp 10 % vom Hochpunkt lockt. Das

Schlimmste scheint vorbei zu sein, aber sicher sein kann man ja nie ... Die Zweifel über einen deutlicheren Kursrückgang bleiben.

Folgende Überlegung spinnen beide weiter: Ein Verkauf auf aktuellem Niveau bei einem eventuellen Rückkauf von Aktien über Short Puts scheidet aus, da sie mit dem Kasse-Short-Put-Switch befürchten, bei einem Anstieg nicht ausreichend dabei zu sein. Da liegt die größere Angst. Die impliziten Volatilitäten sind nach Glücklichs Geschmack im Moment eher niedrig – im Zuge dessen ist das Chance-Risiko-Verhältnis eines Protective Put derzeit ganz vernünftig. Letztendlich entschließen sie sich für eine echte Portfolio-Versicherung über die klassische Variante.

4.5 Bedeutung und Strategien der Portfolio-Insurance bei Bonds

Herr Glücklich ist ganz angetan. Portfolio-Insurance macht ihm richtiggehend Spaß. Aber plötzlich kommt ihm ein Gedanke: Was für die Aktienseite richtig ist, kann doch für seine Rentenanlagen nicht falsch sein! Er denkt über den Transfer nach: Das Prinzip scheint ihm klar. Doch wie sieht so etwas denn konkret aus? Mangels Eingebung urteilt er: Leider noch nicht ausgelernt. So steigt er interessiert in eine weitere Lektion ein.

Schlüsselbegriffe

- Duration
- Bund-Future
- Cheapest-to-Deliver
- Cost of Carry
- Zinsstrukturkurve
- Nominal-Hedge
- Duration-Hedge
- Hedge mit Zinsoptionen

4.5.1 Gewachsene Bedeutung der Bond-Insurance

Das Konzept der Portfolio-Versicherung findet auch im Bereich der Anleihen Anwendung. Die Bedeutung von Hedge-Aktivitäten im Anleihe-Unterportfolio hat sich allerdings lange Zeit in Grenzen gehalten. Das mag zunächst verblüffen, da die Mehrzahl großer Portfolios das Schwergewicht auf diese Asset-Klasse legt, weshalb der Performance-Beitrag hieraus das Gesamtergebnis maßgeblich prägt. In der Übergewichtung drückt sich aber auch aus, dass die Risikoneigung konservativer Investoren dem Portfolio-Manager die Assets nahelegt, die tendenziell risikoarm sind. In der Tat bestätigen die im Verhältnis zu Aktien deutlich niedrigeren Volatilitäten von Bonds deren geringeres Risiko. In diesen Risikounterschieden steckt auch der Grund für ein althergebrachtes Börsensprichwort: „Wer gut essen will, kauft Aktien – wer gut schlafen will, geht in Renten!" Allerdings hat nicht erst die Börsensituation im Jahr 1994, einem Jahr „ohne gutes Essen und mit vielen schlaflosen Nächten", die **Risikobeurteilung von Anleiheinvestments grundsätzlich verändert**. Tagesschwankungen von eineinhalb Prozentpunkten bei 10-jährigen deutschen Anleihen sind heute keine Seltenheit und signalisieren den Versicherungsbedarf, zumal die typischen Kunden eines Portfolio-Managers ihr Risikokapital im Gros nach wie vor in Renten investieren. Allerdings zeigen die letztjährigen Erfahrungen einen neuen Trend an: Die hervorragenden Aktienrenditen der vergangenen Jahre, verbunden mit der Einsicht, dass ein wohl diversifiziertes Aktienengagement langfristig die besten Performance-Aussichten (trotz des Phänomens des Crash) bietet, haben zu einer strukturellen Nachfrage nach Aktien geführt. Die sukzessive Anpassung der strategischen Asset Allocation ging und geht zu Lasten der Rentengewichtung.

Auf den wichtigsten Anleihemärkten wird ein breites Spektrum an liquiden Futures und Optionen gehandelt. Die Bedeutung der Bond-Insurance kann man daran ablesen, dass Futures auf deutsche 10-jährige Anleihen („Bund-Future") die meistgehandelten Futures überhaupt sind.

Außerhalb des Hedging verwenden Portfolio-Manager Zins-Derivate häufig im Rahmen der Taktischen Asset Allocation. Die Verlagerung des Exposures beispielsweise von deutschen zu US-amerikanischen Anleihen ist ohne großen Kosten- und Zeitaufwand zu bewerkstelligen, indem Bund-Futures leerverkauft und Treasury-Futures gekauft werden. Weitere Vorteile sind dabei die Liquidität und die Handelszeiten sowie die Möglichkeit, dem Problem unterschiedlicher nationaler Valuta-Usancen bei den klassischen Anleihedispositionen auszuweichen. Zudem bietet sich bei der Asset

Allocation an, die **Duration** eines gesamten Bond-Portfolios zu variieren. Mit dem Einsatz von Futures bzw. Optionen kann dieses „Maß für zinsänderungsbedingte Kursrisiken“ feingesteuert werden (Kramer, 1996), was sicherlich eine zentrale Absicherungsdimension beinhaltet, die auf der Aktienseite mit der Feinsteuerung des Portfolio-Betas über solche Derivate vergleichbar wäre.

4.5.2 Instrumente und Strategien bei der Bond-Absicherung

Die Instrumente und Strategien der Porfolio-Insurance im Anleihebereich entsprechen im Wesentlichen denen der Aktienseite. Eine Schlüsselrolle spielt freilich auch hier die Option als strategisches Instrument. In der Praxis passen die Kontraktspezifikationen und Handelseigenschaften von echten Anleiheoptionen im Regelfall nicht zu den abzusichernden Underlyings. Das rückt die aus der Optionspreis-Theorie bekannte Nachbildung von europäischen Zins-Puts in den Blickpunkt. Um die gewünschten Optionseigenschaften zu duplizieren, verfährt man analog zum synthetischen Aktien-Put: die Anleihe wird (leer)verkauft und der Erlös in ein risikoloses Termingeld mit gleicher Laufzeit wie der Put investiert. Im Alltag des Portfolio-Managers hat sich – nicht zuletzt um teure wie umständliche und allzu häufige Kassatransaktionen zu vermeiden – die Absicherung eines Deutschland-Bond-Portfolios über den Bund-Future oder den Bobl-Future bzw. Optionen auf den Bund-Future durchgesetzt. Wohlverstanden sind Future-Optionen ein Derivat auf ein Derivat, sodass zunächst ihr Underlying erklärt werden muss.

- **Der Bund-Future**

Der Bund-Future ist insofern ein Hilfsinstrument, als er dem Portfolio-Manager eine **synthetische Anleihe** mit einem 6%igen Kupon und einer an 10 Jahre angenäherten Restlaufzeit zur Verfügung stellt. Die Synthetisierung bietet den bedeutsamen Vorteil der Vergleichbarkeit mit konkreten Anleihen unterschiedlichster Konditionen, was Hedging-Aktivitäten daher vereinfacht, da viele verschiedene Anleihen auf ein und dasselbe Terminprodukt bezogen werden können – das spart Zeit, konzentriert die Überwachungsarbeit auf ein Referenzinstrument und schafft Liquidität, was wiederum die Preisqualität begünstigt. Zudem weist der Bund-Future die für eine Anleihe untypische Eigenschaft auf, dass er auch im Zeitablauf eine konstante Bewertungsgrundlage für die strategischen Portfolio-Aufgaben im Bond-Asset bietet.

Der Bund-Future-Kontrakt beinhaltet die unbedingte **Verpflichtung**, eine konkrete deutsche Bundes- oder Treuhandanleihe mit einer Restlaufzeit von 8,5 bis 10,5 Jahren im Rahmen von nominal 100 000 Euro zu einem vereinbarten Zeitpunkt zu liefern (Verkäufer) bzw. abzunehmen (Käufer). Welche Anleihe tatsächlich physisch geliefert wird, wählt der Verkäufer aus einem von der Eurex festgelegten Korb von lieferbaren Anleihen aus (seller's option). Bei rationalem Verhalten wird er sich für die so genannte „Cheapest-to-Deliver“ (CTD) entscheiden, also die für ihn günstigste Anleihe. Die CTD-Anleihe ist aus heutiger Sicht diejenige, die die höchste Rendite nicht per Endfälligkeit, sondern bis zum Liefertermin abwirft (**Prinzip der besten Geldmarktanlage**). Um die lieferbaren Anleihen mit ihren unterschiedlichen Restlaufzeiten und Kupons mit dem ökonomischen Gehalt der dem Bund-Future zugrunde liegenden synthetischen Anleihe vergleichbar zu machen, stellt die Eurex für jede Anleihe einen eigenen Umrechnungsfaktor (Preisfaktor) zur Verfügung. Mit dem Faktor kann der exakte Rechnungsbetrag ermittelt werden, den der Future-Käufer für die gelieferte, vorher nicht bekannte Anleihe zu bezahlen hat. Ungeachtet dieses Procederes stellt die tatsächliche Erfüllung eines Kontraktes eher eine Ausnahme dar. Wie bei Optionen und Futures im Allgemeinen wird der offene Kontrakt üblicherweise durch ein Gegengeschäft geschlossen (closing transaction).

Die **Preisbeziehung** zwischen der Kassa-Anleihe und der Terminanleihe **beruht auf dem Prinzip der Arbitrage** („Law of one Price“). Beide sind in jeder Hinsicht gleichwertig und jederzeit austauschbar. Laufen die Kassa- und die Terminkurse vorübergehend auseinander, sorgen die dann einsetzenden Arbitrage-Prozesse wieder für ein Gleichgewicht ohne „free lunches“. Dieser Arbitrage-Prozess kann zwei grundlegende Richtungen annehmen: Sind die Termin- bzw. Future-Kurse zu hoch, wird die lieferbare Anleihe auf Kredit gekauft und die entsprechende Anzahl überbewerteter Futures verkauft (Cash-and-carry-Arbitrage). Im anderen Ungleichgewicht wird die Anleihe leerverkauft, der Erlös am Geldmarkt bis zur Fälligkeit des Futures angelegt und zur Abrundung der risikolosen Position die entsprechende Anzahl unterbewerteter Futures gekauft (Reverse-cash-and-carry-Arbitrage). Der theoretische Kurs des Terminkontraktes (fair future price) ergibt sich als der Kurs, zu dem beide Märkte im Gleichgewicht sind. Der Kurs des Futures wird sich also am Kassakurs der CTD-Anleihe orientieren. Es handelt sich aber um einen Terminkurs. Gedanklich bedeutet der Kauf der Anleihe auf Termin, dass der dafür erforderliche Kaufbetrag bis zur Abnahme risikolos geparkt wird: Der Future-Käufer erzielt somit Termingeld-Erträge, verzichtet aber auf die Stückzinserträge aus der konkreten Anleihe. Wenn aber die Geldmarktzinssätze nicht mit der Rendite der CTD-Anleihe übereinstimmen, dann muss nach dem Prinzip des „Pricing by Arbitrage“ ein Preisunterschied zwischen dem Kassakurs und dem theoretischen Terminkurs bestehen. Diese aus den Zinsdifferenzen ermittelbare „faire Differenz“ wird als Cost of Carry bezeichnet. Mit ihrer Kenntnis kann der faire Terminkurs der Anleihe wie folgt bestimmt werden:

Terminkurs = Kassakurs + Finanzierungskosten – Stückzinsertrag

Also gilt für den **Fair Value des Bund-Future**:

Bund-Future = (CTD-Kurs · Preisfaktor) + Cost of Carry

Liegt der Geldmarktzins niedriger als die Rendite 10-jähriger Anleihen, wird die Cost of Carry negativ, sodass der Terminkurs (sofern eine gewisse Überbewertung des Terminprodukts den Zinsabstand zwischen Geld- und Kapitalmarkt nicht überkompensiert) niedriger als der Kassakurs notiert. Die Preisfindung des Bund-Future wird daher von der **Beschaffenheit der Zinsstrukturkurve** beeinflusst. Der Vollständigkeit halber sei erwähnt, dass die Preise der meisten Zinsderivate nicht allein von der Zinsstrukturkurve, sondern auch von der daraus abgeleiteten Zinsterminkurve abhängen (vgl. Schulte, 1996; Dresdner Bank, 1994; Heidorn/Bruttel, 1993).

Ein Renten-Portfolio kann **durch Futures gegen Zinsänderungen symmetrisch abgesichert** werden. Werden z.B. Zinssteigerungen erwartet, kann das Portfolio durch Verkürzung der Kapitalbindungsdauer bis zur Vollständigkeit immunisiert werden (**Full Coverage by Futures**). Dabei können nicht nur Positionen mit exakt der Laufzeit des Underlyings abgesichert werden. Entsprechend einer zu errechnenden Hedge-Ratio müssen Futures leerverkauft werden. Steigen die Zinsen, verliert das Portfolio an Wert. Diese Kursverluste werden jedoch durch die Gewinne aus den Short Futures kompensiert. Die symmetrische Absicherung von Kassapositionen ist über den Einsatz des Bund-Futures auf mehr oder weniger exakte Weise möglich.

Ein naiver Ansatz ist der **Nominal-Hedge**. Einfach und schnell lässt sich die Hedge-Ratio (HR) ermitteln, indem der Nominalwert (NW) der abzusichernden Anleihen ins Verhältnis zum Nominalwert eines Bund-Future-Kontraktes gesetzt wird.

$$\mathbf{HR} = \frac{NW_{Anleihe}}{NW_{Future\text{–}Kontrakt}}$$

Ein Portfolio aus Bundesanleihen mit einem Nominalwert von 5 Mio. Euro und einer Restlaufzeit von 9,08 Jahren) könnte demnach mit 50 Kontrakten leerverkaufter Future-Kontrakte abgesichert werden.*

Es liegt auf der Hand, dass das Absicherungsverhältnis keinesfalls korrekt sein kann, da es fälschlicherweise unterstellt, dass die Preisveränderung des Futures exakt mit der Kursänderung der Anleihe übereinstimmt. In der Praxis spielt diese „Ungenauigkeit" nicht immer die entscheidende Rolle, noch lässt sie sich völlig vermeiden. Ein Aspekt ist dabei der nicht teilbare Kontraktgegenwert des Bund-Futures, sodass die exakte Hedge-Ratio in Privatkundendepots bei verhältnismäßig kleinen Bond-Engagements ohnehin nur zufällig umsetzbar wäre. Außerdem wird gerade bei symmetrischen Instrumenten die volle Absicherung (Full Coverage) in nur einem Zeitpunkt gar nicht angestrebt. Statt dessen wird sie oft in einzelnen, zeitlich gestreckten Schritten vollzogen, um der Erwartungsunsicherheit der Märkte auch beim Aufbau des Hedge-Portfolios Rechnung zu tragen (**piecemeal engineering**) oder aber die Hedge-Position grundsätzlich zu Mischpreisen zu erwerben (**price averaging**). Allerdings muss beim Aufbau der letzten Tranchen zusehends sauberer gerechnet werden.

Andererseits lässt sich argumentieren, dass eine schnelle und korrekte Ermittlung der **Hedge-Ratio** bei der heutigen Technik nicht mehr nur naiven Verfahren vorbehalten ist. Über **leistungsfähige Online-Systeme** (z.B. Bloomberg) sind die gängigen Anleihen marktnah analysiert und bewertet und bieten „auf Knopfdruck" die erforderlichen Informationen.

So lässt sich eine zuverlässigere Hedge-Ratio über den so genannten **Duration Hedge** bestimmen. Sein Ziel ist es, die absoluten Kursänderungen einer bestimmten Anleiheposition bzw. eines Bond-Portfolio-Werts durch den Hedge vollständig zu kompensieren. Als Bemessungsgrundlage für die zinsänderungsbedingte Preisempfindlichkeit einer Anleihe wird auf die Duration (D) (alternativ: modified Duration, kurz: D_{mod}) zurückgegriffen. Dabei gilt:

---

*) *aktuelle CTD-Anleihe per 19.05.2006; WKN 113 526*

$$HR = \frac{NW_{Portfolio}}{NW_{Future\text{–}Kontrakt}} \cdot PF_{CTD} \cdot \frac{D_{Portfolio}}{D_{CTD}}$$

Die Formel für die Hedge-Ratio wurde erweitert um den Preisfaktor der CTD-Anleihe (CTD am 19.05.2006: $3^3/_4$ Bundesrepublik Deutschland, fällig 04.01.2015 – WKN 113 526) sowie den Quotienten aus der durchschnittlichen Duration des abzusichernden Portfolios und der Duration der CTD-Anleihe (Duration = 7,410 Jahre, D_{mod} = 7,130%). Dabei gilt:

$$HR = \frac{5\text{ Mio.}}{100\,000} \cdot 0{,}950514 \cdot \frac{7{,}477\text{ Jahre}}{7{,}123\text{ Jahre}} = 49{,}88$$

Die Verwendung von 50 Future-Kontrakten kommt der exakten Hedge-Ratio sehr nahe und gewährleistet damit auch ein zuverlässiges Absicherungsergebnis.

- **Die Option auf den Bund-Future**

Die Verwendung von Optionen auf den Bund-Future zur Absicherung eines Anleiheportfolios unterscheidet sich von der Aktien-Insurance im Wesentlichen darin, dass die Asymmetrics sich hier auf den Terminkurs des abzusichernden Portfolios beziehen. Die **Absicherungspraxis mit Eurex-Zinsoptionen** hat also immer den **Zwischenschritt über den Bund-Future** bzw. die CTD-Anleihe mitzubedenken – andernfalls riskiert man unbefriedigende Hedge-Ergebnisse. Der Umweg bei der Ermittlung einer annähernd korrekten Hedge-Ratio erinnert an die DAX-Optionen, die gleichfalls nicht den nominellen Portfolio-Wert, sondern das über den Beta-Faktor errechnete DAX-Risiko im Aktienportfolio zuverlässig absichern können. Allerdings ist die **Zuverlässigkeit von Renten-Hedges** geringer: So ist sowohl die Duration-Kennzahl ständigen, wenn auch in der Regel wenig ausgeprägten Änderungen unterworfen, wie auch die „Cheapest to Deliver“ als die für Arbitrage- und Hedge-Überlegungen maßgebliche Anleihe im Zeitablauf häufig wechselt. Eine statische Zins-Put- oder auch Zins-Future-Absicherung hat damit ihre ganz eigenen Unzulänglichkeiten. Ungeachtet dessen zeigt die Praxis, dass der „Perfect Hedge“ ohnehin kaum gelingt.

Der Portfolio-Manager sieht die Gefahr, dass die seit Sommer 2005 fallenden Zinsfutures ihren Trend fortsetzen. Aus diesem Grund entscheidet er sich für eine Absicherung seines Rentenportfolios. Der September-Bund-Future 2006 steht aktuell bei 115,76%. Die kleinstmögliche Kursänderung im Bund-Future, nämlich 0,01% (ein Tick), sind für einen Kontrakt 10 Euro Gewinn oder Verlust (da 100 000 Euro/ 100 · 0,01 = 10 Euro). Der September-Put mit einem Basispreis von 115%, dem handelbaren Marktpreis von 0,69% und einer Laufzeit bis zum 24. August 2006 scheint dem Manager ein angemessenes Absicherungsprofil zu liefern: Damit hätte er auf Bund-Future-Basis einen Floor bei 114,31% definiert, und sein Rentenbestand wäre über die Laufzeit hinweg einem maximalen Verlustrisiko von rund 1,25% (oder 1 450 Euro pro Kontrakt) ausgesetzt, bevor die Absicherung voll greift. Er kauft 9 Kontrakte des Bund-Puts zu den handelbaren 69 Ticks zum Gesamtpreis von 6 210 Euro, um seine 1 Mio. Euro Nominalwert der 3 $^{3}/_{4}$ -Bund-Anleihe bei einem Kurs von aktuell 98,68% kurzfristig gegen Zinssteigerungen abzusichern. Die Kosten bewegen sich für die Absicherungszeit von 96 Tagen bei rund 0,63%. Dafür bekommt der Investor eine ***statische Absicherung mit einem rechtsschiefen und konvexen Charakter****, der eine „upside participation“ bei einer „downside protection“ bedeutet.*

Herr Glücklich merkt, dass komplizierte Dinge nicht in jeder Phase eines ohnehin schon ausgefüllten Lebens für mehr Zufriedenheit sorgen müssen. Sein Berater widerspricht ihm nicht. Glücklich erinnert sich an den Spruch eines früheren Unternehmerfreundes, der ihm in Gelddingen außerordentlich bewandert schien: „So richtig feinsinnig und anspruchsvoll ist das Zinsgeschäft, nicht das Aktiengeschäft. Rechnet man da nicht korrekt und mit spitzem Bleistift, geht man schnell unter. Und umgekehrt! Merke also: Ein schlechter Aktienmann kann sich in der Branche viel länger verstecken.“ Herr Glücklich fragt sich natürlich nur im Stillen, ob ein schlechter Zinsderivate-Profi nicht noch viel schneller auffliegt als ein klassischer Rentenmann.

Trotz des Erfolgsprinzips der „upside participation – downside protection“ fällt Herrn Glücklich die Entscheidung angesichts seiner Gedanken an die Umsetzung und die Fehlerquellen plötzlich ganz leicht. Drei weitere Gründe bestärken ihn darin, vorläufig von einer Bond-Insurance abzusehen: Erstens steckt das Gros seines Geldes ja in Aktien. Zweitens schätzt er den Risikogehalt seiner Anleihen weitaus weniger hoch ein – ganz grundsätzlich und aktuell. Drittens sieht er in einem ungesicherten Anleihebestand irgendwie eine natürliche, zusätzliche Absicherung gegen die latenten Risiken auf der Aktienseite: Kommt es zum rezessionsbedingten Sturz der Aktien, ist eine Flucht in Renten durchaus wahrscheinlich.

4.6 Zusammenfassung und Arbeitsaufgaben

Zusammenfassung

Die Beurteilung des Nutzens der Portfolio-Insurance im modernen Portfolio-Management muss angesichts der vielfältigen Strategien mit ihren sehr unterschiedlichen ökonomischen Wirkungen differenziert ausfallen.

Grundsätzlich büßen die Erkenntnisse der Kapitalmarkt-Theorie auch durch das Konzept der Portfolio-Insurance nichts von ihrer Aussagekraft ein: **Nur mit der Übernahme des systematischen Risikos erreicht der Investor langfristig höhere Renditen**. Es ist anschaulich geworden, dass die Verringerung des systematischen Risikos immer mit Kosten verbunden ist. Insofern unterscheidet sich das systematische Risiko vom unsystematischen Risiko, dessen Ausschaltung mittels Diversifikation gratis zu bekommen ist. Aber schließlich wird die Übernahme titelspezifischer Risiken langfristig auch nicht belohnt. Aufgrund dieses Zusammenhangs ist allzu verständlich, dass die ungeschmälerte „upside participation" bei gleichzeitigem Verlustausschluss – mit welcher Portfolio-Insurance auch immer – in einem effizienten Finanzmarkt nicht möglich sein darf.

Andererseits wurde deutlich, dass realistische Investoren und erfahrene Portfolio-Manager diesen Preis gerne bezahlen, da die unzureichende Prognostizierbarkeit von Marktpreisen ein Wesenszug der Börsenwirklichkeit ist. Kunden, die dies reflektiert und schmerzliche Erfahrungen gesammelt haben, wertschätzen die **Portfolio-Insurance** – sie entschärft das Spannungsverhältnis **zwischen Risikoaversion und Nichtsättigung** und führt zu mehr Kontinuität bei der Performance: „It's not a free lunch, but a much tastier one" (vgl. Estep/Kritzman, 1988).

Der Preis für eine Absicherung wird um so leichter akzeptiert, je mehr er sich in Art und Umfang mit der persönlichen Wunschvorstellung des Investors bzw. Managers verträgt. Die Insurance-Vielfalt wird dem gerecht: Für die gewünschte Sicherheit muss man unterschiedlich viel bezahlen oder Chancen aufgeben. Diese Gestaltungsmöglichkeiten bieten dem Portfolio-Insurer einen attraktiven Spielraum für seine persönlichen Fähigkeiten und die tatsächlichen Sicherheitsbedürfnisse.

Sofern der Portfolio-Manager keine allzu konkreten Auflagen bezüglich des Portfolio-Mindestwerts hat, sollte er **flexibel bleiben** und sinnvollerweise mehrere Strategieelemente und -werkzeuge nutzen, um sein Versicherungsprofil aufzubauen. Es wurde gezeigt, wie Underlyingpositionen zusammen mit dem Einsatz von Optionen und Futures oder sonstigen Versicherungsmethoden in ein Portfolio-Insurance-Programm einfließen können. Dabei spielen die Wünsche des Investors nach einer echten bzw. Teilsicherung, aber auch die Eigenschaften der Instrumente, Strategien und Mischstrategien eine wichtige Rolle für den Erfolg.

Die relative Attraktivität der Strategien hat sicherlich zu tun mit den Preisen, die im Zeitpunkt des Absicherungsaufbaus vorherrschen (Dreher, 1988), was vor allem die ausführliche Volatilitätsbetrachtung anschaulich gemacht hat. Die Bedeutung der modernen Optionspreis-Theorie in der Portfolio-Insurance und das Gewicht des Duplikationsprinzips und der Arbitrage-Idee haben einen weiteren Erfolgsschlüssel aufgezeigt: „**The greatest of all gifts is the power to estimate things at their true worth**.“ Diese Tatsache fordert den Portfolio-Insurer zusätzlich, da er regelmäßig einzelne und relative Preise zu prüfen hat. Dabei sind auch die Transaktionskosten, mögliche Bewertungsfehler sowie spätere „Switch-Nachteile“ zu bedenken, wenn der Manager von einem Asset bzw. Hedge in einen anderen zu tauschen plant.

Trotz all ihrer Vorteile ist die Portfolio-Insurance kein Zaubermittel gegen die mangelhafte Prognostizierbarkeit. So wird das **Prognose-Dilemma** zwar **entschärft**, **aber nicht aufgehoben**. Für den Erfolg eines Hedge-Portfolios spielt die Timing-Qualität des Managers in abgeschwächtem Maße nach wie vor eine gewisse Rolle; ähnlich ist es mit der Erkennung zukünftiger Marktmuster, von denen Erfolg oder Misserfolg der jeweiligen Strategie abhängen können. Letztlich ist auch hier erfolgsbestimmend, ob der Manager ein Gefühl für seine Stärken entwickelt, sie pflegt und diszipliniert zum Einsatz bringen kann.

Eine tiefere **Problematik** wird anhand eines Bilds deutlich: Für eine wirklich exquisite Küche braucht man neben Salz und Pfeffer auch „scharfes Gewürz“ – doch wer **ungeübt oder unkontrolliert** damit umgeht, verdirbt das ganze Gericht. Im Umgang mit der Portfolio-Insurance ist das nicht anders. In den vielfältigen Wahlmöglichkeiten liegt für den routinierten Portfolio-Insurer zwar der Vorteil zur

Feinsteuerung der idealen Sicherungssituation. Für den Anfänger bedeutet das jedoch eher Entscheidungszwänge und die Gefahr der verkehrten Wahl und Dosis: Im Wunsch nach umfassender Sicherung ist das eigentliche Ziel der Renditemaximierung sehr schnell verfehlt.

Die objektivierten und strukturierten Strategien der Portfolio-Insurance bieten den **Vorteil geringerer Anfälligkeit vis-à-vis intuitiven und prognoseorientierten Entscheidungen**. Dennoch hat es nicht allein mit handwerklichem Geschick zu tun, bei einem DAX-Niveau von 5000 – bei entsprechender Zeitnähe und ähnlichen Bewertungskonventionen – eine andere Absicherung zu betreiben als bei einem Stand von oberhalb 8000 Punkten. Mitte der 90er Jahre in Mode gekommene Risikobegrenzungsfonds müssen scheitern, wenn sie ohne Rücksicht auf das Marktniveau mit einer standardisierten, allzeit aufgebauten Put-Absicherung ein langfristig überlegenes Ergebnis abzuliefern versuchen. Wenn nämlich feststeht, dass ein kontinuierlich gesichertes Portfolio nachhaltig besser „performt" als der Markt, dann würde die Nachfrage nach Puts so lange steigen, bis deren neue Preise Überrenditen, „free lunches" und damit eine marktzerstörerische Gewinnautomatik ausschließen. Insofern gehört zu einer erfolgreichen Portfolio-Insurance neben instrumentellen wie strategischen Kenntnissen, kombinatorischen Fähigkeiten, Erfahrung und Disziplin eben auch Fingerspitzengefühl und gesunder Menschenverstand.

In die gleiche Richtung weisen die Erfahrungen bezüglich der Bereitschaft zur Anwendung von Strategien der Portfolio-Insurance: Im Rückblick scheint der Rückgriff darauf nicht rational, sondern oft genug eher passiv motiviert. So ist die Nachfrage bzw. das Interesse an Insurance-Maßnahmen nicht vor, sondern gerade während kritischer Aktienmarktepisoden (Asienkrise im Herbst 1998, Aktiencrash im Gefolge der 2001er USA-Attentate) oder sogar danach besonders hoch. Im Grundsatz ähnelt dieses Nachfrageverhalten einem Hausbesitzer, der eine Brandschutzversicherung erst dann abschließt, wenn in Deutschland bereits jedes dritte Haus abgebrannt ist. Es liegt auf der Hand, dass in einer solchen Situation die Versicherungswirtschaft mit ihren Prämienforderungen nicht zimperlich sein wird. Kurzum: Was müsste passieren, damit sich die Versicherung angesichts der Kosten noch rechnet?

Insgesamt liefert die Portfolio-Insurance mit ihrem disziplinierten und systematischen Ansatz einen wichtigen Beitrag zu einem kontrollierten und Ertrags-risikoorientierten Portfolio-Optimierungsprozess, der im Hinblick auf die zunehmende Forderung nach **Kalkulierbarkeit und Kontinuität der Performance** entscheidende Vorteile für die vermögende, in aller Regel konservative Kundschaft des Portfolio-Managements bietet.

Arbeitsaufgaben

1. Welche Absicherungsstrategien für Aktienportfolios kennen Sie?
2. Welche Probleme treten in der Praxis bei einer Absicherung mittels Stop-Loss auf? Gibt es über die markttechnischen Schwierigkeiten hinaus weitere Probleme?
3. Welcher Faktor ist beim Protective Put von besonderer Wichtigkeit, um vom Kurswert des Portfolios auf das angemessene Hedge-Ratio mit Indexoptionen zu kommen? Welche Probleme gibt es in der Praxis mit diesem Faktor?
4. Welchen Vorteil der Skew nutzt eine Strategie mittels Bear Spread aus?
5. Bewerten Sie vor dem Hintergrund der drastischen Verschiebungen der Volatilität (vgl. dazu Chart des VDAX: Abbildung 85) die Vorteilhaftigkeit von Long-Call- bzw. Short-Call-Strategien. Zu welchen Zeitpunkten hätten Sie vorzugsweise dreimonatige Long Calls bzw. Short Calls aufbauen wollen?
6. Welche grundsätzlichen Überlegungen muss ein Insurer anstellen, bevor er sich für eine konkrete Wertsicherungsstrategie entscheiden kann?
7. Warum ist eine „kostenlose" Absicherung nicht unbedingt die preiswerteste?
8. Nach welchen Kriterien werden Sicherungsstrategien formal geordnet? Inwieweit entspricht diese strenge Klassifikation der Praxis?
9. Erklären und bewerten Sie den Protective Stop und Protective Put als Begriff und Instrument.

10. Sieht man sich den Wertverlauf der konvexen Strategie in Abbildung 73 genauer an, könnte man sich vordergründig fragen, wer denn überhaupt einen symmetrischen oder konkaven Portfolio-Ansatz fahren will. Das konkave Ergebnis ist erwartungsgemäß in extrem negativen, aber überraschenderweise auch in extrem positiven Szenarien den Alternativen überlegen. Bitte begründen Sie, warum diese Erfolgsbilanz im Rahmen eines statisch eingesetzten Protective Put nicht zu realisieren ist. Welche konkrete Strategie wäre dazu in der Lage?

11. Stellen Sie die Vor- und Nachteile von „echten" und „synthetischen" Optionskontrakten gegenüber, und bewerten Sie das Ergebnis.

12. Definieren Sie die Begriffe Floor, Exposure, Cushion.

13. Erläutern Sie anhand von drei unterschiedlichen Insurance-Strategien, wie der Floor garantiert wird.

14. Welche drei sicherheitsorientierten Strategien handeln nicht streng nach dem Prinzip „upside participation – downside protection"? Mit welchen Argumenten wird der Portfolio-Insurer diese Strategien dennoch zur Anwendung bringen?

15. Bitte beurteilen Sie gerade auch vor dem Hintergrund der weiteren Entwicklung am deutschen Aktienmarkt die Auswahlentscheidung des Herrn Glücklich für eine Protective Put-Strategie. Unter welchen Verlaufsbedingungen des DAX würde er gut und unter welchen würde er schlecht liegen?

16. Erläutern Sie vor dem Hintergrund der kapitalmarkttheoretischen Erkenntnisse die Aussage: „Der Einsatz von Instrumenten und Strategien der Portfolio-Insurance führt zu einer besseren Performance."

17. „Von weniger Arbeit für den Portfolio-Manager bei Anwendung der Portfolio-Insurance kann kaum gesprochen werden." Nehmen Sie zu dieser Aussage Stellung, und beziehen Sie sich bei Ihrer Antwort auf prognostische und strategische Aspekte der Portfolio-Strukturierungs-Entscheidungen.

18. Woran können Portfolio-Insurance-Programme scheitern?
19. Welche Qualitäten sollte ein Portfolio-Insurer mitbringen?
20. Inwiefern leistet die Portfolio-Insurance einen wichtigen Beitrag zum Optimierungsprozess im Portfolio-Management?

5 Messung und Analyse der Performance von Finanzportfolios

„Nicht nur der Teufel, auch die Wahrheit steckt im Detail“.
(Rolf Hochhuth)

Eine 85%ig korrekte Messung oder Analyse von Performance gelingt nahezu jedem – wert ist sie allerdings nichts. Das Erreichen der 90%-Schwelle ist schon anspruchsvoller, auch wenn sie nach wie vor wenig bringt. Den letzten 10 % muss der ganze Ehrgeiz gelten. Jeder dieser letzten Prozentpunkte, um den man dem Ziel näher kommen will, ist unsäglich mühevoll und verschlingt Unsummen von Investitionen in Know-how, feinsinnigen Lösungen und EDV.

Am 95%igen Gipfelpunkt angelangt, ist man in professioneller Gesellschaft, die kleiner ist, als man denkt. Ein ähnlich kleiner Personenkreis kommt dem Bergsteiger in den Sinn, der sich nach gelungenem Aufstieg vergegenwärtigt, wer vor ihm den Mount Everest denn noch bestiegen hat. Die vielen Abbrecher sieht dann keiner mehr.

Der höchste Berg der Welt lässt sich besteigen, die 100%ige Wahrheit in der Performance-Analyse dagegen scheint unerreichbar ...

5.1 Bedeutung und Aufgabenstellung

Nach einem erfolgreichen Unternehmerleben steht Cyril Merzbach kurz vor dem Verkauf seiner Firma. Die Erlöse sollen unter anderem in die private Geldanlage fließen. Es geht um einen großen Betrag, weshalb er die Entscheidung und deren Vorbereitung sehr ernst nimmt. Herr Merzbach fängt da nicht bei „null“ an: Seit Jahren hatte er zunächst eine, dann sogar eine zweite Vermögensverwaltung beauftragt. Zwar gab es zwischendurch mal einen Wechsel bezüglich eines Bankpartners, zwei unterschiedlich strukturierte und geführte Verwaltungen bestehen aber noch heute. Daneben hat er im vergangenen Jahr erstmals damit begonnen, ein persönliches Anlagedepot aufzubauen und selbst zu steuern. Der sympathische Anlageberater seiner Hausbank stand ihm da regelmäßig mit interessant klingenden Tagestipps zur Seite. Die dabei gewonnenen Eindrücke waren sehr lehrreich, manchmal aber auch verwirrend ...

So ist Herr Merzbach durchaus kein Anfänger mehr. Einen klaren Blick dafür, wie sich sein Geld in den drei Portfolios denn tatsächlich entwickelt hat und wie die einzelnen Ergebnisse jeweils zu sehen und zu beurteilen sind, hat er aber zugegebenermaßen nicht. Zufällig sieht er im Fernsehen einen Beitrag zum Thema Performance, der ihn für unbewusste Probleme sensibilisiert und zudem auch Lösungen sowie Regeln benennt, die geeignet sein sollen, Merzbachs Fragen zu beantworten. Der Beitrag endet mit einer Zusammenfassung des Performance-Experten, die Herrn Merzbachs Wissensdurst weckt:

„Über Äpfel und Birnen“: Performance ist relativ!	
Performance wird sehr unterschiedlich berechnet, dargestellt und interpretiert	*aufpassen*
Vergleichsmaßstab „Generallinie“	*Ohne klaren Auftrag keine faire Erfolgsbeurteilung*
Risikoabgleich der Rendite:	*Unter Inkaufnahme welchen Risikos wurde die Rendite erzielt?*
Ergebnisquellenanalyse:	*Ist die Perfomance da entstanden, wo die Stärken erklärt wurden?*
Nachhaltig „gut“, ja oder nein?	*Bietet Ihr Management langfristig gute Leistungen?*

Schlüsselbegriffe

- Eindimensionale und zweidimensionale Performance-Messung
- Verzinsungsrechnung: arithmetisch und geometrisch
- Wert- und zeitgewichtete Performance-Rechnung
- Persönliche Benchmark
- Abweichungsrisiko
- Alpha
- Peer Group

Die Erzielung eines guten Anlageergebnisses ist höchstes Ziel eines professionellen Finanzmanagements. Das gilt für private wie institutionelle Vermögen, für Portfolio-Management wie Fonds-Management in gleicher Weise. Schließlich wird gerade deswegen vor Vergabe des Mandats an den Fremdmanager (gibt der Vermögens-/Portfolio-Inhaber die Verantwortung für die einzelnen Anlageentscheidungen in fremde Hände, z.B. die eines Vermögensverwalters, so spricht man von einem Fremdmanager) gefragt, wie er denn in der Vergangenheit „abgeschnitten" bzw. sich im Vergleich geschlagen habe. Kurioserweise trifft man in diesem Moment keinen Portfolio-Manager, der nicht zu den besten gehören will. Dieser die Realität wohl nicht ganz treffende Umstand erklärt das Kernproblem und macht auf markante Weise letztlich auch die lebhafte Diskussion um allgemeine Bewertungsstandards verständlich. Das stetig wachsende Interesse der Öffentlichkeit für das Thema Performance gründet indessen auch in weiteren zentralen Aspekten, die für den Bedeutungszuwachs privater Vermögensanlage und schließlich auch deren Ergebnismessung zur Beurteilung der Managementleistung sorgen:

- Diskussion um die Qualität der bestehenden Altersvorsorgesysteme,
- Zunahme des Geldvermögens,
- Drastische Zunahme von fremdgemanagten, d.h. verwalteten Portfolios,
- Spektakuläre Entwicklungen an den internationalen Kapitalmärkten der 90er Jahre,
- Wachsendes Interesse an risikoreichen/-differenzierten Anlageformen,
- Anbieter-Vielzahl und vielleicht Angebots-Vielfalt,
- Zunehmende Veröffentlichung von „Performance-Hit-Listen",
- Reifung des Anspruchsprofils der Investoren u.a. durch neue Anlegergruppen („Erbengeneration"),
- Zuwachs an externen Beratern/Portfolio-Consultants bzw. Family-Office-Lösungen zwecks Controlling sowie Optimierung des (Gesamt)-portfolios,
- Neue Dienstleister, die Performance-Analyse spezialisiert, unabhängig und neutral anbieten,
- Vergangenheitsergebnis und dessen Interpretation als Entscheidungsgrundlage für die Zukunft,

- Performance als interne Steuerungsinformation zur Portfolio-Optimierung.

Die Aufzählung macht die Notwendigkeit einer Methodik zur Leistungsbeurteilung deutlich. Wie überall, wo die Frage nach dem „Gut oder Schlecht" geklärt wird und zu definieren ist, entfacht sich natürlich auch um das Thema Performance in Wissenschaft und Praxis eine intensive Diskussion: Eindeutige Begrifflichkeiten und undifferenzierte Antworten darauf, wie nun eine gute Performance zu messen sei und was diese ausmache, sind kaum möglich. Schlagworte wie Anlageergebnis, Rendite sowie Performance, Über-, Under- bzw. Mehr-Performance oder relative, aktive oder passive Performance zirkulieren – eine klare Vereinbarung über ein einheitliches Begriffssystem gibt es nicht. Der Wissenschaftsdiskurs hat an dieser Stelle – sozusagen als objektiven Ersatz – stets die selbe Lösung: Im Sinne intersubjektiver Nachvollziehbarkeit wird im Rahmen von Vereinbarungen eine allgemein akzeptierte Definition vorgenommen.

Eine derartige Definition gibt es bis heute nicht! Eben diese Breitenwirkung und Akzeptanz versuchen die so genannten, noch jungen Performance Presentation Standards (DVFA-PPS), die im September 1998 durch die Deutsche Vereinigung für Finanzanalyse und Asset Management (DVFA) veröffentlicht wurden, mittelfristig zumindest für die Praxis zu erreichen. Eine nähere Darstellung und Erläuterung erfolgt in diesem Kapitel. Diese Standards stellen ein von den Vermögensverwaltern freiwillig zu beachtendes Regelwerk dar, das zur Vergleichbarkeit der publizierten bzw. im Rahmen von Einzelpräsentationen dargestellten Performanceergebnisse beitragen soll. Das verfolgte Ziel ist die Definition eines angemessenen Rahmens für eine faire und vergleichbare Darstellung von Performance-Ergebnissen „bei vollständiger Offenlegung der entscheidungsrelevanten Informationen". Vergegenwärtigt man sich zudem die bisherigen Ausführungen auf den Vorseiten, dass in der Modellwelt der Portfolio- und Kapitalmarkttheorie der Zusammenhang aus Ertrag und Risiko im Mittelpunkt der Betrachtung steht, so kann ein „gutes" Anlageergebnis inhaltlich nicht allein aus den Größen Ertrag, Rendite oder „return" erklärt werden.

So versteht man im Sinne obiger Spielregel unter Performance nicht alleine die reine Wertentwicklung in absoluten Beträgen oder prozentualen Veränderungen für eine spezielle Betrachtungsperiode, sondern oftmals auch eine ex post ermittelte umfassendere Erfolgsgröße. Anstatt der Bezeichnung Rendite wird in der Praxis sehr häufig der Begriff Performance verwendet. In der Wissenschaft dagegen (vgl. etwa Wittrock) wird dieser Begriff nur für risikoadjustierte Renditewerte benutzt. Bezeichnenderweise verwenden die DVFA-PPS den Performancebegriff im Sinne der Praxis, also eindimensional.

Ein erweiterter Performance-Begriff bezieht sinnvollerweise einen Vergleichsmaßstab (Benchmark) mit ein und berücksichtigt explizit das tatsächlich eingegangene Risiko. Demgemäß kann es sein, dass selbst ein negativer Ertrag gemessen an der Benchmark eine „gute Performance" bedeutet, oder aber ein sehr hohes Ergebnis in Würdigung des eingegangenen Risikos ganz ausdrücklich nicht zu den Kundenpräferenzen passt, weshalb die Performanceleistung damit schlecht und die Managementqualität für die Zukunft aus Vorsichtsgründen zu disqualifizieren wäre.

Aufgabe der Performance-Analyse ist – im Sinne des Arbeitsablaufs – die Erfassung, Messung, Zerlegung, Beurteilung sowie Darstellung der erzielten Anlageergebnisse. Je besser dies gelingt, desto besser fließen diese Ergebnisse zurück zu den vorgelagerten Stufen des PM-Prozesses und liefern wichtige Steuerungsinformationen – für den Investor und den Portfolio-Manager. Insofern geht die Performance-Analyse weit über die bloße Errechnung und Festlegung der Erfolgsgrößen (Performance-Messung) hinaus. Sie zergliedert, fragt nach Ursachen und schlussfolgert (Performance-Attribution). Insgesamt bietet sie die Chancen für eine Qualitätsentwicklung der Managementinhalte und -ergebnisse.

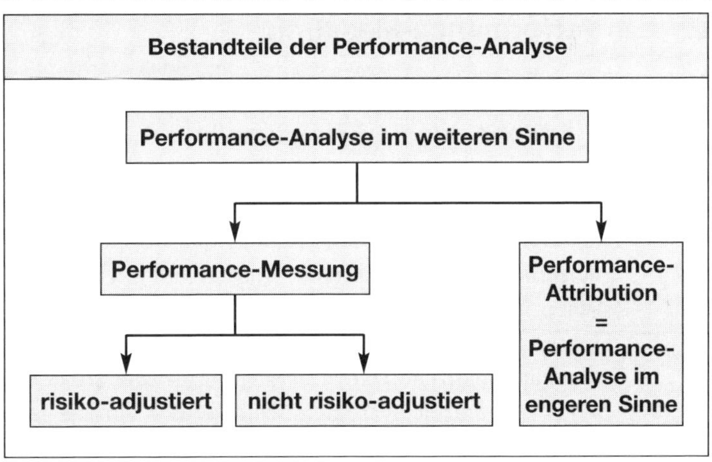

Abbildung 92

Drei Aufgaben bzw. Funktionen der Performance-Analyse interessieren den Investor ganz besonders:

1. Wie rentabel hat sich mein Investment über eine (mehrere) bestimmte Periode(n) entwickelt?
2. Wie gut war mein Manager im Vergleich zu anderen bzw. geeigneten Alternativen?
3. Wie lassen sich aus den gewonnenen Erkenntnissen zukünftige Ergebnisse optimieren?

Die Qualität der gegebenen Antworten hängt zunächst ganz entscheidend davon ab, ob die Performance „richtig“ gemessen wird. Daher werden in Kapitel 5.2 einige grundlegende Performance-Maße vorgestellt. Sie messen den Erfolg entweder eindimensional, indem sie lediglich die Wertentwicklung des zu beurteilenden Portfolios berücksichtigen, oder aber zweidimensional, indem sie das absolute bzw. das relative Portfolio-Risiko mit einbeziehen. In Kapitel 5.3 wird schließlich die so genannte Performance-Attribution vorgestellt. Sie fragt notwendigerweise nach den Erfolgsquellen im Portfolio bzw. danach, wo und wie die Performance konkret entstanden ist. Eine derartige Erfolgsquellenanalyse gibt dem Portfolio-Inhaber wichtige Anhaltspunkte dafür, ob sein Manager ein Könner oder Glücksspilz ist. Die Entscheidung für die zukünfige Zusammenarbeit hat folglich sehr viel mit den hier gewonnenen Erkenntnissen zu tun.

5.2 Performance-Messung

5.2.1 Eindimensionale Erfolgsmaße

Die Berücksichtigung des individuellen Steuertarifs des Investors ist bei der Beurteilung der Performance hoch bedeutsam und ließe sich leicht in einzelne, hier vorzustellende Ansätze integrieren. Davon soll jedoch abgesehen werden, um die Konsistenz des Buches zu bewahren sowie die Ausführungen übersichtlich zu halten. Aus dem letztgenannten Grund wird auf die mathematische Darstellung – soweit zulässig und didaktisch sinnvoll – verzichtet und der verbalen Methode der Vorzug gegeben.

Zur Veranschaulichung der Problematik der Performance-Berechnung in Finanzportfolios werden zunächst einige einfache finanzmathematische Berechnungen und Renditemaße eingeführt. Die Ausführungen sind auf den ersten Blick recht trivial. Sie dienen aber vorbereitend zur Verdeutlichung der Problematik der Betrachtung im Zeitablauf, zum zweiten der

Messung bei Kapitalbewegungen innerhalb einer Performance-Messperiode.

5.2.1.1 Die Basisformel

Alle im Weiteren erörterten Maße fußen auf der so genannten „Basisformel" der Renditeberechnung. Die Formel dient dazu, die Rendite einer Investition ohne Mittelab- oder Mittelzuflüsse innerhalb eines Betrachtungszeitraumes zu berechnen. Wenn K^0 den Wert der Anfangsinvestition bezeichnet und K_1 den Wert dieser Investition am Ende des Betrachtungszeitraumes, dann wird mit

$$R = \frac{K_1 - K_0}{K_0} = \frac{K_1}{K_0} - 1$$

die Rendite dieser Investition bezeichnet. Sie gibt die prozentuale Wertänderung der Anfangsinvestition an. Im Beispiel:

Ein Portfolio wurde am 01.01.06 mit einer Bareinlage von 1.000 TEUR eröffnet. Am 31.12.06 wird das Portfolio mit 1.300 TEUR bewertet. Die prozentuale Wertsteigerung im betrachteten Jahr 06 beträgt nach obiger Formel 0,30 oder in einer anderen mathematischen Schreibweise: plus 30 %.

Die Performance eines Finanzportfolios i.R. einer einperiodigen Betrachtung *ohne* Kapitalbewegung lässt sich demnach sehr leicht darstellen, indem die Wertsteigerung während der Periode in das Verhältnis zum Anfangsbestand gesetzt wird. Durch dieses Verhältnis gelangt man zu der gewünschten prozentualen Wertentwicklung, im vorliegenden Fall zu einer Wertsteigerung.

5.2.1.2 Die mehrjährige Betrachtung von Performance

Renditewerte über mehrere Perioden und Jahre hinweg bieten einige Besonderheiten bezüglich ihrer Interpretation, die an nachfolgender Abbildung der Wertentwicklung des deutschen Aktienmarktes (DAX 30) aufgezeigt werden sollen.

Im Bild sieht man die jährliche Wertentwicklung des Index für die 30 Jahre von Anfang 1976 bis Ende 2005 sowie die Entwicklung eines einmaligen

Anlagebetrages in Höhe von 100 €. Diese ist im obigen Sinne einfach zu messen. Von Interesse ist gleichfalls die durchschnittliche Wertentwicklung über diesen Zeitraum: Erstens hilft das Ergebnis, das Potenzial des Marktes aus der Historie heraus zu deuten. Zweitens kann man diesen Durchschnittswert mit dem anderer konkurrierender Aktienmärkte vergleichen und die relativen Attraktivitäten historisch bewerten.

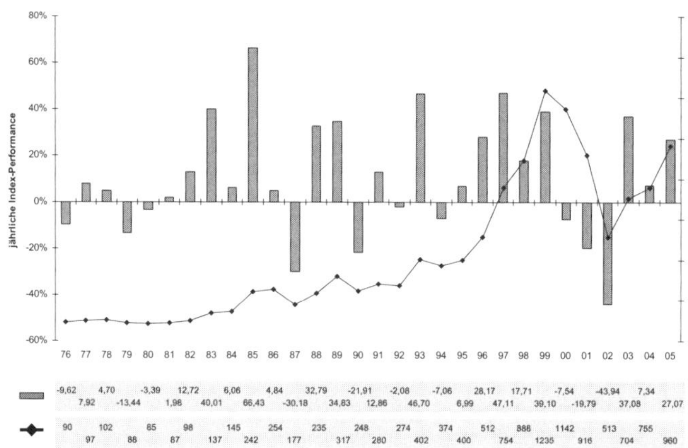

Abbildung 93

Will man sich allerdings die Wertentwicklung eines Anlegers im Zeitablauf vergegenwärtigen sowie die Höhe einschätzen, dann gelangt man über die durchschnittlichen Jahreszuwächse eines Marktes oder eines konkreten Portfolios zu falschen Schlüssen. Richtigerweise wäre eine Standardisierung und Annualisierung der Wertentwicklung notwendig. Zwei Rechenwege geben hierbei Auskunft: die arithmetische sowie die geometrische Verzinsungsrechnung. Je höher jedoch die Anzahl der betrachteten Jahre (oder Perioden) sein wird, desto größer fallen die Unterschiede zwischen den beiden im Ergebnis aus.

Unter der **arithmetischen Verzinsungsrechnung** versteht man die gleichmäßige Verteilung des Gesamtertrages auf sämtliche Teilperioden. Die Verzinsung erhält man nach folgender Formel:

$$R_{\text{arithmetisch}} = \frac{\frac{\text{Endwert}}{\text{Startwert}} - 1}{\text{Anzahl der Jahre}} = \text{Verzinsung in \% p.a.}$$

Demnach wird der in Prozent bestimmte Gesamtertrag des DAX 30 auf das eingesetzte Kapital gleichmäßig auf die z.B. 30 Jahre verteilt.

Die **geometrische Verzinsung** unterstellt im Unterschied dazu die Wiederanlage zwischenzeitlicher Rückflüsse zum so genannten geometrischen Zins (R_g). Im Ergebnis wird das Anwachsen des Anfangskapitals bei Reinvestition von Zins und Zinseszins ausgedrückt. Allgemein gilt:

$$R_{geometrisch} = \sqrt[n]{\frac{\text{Endwert}}{\text{Startwert}}} - 1 = \text{Verzinsung in \% p.a.}$$

Nachfolgende Tabelle zeigt im Überblick die – je nach Betrachtung – unterschiedlichen Wertentwicklungen für den DAX 30. Die stark abweichenden Ergebnisse machen deutlich, wie erklärungsbedürftig doch das Anwendungsmotiv sowie die Aussage(kraft) der jeweiligen Verzinsungsrechnung sind:

DAX 30 in % p.a.	**Durchschnittliche Entwicklung**	**Arithmetische Verzinsung**	**Geometrische Verzinsung**
letzte 10 Jahre DAX_{1995} = 2.253,88	13,23 %	14,00 %	9,15 %
letzte 20 Jahre DAX_{1985} = 1.366,20	10,50 %	14,79 %	7,12 %
letzte 30 Jahre DAX_{1975} = 563,40	10,78 %	28,68 %	7,83 %
letzte 40 Jahre DAX_{1965} = 422,40	9,56 %	29,51 %	6,58 %
Basis: 31.12.2005: 5.408,26			

Steht nicht das Marktpotenzial Jahr für Jahr, sondern das langfristige Ertragspotenzial eines Anlagemarktes für die Vermögensentwicklung eines konkreten Anlegers im Blickpunkt, dann ist die Nennung der geometrischen Verzinsung geboten.

Zur Seriosität im Umgang mit Performance-Aussagen plakativ folgendes fiktive Beispiel: Ein Investor erteilte vor zwei Jahren seinem Portfolio-Manager ein Mandat für 2 Mio. Euro. Im Jahr 1 ergab sich ein Verlust von 50 %, im Jahr 2 ein Gewinn in Höhe von 75 %. Der Vermögenswert liegt bei 1,75 Mio. Euro. Auf die Frage nach seiner Performance bekommt er als Auskunft 12,5 % p.a. (- 50 % + 75 % / 2 Jahre). Realistisch betrachtet kommt der Anleger arithmetisch auf – 6,25 % p.a. und geometrisch auf – 6,46 % p.a. Wäre die Anlagephase sowohl länger als auch von episodischen Hausse-Phasen geprägt, gäbe selbst die arithmetische Verzinsung verzerrte Hinweise zum Marktprofil mit der Folge einer Übertreibung der Chancen.

Der Vollständigkeit halber sei noch die **kontinuierliche Verzinsung** als dritte Variante erwähnt. In Erweiterung zur geometrischen Verzinsung unterstellt sie nicht nur die periodische, z.B. jährliche Wiederanlage von Erträgen, sondern ihre augenblickliche Reinvestition („im Moment"), weshalb sie auch Momentanverzinsung genannt wird. Damit liegt auf der Hand, dass es sich hierbei um ein theoretisches Konstrukt handelt, das v.a. bei der Optionsbewertung über Black & Scholes oder bei anderen komplexen finanzmathematischen Modellen Relevanz hat. In der Praxis gibt es gleichwohl die Situation, dass ewige Tagesgelder bei Wiederanlage der täglichen Zinserträge auf längere Sicht eine höhere Verzinsung aufweisen als z.B. Dreimonatsgelder, wobei diese Aussage gleiche und zugleich gleich bleibende Sätze der beiden Geldmarktsegmente unterstellt. Allerdings gehen Banken vermehrt dazu über, die tägliche auf eine monatliche Zinskapitalisierung umzustellen, womit dieser Zinseszinseffekt und damit die Momentanverzinsung verloren wäre.

5.2.1.3 Die wertgewichtete Performance-Messung (Interner Zinsfuß)

Die Basisformel taugt nicht, wenn es zwischen dem betrachteten Beginn und dem Ende der Performance-Rechnungsperiode zu Zuflüssen oder Abflüssen, z.B. über Geld- oder Wertpapierüberträge, gekommen ist. Zur Illustration die Beispielportfolios in der Tabelle, die bei gleichem Auftrag, gleichem Marktumfeld sowie gleicher Behandlung unterschiedliche Ergebnisentwicklungen nehmen:

Datum	*Markt-Entwicklung*	*Portfolio A in TEUR*	*Kapital-bewegung bei A in TEUR*	*Portfolio B in TEUR*	*Kapital-bewegung bei B in TEUR*
01.01.06	*1*	*1.000*		*1.000*	
30.06.06	*1,4*	*1.400*		*1.400*	
01.07.06	*1,4*	*1.900*	*+ 500*	*900*	*- 500*
31.12.06	*1,3*	*1.764*		*835*	

Die mangelnde Eignung der Basisformel liegt für A wie B auf der Hand. Eine Lösung bietet der so genannte Return on Investment (ROI). Der ROI wird als interner Zinsfuß einer (Investitions-) Zahlungsreihe berechnet. Zu ermitteln ist der Diskontierungszins, bei dem der Barwert aller Ein- und Auszahlungen, die mit dem Investment verbunden sind, gleich null ist. (Der ROI ist bei mehr als zwei Perioden i.d.R. nur mit iterativen Verfahren zu ermitteln. Moderne Rechner leisten dies jedoch sekundenschnell und mit taggenauer Verrechnung einer großen Anzahl von Investitionen. Alternativ rechnen Banken die wertgewichtete Methode programmhaft, indem sie die Wertentwicklung auf das **durchschnittlich gebundene Kapital** [money weighted average] beziehen; danach lassen sich 21,12 % versus 44,66 % rechnen.) Da der ROI angibt, wie sich das durchschnittlich gebundene Kapital im Mittel verzinst hat, bezeichnet man dieses Messverfahren gleichfalls als so genannte wertgewichtete Performance-Messung bzw. Rendite. Sie ist ein guter Anhaltspunkt dafür, was im „Geldbeutel" des Portfolio-Inhabers passiert ist. Im Beispiel die Berechnung obiger Portfolio-Entwicklungen:

$$\text{Portfolio A} \quad 0 = -1.000\,TEUR + \frac{-500\ TEUR}{(1+r_A)^{0,5}} + \frac{1.764\ TEUR}{(1+r_A)^1} \Rightarrow r_A = rd.\,21,31\%$$

$$\text{Portfolio B} \quad 0 = -1.000\ TEUR + \frac{500\ TEUR}{(1+r_B)^{0,5}} + \frac{835\ TEUR}{(1+r_B)} \Rightarrow r_B = rd.\,43,36\%$$

Gemessen an dem tatsächlichen Jahresergebnis von 30 % ohne jede Kapitalbewegung scheint das Ergebnis mit 43,36 % recht hoch, zumal weder im 1. noch im 2. Halbjahr noch im Gesamtjahr die Marktentwicklung über 40 % lag. Dies liegt an der Besonderheit des ROI, wonach für Entnahmen die bisherige Entwicklung als Reinvestionsmöglichkeit in die Rechnung mit einfließt. Diese Eigenschaft zieht so auch entsprechende Kritik auf sich. Die „modifizierte IRR" (MIRR) klammert diese unrealistische Annahme bei sonst gleicher Rechnung explizit aus. Nach der MIRR ergeben sich plausible 35,49% für Portfolio B, wobei eine 4 %ige Wiederanlage p.a. für die entnommenen 500 TEUR unterstellt ist.

Offenbar hängt die wertgewichtete Rendite von den aufgetretenen Kapitalbewegungen ab. Das Urteil, demzufolge das Portfolio B besser gemanagt worden sei als A, ist keinesfalls statthaft: Denn beide Portfolios waren zu jeder Zeit voll im Markt investiert, sodass die gleiche Strategie betrieben wurde. Die hohe Rendite von B resultiert aus dem gegenüber Portfolio A günstigen Kapitalabgang nach einem halben Jahr auf hohem Marktniveau und nicht aus einer hervorragenden Managementleistung. Möglicherweise handelt es sich sogar um den gleichen Portfolio-Manager. Wenn man davon ausgeht, dass die Kapitalbewegungen während des Betrachtungszeitraumes i.d.R. nicht durch den Manager initiiert werden, dann erweist sich die wertgewichtete Performance-Messung ganz offensichtlich als ungeeignet für Vergleichszwecke zur Leistungsbeurteilung. Besondere Relevanz besitzt dieser Aspekt bei Publikumsfonds: Managementleistung und der „Timing-Erfolg" bzw. Misserfolg der Kapitalveränderung durch den Investor werden zwangsläufig vermischt. Die im deutschen Publikumsfondsbereich übliche, auf täglicher Basis berechnete BVI-Performance (Anteilwertmethode) entspricht – trotz abweichenden Rechenweges – exakt der für Fonds angemesseneren zeitgewichteten Rendite, die im Folgenden vorgestellt wird.

5.2.1.4 Die zeitgewichtete Performance-Messung

Zu Vergleichszwecken geeignet ist dagegen die zeitgewichtete Erfolgsrechnung („time weighted average"). Im Idealfall wird dabei jeweils bis zur nächsten Kapitalveränderung unter Verwendung der genauen Anzahl von Tagen ein geometrischer Zins berechnet. Hier liegt der Gedanke zugrunde, dass sich die Gesamtperformance des Portfolios durch eine Multiplikation der einzelnen Periodenperformances ermitteln lässt. Allerdings werden die einzelnen Perioden nicht jahresbezogen bestimmt, sondern durch die Zeitpunkte der Kapitalbewegungen voneinander abgegrenzt. Die Ergebnisse der Teilperioden werden dann multiplikativ miteinander verkettet. Eine Gewichtung in der Formel in Abhängigkeit vom durchschnittlich gebundenen Kapital wird dabei ausdrücklich vermieden. Gegenstand der Beurteilung soll eben nicht die „Geldbeutel-Situation", sondern die Managementleistung sein.

Die Zeitpunkte der Kapitalbewegung sind für die Berechnung aus dreierlei Gründen von Interesse:

1. Der Portfolio-Wert zum Zeitpunkt unmittelbar *vor* der Kapitalbewegung dient als Endwert für die zurückliegende Periode.
2. Der Portfolio-Wert zum Zeitpunkt unmittelbar *nach* der Kapitalbewegung dient als Basis der Berechnung für die zukünftige Periode. Dieser Wert ermittelt sich aus dem Wert (1) zuzüglich der Einlage bzw. abzüglich der Entnahme.
3. Hiervon hängt die Gewichtung des Ergebnisses der Teilperiode für die Gesamtperformancebestimmung ab. Der dritte Grund bleibt im obigen Beispiel aufgrund der Kapitalbewegung exakt zur Jahresmitte ohne Relevanz.

Setzt man das obige Beispiel fort, ergibt sich folgende Rechnung:

1. *für die Benchmark-Performance des Marktes*
2. *für Portfolio A*
3. *für Portfolio B*

Performance 01.01.06 bis 31.06.06 = + 40 % *Performance 01.06.06 bis 31.12.06 = – 7,16 %* *(1 + 0,4) · (1 – 0,0714) – 1 = 1,4 · 0,9284 – 1 = 30,00 %*	*(1,4 / 1,0)* *(1,3 / 1,4)*	*für den* ***Markt*** *30,00 %*
Performance 01.01.06 bis 31.06.06 = + 40 % *Performance 01.06.06 bis 31.12.06 = ca. – 7,22 %* *(1 + 0,4) · (1 – 0,0716) – 1 = 1,4 · 0,9278 – 1 = 29,89 %*	*(1.400 / 1.000)* *(1.764 / 1.900)*	*für* ***Portfolio A*** *29,89 %*
Performance 01.01.06 bis 31.06.06 = + 40 % *Performance 01.06.06 bis 31.12.06 = ca. – 7,22 %* *(1 + 0,4) · (1 – 0,0722) – 1 = 1,4 · 0,9286 – 1 = 29,89 %*	*(1.400 / 1.000)* *(835 / 900)*	*für* ***Portfolio B*** *29,89 %*

Abgesehen von Rundungsdifferenzen kommen im Rahmen der zeitgewichteten Performance-Messung in allen drei Fällen die gleichen Ergebnisse heraus, was gerade vor dem Hintergrund der Aussagen zur wertgewichteten Berechnung plausibel ist. Ebenso wird deutlich, dass für den Investor die zeitgewichtete Methode keinesfalls geeignet ist, die Verzinsung seiner persönlichen Kapitalanlage zu erkennen und richtig zu interpretieren. Gelegentlich führt daher der Ausweis alleine der „time-weighted" Performance zu Irritationen insofern, als der ausschließlich auf das Portemonnaie schauende Investor den Ergebniswert nicht nachvollziehen kann. So kann bei der zeitgewichteten Methode bei negativem absoluten Ergebnis eine positive Wertentwicklung als Rechenergebnis herauskommen. Sehr wohl lässt sich aber hiermit das Ergebnis der Anlagestrategie des Managers beurteilen, indem es mit der Benchmark oder einer vergleichbaren Konkurrenzanlage verglichen werden kann.

Hervorhebenswert ist, dass erstens ein Ergebnisunterschied beider Methoden nur im Falle von Kapitalbewegungen entstehen kann und zweitens das Ausmaß sowohl vom Zeitpunkt als auch von der Höhe der Kapitalbewegungen abhängt. In einigen Fällen können sogar gegenläufige Ergebnisse berechnet werden, was bei unseriösem Umgang mit der Materie Manipulationsspielräume eröffnet.

Als Fazit lässt sich festhalten: Je nachdem, welches der beiden obigen Ziele der Investor bei der Beurteilung verfolgt, sollte er die eine oder die andere Methode vorziehen. Hiermit ist der Aufklärungsbedarf für die Praxis benannt:

1. Kennt der Investor denn überhaupt die von seinem Bankpartner verwendete Methode?
2. Ist er sich der Bedeutung der unterschiedlichen Messverfahren bewusst? Versierte Anleger werden sich aufgrund der speziellen Vorteilhaftigkeit jeder Methode beide Performance-Werte von ihrem Manager berechnen und ausweisen lassen, um sie ergänzend zu verwenden. Der Erkenntniswert über ihre Anlage wird höher, die Optimierungschance größer.

5.2.1.5 Näherungsverfahren zur zeitgewichteten Performance-Messung

Eine Besonderheit für die Praxis stellen Näherungsformeln dar. Die exakte Anwendung der zeitgewichteten Messung setzt nämlich den exakten Vermögenswert und damit eine Portfolio-Bewertung zum Stichtag der Kapitalbewegung voraus. Da in der Praxis tägliche Bewertungen, vor allem komplexer Portfolios, nach wie vor sehr aufwendig sind und daher meist vermieden werden, kommen auf Bankenseite oft Näherungsverfahren zum Einsatz. So zeigen Untersuchungen von PriceWaterhouseCoopers, dass 1999 nur 39 % aller amerikanischen Vermögensverwalter und 24 % aller europäischen Vermögensverwalter Portfolios oder Fonds täglich bewertet haben. Die überwiegende Zahl der Anbieter führte monatliche Bewertungen durch (vgl. Fischer 2001).

Ein gängiges Verfahren stellt die **modifizierte Dietz-Methode** dar, bei der die Kapitalbewegungen zeitgewichtet in die Berechnung der Performance einfließen. Neben der extremen technischen Vereinfachung begründen die Vermögensverwaltungsgesellschaften dieses Näherungsverfahren damit, dass es zu erstaunlich genauen (Näherungs-)Werten gelangt. Formal gilt für die einmonatige Berechnung:

$$R_{\text{Dietz modifiziert}} = \frac{K_n - F^{+} \times \sum \text{Zufluss} + F^{-} \times \sum \text{Abfluss}}{K_0 + (1 - F^{+}) \times \sum \text{Zufluss} - (1 - F^{-}) \times \sum \text{Abfluss}} - 1$$

K_n = Endkapital

K_0 = Anfangskapital

$$F^{+} = \frac{\text{Transaktionstage}}{30} \cdot \frac{\text{Zufluss}}{\sum \text{Zufluss}} \qquad F^{-} = \frac{\text{Transaktionstage}}{30} \cdot \frac{\text{Abfluss}}{\sum \text{Abfluss}}$$

Für die Vorgehensweise ergibt sich:

- Bewertung des Portfolios am Anfang und am Ende des betrachteten Monats,
- Erfassung von Betrag und Datum zu jeder Kapitalbewegung,
- Berechnung eines „durchschnittlichen Zu- und Abflusstages“,
- Berechnung der Monatsperformance des Portfolios (nach obiger Formel),
- geometrische Verknüpfung der Perioden-Performance-Zahlen über längere Zeiträume.

Beispielhaft soll für ein Portfolio die muliplikative Verkettung veranschaulicht werden. Das betrachtete Portfolio wurde Anfang März 2006 neu gestartet und weist für die vier Monate bis Ende des ersten Halbjahres 2006 folgende monatlichen Performance-Werte auf:

Monat	***Monatliche Performance***	***Kumulierte Performance***	***Verkettung***	***Zwischen-schritt***
03/2006	*– 1,35 %*	*- 1,35 %*		*(1 – 0,0135 = 0,9865)*
04/2006	*+ 3,05 %*	*+ 1,66 %*	*(0,9865 · 1,0305)*	*(1 + 0,0305 = 1,0305)*
05/2006	*– 0,33 %*	*- 1,32 %*	*((...) · 0,9967)*	*(1 – 0,0033 = 0,9967)*
06/2006	*– 0,78 %*	***+ 0,53 %***	*((...)) · 0,9922 = 1,00533*	*(1 – 0,0078 = 0,9922)*

Trotz des deutlich geringeren Berechnungsaufwands im Vergleich zur zeitgewichteten Renditemessung stellt sich gelegentlich Kritik ein. Denn die hohe Genauigkeit der Näherungsformel gilt nur unter der Voraussetzung, dass Volumina externer Mittelflüsse im Vergleich zum Portfolio-Vermögen relativ gering sind und dabei zugleich keine extrem hohe Volatilität auf den Anlagemärkten des Portfolios herrscht. Diese Schwäche trifft weniger den Fondsbereich als die privaten Anlageportfolios, wo Aufstockungen oder Entnahmen durchaus Verdopplungen oder Halbierungen ausmachen können. Zudem ist das in den privaten Finanzportfolios höhere Volatilitätsniveau im Vergleich zu früher gleichfalls eine Tatsache. Aber auch im Falle fehlender Kapitalbewegungen wird die Näherungsformel „daneben liegen". Genau dann stimmen nämlich die Ergebnisse aus der Basisformel, wertgewichteter sowie zeitgewichteter Renditemessung stets überein. Dagegen wird die Näherungsformel aufgrund der Verkettung monatlicher Performance-Zahlen zwangsweise einen abweichenden Wert berechnen, der im Falle einer effektiven negativen Entwicklung auch einen Gewinn ausmachen kann, und umgekehrt. Die Erfahrung zeigt, dass kritische Investoren in den wenigen Situationen, in denen sie die Bankzahlen einfach überprüfen können und dann als „falsch" wahrnehmen, wenig Verständnis für Näherungsformeln haben und diese eher als verwirrend oder gar irreführend empfinden. Also gilt auch hier: Kein Vorteil ohne Nachteil! Eine Milderung etwaiger Störgefühle könnte man mit der Befolgung obiger Praxisempfehlung erreichen, indem man stets auch die wertgewichtete Renditerechnung daneben stellt, mit nutzt sowie Aufklärung betreibt.

5.2.2 Der Bezugspunkt „persönliche Benchmark"

Die Festlegung einer Benchmark ist für den Aussagewert aller Methoden zur Performance-Messung wichtig (vgl. Steiner/Bruns 2000). In der Praxis des Portfolio-Management und der Portfolio-Analyse ist der Einsatz solcher Vergleichsmaßstäbe gebräuchlich. In der Portfolio Theorie unter dem Stichwort des investoroptimalen Portfolios sowie im Bereich der Asset Allocation wurde in den vorausgehenden Kapiteln die prominente Rolle der persönlichen Benchmark (oder auch Generallinie) herausgestellt.

Die Benchmark ...

- ist die Übersetzung (Operationalisierung) der i.d.R. vagen, eher abstrakten Wünsche sowie Bedürfnisse und Ziele des Investors in eine praktisch anwendbare Fachmannsformel,

- dient dem Portfolio-Manager als konkreter Auftrag und Marschrichtung,
- ist die Kommunikationsgrundlage zwischen Investor und Portfolio-Manager,
- ist die Messlatte für den Anlageerfolg mit internen wie externen Steuerungsinformationen.

Wie perfekt die Performance-Messung auch sein mag, das Ergebnis wird früher oder später immer enttäuschen, sollte die persönliche Benchmark des Investors nicht mit besonderer Sorgfalt bestimmt worden sein. Sind die Zahlen richtig, aber das verfolgte Ertrag-Risiko-Profil nicht kundengerecht, ist das Scheitern des Portfolio-Management-Prozesses programmiert.

Die Performance-Erwartung als Ausgangspunkt der persönlichen Benchmark

Welche der „effizienten“ Anlagemischungen für einen ganz konkreten Investor optimal ist, hängt unbedingt von dessen persönlichem Anlegerprofil ab. Welche sind seine Renditeerwartungen? Wie ist seine Risikoeinstellung und Risikoverträglichkeit einzuschätzen?

Die Beantwortung dieser Fragen setzt voraus, dass der Investor von fachmännischer Seite die aus der Historie bekannten Möglichkeiten an den Finanzmärkten vermittelt bekommt. Dies schließt eine anschauliche Darstellung der Ertragsaussichten sowie der gegebenen Risiken ein und hilft bei der Einschätzung, ob die möglicherweise eher abstrakten Vorstellungen des Investors gemessen an den Marktmöglichkeiten überzogen sind. Im Sinne einer iterativen Annäherung des größtmöglichen Kundennutzens an das Machbare können die in aller Regel notwendigen Anpassungen dank der quantitativ gut nachvollziehbaren **Ertrag-Risiko-Systematik** im modernen Portfolio-Management vorgenommen werden. Ob dieser völlige „match“ zwischen Anleger- und Marktprofil und damit letztendlich die Wahl einer kundengerechten Anlageausrichtung gelingt, hängt von der Qualität der persönlichen Benchmark ab, die Anleger und Manager gemeinsam erarbeiten.

Der Iterationsprozess läuft im Prinzip folgendermaßen ab: Der Investor formuliert ein Renditeziel und – im Rahmen der Darstellung des Marktprofils – ein mögliches Universum. Auf historischer Zahlengrundlage wird dann eine Anlagestruktur errechnet, für die die genannte Renditeerwartung langfristig reell ist. In seltenen Fällen passt der Renditeanspruch einzelner Vermögensinhaber in abgestufter Reihenfolge mehr zum Profil von Lotterie, Roulette oder Pferderennen, ja vielleicht gehebeltem hochspekualtiven Future-Trading, aber keinesfalls zu den systematisch erzielbaren Returns an den Finanzmärkten. Infolgedessen können mehrere Reduzierungen nötig sein. Einigt man sich auf eine realistische Zielrendite, wird hierfür eine konkrete Anlagemischung mit ihrem spezifischen Risiko auf kundengerechte Weise dargestellt: Gerade bei unerfahrenen Investoren hat die Klärung der Risikoverträglichkeit viel von einer Laborsituation, weshalb sie so anschaulich und ausdrücklich wie möglich zu erfolgen hat. Sofern dieses konkrete Risiko vom Investor nicht auf zwei Ebenen – finanziell und zugleich „vom Kopf her" – verkraftbar scheint, müssen Ertrag und Risiko fortschreitend nach unten angepasst, mit anderen Worten in Bezug auf ihre Eignung „ausprobiert" werden. Diese Iteration wird solange betrieben, bis der Investor mit dem langfristigen Ertrag gerade noch zufrieden ist, dafür aber mit dem denkbaren Risiko in jedem Fall leben kann. Nur so lässt sich weitgehend sicherstellen, dass die erarbeitete Benchmark in den Zielen des Investors „verankert" ist und die zukünftige Zusammenarbeit trägt.

Die sorgfältig erarbeitete **Benchmark als langfristiges Ziel ist der Bezugspunkt** bzw. Vergleichmaßstab, an dem sich das tatsächliche Ergebnis eines aktiven Portfolio-Managements messen lassen muss. Insofern entspricht die Wahl der Benchmark (BM) der Definition eines mit besonderen Anforderungen versehenen Vergleichsportfolios. Dabei müssen wichtige Bedingungen erfüllt sein:

- BM sollte eine real erwerbbare Anlagealternative sein,
- der reale Erwerb der BM sollte kostengünstig durchführbar sein,
- BM sollte sich aus geeigneten Indizes (z.B. DAX 30, REXP5y, etc.) zusammensetzen,
- das Ertrag-Risiko-Profil der BM muss vom Investor voll akzeptiert/gewünscht sein.

Ohne eine voll akzeptierte Benchmark kann somit eine „faire" Performance-Messung nicht gewährleistet werden. Die je nach Situation wechselnde Beurteilung eines konkreten Anlageerfolges in Relation zu verschiedenen Benchmarks – explizit formulierten oder implizit beim Investor vorhandenen – widerspricht dem eigentlichen Ziel der intersubjektiven Vergleichbarkeit von Ergebnissen. So neigen unerfahrene Investoren dazu, Minus-Ergebnisse in Zeiten schlechter Aktienmärkte sehr gern an Festgelderträgen zu messen, positive Ergebnisse hingegen im Vergleich zu dem Asset mit der absolut besten Wertentwicklung in der betrachteten Periode. Die Erfahrung lehrt, dass derartige Investoren ohne die bewährte Messlattenfunktion einer eigenen Benchmark weder sich selbst noch ihrem Manager einen langfristigen Plan einräumen, womit sie eher früher als später scheitern. Die Benchmark ist damit ruhiger „Ankerpunkt", ohne den die Halt gebende Grundlage fehlt und vertrauensvolle Teamarbeit, disziplinierte Strategieumsetzung sowie eine planmäßige Ergebniserreichung unmöglich werden.

Während die Festlegung **eines solchen Ankerpunktes** eindeutigen Zielen folgt, ist der **Umgang mit der Benchmark** auf Seiten des aktiven Portfolio-Managements in jüngerer Praxis dagegen weniger klar. Dies drückt sich in der Frage aus, ob die Benchmark zugleich die Anlageklassen, Märkte und Untermärkte beschreibt und begrenzt, innerhalb derer sich der aktive Portfolio-Manager zur Wahrung der Interessen des Investors bewegen darf. Oder gilt ein freies Universum, aus dem heraus zur Sicherung von Chancen Positionen gleichfalls außerhalb der in der Benchmark vereinbarten Anlagebereiche aufgenommen werden dürfen? Diese Frage stellt sich vor allem in einer Welt, in der der schnelle Wechsel von zyklischen Gewinnern vom Management Wendigkeit und Flexibilität abverlangt. Beispielsweise erlauben und erwarten professionelle Intermediäre wie Portfolio-Consultants mit Blick auf die Interessen ihrer privaten Mandanten geradezu, dass sich aktive Portfolio-Manager frei fühlen, chancenorientiert vorgehen und marktabhängig ihre Stärken ausspielen. Und dies ausdrücklich auch abseits der Benchmark (Non-Benchmark-Wette). Trotz dieses Anspruchs behält die Benchmark freilich ihre Rolle als Vergleichsmaßstab und als Orientierung für das zu verfolgende Ertrag-Risiko-Profil. Die Freiheit des Universums eröffnet Interpretationsspielräume, weshalb eine klare Aussprache über diese gewollten Abweichungsrisiken am Anfang eines Fremdmanagements notwendig ist. Beide Seiten absichernde Fragen könnten lauten: Wie viel Risiko darf eine benchmarkfremde Anlage aufweisen? Welches prozentuale Gewicht dürfen diese Anlagen einnehmen? Lassen valueorientierte Benchmarks Rohstoffthemen bzw. Wachstumsaktien zu? Allerdings gibt es eine klare Einstellung dazu, dass Manager im Universum nicht jenseits von vereinbarten Anlage**klassen** „Chancen jagen" dürfen. Das heißt: Private Equity oder Hedge Fonds und selbst risikoärmere Immobilien sind mit der Benchmark-Festlegung für Aktien und Renten nicht automatisch legitimiert. Neben der anlegergerechten Würdigung wäre in einem solchen Fall eine klare Aussprache und Aufklärung über die jeweils spezifischen Eigenschaften mit den Chancen und Risiken zwingend.

Der **Trend hin zu freien Universen** um eine eindeutige Benchmark herum findet sich freilich nur bei privaten Adressen wieder. Satzungs- und aufsichtsrechtliche Auflagen und ein hohes Kontrollbedürfnis von Revision und Geschäftsführung führen im Falle von institutionellen Investoren dazu, dass das für den Manager erlaubte Universum durch die Benchmark-Vereinbarung klar beschrieben ist. Non-Benchmark-Wetten sind damit im Gegensatz zur privaten Seite verboten.

Ist der Benchmark-Ansatz am Ende?

In Zeiten großer Krisen waren die Menschen von jeher anfällig für neue Propheten und Religionen. Ein Kennzeichen derartiger Phasen ist daher auch, dass bewährte Philosophien und Goldene Regeln in Frage gestellt werden.

Dieses überspitzte Bild findet seinen Widerhall im Wandel der Einstellung zum Benchmark-Ansatz. Im Zuge der dramatischen Börsenkrise der Jahre 2001 bis 2003 wurde die gesamte Investment-Community davon erfasst: Private und institutionelle Anleger, aber auch die Branchenanbieter selbst. Die Zweifel gipfelten oft genug in der Frage: Ist der Benchmark-Ansatz am Ende?

Wäre dem so, hätte die Ausrichtung eines wissenschaftlichen und praxisfundierten Fachbuchs über Portfolio-Management ein kapitales Problem. Schließlich wurde an früherer Stelle die Zentralität der Benchmark begründet: Der Benchmark-Gedanke verkörpert im Markowitz-Modell ein Herzstück im Sinne eines persönlichen Richtplans, der die strategische Asset Allocation akademisch begründet und in ihr seine investorengerechte Ausformung findet. Aber auch bei der Bewertung von Anlageerfolg wurde die prominente Rolle als Bezugspunkt herausgestellt, was in den Performance- wie Risikomaßen der modernen Kapitalmarkttheorie seinen Niederschlag findet.

Zur Nachvollziehbarkeit für obige Zweifel an den Grundfesten moderner Portfolio-Theorie lohnt ein Blick auf deren Gründe: Die persönliche Benchmark als langfristiges Rezept für den Investor, seine wichtigsten persönlichen Finanzziele mit Anlageentscheidungen unter Unsicherheit möglichst nahe zu erreichen, hatte in den späten 90er-Jahren in einem klaren Bullenmarkt scheinbar zu gut funktioniert. Jede Form von Änderung und Umstellung im Portfolio wurde weniger honoriert als das feste Einhalten von Top-Down-Zielen: Passivität wurde belohnt, zu viel Bewegung bestraft. Letzteres galt ganz besonders, wenn aktive Portfolio-Manager angesichts der teuer gewordenen Aktienbewertungen defensive Abweichungsrisiken eingegangen waren. Underperformance war die Folge, mit harten Reaktionen von Unverständnis bei den Anlegern sowie Job-Verlust von langjährigen Vorzeige-Managern und -Strategen, wo doch selbst „Milchmädchen" scheinbar mühelos Geld verdienen konnten. Daraus resultierte, dass sich **viele aktive Portfolio-Manager änderten** und von da an passive Top-Down-Ansätze akzentuierten. Eine enge Orientierung an Benchmark-Vorgaben, Marktteilhabe bzw. Beta und Marktrendite war die Folge. Die Analyse von Risikoaspekten, fundamentalen Gegebenheiten und der wendige Umgang damit sowie das Aufspüren von günstig bewerteten Einzelsituationen waren in den Hintergrund getreten. Mit dem Vorzeichenwechsel an den Finanzmärkten schlug das Pendel brutal um, das Aktienrisiko – ein Fremdwort in den späten 90er-Jahren – wurde schlagend. Die Gewöhnung an das Erfolgsrezept Benchmark und zugleich der Kontrollverlust angesichts des Unglaubens an die ökonomische Rationalität dieser Crashbewegung waren so groß, dass sich in den Augen von Investoren und Kritikern viele Manager hinter der Benchmark „versteckten". Ein Vorwurf, der bei kühler Nachbetrachtung nicht ganz unberechtigt erscheint. Schließlich schien die Benchmark jeweils den Sinn der Kundenwünsche und –bedürfnisse widerzuspiegeln. Die Benchmark diente als Erklärung und Rechtfertigung für die Verneinung einer Aktienreduzierung. Das bedingungslose Festhalten an der Benchmark und an den großen Beta-Märkten der vergangenen Hausse-Jahre tat das Übrige. Bis zum Frühjahr 2003 gingen die Minuszeichen nicht selten über die finanziellen wie kopfmäßigen Belastungsgrenzen. Im Ergebnis war es für viele eine Zeit der Not, bei der im Konzept der Benchmark der Sündenbock gesucht wurde.

Nüchtern betrachtet muss die Kritik nicht an der Benchmark, sondern am falschen Umgang mit ihr ansetzen. Aktives Portfolio-Management bedeutet keinesfalls das passive Nachstellen von Auftragsvorgaben, sondern eine verantwortungsvolle Umsetzung, die Top-Down-Strukturen über Bottom-Up-Elemente (siehe Kapitel 3) geschickt ausfüllt. Zugegebenermaßen stellt das Aktienjahr 2000 einen Wendepunkt dar: Im Gegensatz zu vorher gewannen Bottom-Up-Qualitäten wie kritische Fundamentalanalyse und die Selektion von Alpha- statt Beta-Ideen, Marktnähe und wendiges Verhalten enorm an Bedeutung. Andererseits ist das Erkennen von spezifischen Marktbesonderheiten und das Management von Wendepunkten ein wesentlicher wie zeitloser Aufgabenbestandteil im Steuern von Portfolios. Trotz alledem ist der Benchmark-Ansatz nach wie vor bewährt, gegenüber den Alternativen überlegen und weiterhin sinnvoll, um den Anleger vor dem Hintergrund unsicherer Anlageentscheidungen möglichst nahe an sein Ziel zu führen.

Neben der berechtigten Kritik an der Anwendung ist eine Entwicklung hervorzuheben, die den Benchmark-Ansatz in seiner Bedeutung für die Asset Allocation verändert hat. Mit dem im Umfeld der Baisse gewachsenen Wunsch nach Vermögenserhalt und stabilen positiven Renditen haben sich so genannte „Absolute-Rendite-Ansätze“ (absolute return) etabliert. Der Erfolg der Hedge-Fonds-Industrie hat aus den angelsächsischen Ländern kommend diesen Trend flankiert. Hedge Fonds gehören zu den prominenten Vertretern von Absolute-Return-Instrumenten, deren strategischer Wert selbst dadurch nicht eingebüßt hat, dass diese Instrumente in den vergangenen Jahren nach dem Crash in der Breite keine überzeugenden Leistungen abgeliefert haben: Die traditionelle Nutzenargumentation lautet, dass marktunabhängig – also gleich, ob steigende, fallende oder stagnierende Märkte das Finanzgeschehen prägen – positive Renditen von 7 bis 10% bei einer relativ zu Aktien kleineren Volatilität (in einer mittleren Bandbreite von 2 zu 7%) erzielbar sind. Das Profil für sich ist attraktiv, sicherlich erst recht im Zuge eines Aktiencrashs, der das Risiko in den Kopf und die Anlagegespräche von Investoren zurückgeholt hat. Der **Absolute-Rendite-Ansatz als Gegenpol zum klassischen Benchmark-Ansatz** hat seine Begründung und seine Wurzeln so besehen in ...

- Umgangsfehlern mit dem Benchmark-Ansatz
- einer zyklisch geprägten Nutzungspraxis seitens Anbietern und Nachfragern
- zweckmäßigen Überlegegungen bezüglich einer vernünftigen Streuung von Stilen innerhalb einer marktgerechten Asset Allocation, weil schließlich auch in Seitwärtsphasen gewisse Renditen erwartet werden.

Im Ergebnis lässt sich daher festhalten: Auch wenn Absolute-Rendite-Ansätze, die überaus artenreich und vielgestaltig ausgelegt sein können, eine beachtliche Verbreitung gefunden haben, ist die Konsequenz und Empfehlung für die Praxis keinesfalls die Abkehr vom Benchmark-Ansatz und von den Grundfesten der Portfolio-Theorie. Vielmehr begründen die Erkenntnisse aus der Portfolio-Theorie, namentlich das Gebot der Diversifikation und die Kombination schwach korrelierter Märkte oder Anlagestile, eine kundengerechte Mischung aus beiden Ansätzen. Im Sinne eines Zwei-Portfolio-Stils lassen heute viele Investoren nach beiden Ansätzen managen, wobei ein Sockelinvestment z.B. in Höhe von 60 % eines gesamten Finanzportfolios die Marktteilhabe abdeckt. Die Restanteile werden meist in einem separaten Nebenportfolio mit unterschiedlichen Märkten wie Sonderthemen, Methoden und Stilen ausgefüllt, um die Marktrenditen des Hauptportfolios zu erhöhen. Zusammengefasst in einem Portfolio verwenden Managementhäuser gern den Begriff des „Core-Satellite-Ansatzes", wo um eine stabile Kernanlage (core) herum besondere Themen aktiv und opportunistisch abgearbeitet werden, um eine Outperformance zu generieren. Wissenschaft und Praxis haben daher den Benchmark-Ansatz bestätigt und in der Portfolio-Konstruktion um das neue Element „absolute Rendite" ergänzt.

Über Abweichungsrisiko, Alpha und Benchmark-Kennzahlen

Die vorangegangenen Ausführungen machen deutlich, dass zur Qualitätsbeurteilung von Portfolio-Ergebnissen nicht nur absolute Performance und Volatilität herangezogen werden. Um die Leistungen eines Managers sowie das Vertrauen in ihn zu begründen, hat der systematische Vergleich mit einem Benchmarkergebnis eine zentrale Bedeutung. Auf diesen benchmarkvergleichenden Blick haben sich Performanceanalysten mit verschiedenen Kennziffern spezialisiert, so mit

- dem Beta-Faktor,
- der aktiven Rendite,
- dem Tracking-Error oder
- der Information-Ratio.

Anhand des **Beta-Faktors** lässt sich feststellen (Kapitel 4), inwieweit ein Portfolio auf Schwankungen des Gesamtmarktes reagiert. Bekanntermaßen gilt der Beta-Faktor als das Maß für das mit einer Kapitalanlage(mischung) übernommene systematische Risiko. Das Beta verdeutlicht dabei das Ausmaß der Sensitivität der Rendite dieses Portfolios in Bezug auf die Renditeänderung seiner als repräsentativ anzusehenden Benchmark.

Während sich passiv gemanagte Fonds bewusst „benchmarknah" entwikkeln, ist es das Merkmal und Ziel eines aktiv gemanagten Portfolios, den Vergleichsmaßstab und damit die Benchmark zu schlagen. Dazu hat der Portfolio-Manager ein Abweichungsrisiko zu übernehmen. Messgrundlage für dieses Abweichungsrisiko und seine Rendite ist die relative Performance gegenüber der Benchmark. Dabei ist die so genannte **aktive Rendite** die Differenzrendite eines Portfolios gegenüber seiner Benchmark. Ein positiver Wert als Überrendite deutet auf einen geleisteten Mehrwert des aktiven Managements hin. Es handelt sich demnach um ein Maß für die absolute Abweichung der Portfolio-Rendite zur Benchmarkrendite.

Aktive Manager werden somit allein wegen ihrer Fähigkeit und Verlässlichkeit zur Outperformance als positiver Abweichung zum Benchmarkergebnis gesucht und gegebenenfalls engagiert. Da die aktive Rendite als Kennzahl auch „Jensen-Alpha" genannt wird, findet sich dies im Gegensatz zum Beta als reiner Marktrendite heute in typischen Fragen um eine Mandatsvergabe herum wieder, wie zum Beispiel: „Welches Alpha bietet dieser Manager?", was für den Investor frei zu übersetzen wäre mit: „Welchen systematischen Mehrwert durch seine spezifische Art von Abweichungsrisiko gegenüber meiner Vorgabe stiftet mir dieser Manager?"

Als **Alpha** wird in der Kapitalanlage der Teil der Wertentwicklung eines Portfeuilles bezeichnet, der ausschließlich auf die individuelle Leistung und auf das Können des Vermögensverwalters und nicht auf die Entwicklung des betreffenden Marktes zurückzuführen ist. Wenn ein Portfolio-Manager es schafft, ein positives Alpha zu erwirtschaften, heißt das mit anderen Worten: Es ist gelungen, eine Überperformance zu erzielen, die nicht mit der bloßen Börsenbewegung oder dem Marktrisiko (Beta) erklärt werden kann. Die Gesamtperformance setzt sich somit aus dem Alpha und dem Beta zusammen. Das Alpha steht dabei für die individuelle Leistung des Managers.

Wie gesagt, ist es das Ziel eines jeden aktiven Managers, Alpha – Mehrwert zur Benchmark – zu schaffen. Nur mit einem guten Alpha sind vergleichsweise hohe Verwaltungskosten (Management fees) gerechtfertigt. Einzelne Studien haben in der Praxis genau diese **Fähigkeit zur Outperformance** analysiert, so zum Beispiel jüngst Fundresearch (vgl. F&W, vom 16.11.2005, S. 25: Viele sind ihr Geld nicht Wert. Längst nicht alle Fondsmanager schaffen Alpha), wobei die Ergebnisse ernüchternd sind: Nur 992 Fonds bzw. 35 % erreichten im untersuchten Zeitraum ein positives Alpha. Knapp 25 % kamen auf ein lohnendes Alpha von mehr als 1 % pro Jahr. Die übrigen Manager waren, überspitzt gesagt, ihr Geld nicht wert.

Für das Ziel der Outperformance gibt es demnach keine große Sicherheit, das Gegenteil als Ergebnis des Abweichungsrisikos ist gar wahrscheinlicher: Negative aktive Renditen führen zu der ungewünschten Underperformance für den Investor. Um den **Grad und die Qualität des Abweichungsrisikos** eines konkreten Managements messbar zu machen und vergleichen sowie bewerten zu können, hat sich in der Finanzwelt eine relative

Risikokennzahl durchgesetzt. Der so genannte **Tracking Error** (TE) ist das Risiko, die Rendite einer vorgegebenen Benchmark zu verfehlen.

$$\text{Tracking Error (TE)} = \sqrt{\sum (\text{aktive Rendite} - \text{aktive Rendite})^2}$$

Der Tracking Error misst die (empirische) Standardabweichung (Volatilität) der Renditedifferenz zwischen einem Portfolio und der Benchmark. Somit handelt es sich um ein Maß für die Schwankung der einzelnen Differenzrenditewerte im Vergleich zur mittleren Differenzrendite und insofern lässt sich der Tracking Error gleichfalls als Maß für das aktive Risiko interpretieren. Passive Indexfonds haben einen Tracking Error von annähernd Null, d.h., es besteht weder das Risiko, noch die Chance auf eine Abweichung. **Mit steigenden Werten wachsen die Chancen** auf eine Outperformance des Portfolios, gleichzeitig nimmt **aber auch das Risiko** einer Underperformance zu. So gesehen bekommt der Investor mittels einer Kennzahl – losgelöst von jeder Performanceaussicht – zunächst Aufschluss über die „Spurtreue" seines Managers.

Wie bei der Standardabweichung kann für den Tracking Error statistisch errechnet werden, mit welcher Wahrscheinlichkeit er innerhalb vorgegebener Bandbreiten verläuft. Meist bekommt so auch im Fondsmanagement der Manager eine Bandbreiten-Vorgabe. Will der Anleger keinesfalls schlechter als der Markt abschneiden, sollte er Manager bzw. Fonds mit niedrigem Tracking Error wählen. Möchte er hingegen eine Outperformance erzielen, sollte er sich für Managements mit hohem TE-Wert entscheiden. Denn wer von der Spur des Marktes nicht abweicht, wird auch keine höhere Performance erreichen können.

In der Praxis hat sich der Tracking Error etabliert und bewährt, wenn es um die Entscheidung und die Sicherstellung von Verlässlichkeit geht. Der Tracking Error ist demzufolge ein Maß für die Qualität der Benchmarknachbildung. Kleine Tracking Errors standen hoch im Kurs. Ganz im Gegensatz zu dieser vergangenen Anwendungspraxis – der Absicherung von Beta – setzt sich heute mehr und mehr die gezielte Entscheidung für Alpha im Sinne eines Nebeneinanders von Motiven durch. Das heißt, es werden bewusst Fonds oder individuelle Manager gesucht, die im Vergleich zu den Vorgaben höhere Abweichungsrisiken fahren. Hintergrund für diese Entwicklung mag die Erkenntis empirischer Untersuchungen sein, wonach Vehikel mit hohem Tracking Error gemessen an der Benchmark im Durchschnitt oft ein besseres Resultat erbringen, ohne dass die Volatilität gravierend höher gewesen wäre. Gerade erfolgreiche Portfolio- wie Fondsmanager fallen durch das Eingehen hoher Tracking Errors auf. Überdurchschnittliche Performances bei hoher Stabilität scheinen die Belohnung für das Vertrauen auf die eigenen Stärken und das spezifische Alpha, d.h. die besondere Vorgehensweise und das spezifische Können, zu sein. Diese Erkenntnisse räumen freilich mit der historischen Anschauung auf, dass nur Portfolios mit kleinem Tracking Error gute Noten bekommen, hohe Trakking Errors dagegen disqualifizieren.

Vorsicht ist allerdings bei der Aussagekraft von Durchschnittswerten geboten: Denn nicht alle in der Studie (Studie vom Bankhaus Leu von 2005 zum Tracking Error als Selektionskriterium für erfolgreiche Fonds) betrachteten Fonds mit hohem Tracking Error verfügen über einen guten Performanceausweis. Das Gegenteil war eben auch der Fall. Infolgedessen ist ein hoher Tracking Error kein Garant für den künftigen Erfolg eines Managements. Darum müssen andere bedeutende Faktoren wie die Kontinuität der Performance und die Volatilität, aber auch weitere Analysen mit einbezogen werden (siehe besonders die Folgekapitel: Zweidimensionale Erfolgsmaße, Performance-Attribution, Besondere Aspekte bei der Erzielung und Analyse von Performance).

Aufgrund der Verbreitung und regelmäßigen Anwendung bei der Analyse und leistungsmäßigen Beurteilung von Fonds soll auf eine weitere, mit dem Tracking Error verwandte Kennzahl hingewiesen werden. Die **Information Ratio** (siehe Kapitel 3) misst das Verhältnis von aktiver Rendite und Tracking Error.

$$\text{Information Ratio (IR)} = \frac{\text{aktive Rendite}}{\text{TrackingError}}$$

Die Information Ratio zeigt an, wie viele Einheiten aktive Rendite für eine Einheit aktives Risiko erzielt wurden. Anders ausgedrückt setzt die Information Ratio die Outperformance ins Verhälntis zum Risiko, die Rendite der Benchmark zu verfehlen. Die Information Ratio zeigt die Qualität des (Fonds-)managements unter einem ganz bestimmten Blickwinkel: Je höher die Information Ratio, desto besser hat das Management gearbeitet. Denn das Portfolio erzielte die höchste Differenzrendite pro zusätzlich eingegangener Einheit Abweichungsrisiko.

Beispiel mit Rendite- und Risikodaten (Tracking Error + Information Ratio) für vier europäische Aktienportfolios.

Portfolio	Rendite	Benchmark	aktive Rendite	Tracking Error	Information Ratio
Portfolio A	27,87%	19,19%	8,68%	5,23%	1,66%
Portfolio B	17,64%	19,19%	–1,55%	2,05%	–0,76%
Portfolio C	20,19%	19,19%	1,00%	4,78%	0,21%
Portfolio D	16,90%	19,19%	–2,29%	0,80%	–2,86%

Obwohl eher benchmarkvergleichend angelegt, gehört die Information Ratio mit ihrer Verbindung von Ertrag- und Risikoaussagen mit einem implizitem Qualitätsurteil darüber allerdings eher in die Reihe der im Anschluss folgenden risikoadjustierten, zweidimensionalen Erfolgsmaße gestellt.

Peer-Group-Vergleich im Gegensatz zum Benchmark-Ansatz

Um jenseits der Benchmark-Idee gleichfalls dem Aspekt der absoluten Renditeentwicklung Rechnung zu tragen, werden in der Praxis Performance-Werte von Portfolio-Gruppen untersucht, die aus beabsichtigterweise „vergleichbaren" Portfolios unterschiedlicher Managementeinheiten gebildet werden. Ziel ist es, innerhalb dieser Einheiten „Rankings" zu erstellen. Die Branche spricht hier von den so genannten „Peer Groups". Zu nennen sind i.d.R. vom Investmentfonds-Research anerkannte Anbieter wie Micropal, Morningstar, FERI Trust oder Lipper. Häufig liegen dieser Einteilung in Gruppen sehr allgemeine Kriterien zugrunde. Im Ergebnis weisen sie daher ein sehr breites Spektrum an Ertrag und Risiko sowie Anlagegrundsätzen auf. „Ein sinnvoller Vergleich ... ist in diesen Fällen kaum möglich ... Daher werden „Peer-Group"-Vergleiche zum Teil kritisch beurteilt." (Siehe Fischer 2001, S.74).

Zur Veranschaulichung der Benchmark-Funktion ist im Folgenden das Neutral-Portfolio eines Anlegers und in unmittelbarem Anschluss die Tabelle mit den Ergebnissen für das Anlagejahr 1999 zu betrachten:

Generallinie Investor

Asset-Klasse: Aktien 55% ⟺ Renten 45%

⟹ Taktische Ausrichtung 40% - 65%

Länderallokation bei Aktien:

- Dt. Blue Chips 30% (DAX 30)
- Dt. Wachstumswerte 15% (Nemax 50)
- Europ. Blue Chips 45% (EuroStoxx 50)
- US-Blue Chips 6% (S&P 500)
- Japan. Blue Chips 4% (Nikkei 225)

Währungsallokation bei Anleihen:

- Dt. Renten AAA 90% (RexP5y)
- USD-Cash 10% (T-Bills 1 mth.)

Abbildung 94

Performance für das Kalenderjahr 1999

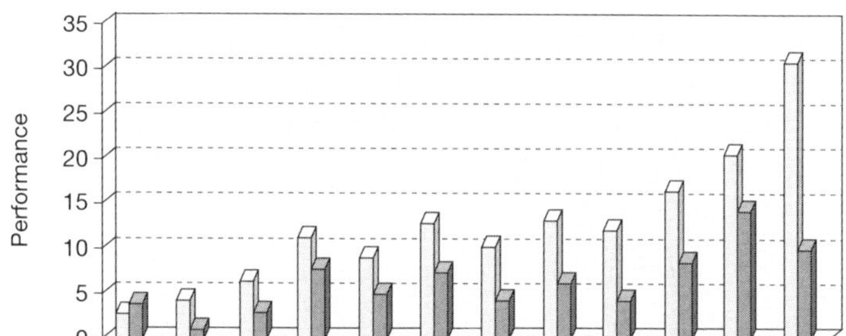

	Jan	Feb	Mrz	Apr	Mai	Juni	Juli	Aug	Sept	Okt	Nov	Dez
Investor	2,75	4,22	6,37	11,25	9,02	12,84	10,24	13,17	12,12	16,47	20,52	30,81
BM Investor	3,82	1,00	2,87	7,75	5,00	7,37	4,28	6,17	4,30	8,55	14,22	24,29

Abbildung 95

Dabei stellt die obere Performance-Kette in der Abbildung die tatsächlich erreichte, kumulierte Wertentwicklung dar. Die untere Performance-Kette weist die Wertentwicklungssituation aus, die entstanden wäre, hätte das Management den Kundenauftrag „eins-zu-eins" umgesetzt und dabei ohne Gebühren gearbeitet. Die Gegenüberstellung beider Performance-Ketten macht den Sinn der persönlichen Kundenbenchmark als Messlatte für den Managementerfolg deutlich: Es lässt sich Monat für Monat und schließlich für das Gesamtjahr (ggf. auch einen längeren Zeitraum) quantitativ exakt nachvollziehen, wie gut der Investor mit seinem Manager oder Managementteam gefahren ist. Der Vergleich absoluter Prozentergebnisse lässt damit eine einfache relative Bewertung im Sinne von „besser oder schlechter" zu.

Eine weitergehende Aussage bezüglich der Managementqualität ist in einem zweiten Schritt realisierbar: So kann das Risiko beider Portfolios auf Jahresbasis – ebenfalls quantitativ exakt – miteinander verglichen werden, indem über die vorliegenden Performance-Ketten die jeweilige Volatilität rechenbar ist. Nachfolgende Abbildung zeigt im Ertrag-Risiko-Raum die Lage des tatsächlichen sowie des Benchmark-Portfolios des Investors:

Ertrag-Risiko-Ergebnis im Kalenderjahr 1999

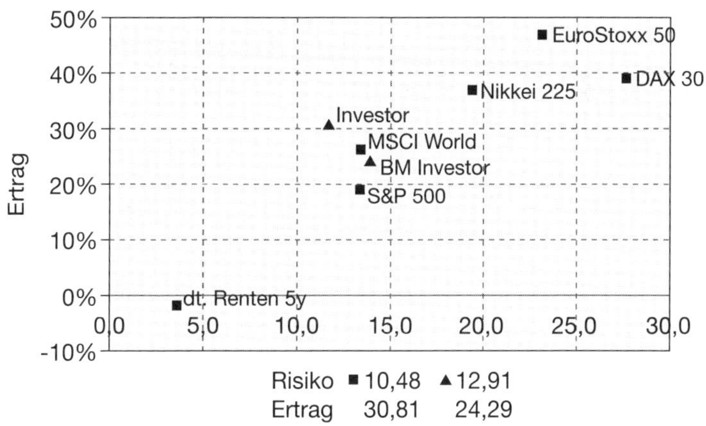

Abbildung 96

Das Bild ist deutlich: Investor und Manager können für das Jahr 1999 durchaus zufrieden sein, da das tatsächliche Portfolio erstens renditemäßig deutlich höher liegt, zweitens mit einer Volatilität von 10,48 versus 12,91 % p.a. risikoärmer gewirtschaftet worden ist. In Ertrag und Risiko wurde damit das Benchmark-Portfolio geschlagen.

5.2.3 Zweidimensionale Erfolgsmaße

Auch zweidimensionale Erfolgsmaße beziehen neben dem Ertrag eines Investments gleichfalls die Höhe des dabei tatsächlich (ex post) eingegangenen Risikos mit ein. Im Gegensatz zur eben erfolgten Gegenüberstellung versus Benchmark komprimieren sie jedoch beide Parameter in einer Maßzahl. Der zusätzliche Vorteil ist, dass mithilfe zweidimensionaler Erfolgsmaße durchaus auch unterschiedlich strukturierte Portfolios miteinander verglichen werden können. Nur mittels einer solchen risikoadjustierten Performance-Aussage lässt sich der Erfolg aktiven Managements portfolioübergreifend vergleichen und bewerten, wenn z.B. mittels der bekannten Effizienzregel nicht geklärt werden kann, ob bzw. welches der Portfolios im Ertrag-Risiko-Raum überlegen bzw. dominant ist. Von Outperformance darf demnach nur dann gesprochen werden, wenn das zu beurteilende Portfolio auf risikoadjustierter Basis besser abschneidet als seine Benchmark oder ein anderes Portfolio.

Im Folgenden sollen die in der Praxis am häufigsten verwendeten zweidimensionalen Erfolgsmaße (Performance-Maße im engeren Sinne) vorgestellt werden, um die Bedeutung und den Nutzen des Konzepts der risikoadjustierten Performance herauszustellen:

- Sharpe-Maß,
- Treynor-Maß,
- Jensen-Maß.

Das **Sharpe-Maß** (SM) geht auf den bereits eingeführten, gleichnamigen amerikanischen Nobelpreisträger zurück. In Anlehnung an den Marktpreis des Risikos ermittelt das SM die realisierte Risikoprämie je Einheit des übernommenen Gesamtrisikos (Volatilität). Beachtenswert ist, dass es sich damit um eine ex-post-Größe handelt. Schließlich soll der tatsächlich realisierte Erfolg gemessen und beurteilt werden. Die formale Definition lautet:

$$SM_P = \frac{R_P - r_f}{\sigma_P}$$

Die Interpretation ist klar: Je höher die Volatilität, desto höher muss die Wertentwicklung sein, die in Form der erzielten Risikoprämie dargestellt ist. Ansonsten fällt das SM niedrig und damit im Vergleich weniger günstig aus. Die exakte Quantifizierbarkeit des jeweiligen Ertrag-Risiko-Verhältnisses mithilfe des SM ermöglicht letztendlich, unterschiedlich strukturierte Portfolios in eine eindeutige Rangfolge zu bringen, um zu beantworten: Welches Portfolio war in puncto Performance-Qualität am besten?

Es werden die Portfolios A, B und C sowie das Benchmark-Porfolio zu B (BM) betrachtet, wobei A und C anderen Benchmarks folgen. Die eindimensionale Performance-Messung führt bekanntermaßen zu einer potenziellen Fehlbeurteilung: Sowohl Portfolio C als auch Portfolio B würden danach besser bzw. erfolgreicher aussehen als BM. Da jeweils aber auch ein höheres Risiko bei der Erzielung dieser Mehrerträge eingegangen wurde sowie die bekannte Effizienzregel nicht anwendbar ist, darf eben gerade nicht automatisch von einer Outperformance ausgegangen werden. In einem solchen Fall hilft das SM weiter: Mit der Risikoadjustierung der Portfolio-Erträge liefert es einen fairen Performance-Vergleich.

Performance-Messung mithilfe des Sharpe-Maßes

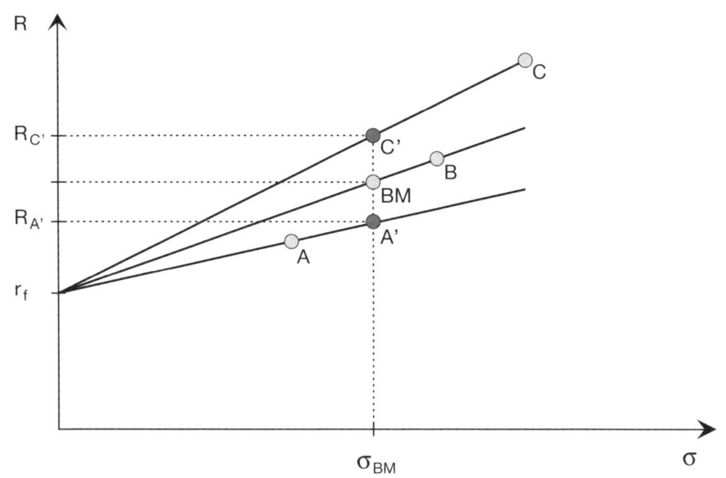

Abbildung 97

Die grafische Bewertung folgt der rechnerischen Aussage des SM. Bei Durchrechnen aller betrachteten Portfolios ergibt sich nämlich folgendes Ergebnis: Ein konkreter SM-Wert lässt sich gleichfalls als die Steigung der vom risikolosen Zins ausgehenden Geraden durch die jeweiligen Portfolio-Koordinaten im Ertrag-Risiko-Raum beschreiben. Danach haben zwei unterschiedliche Portfolios auf derselben Geraden den gleichen Sharpe-Wert, womit keine Outperformance, sondern eine gleichwertige Performance jeweils festzustellen ist. Die vertikalen Abstände der jeweiligen Portfolio-Geraden zueinander definieren demnach die Reihenfolge. Im vorliegenden Fall schneidet Portfolio C am besten ab, Portfolio A am schlechtesten. Dagegen kann auf Basis des SM bei B trotz des absoluten Mehrertrages nicht von einer Outperformance der Benchmark die Rede sein. Vielmehr liegt Portfolio B leistungsmäßig auf seiner Benchmark. Nach Sharpe ergibt sich somit insgesamt die folgende Reihenfolge für die vier betrachteten Portfolios, die im Sinne eines Vergleichs der Performance-/Managementqualität erwünscht war:

C > B = BM > A

In einem gewissen Sinne neigt das SM zu einer Benachteiligung „risikoreicher" Portfolios. Die Risikoadjustierung erfolgt unter der Prämisse, dass man Geldbeträge zum gleichen Zins risikolos anlegen und aufnehmen kann. In der Modellwelt der Kapitalmarkt-Theorie gilt dies auch, und für die größten und aktivsten der professionellen Marktteilnehmer sind Soll- und Habenzins (r_f und r_s) gleichfalls nahezu identisch. Ist das nicht der Fall, so führt dies mitunter zu einer „unfairen" Bewertung der Portfolio-Performance.

Benachteiligung „risikoreicher" Portfolios durch das Sharpe-Maß

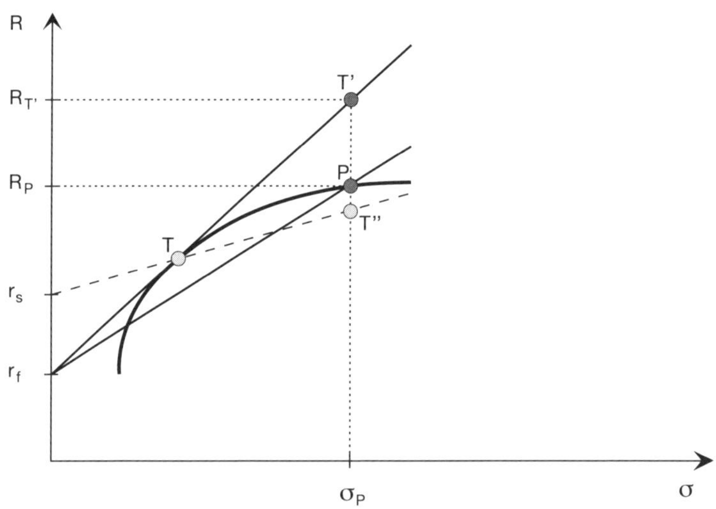

Abbildung 98

Der Performance-Vergleich würde auf Basis des SM zu einer eindeutigen Bevorzugung von T führen. Diese Präferenz könnte sich aber gerade im Falle von kreditfinanzierten Anlagen zu Gunsten der risikoreicheren Portfolio-Struktur relativieren. Theoretischer Hintergrund hierfür ist, dass jede Gerade auch Linearkombinationen des jeweiligen Portfolios mit der risikolosen Anlage repräsentiert. Um T`zu erreichen, müsste nämlich Kredit zum risikolosen Zins aufgenommen und dann zusätzlich in T investiert werden. Obige Abbildung suggeriert beispielsweise einen Investitionsgrad von über 200 %. Dieser Leverage dürfte im Normalfall nicht darstellbar sein und erst recht nicht zu r_f. In der Praxis ließe sich durch eine entsprechende Verschuldung allenfalls der Punkt T realisieren. Der verbundene Mehrertrag wäre jedoch negativ, sodass in diesem Fall das ohne Verschuldung darstellbare Portfolio P besser abschneiden würde. Die vom Sollzins ausgehende Gerade durch T wäre letztlich flacher.

Eine besondere Schwäche des SM liegt vor, wenn die Wertentwicklung der betrachteten Portfolios kleiner als der risikofreie Zins ist. Die Maßzahl verliert damit an Aussagekraft. Bei negativen Wertentwicklungen ergibt die Formel sogar völlig verwirrende, falsche Ergebnisse in der Rangfolge, die sogar die klare Lage nach der bekannten Effizienzregel auf den Kopf stellen würden. Die Schwäche ist allgemein bekannt und gilt in gleicher Weise für alle zweidimensionalen Performance-Maße.

Vergleich Investor vs. Benchmark

	Rendite % p.a.	**Risiko % p.a.**	**Sharpe-Maß**	**risikofreier Zins**
Investor 1999	30,81	11,67	2,36	3,25
seine BM 1999	24,07	13,77	1,51	3,25
Investor 2000	-1,93	7,83	-0,77	4,10
seine BM 2000	-3,79	10,96	-0,72	4,10
Investor 6/2001	-2,68 1.HJ	(9,36)* 1.HJ	-0,77	4,50
seine BM 6/2001	-8,53 1.HJ	(12,20)* 1.HJ	-1,07	4,50
Investor letzte 30 Mon.	10,30	9,01	0,72	3,85
seine BM letzte 30 Mon.	4,95	13,31	0,08	3,85

30 Monats-Rendite auf Basis multiplikativer Verknüpfung der monatlichen Renditen;
Risiko = Standardabweichung auf Basis monatlicher Renditen
* für 6 Monate nicht aussagekräftig

Als spezieller Nachteil der Performance-Messung nach Sharpe wird gelegentlich angeführt, dass nicht zwischen systematischen und unsystematischen Risiken differenziert wird. Diese Betrachtung führt unmittelbar zum zweidimensionalen Performance-Maß nach Treynor. Das **Treynor-Maß** (1965) unterscheidet sich vom Sharpe-Maß nur durch die verwendete Risiko-Kennziffer. Hier erfolgt die Risikoadjustierung nicht mithilfe der Volatilität, sondern über den aus dem CAPM bekannten Beta-Faktor. Portfolios mit unterschiedlichen Ertrag-Risiko-Profilen werden somit im Hinblick auf ihr systematisches Risiko „buchstäblich" auf einen Nenner gebracht. Die formale Definition lautet demnach:

$$TM_P = \frac{R_P - r_f}{\beta_P}$$

In unten stehender Abbildung sieht man die gleichen Portfolios wie zuvor, dann lässt sich eine Abweichung in der Rangfolge feststellen:

Performance-Messung mit dem Treynor-Maß

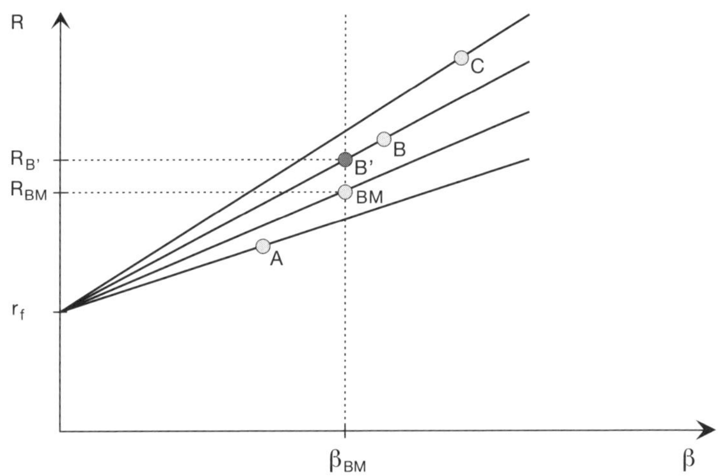

Abbildung 99

Nach Treynor weist B einen risikoadjustierten Mehrertrag gegenüber seiner Benchmark auf. Es liegt somit eine Outperformance vor. Offenbar ist dies darauf zurückzuführen, dass B schlechter diversifiziert ist als die Benchmark. Um nämlich beta-adjustiert besser abzuschneiden als die Benchmark, muss der Anteil der unsystematischen Risiken am Gesamtrisiko von B höher sein als bei der Benchmark. Schließlich gilt folgender logische Zusammenhang:

1. Risikoprämie $_{BM}$ = Risikoprämie $_{B}$
2. Gesamtrisiko $_{BM}$ = Gesamtrisiko $_{B}$
3. SM $_{BM}$ = SM $_{B}$
4. TM $_{BM}$ < TM $_{B}$ (wobei gilt: je höher, desto besser)
5. Nenner $_{BM}$ > Nenner $_{B}$ (wobei Nenner $_{TM}$ = Systematisches Risiko)
6. Gesamtrisiko = Unsystematisches Risiko + Systematisches Risiko
7. Unsystematisches Risiko $_{BM}$ < Unsystematisches Risiko $_{B}$

Kurioserweise wird der eherne Effizienzanspruch der Kapitalmarkttheorie hier ignoriert, indem Treynor der schlechteren Diversifikationsleistung die besseren Noten ausweist. Das scheint absurd, ist es aber in einem bestimmten Sinne nicht. Die Zusammensetzung des Gesamtrisikos kann nämlich durchaus entscheidungsrelevant sein. Normalerweise würde ein rationaler Investor bei gleichem Ertrag und gleichem Gesamtrisiko das besser diversifizierte Portfolio gegenüber einer zweiten Alternative vorziehen. Mit anderen Worten: Vordergründig stiftet das Portfolio mit dem geringeren Anteil unsystematischer Risiken den höheren Effizienzgrad und Nutzen.

Zu bedenken ist allerdings, dass unsystematische Risikobestandteile in einem übergeordneten Portfolio-Kontext zumindest zum Teil irrelevant sein könnten. Professionelle Investoren unterhalten nämlich oftmals mehrere Teilportfolios, wobei einzelne Portfolio-Manager jeweils nur einen kleinen Marktausschnitt mit einer relativ geringen Streuung abbilden. Da die Performance jedes Teil- oder Unterportfolios separat gemessen wird, seriöserweise relativ zu einem vergleichbaren Benchmark-Portfolio, ist der geringe Diversifikationsgrad portfoliotheoretisch weniger bedeutsam als die günstige Korrelationswirkung im Zusammenhang mit dem Gesamtportfolio. Zweitens ist der Treynor-Scheinwerfer von besonderer Bedeutung für die Beurteilung, wie einzelne Portfolio-Bestandteile – z.B. USA versus Euroland in einem Welt-Aktien-Portfolio – relativ zueinander abgeschnitten haben. Offensichtlich ist dann ein Performance-Vergleich mithilfe des SM genauso ungeeignet, da nicht die absolute Volatilität der beiden Unterportfolios in der isolierten Betrachtung bewertungsrelevant ist, sondern lediglich ihr Beitrag zum Gesamtrisiko des Welt-Aktien-Portfolios.

So ist es ein bewusst genutzter Wesenszug und keineswegs Nachteil des TM, dass c.p. tendenziell schlechter diversifizierte Portfolios „bevorzugt" werden. Bedeutsam für die Praxis ist das jedoch an zweierlei Stellen:

1. Eine Anwendung des Treynor-Maßes zur Performancemessung ist nur dann sinnvoll, wenn das zu beurteilende Portfolio zumindest Bestandteil eines wohl-diversifizierten Gesamtportfolios ist.

2. Das Treynor-Maß sollte keinesfalls ausschließlich, sondern komplementär mit dem Sharpe-Maß verwendet werden. Man erhält dadurch ein transparenteres Bild von der Portfolio-Performance und damit eine bessere Beurteilungsgrundlage.

Das Jensen-Maß oder auch Jensen-Alpha (1968) basiert auf dem gleichen Gedankengebäude wie das Treynor-Maß. Es geht darum, Portfolio-Erträge im Hinblick auf das systematische Risiko vergleichbar zu machen. Auch hier erfolgt die Risikoadjustierung mithilfe des Porfolio-Betas und infolgedessen kommt die Performance-Messung nach Jensen, was die Leistungseinstufung eines Portfolios gegenüber seiner Benchmark anbelangt, zum gleichen Ergebnis wie das TM. Den Beurteilungsmaßstab beim Jensen-Alpha bildet stets die Wertpapierlinie des Benchmarkportfolios.

Im Gegensatz zum SM und TM erlaubt das JM jedoch kein einwandfreies Ranking verschiedener bzw. „beliebiger" Portfolios, sondern mit der absoluten Differenzrendite zur Benchmark eine eher absolute Aussage zur Performance-Messung. Das JM ist abgeleitet aus dem Single-Index-Model von Sharpe (s. S. 230). Die Modifikation besteht darin, dass die Ertragsgrößen nicht mehr in ihrer absoluten Höhe, sondern als Risikoprämie in die Regressionsgleichung einfließen. Dieser Blickwinkel entspricht auch dem SM und dem TM. Aus diesem Grund und wegen der relativ schwierigen rechnerischen Fassbarkeit soll an dieser Stelle auf eine tiefere Darstellung verzichtet werden.

Cyril Merzbach scheint es unter methodischen Gesichtspunkten interessant, dass sich die gerade betrachteten zweidimensionalen Erfolgsmaße nicht ausschließen, sondern vielmehr ergänzen. Sie sind wie drei Taschenlampen, die einem helfen, einen dunklen Raum vollkommen auszuleuchten: Die erste Taschenlampe kann man halten und die Scheinwerfer in die Dunkelheit richten: Es werden immer die gleichen 70 % des Raumes ausgeleuchtet. Die zweite Taschenlampe leuchtet zwar nicht diese 70 % des Raumes aus, dafür aber zusätzliche 20 %. Zusammen ergibt das schon 90 % Sicht, was längst ausreichen würde. Will man aber restlos verstehen, was im Raum vor sich geht, setzt man eben für die fehlenden 10% die dritte Taschenlampe ein.

Von größerem praktischen Nutzen ist für Herrn Merzbach etwas anderes: Er hat mit den zweidimensionalen Erfolgsmaßen endlich die Lösung an der Hand, auch Portfolios unter Leistungsgesichtspunkten in eine Reihenfolge zu bringen, die sich hinsichtlich ihres Auftrages und Vorgehens unterscheiden. Demnach ließen sich sogar „Äpfel mit Birnen vergleichen". Die Ertrag-Risiko-Werte nach Sharpe und Treynor fassen in einer Kennzahl zusammen, für welche Jahre welche seiner Vermögensverwaltungsfirmen besser gearbeitet hat und wie im letzten Jahr sein eigenes Depot einzustufen war. So gesehen war ihm die vorher beauftragte Vermögensverwaltungsgesellschaft vielleicht nicht sonderlich sympathisch, aber im Nachhinein beurteilt doch gar nicht so schlecht, wie er erst dachte. Performance ist relativ! Geahnt hat er es schon immer, nun hat er auch die Beweise. Ihm ist ganz besonders der Vorteil dieses relativen Blickwinkels deutlich geworden: Schnellstens muss für die zwei bestehenden Vermögensverwalter und geplanten zukünftigen Partner eine insgesamt richtige und in sich stimmige Benchmark-Verteilung her. Denn ohne klaren Auftrag kein fairer Vergleich.

5.2.4 Zusammenfassung und Arbeitsaufgaben

Zusammenfassung

Die Bedeutung der Performance-Messung wächst fortlaufend.

Kapitalbewegungen machen das Thema kompliziert. Je nach Ziel sind unterschiedliche Messverfahren geeignet, oder anders: Nicht jedes allgemein akzeptierte Verfahren ist in jedem Fall zielführend.

Die vermögensmäßig bedeutsame Wertentwicklung lässt sich am besten mit der wertgewichteten Methode bestimmen.

Allein die zeitgewichtete Messmethode eignet sich für Vergleichszwecke sowie eine periodenübergreifende Darstellung der Performance.

Näherungsverfahren sind in der Praxis die Regel.

Die relative Performance-Betrachtung besteht in reinster Form im Benchmark-Vergleich. Die Portfolio-Werte müssen dazu zeitgewichtet gerechnet sein.

Ohne Ertrag-Risiko-Würdigung keine abgeschlossene Performance-Beurteilung: Die relative Betrachtung muss demnach die Risikoebene mit einschließen.

Zweidimensionale Erfolgsmaße verdichten Ertrag und Risiko in einer Maßzahl.

Das Sharpe- und das Treynor-Maß ermöglichen selbst den Vergleich von beliebigen Portfolios mit unterschiedlichem Auftrag oder anders lautender Benchmark.

Arbeitsaufgaben

1. Warum wird das Thema Performance-Messung immer wichtiger?
2. Was kennzeichnet für Sie die Funktion eines Fremdmanagers?
3. Welche Aufgaben umfasst die Performance-Analyse im Einzelnen?
4. Formulieren Sie die zwei Grundfragen, die sich ein Investor im Zusammenhang mit der Analyse seiner Performance sicherlich stellen wird.
5. Erläutern Sie kurz, warum die klare und prägnante Definition des Begriffs Performance so schwierig ist.
6. Erklären Sie die Rolle der persönlichen Benchmark im Zusammenhang mit Performance.
7. Nennen Sie einen alternativen Performance-Maßstab zur Benchmark.
8. Erklären Sie, wie Sie die mehrjährige Betrachtung der konkreten Wertentwicklung eines Marktes bzw. eines Portfolios rechnen und darstellen würden und warum?
9. Bringen Sie mit Ihren Worten die rechnerische Besonderheit der zeitgewichteten Verzinsungsrechnung auf den Punkt und grenzen Sie diese gegen die wertgewichtete Methode ab.
10. Welche Schwäche gibt es bei den Prämissen in der wertgewichteten Performance-Rechnung und welche Antwort hat die Praxis hierauf?

11. Welches Performance-Messverfahren wenden Investmentfonds an? Mit welcher der ausführlich vorgestellten Methoden stimmt das Verfahren im Ergebnis überein?
12. Unterscheiden sich die Ergebnisse der wertgewichteten und der zeitgewichteten Performance-Messung in jedem Fall? Nennen Sie die Ausnahme.
13. Veranschaulichen Sie an einem Beispiel das Wesen und den Vorteil von zweidimensionalen Erfolgsmaßen.
14. Ist ein höherer oder ein niedrigerer Wert des Sharpe-Maßes günstig? Begründen Sie anhand der Formel warum?
15. In welchen Performance-Situationen hat das Sharpe-Maß keine Aussagekraft?

5.3 Performance-Attribution

Cyril Merzbach hat im Umgang mit Performance viel Neues gelernt. Er weiß, wie er messen muss und wie er die Messergebnisse zu „relativieren“ sowie miteinander zu vergleichen hat. Aber sagen die richtig gemessenen Ergebnisse der Vergangenheit auch etwas über die zukünftige Qualität seiner Manager aus? Und was ist, wenn da bei einem einfach nur viel Glück im Spiel war? Nicht auszudenken, was da für Fehleinschätzungen und möglicherweise falsche Entscheidungen herauskämen!

Schlüsselbegriffe

- Können und Glück
- Erfolgsquellen
- Differenzrendite und aktiver Ertrag
- Timing-Qualität
- Allokationserfolg
- Selektionserfolg
- Overlay-Strukturen

- Performance-Beitrag
- Performance bezogen auf Asset-Klassen

Performance-Attribution als Performance-Analyse im engeren Sinne setzt da an, wo die Performance-Messung aufhört. Dabei steht nicht die Messung des Anlageerfolgs im Vordergrund, sondern seine Entstehungsgründe sowie die Frage nach der Performance-Herkunft. Insbesondere will ein Investor wissen, ob die von seinem Portfolio-Manager erzielte Performance auf „Können“ basiert, vom „Glück“ abhing oder lediglich auf „Zufall“ zurückzuführen ist.

5.3.1 Können, Glück und Zufall

Jeder Profi freut sich über Glück, denn er wird davon profitieren. So kann keinem Investor daran gelegen sein, dass Glück in dessen Portfolio keine Rolle spielt. Andererseits gilt ganz besonders im Portfolio-Management: Einen Glückstreffer kann jeder landen – der wahre Meister erweist sich in der Kontinuität seiner Hochleistung. Den echten Profi zeichnet sicherlich sein Können aus. Können lässt auf konstant gute Ergebnisse auch in der Zukunft hoffen, wohingegen Zufall – freilich offen im Ergebnis mit Glück oder Pech – keinerlei Zuverlässigkeit bietet. Neben der zeitlichen Kontinuität guter Ergebnisse sollte ein Portfolio-Manager daher unbedingt auch nach der Streubreite seiner erzielten Ergebnisse und der Plausibilität des Investmentansatzes sowie dessen stringenter und disziplinierter Umsetzung beurteilt werden.

Der Faktor Zufall kann mithilfe statistischer Methoden objektiv bewertet werden. Im Kern geht es darum, die Zufallsabhängigkeit von Ergebnissen zu quantifizieren. Beispielhaft sei angenommen, dass ein Portfolio-Manager seine Dispositionen auf Grundlage eines Münzwurfs trifft. In diesem Fall besteht für das Ergebnis „Outperformance“ die gleiche Chance wie für das Ergebnis „Underperformance“, nämlich jeweils 50 %. Eine dreimalige Outperformance in Folge hätte dann eine Eintrittswahrscheinlichkeit in Höhe von 12,5 % (= 0,5 x 0,5 x 0,5). Der entsprechende Wert für eine Outperformance über 10 Jahre lang, oftmals bereits als „aufsehenerregend gutes“ Ergebnis gefeiert, beträgt immerhin noch 0,098 % ($0{,}5^{10}$). Das hieße jedoch, dass von 1000 Marktteilnehmern immerhin einer diese „Spitzenleistung“ erreicht, und zwar rein zufällig und auch dann, wenn man keinerlei Können bei irgendeinem und speziell auch diesem tausendsten Marktteilnehmer unterstellt.

Bei einer Outperformance in neun von zehn Jahren stellt sich das Problem etwas anders dar. Die einmalige Underperformance kann im 1. Jahr liegen, aber auch im 2. oder in jedem weiteren Jahr. Es gibt somit insgesamt zehn Fälle der neunmaligen Outperformance innerhalb von zehn Jahren. Die obige Wahrscheinlichkeit in Höhe von 0,098 % muss daher mit dem Faktor 10 multipliziert werden. Etwa jeder hundertste Marktteilnehmer würde demzufolge rein zufällig und ohne Können in neun von zehn Jahren den Markt schlagen. Kann da noch die nicht allzu geringe Anzahl von „Investment-Gurus“ überraschen? Und möglicherweise erklärt dies auch, dass die meisten dieser Gurus sehr schnell wieder in Vergessenheit geraten.

In der Welt jenseits des Münzwurfs ist es etwas komplizierter. Eine objektive Beantwortung der Frage „Können oder Zufall?“ wird durch formale statistische Tests ermöglicht. In so genannten t-Tests wird angenommen, dass Mehrerträge gegenüber der Benchmark normal verteilt sowie der Erwartungswert und das Abweichungsrisiko (Tracking Error) eines Managements unbekannt sind. Z.B. könnte die Qualität des Managements bei einem Aktienfonds auf Grundlage von 10-jährigen Performance-Daten beurteilt werden, die einen durchschnittlichen aktiven Mehrertrag von 2 % p.a. und gleichzeitig ein aktives Risiko von 2,5 % p.a. ausweisen. Unter Annahme bestimmter Irrtumswahrscheinlichkeiten ließe sich urteilen, ob der erzielte Mehrertrag letztlich auf den Faktor Zufall oder auf die Qualität des aktiven Portfolio-Managements zurückzuführen ist.

In Abhängigkeit vom gewählten aktiven Risiko und der Höhe des aktiven Mehrertrags lässt sich sogar ableiten, wie viele Jahre ein Portfolio-Manager in der gezeigten Form den Markt mindestens schlagen muss, um einen Beweis für seine überlegenen Fähigkeiten erbracht zu haben. Geht man zum Beispiel von einem 99%igen Signifikanzniveau aus, so kann dem Manager bei einem Tracking Error von 2,5 % und einem durchschnittlichen Mehrertrag von 2 % erst nach 6 Jahren sein Können bescheinigt werden. Nimmt er ein noch höheres aktives Risiko mit z.B. 4 % in Kauf, so verlängert sich diese Qualifizierungsfrist auf 13 Jahre. Die Beurteilung der Leistung eines Portfolio-Managers ausschließlich anhand einiger weniger historischer Performance-Zahlen kann somit leicht zu voreiligen Schlussfolgerungen verleiten. Manche Investmentgesellschaft wird diese oft anzutreffende Bewertungsneigung aus Marketingaspekten gern zu ihrem Vorteil nutzen. Ein außergewöhnlich gutes Ergebnis, auch wenn es über mehrere Jahre hinweg erreicht wurde, könnte sich daher bei näherer Analyse als eine Mischung aus Zufall und eventuell überproportional eingegangenen Risiken erweisen. „Erarbeitet“ wurde die gute Performance dann eben gerade nicht.

Unter **Können** versteht man im Umkehrschluss zu obigen Ausführungen, den Zufall mit hoher Wahrscheinlichkeit ausschließen zu können. In letzter Konsequenz geht es darum, „gute“ Ergebnisse mit Kontinuität und gemäß einer erkennbaren Struktur zu erbringen. Dieser Anspruch beschränkt sich freilich nicht auf ein einzelnes zu beurteilendes Portfolio, sondern im Sinne einer Homogenität der Managementleistung auf alle anvertrauten Portfolios. Gute Ergebnisse liegen dann vor, wenn die aktiven, aber kontrollierten Abweichungen von der Benchmark zu einem Mehrertrag geführt haben, ohne dabei das mit dem Investor vereinbarte absolute Risikoniveau erheblich zu über-, aber auch zu unterschreiten. Der ängstliche Manager, der für einen risikobewussten Investor in den fetten Aktienjahren mit kleinster Aktienquote schlecht gefahren ist, mit der gleichen defensiven Quote nun aber in die Baisse hineingerutscht ist, hat auch zuletzt keinen guten Job getan. Er hat sich vielmehr über die Zeit hinweg als Portfolio-Manager disqualifiziert. Schließlich ist es ihm „systemhaft“ misslungen, mit kontinuierlicher Leistung und Disziplin auf Grundlage der Ertrag-Risiko-Vorgaben die Kundenziele zu erreichen oder zu übertreffen.

Die These von der Informationseffizienz der Märkte geht im strengen Sinne davon aus, dass eine dauerhafte Outperformance nicht erzielbar ist. Ein risikoadjustierter Mehrertrag könnte zwar durch Zufall entstehen, über einen längeren Zeitraum würden sich die Zufälle jedoch gegenseitig kompensieren. Das heißt, dass bei der Machbarkeit einer Outperformance implizit meist von der Ineffizienz des Marktes ausgegangen wird. Die Qualität eines Portfolio-Managers würde somit nach dessen Fähigkeit beurteilt werden, diese Ineffizienzen zu erkennen und auszunutzen. Analyse und Prognose stehen dabei im Mittelpunkt. Andererseits belegen nachhaltig gute Ergebnisse einzelner Managementteams auf Grundlage einer jeweils eigenen, erkennbaren Spezialität und Struktur, dass die Entwicklung von spezifischen Systematiken und deren konsequente Umsetzung ein überlegener Erfolgsfaktor gegenüber der Wechselhaftigkeit prognostischer Ansätze ist. Die Prognoseseite lässt sich schließlich keinesfalls verlässlich planen und ebensowenig im obigen Sinne als Können qualifizieren.

5.3.2 Erfolgsquellenanalyse

5.3.2.1 Grundlagen und Zielsetzung

Wie gesagt, will die Attributionsanalyse oder Erfolgsquellenanalyse die Einflussfaktoren auf Renditeergebnisse von Finanzportfolios erfassen, beschreiben und quantifizieren. Dabei zielt die Analyse oftmals nicht alleine auf die absolute, sondern besonders auch die relativ zu einer persönlichen Benchmark erzielte Rendite (**Differenzrendite**) ab. Dabei lauten die zentralen Fragestellungen:

1. Worauf ist die Differenzrendite des betrachteten Portfolios gegenüber seiner Benchmark zurückzuführen?
2. In welchen Bereichen sind die relativen Stärken bzw. Schwächen des Managers feststellbar?

Antworten darauf bringt häufig die Untersuchung folgender Leistungsaspekte:

- Taktische Gewichtung der Portfolio-Segmente zueinander (Allokation),
- Auswahl der Einzeltitel in den jeweiligen Segmenten (Selektion),
- Variation des Investitionsvolumens in einzelnen Märkten (Timing der Allokation),
- Variation des Investitionsvolumens in einzelnen Titeln (Timing der Selektion),
- Entwicklungen an den Devisenmärkten (Währungseffekte),
- Beitrag des aktiven Währungsmanagements zur Differenzrendite? (Timing in der Währung).

Demnach geht es um die Zuordnung der Performance zu bestimmten aktiven Entscheidungen des Portfolio-Managers. Meistert der Portfolio-Manager z.B. die Steuerung der Gewichtung im deutschen Aktienmarkt zu Gunsten von Festgeld, bezeichnet man dies als Timing-Entscheidung der Allokation und damit Timing-Erfolg. In Erwartung eines negativen Aktienmarktes würden dem Manager folgende Maßnahmen zur Auswahl stehen, die jedoch bei gegenteiligem Markteintritt Misserfolg bedeuten würden:

- Tausch in Aktien mit geringem Beta-Faktor,
- Aufbau von Liquidität,
- Einsatz von Derivaten mit konvexer oder konkaver Sicherungsstruktur.

Ein Erfolg aus Marktgewichtung bzw. Allokation wäre dann gegeben, wenn der Manager europäische zu Lasten amerikanischer Aktien übergewichtet. Von Selektionserfolg ist dann die Rede, wenn der Manager innerhalb eines Aktienmarktes die richtigen Einzelwerte ausgewählt hat. Als typische Selektivitätsmaße, die den Selektionserfolg messen wollen, gelten die vorgestellten zweidimensionalen Performance-Maße. Sie bewerten die Performance relativ zu einem Marktindex, geben aber nicht Auskunft über die Qualität des eben dargestellten Markt-Timings, also die Fähigkeit des Managers, aufwärts- oder abwärtsgerichtete Aktienmarktentwicklungen zu antizipieren.

Die Frage ist, wie sich das Timing des Managers ex-post messen lässt. Eine Möglichkeit zur Beurteilung der Timing-Qualität lieferte ursprünglich das Verfahren von Treynor/Mazuy. Hier wurde in Zusammenhang mit der Beurteilung der Timing-Aktivitäten von Investmentfonds als Lösungsweg eine quadratische Regression, basierend auf einem erweiterten Single-Index-Model, vorgeschlagen. Der Ansatz beruht auf der Erkenntnis, dass Manager mit Timing-Skills in Erwartung steigender Märkte einen größeren Anteil am Marktportfolio bzw. am μ/σ-effizienten Portfolio halten, und umgekehrt. Daraus folgt eine überproportionale Beziehung zwischen den Portfolio-Überschussrenditen und den Benchmarkrenditen. Unter der Prämisse, dass Managern mit Timing-Fähigkeiten Informationen über die Richtung der zukünftigen Marktentwicklung sowie zugleich das Ausmaß der Marktüberschussrenditen vorliegen, und sie das Portfolio-Beta in Abhängigkeit ihrer Erwartungen über ein Kontinuum verändern, ergibt sich daraus eine ex post ermittelte charakteristische Linie des Fonds.

Messung der Timing-Qualität mit Hilfe des Verfahrens von Treynor/Mazuy

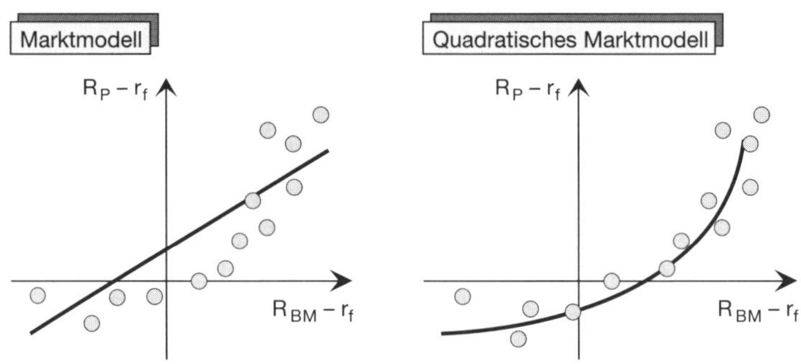

Abbildung 100

Der kurvenförmige, konvexe Verlauf der charakteristischen Linie steht damit für erfolgreiches Timing. Die Portfolio-Überschussrenditen sind somit eine konvexe Funktion der Marktüberschussrenditen. Idealtypisch bedeutet dies, dass die Kurve in „Down-Markets“ besonders flach (niedriges Beta), in „Up-Markets“ besonders steil (hohes Beta) verläuft.

5.3.2.2 Performance-Zerlegung nach Entscheidungsebenen

Mit den bisher vorgestellten Verfahren ist nun eine Aufspaltung der Performance in die Bestandteile Selektivität und Timing möglich. Als Ergebnis erhält man Beurteilungsgrößen, die sich stets nur auf einen Markt beziehen und zudem den Erfolgsbeitrag in einer Maßzahl komprimieren. In aller Regel hat man es allerdings nicht nur mit den verschiedenen Märkten zu tun, sondern auch mit einer darüber liegenden Währungsstruktur (Währungs-Overlay). Zudem ist u.U. beabsichtigt, die Performance bis zum einzelnen Titel herunterzubrechen. Das folgende Verfahren ermöglicht eine Zerlegung der Performance nach den Entscheidungsebenen:

1. Marktgewichtung,
2. Währungsbeitrag,
3. Titelselektion.

1. Marktgewichtung

Die Frage stellt sich hier nicht nur nach dem „Timing" eines Marktes, sondern allgemeiner nach dem Erfolg der Gewichtung mehrerer Märkte oder Asset-Klassen relativ zueinander.

Die Ermittlung des aus der Marktgewichtung resultierenden Erfolges geschieht am übersichtlichsten durch das Abstellen auf „aktive Gewichte" und „aktive Erträge".

a) Ermittlung des Benchmark-Ertrages:

1	*2*	*3*	*4 = 2 · 3*
Asset	***BM-Gewicht in %***	***Marktertrag***	***Perf.-Beitrag (Benchmark)***
Dt. Aktien	*40*	*–2 %*	*–0,8 %*
Dt. Renten	*20*	*+7 %*	*+1,4 %*
Eu. Aktien	*20*	*+3 %*	*+0,6 %*
Eu. Renten	*20*	*+5 %*	*+1,0 %*
		Benchmark-Ertrag:	*+2,2 %*

b) Analyse der Portfolio-Performance relativ zur Benchmark:

Im Rahmen des aktiven Portfolio-Managements wird bewusst von der Gewichtung der Märkte in der Benchmark abgewichen. Bei der Performance-Analyse stellt sich nunmehr die Frage, ob die getroffenen Entscheidungen im Einzelfall und in ihrer Summe erfolgreich waren. Hierzu werden die „aktiven Gewichte" (Gewicht des Marktes im Portfolio abzüglich Gewicht in der Benchmark) mit den „aktiven Erträgen" (Marktertrag minus BM-Ertrag) verknüpft.

1	*5*	*6 = 5 – 2*	*7 = 3 – BM*	*8 = 6 · 7*
Asset	***Portfolio-Gewicht***	***aktives Gewicht***	***aktiver Ertrag***	***Performance***
Dt. Aktien	*35 %*	*–5 %*	*–4,2 %*	*+0,21 %*
Dt. Renten	*30 %*	*+10 %*	*+4,8 %*	*+0,48 %*
Eu. Aktien	*25 %*	*+5 %*	*+0,8 %*	*+0,04 %*
Eu. Renten	*10 %*	*–10 %*	*+2,8 %*	*–0,28 %*
			Outperformance:	*+0,45 %*

Bildet man die Summe über die Produkte aus aktiven Erträgen und aktiven Risiken der Märkte, so kommt man im Ergebnis auf einen aktiven Mehrertrag gegenüber der Benchmark in Höhe von 0,45%. Addiert man den Ertrag der Benchmark von 2,2% hinzu, ergibt dies den Gesamtertrag des Portfolios. Dieser entspricht natürlich der Summe aus den Produkten der Spalten 3 (Marktertrag) und 5 (Portfolio-Gewicht).

Das vorliegende Beispiel zeigt, dass sich trotz des negativen Ertrages deutscher Aktien in Verbindung mit einer Untergewichtung ein positiver Performance-Beitrag einstellt. Daraus ist allerdings nicht die Schlussfolgerung zu ziehen, dass die Markt-Performance zufriedenstellend beurteilt wird, sondern vielmehr, dass die Entscheidung, deutsche Aktien unterzugewichten, richtig war. Dies trifft auch auf die Übergewichtung der beiden Asset-Klassen deutsche Renten und europäische Aktien zu. Demgegenüber war die Entscheidung, europäische Renten unterzugewichten, falsch. Sie erbrachte ein relatives Minus von 0,28%. Allgemein lässt sich der Markt-Allokations-Beitrag (MB) folgendermaßen berechnen:

$$MB_P = \sum_{i=1}^{n} \underbrace{\left[x_i^P - x_i^{BM}\right]}_{\substack{\text{aktives}\\\text{Gewicht}}} \cdot \underbrace{\left[R_i^{Index} - R_{BM}\right]}_{\substack{\text{aktiver}\\\text{Ertrag}}}$$

wobei i den Index der im Portfolio berücksichtigten Asset-Klassen darstellt. Der Ertrag einer Asset-Klasse i wird dabei mithilfe einer Index-Rendite R_i^{Index} gemessen, um sicherzustellen, dass keine Selektionsbeiträge in die Berechnung einfließen.

2. Währungsbeitrag

Währungsbeiträge sollten getrennt von der Allokation ermittelt werden, da sie eine zusätzliche Entscheidungsebene widerspiegeln. Dieser Beitrag könnte dann nachträglich mit erweiterter Aussagekraft zugerechnet, oder im Währungsbeitrag isoliert dargestellt werden. Hierfür entscheidend ist letztlich der Anspruch aller Anwender und der davon erwartete Impuls für interne bzw. externe Steuerungsinformationen. Rein rechnerisch ergeben sich keinerlei Unterschiede zu der oben dargestellten Vorgehensweise. Die Berechnungsformel für den Währungsbeitrag entspricht derjenigen für den Markt-Allokationsbeitrag. Einziger Unterschied ist, dass sich der Index i nicht mehr auf Asset-Klassen, sondern auf Währung bezieht.

Aufgrund der Überlagerung von Währungs- und Markt-Allokationsbeiträgen werden die ermittelten Performance-Zahlen multiplikativ miteinander verknüpft. Gewinnen Markt und Währung z.B. je 10 %, dann wertet die Gesamtposition um 21 % auf. Die erwarteten 20 % würden durch die Multiplikation um einen Prozentpunkt höher ausfallen – dieser Zusatzertrag wird als Kreuzprodukt bezeichnet.

3. Selektionsbeitrag

Innerhalb der Asset-Klasse Aktien bedeutet Selektion die vom verwendeten Marktindex abweichende Gewichtung einzelner Titel oder Branchen innerhalb eines Landes. Am Rentenmarkt umfasst die Titelselektion sowohl die Auswahl einzelner Rentenwerte mit gleicher Restlaufzeit als auch die Entscheidung für eine vom Index abweichende Laufzeitenstruktur. Selektionserfolg ist somit alles, was die Performance des Portfolios in einem bestimmten Markt bzw. in einer Asset-Klasse von der Performance des entsprechenden Marktindexes unterscheidet. Zur Messung werden die vorgestellten zweidimensionalen Performance-Kennzahlen als so genannte Selektivitätsmaße zum Einsatz gebracht.

Folgendes Beispiel macht den Selektionserfolg sichtbar:

1	2	3	4=(2−3)	5	6=4·5
Asset-Klasse	**Portfolio-Performance**	**Index-Performance**	**Aktiver Ertrag**	**Portfolio-Gewicht**	**Selektions-erfolg**
Dt. Aktien	0 %	–2 %	+2 %	40 %	0,8 %
Dt. Renten	11 %	7 %	+4 %	20 %	0,8 %
Eu. Aktien	1 %	3 %	–2 %	20 %	–0,4 %
Eu. Renten	1 %	5 %	–4 %	20 %	–0,8 %
				Gesamt:	+0,4 %

Das Ergebnis des vorliegenden Beispiels ist so zu interpretieren, dass der Portfolio-Manager offenbar **komparative Vorteile** bei der Titelselektion an lokalen Märkten genutzt hat. Seine Unterportfolios „Deutsche Aktien" und „Deutsche Renten" lieferten jeweils einen positiven Performance-Beitrag. Demgegenüber blieb der Erfolg innerhalb der übrigen europäischen Märkte aus. Als **Feedback** für die (zukünftige) Taktische Asset Allocation bleibt somit die Erkenntnis, dass der Portfolio-Manager an Auslandsmärkten eher **Benchmark-neutrale Positionen** einnehmen sollte. Dabei ist jedoch zu berücksichtigen, dass ein solcher Schluss nur dann zuverlässig ist, wenn die entsprechenden Ergebnisse auch statistisch signifikant sind. Hierzu bedarf es jedoch bekanntlich einer gewissen Mindestanzahl von Beobachtungswerten.

Abschließend sei noch der Hinweis erlaubt, dass die dargestellte Zerlegung des Selektionserfolgs sehr allgemein gehalten wurde und dass in der Praxis durchaus **weitere Analyseschritte** sinnvoll sind. So kann z.B. im Rentenbereich noch nach Zinssensitivität von Portfolios (Duration), Riding-the-Yield-Curve-Effekt u.a. unterschieden werden.

5.3.2.3 Methodische Besonderheiten

Bei der vorangegangenen Strukturierung nach Marktgewichtung, Währungsbeitrag und Titelselektion steht der exemplarische Charakter im Vordergrund. Die Vorgehensweise lässt sich im Grundsatz auch auf andere Entscheidungsebenen übertragen bzw. abwandeln. Je mehr Ebenen ein

Portfolio umfasst, desto sinnvoller wird dabei die Erhöhung der Komplexität bei der Aufspaltung der Performance. Welche spezifischen Faktoren im Rahmen der Analyse behandelt werden sollen, sollte sich daher engstens am Managementansatz sowie dem Aussehen der Benchmark orientieren, die dem zu untersuchenden Portfolio zugrunde liegen. Die Güte einer Analyse ist entscheidend vom Grad der Adaption an die Rahmenbedingungen und Grundgegebenheiten abhängig. Abbildung 98 verdeutlicht einzelne Kriterien, an denen eine Attributionsanalyse ausgerichtet werden kann.

Faktoren und deren Einfluss auf Renditeergebnisse im Rahmen einer Attributionsanalyse

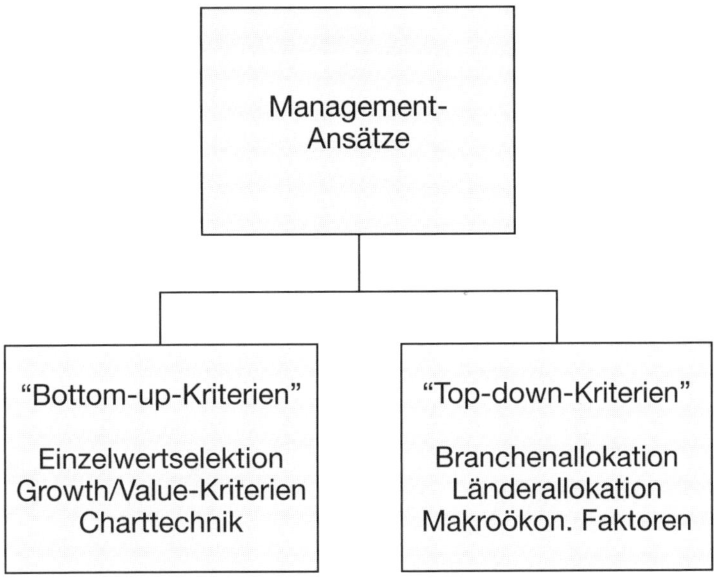

Abbildung 101 Quelle: Fischer, 2001

Grundsätzlich ist auch ein angemessener Rahmen für die Analyse zu gestalten. So ist das Bedürfnis nach umfassender Information mit der Forderung nach Übersichtlichkeit in Einklang zu bringen. In der Praxis ist die richtige Balance oft nur schwer zu finden, da sie sehr stark von den spezifischen Zielsetzungen der Anwender abhängt. Dazu ein Beispiel:

In dem US-amerikanischen Rentenunterportfolio eines Euro-Anlegers werden dollarorientierte Termingeschäfte – klassische Devisentermingeschäfte sowie Dollar-Optionen – zum aktiven Dollar-Management mit eingesetzt. In einem solchen Fall ist es sinnvoll, die Renditeeffekte aus diesen Zusatzgeschäften vollständig diesem Rentensegment zuzuordnen. Ein Kernproblem ist, dass die Standardanalysesysteme auf Basis von Bestands- und Umsatzdaten operieren. Für diese spezifischen Anforderungen sind jedoch weitere Informationen und Verknüpfungen erforderlich. So kann für obiges Beispiel die Attributionsanalyse nur dann den Zusammenhang aus Dollar-Anleihe und Dollar-Termingeschäft zielgerecht erkennen, wenn die erforderliche Kombination den zugrunde liegenden Daten bereits zu entnehmen ist. Das müsste bei intensivem Einsatz von aktien- und/oder zinsorientierten Futures bzw. Optionen analog zu handhaben sein: „So wären die aus einer Duration-Verlängerung resultierenden Erfolgseffekte über Zinsoptionen dem jeweiligen Bond-(Unter)Portfolio zuzuweisen. Genauso sind die Cash-Erträge aus Aktienparkgeldern in Verbindung mit einer synthetischen Aktienposition der Beitragsanalyse der Asset-Klasse Aktien zuzurechnen, wenn nach der wichtigen Asset-Klassen-bezogenen Performance gefragt wird. Hat der DAX-Index z. B. im Oktober 2001 eine Wertentwicklung von 5,85 % gehabt, so interessiert hier, wie gut denn in Zahlen die „DAX-Aufgabe“ – unabhängig von klassischen (Untergewichtungen) oder modernen (Effekten aus Kapitalbindungsersparnis und Zeitwert über Optionsstrukturen) Instrumenten und Mitteln – vom Manager gelöst wurde? Gerade diese Information ist für viele große Anlageadressen von Bedeutung. Sie allein gibt im längeren Zeitablauf zu erkennen, wo die Stärken, aber auch die Schwächen eines Managementpartners liegen, worauf die partnerbezogenen Allokationsentscheidungen gründen.

Der Wert liegt auf der Hand: Nicht nur die Diversifikation von Märkten führt zu mehr Effizienz in der Ertrag-Risiko-Wirkung, sondern auch eine zielgerichtete Diversifikation verschiedener Managementeinheiten mit spezifischen Aufträgen und unterschiedlichen Management-/Investmentstilen – man spielt die Stärken seiner Partner, aber keinesfalls deren gesamtes Leistungsspektrum. Andererseits kann der Aufwand, der aufgrund der Komplexität einer solchen Portfolio-Struktur erforderlich ist, dabei sehr hoch werden. Hierin liegt begründet, warum die eher massenorganisatorisch ausgerichteten Geschäftsbanken in speziellen und v.a. wichtigen Fällen zur **feineren Performance-Messung und -Analyse** externe Experten einschalten. Ausmaß und Inhalt von Attributionsanalysen sind daher nicht zuletzt auch unter dem Gesichtspunkt der materiellen und personellen Kostenerfordernisse zu bestimmen.

5.3.2.4 Zusammenfassung und Arbeitsaufgaben

Zusammenfassung

Die Performance-Attribution misst nicht nur eine bloße Ergebniszahl, sondern fragt danach, wie diese entstanden ist. Ziel ist es unter anderen, den Anteil der Erfolgsfaktoren Können, Glück und Zufall bei einzelnen Portfolio-Managern zu identifizieren. Wie leicht man in die falschen Hände geraten kann, zeigt sich darin, dass gute Zufallsergebnisse sogar mittelfristig hervorragende Anlagemanager ausstechen können. So gibt die Performance-Attribution fundierte Entscheidungshilfen für die Mandatierung, macht darüber hinaus aber auch gute Manager durch interne Steuerungsinformationen noch besser. Dazu wird auf den einzelnen Entscheidungsebenen eine detaillierte Ergebnisquellenanalyse durchgeführt, die in einer längerfristigen Betrachtung ein Stärke-Schwäche-Profil einzelner Managementteams zeichnet. Die Handlungsanweisung hieraus für das Management ist eine doppelte: Es sollte sich erstens der Stärken wohl bewusst sein sowie diese systematisch zum Einsatz bringen und zweitens an den Schwächen arbeiten. Im Ergebnis wird die Qualität des Portfolio-Managementprozesses verbessert. Im Gegensatz zum Zufall bedeutet Können an den Finanzmärkten, gute Ergebnisse mit Kontinuität und gemäß einer erkennbaren Struktur zu erwirtschaften. Eine nachhaltig gute Performance basiert erfahrungsgemäß auf einer schlüssigen und investorgerechten Anlagestrategie, die die Stärken des Managementteams gezielt und diszipliniert zum Einsatz bringt.

Arbeitsaufgaben

1. Fühlen Sie sich bei einem Managementteam gut aufgehoben, dem die Konkurrenz besonders viel Glück nachsagt?
2. Wie würden Sie vorgehen, um verlässlich Können zu identifizieren?
3. Mit welchem Verfahren lässt sich die Timing-Qualität eines Managers messen?
4. Erklären und begründen Sie den Begriff der Differenzrendite.

5. Wie würden Sie eine Stärke-Schwäche-Analyse Ihres Portfolio-Managers vornehmen?
6. Geben Sie ein Beispiel aus der Praxis für den Kosten-Nutzen-Konflikt im Rahmen der Ergebnisquellenanalyse.
7. Grenzen Sie die Begriffe Performance-Beitrag, Differenzrendite sowie Asset-Klassen-bezogene Performance gegeneinander ab.
8. Wie würden Sie die Homogenität der Managementleistung messen – im Zeitablauf, und über mehrere Portfolios hinweg?

5.4 Performance Presentation Standards

Schlüsselbegriffe

- Composites und Composite-Performance
- Gefahr des „cherry picking"
- Einheitsübergreifende Performance-Messung und -Darstellung
- Performance-Historie

Bisher stand die Performance einzelner Portfolios bzw. der Vergleich zwischen den Performance-Werten mehrerer Portfolios im Vordergrund. Fraglich ist jedoch, ob die Performance eines einzelnen Portfolios repräsentativ für die Leistungsfähigkeit bzw. Qualität einer Portfolio-Management-Einheit oder auch nur eines Portfolio-Managers ist. Häufig werden nämlich von dieser mehrere Portfolios mit gleicher oder ähnlicher, eventuell vergleichbarer Anlagestrategie verwaltet. Und dennoch kann die Performance der einzelnen Portfolios in Abhängigkeit von unterschiedlichen taktischen Freiheitsgraden sowie der Stringenz der Umsetzung vergleichbarer Strategien z.T. deutlich voneinander abweichen. Bedeutsam ist dieser Gesichtspunkt für neue Investoren, da das konkret anstehende Mandat schließlich keine Performance-Historie hat. Anhaltspunkte für die Leistungsfähigkeit können hier allenfalls die Ergebnisse bereits bestehender Portfolios mit vergleichbaren Anlagestrategien und -richtlinien geben.

Aber sind denn Güte, Vergleichbarkeit und Aussagekraft der präsentierten Ergebnisse stets sicher gestellt? Erfahrungsgemäß wird die Performance von Spezialfonds oder individuellen Vermögensverwaltungen noch weitgehend individuell präsentiert. Ungleiche Performance-Messverfahren, unterschiedliche Zeiträume der Performance-Betrachtung, differierende Performance-Kennzahlen oder die Leistungsdarstellung über „unechte“, so genannte Musterportfolios sind die Folge, was die Einschätzung für den Investor enorm erschwert. Am Ende ist seine Wahl für einen Partner daher stets auch eine Vertrauensentscheidung.

Diese weitgehend intransparente Situation war Ausgangspunkt von Bestrebungen zur Standardisierung der Performance-Präsentation in den USA: Die seit 1993 gültigen AIMR-Performance-Presentation Standards finden seither breite Akzeptanz. Ergebnissen einer Untersuchung der AIMR zufolge ermitteln und präsentieren bereits 80 % der US-Fondsmanager die Performance nach den Regeln der AIMR-Standards. Davon lassen ca. 40 % ihre Compliance-Erklärung durch einen unabhängigen Dritten verifizieren bzw. testieren. Sie stellen für die Investoren ein Mindestmaß an Vergleichbarkeit der Performance-Präsentationen jener Gesellschaften sicher, die diese Standards freiwillig anwenden und damit ein Bekenntnis zu einem fairen Wettbewerb dokumentieren. Der amerikanischen Pionierarbeit folgte ein internationaler Trend, dem sich Deutschland mit den DVFA-Performance-Presentation-Standards (DVFA-PPS) anschloss. Die deutschen PPS sind formal in Richtlinien und Empfehlungen untergliedert. Erstere sind Vorschriften, deren Einhaltung für die Übereinstimmung der Präsentation mit den Standards obligatorisch ist. Die Einhaltung der Empfehlung dagegen wird den Gesellschaften nur nahe gelegt, also nicht zwingend vorausgesetzt. Das Ziel der DVFA-PPS mit dem Schritt in die richtige Richtung ist begrüßenswert, der Weg zu einem einheitlichen, allgemein anerkannten und funktional abgesicherten Regelwerk scheint allerdings noch weit. Zum besseren Verständnis sollen im Folgenden einige Begrifflichkeiten kurz angerissen werden.

Wesentliches Prinzip der DVFA-PPS ist die einheitsübergreifende Performance-Messung und -Darstellung. Es geht also nicht darum, die Performance einzelner Portfolios zu präsentieren, sondern die aggregierte (volumengewichtete) Performance sämtlicher verwalteter Portfolios einer Einheit, die mit gleichem oder ähnlichem Mangementstil und vergleichbarem Ertrag-Risiko-Profil verwaltet werden. Diese Aggregate werden als **Composites** bezeichnet. Diese Composites beugen der Gefahr des „cherry picking“ vor, wo bisher lediglich ein besonders gut gelaufenes, willkürlich ausgesuchtes Portfolio stellvertretend dargestellt wurde. Mit den jeweiligen Composites wird eine vollständige und umfassende Messung der Leistungsfähigkeit einer PM-Einheit in einer bestimmten Kategorie gewährleistet. Allerdings bleibt die Abgrenzung von Kriterien, die die Zuordnung der einzelnen Portfolios zu dem jeweiligen Composite bestimmen, den Vermögensverwaltungen überlassen – bis auf die Tatsache, dass die Composites strikt einzuhalten sind und deren Anwendung im Zeitablauf konsistent sein muss. In der Regel sind dies zunächst Asset-Klassen und regionale bzw. länderspezifische oder auch branchenorientierte Schwerpunkte. Daneben sind Anlagestile (Value- or Growth-Approach, Blue Chips, Small Caps, Tech Stocks u.ä.), eine Konzentration auf bestimmte Börsensegmente (TecDAX) oder im Rentenbereich Emittentengruppen und/oder Restlaufzeitklassen denkbar.

Die Composite-Performance ist als volumengewichtete Performance der zum jeweiligen Zeitpunkt dem Composite zugeordneten Portfolios zu bewerten: Ausgangspunkt dabei sind die Performances der einzelnen Portfolios, die gemäß der Portfoliogröße zu gewichten sind. Der volumengewichtete Ausweis ist verpflichtend, ein gleich gewichteter Ausweis wird darüber hinaus empfohlen. Für den Investor hat letzterer nämlich den Vorteil, dass etwaige – positive oder negative – Verzerrungen über ein einziges großvolumiges Portfolio vermieden werden können. Die Composite-Performance ist verständlicherweise nach der zeitgewichteten **Performance-Messmethode** zu berechnen; die PPS lassen jedoch die Anwendung von Näherungsverfahren zu. In den Standards wird eine monatliche Bewertung der Portfolios gefordert und nachdrücklich empfohlen, eine Bewertung bei jedem Cashflow vorzunehmen. Den Vermögensverwaltungsgesellschaften bleibt überlassen, ob das Ergebnis vor (brutto) oder nach Vermögensverwaltungskosten (netto) ausgewiesen wird. Verpflichtend ist lediglich ein erkennbarer Hinweis, welcher Ausweis stattfindet. Aus den verschiedensten Gründen wird im Allgemeinen der Brutto-Performance der Vorzug gegeben, wobei in diesem Kapitel der gegensätzliche Standpunkt begründet worden ist.

Die Forderung nach einer auszuweisenden **Performance-Historie** besteht über mindestens fünf Kalenderjahre ab dem Datum der Inanspruchnahme der Compliance-Einhaltung. Damit wird einer Präsentation lediglich besonders erfolgreicher Jahre vorgebeugt, eine Gegenüberstellung ähnlich abgegrenzter Composites verschiedener Gesellschaften in identischen Zeiträumen ermöglicht – und es sind Schlussfolgerungen über die Entwicklung und Konstanz der erwirtschafteten Ergebnisse ableitbar.

Die Streuung der Portfolio-Renditewerte innerhalb eines Composites lässt Rückschlüsse darauf zu, wie stringent die von einer Gesellschaft deklarierte Anlagepolitik in verschiedenen Portfolios umgesetzt wurde. Dabei stehen mit der Quartalsdarstellung, dem Ausweis der minimalen und maximalen Portfolio-Performance sowie der Standardabweichung mehrere Risikomaße zur Verfügung. Die Auswahl ist frei, was sich einesteils begründen lässt, andererseits wiederum Missbrauchsspielräume eröffnet. Die Entscheidung, welches Maß ausgewiesen werden soll, richtet sich im Wesentlichen nach der Anzahl der über ein Kalenderjahr durchgängig im Composite befindlichen Portfolios. Die Standardabweichung scheidet bei kleiner Beobachtungsanzahl aus. Der Ausweis der unabhängig von der Anzahl an Portfolios verwendbaren minimalen und maximalen Portfolios ist vergleichsweise extrem und könnte zu erhöhtem Erklärungsbedarf gegenüber dem Investor führen.

Nachfolgend werden die PPS für ein Composite „Aktien Deutschland" beispielhaft dargestellt:

Beispiel für Performance-Präsentation gemäß den DVFA-PPS

Composite "Aktien Deutschland" der XY-KAG

Jahr	Composite-Performance	Benchmark-Performance	Compositestreuung Unteres Quartil	Compositestreuung Oberes Quartil	Anzahl Portfolios	Volumen zum Jahresende in TEUR	Anteil am verw. Vermögen
1995	11,41%	7,09%	7,21%	18,71%	6	450.000	6%
1996	24,35%	25,61%	22,62%	27,80%	9	800.000	7%
1997	46,82%	43,09%	43,05%	54,01%	11	1.950.000	10%
1998	16,31%	16,04%	15,81%	24,14%	14	2.500.000	12%
1999	38,05%	35,27%	27,82%	40,22%	10	1.897.000	8%
Kumuliert	226,59%	202,12%					
Volatilität	18,53%	20,21%					

Composite:	Das Composite beinhaltet sämtliche Portfolios, deren Anlagen sich auf deutsche Aktien konzentrieren.
Benchmark:	CDAX
Datum der Konzeption:	1.1.2000
Compositewährung:	Das Composite wurde in EUR bewertet. Die Performance-Werte sind in EUR präsentiert.
Erläuterungen:	Die Performance wird brutto, d.h. vor Abzug von Vermögensverwaltungsgebühren ausgewiesen. Die Ergebnisse wurden mit der modifizierten Dietz-Methode ermittelt.
	Futures wurden in lediglich geringem Umfang zu Absicherungszwecken eingesetzt.
	Über den Gesamtzeitraum enthielt das Composite im Durchschnitt 8% in- und ausländische Renten sowie 3% internationale Aktien außerhalb der Compositebenchmark.

Abbildung 102 Quelle: nach Wittrock, 2000

Das Urteil über die PPS fällt insgesamt zwiespältig aus. Dies hängt davon ab, ob der entwicklungsbedürftige Ist-Zustand oder die vorteilhaften Langfristmöglichkeiten beurteilt werden:

So existieren aktuell in den Standards weder Richtlinien noch Empfehlungen, die die Risikodarstellung im Portfolio betreffen, obwohl diese eine herausragende Bedeutung bei einem Vergleich der Ergebnisse innehat. Die theoretischen Erörterungen und empirischen Untersuchungen zeigen die Gründe hierfür auf: ein für alle Situationen und Rahmenbedingungen gleichermaßen geeignetes Risiko- und Performance-Maß existiert nicht. Ob dies dauerhaft so bleiben wird, lässt sich derzeit noch nicht absehen. Auch hier scheint die Suche nach dem einzigen und besten Rezept ein Irrweg. Jedes Maß besitzt unter bestimmten Rahmenbedingungen und Annahmen Vor- und Nachteile, sodass die Voraussetzungen zur Etablierung eines diesbezüglichen Standards nicht einfach sein können. Somit kollidiert der Kundenwunsch nach „keep it simple“ mit einem anspruchsvollen Erkenntnisgehalt. Die ergänzende Anwendung verschiedener Maße und Kennzahlen verlangt sicherlich mehr Wissen, erklärt und zeigt allerdings auch mehr auf. Die Standards sollten sich bei ihrer Weiterentwicklung gleichfalls hieran orientieren.

Inwieweit die Bildung und große Bedeutung der Composites sich mit dem Anspruch des investoroptimalen Portfolios aus der Kapitalmarkt-Theorie harmonisch verbinden lässt, ist eine interessante Frage. Schließlich versuchen die Composites bewusst, Individualität zu reduzieren und Gruppen zu bilden, um vergleichbar zu machen. Gerade im Bereich der individuellen privaten Vermögensverwaltung mit üblicherweise über mehrere Asset-Klassen gemischten Portfolios wird dieses Problem zusätzlich verschärft durch meist völlig defizitäre Systeme der Performance-Attribution. Bewertet werden daher i.d.R. Gesamtportfolioergebnisse – eine spezifische Performance-Beitragsanalyse sowie Asset-Klassen-bezogene Wertentwicklungszahlen fehlen. Die Gefahr des Vergleichs von Äpfeln mit Birnen ist zwar kleiner als bei den Peer Group-Betrachtungen, aber sie besteht.

Die Chancen der DVFA-PPS überwiegen die Nachteile allerdings deutlich: Es wurde mit dem Jahren eine erhebliche Verbesserung hinsichtlich der Transparenz bei der Präsentation von Performance-Resultaten, ihrer Interpretation und Vergleichbarkeit erreicht. Der Erfolg und die Entwicklung der Standards hängen maßgeblich davon ab, wie die Anleger die Standards nutzen und akzeptieren werden. Aus Sicht der Beteiligten ergeben sich bei der Anwendung der Standards eine Reihe von Vorteilen.

Für den Investor:

- einfachere Abschätzung der Kernaktivitäten verschiedener Anbieter,
- höhere Sicherheit der Datenqualität und –vollständigkeit,
- verbesserte Transparenz der präsentierten Daten und Ergebnisse,
- Reduzierung des „cherry-picking"-Risikos,
- bessere Vergleichbarkeit der Ergebnisse verschiedener Einheiten,
- Möglichkeit, aufgrund des impliziten Aufklärungseffekts, die „richtigen" Fragen zu stellen.

Für die Vermögensverwaltungsgesellschaften:

- höhere Effizienz und Aussagekraft von Reportings (nach innen und außen),
- längerfristig Vereinheitlichung von Controlling und Reporting,
- Vereinfachung von Stärke-Schwäche-Analysen,
- regelmäßige Steuerungsinformation zur Einhaltung der Managementqualität,
- bessere Kommunikationsgrundlage mit Investor und Consultants aufgrund des Zuwachses an allgemeiner Professionalität,
- leichte/nachvollziehbare Identifizierung von starken Portfolio-Managern,
- bessere Vermarktungsfähigkeit von guten Leistungen et vice versa.

5.5 Besondere Aspekte bei der Erzielung und Analyse von Performance

Schlüsselbegriffe

- Bedeutung von Gebühren
- Unsicherheiten bei der Datenerhebung
- Erstellungszyklus von Performance-Berichten
- Aussagekraft von Performance-Berichten

Die tatsächlich erreichte Wertentwicklung muss sämtliche anfallenden, das Ergebnis mit beeinflussenden Gebühren enthalten. Als Grund für die Isolierung derartiger Gebühren wird vielfach genannt, dass diese von Anleger zu Anleger stark schwanken. So bestehe keine Möglichkeit, generalisierende Aussagen zu treffen. Die **Ergebnisdarstellung nach Gebühren** ist jedoch geboten: Die Gebühren können beträchtlich sein. Zugleich sind sie frei verhandelbar und Teil der Managementleistung, die diese unter dem Strich rechtfertigen muss. So hat der Kundennutzen bei der Entscheidung über diese Frage Vorrang: Verlangt ein überlegener Manager sündhaft teure Management-Fees mit der Wirkung eines unterlegenen Ergebnisses, so wäre der Ausweis vor Gebühren in der Tat irreführend.

Wie viele der in Deutschland aktiven Vermögensverwalter wüssten wohl auf die Frage des Investors die richtige Antwort, welches Performance-Messverfahren denn dessen Ergebnisausweis zugrunde liegt? Wenn auch die Frage offen bleibt, stimmen die Erfahrungen kritisch. Bezüglich der Hintergründe und Konsequenzen der jeweiligen Messmethode dürften noch größere **fachliche Unsicherheiten bei den so genannten „professionals"** bestehen. Wie aber kann der Investor in puncto Performance-Analyse klarer sehen, wenn sein Manager bzw. Berater zu wenig weiß? Neben der Komplexität der Materie ist dies sicherlich ein wesentlicher Grund, warum der Berufsstand von Finanzplanern, Portfolio Consultants und „family officers" im Vormarsch ist und im Ergebnis die Branche reifer macht.

Die **Unsicherheiten bei der Datenerhebung** im Rahmen der Performance-Messung sind zahlreicher als man denkt: Klar ist mittlerweile, dass das Portfolio-Vermögen immer inklusive der aufgelaufenen Zinsforderungen zu errechnen ist, um willkürliche und sprunghafte Wertänderungen aus Kuponfälligkeiten zu vermeiden. Aber zieht man bei der Bewertung die Geld- oder Briefkurse heran? Marktwerte zum Monatsende können von Gesellschaft zu Gesellschaft sowie innerhalb einer Gesellschaft zu unterschiedlichen Zeitpunkten und aus uneinheitlichen Quellen gezogen werden (Kassakurse, Devisenkursquellen, z.T. Vorabendkurse bei ausländischen Papieren, Abendkurse bei Derivaten). Marktwerte unterscheiden sich daneben oft auch von Realisierungswerten, in Abhängigkeit von der Losgröße oder der jeweiligen Asset-Klasse.

Fonds haben vor allem im Small-Cap-Segment eine kursbeeinflussende Macht, die beim Abbau eines Engagements zum Nachteil wird. Vor allem im Private-Equity-Segment ist der Verkauf einer Fonds-Beteiligung während der Laufzeit des Fonds an viele Bedingungen gekoppelt, die eine Marktwertrealisierung im Zeitpunkt der Entscheidung in jedem Fall ausschließen. Auf die länderspezifische Besteuerungspraxis wird ebenso selten eingegangen wie auf die Behandlung von All-in-fee-Konstruktionen, die mit transaktionskostenorientiertem Management unterjährig verglichen werden. Grundsätzlich sollten die Methoden, Quellen und Zeitpunkte der zur Bewertung der Portfolios und Benchmarks herangezogenen Kurse weitestgehend einheitlich sein, damit die ausgewiesenen Performance-Werte eine vergleichbare Grundlage haben.

Die Erstellung von Performance-Berichten und -Analysen unterliegt einem festen Rhythmus (monatlich, vierteljährlich, halbjährlich usw.) und damit einem gewissen Zyklus, der i.d.R. nie mit dem Anlagehorizont des Investors übereinstimmt. Auch wenn der Anlagehorizont 10 oder mehr Jahre beträgt, wird der Investor kaum so lange warten wollen, um herauszufinden, ob seine Ziele angemessen verfolgt werden und er bei seinem Portfolio-Manager „in guten Händen" ist. Es ist ein generelles Problem, eine langfristige Zielverfolgung kurzfristig zu messen. So führen gerade aktive bzw. antizyklische Investmentansätze dazu, zeitweise gegen den Trend zu handeln. Naturgemäß werden sie zwischenzeitlich immer wieder mal falsch liegen, auch wenn sich der Weg später als richtig herausstellt.

Sinnvoller als eine Messung und Beurteilung der Performance nach Kalenderjahren erscheint daher z.B. der monatliche Blick auf die längerfristig rollierende Performance und die Gründe für deren Entwicklung im Zeitablauf. Für den Zeitraum von 1984 bis 1998 stehen z.B. anstatt 15 nunmehr 169 Perioden als Datenbasis für die Beurteilung zur Verfügung:

01.01.1984 – 30.12.1984
01.02.1984 – 31.01.1985
01.03.1984 – 28.02.1985
01.01.1984 – 30.12.1984
usw.
01.01.1998 – 30.12.1998

Für eine faire Messung des Anlageerfolges ist ein „langer Atem" erforderlich. Die aktuellen Zahlen sind stets nur eine Momentaufnahme schwebender Geschäfte, Vorgänge und Ideen. Man sollte sich daher stets dessen bewusst sein, dass die Performance-Analyse keine Endresultate liefert, sondern nur Zwischenstände darstellt. Sie liefert Hinweise, aber keine Beweise. Um eine annähernd objektive Einschätzung über die Qualität des Portfolio-Managements abgeben zu können, bedarf es also einer langfristigen Beobachtung und nachhaltigen Analyse – also einer großen Anzahl von Beobachtungswerten, die nur in einem recht langen Betrachtungszeitraum erhoben werden können. Als viel zitierte Faustregel nennt z.B. Brealey einen Zeitraum von 25 Jahren, bevor mit 95%iger Sicherheit ein Urteil über die Qualität eines Portfolio-Managers möglich ist. Diese Regel birgt sicherlich vor dem Hintergrund oben formulierter Investorenbedürfnisse einen gewissen Zynismus.

Eine gewisse Entspannung könnten hier die Erkenntnisse der Performance-Attribution bieten, indem sie belegen helfen, ob der Manager auch da erfolgreich war, wo er im Vorhinein seine Stärken erklärt hat. Die Qualität der Analyseergebnisse hängt allerdings davon ab, ob die Methoden und Techniken der Ergebnisquellenanalyse reif genug sind. Tatsächlich kann man standardisiert nur selten auf ein effizientes und leistungsfähiges Attributionssystem zurückgreifen, das auf einem stringenten Finanzbuchhaltungssystem aufbaut. Beispielsweise wirft die Verwendung von Stichtagsbeständen das Problem auf, dass starke zwischenzeitliche Schwankungen einzelner Portfolio-Gewichte untergehen: So kann eine 60%ige Aktienquote am Monatsanfang sowie am Monatsende dazwischen für nur wenige Tage bei gerade mal 48 % gelegen sein. Im Umfeld eines volatilen Marktes würden die Ergebnisse drastisch verzerrt und die Schlussfolgerungen die tatsächlichen Stärken bzw. Schwächen des Managers verkennen, indem z.B. eine effektiv gute Selektionsfähigkeit des Managers aufgrund eines tatsächlichen Timing-Versagens als einzige Erklärung für die Underperformance letztendlich negativ gewendet wird.

Unscharfe Aussagekraft haben auch die Risiko-Kennzahlen, da sie auf eben solchen Momentaufnahmen beruhen oder auf eine zu kleine Stichprobe zurückgreifen. Anschaulich ist das Beispiel der **Volatilität:** So ist die Berechnung der Standardabweichung bei einer nur geringen Anzahl an Beobachtungen aus statistischer Sicht aussageschwach. Grundsätzlich sollten mindestens 30 Beobachtungen vorliegen, weil dann von einer Normalverteilung der Renditen ausgegangen werden kann, wovon die Standardabweichung konzeptuell abhängt. In der Praxis wird die Standardabweichung dagegen häufig selbst bei nur zwölf Berechnungen, meist bezogen auf ein Kalenderjahr berechnet. Theoretisch wie praktisch problematisch ist die Tatsache, dass die einzelnen Stichprobenwerte auf Momentaufnahmen zurückgehen. Wird die Standardabweichung beispielsweise auf Grundlage monatlicher Renditen berechnet, dann ist innerhalb der betrachteten Monate implizit eine einheitliche Risikostruktur unterstellt. Tatsächlich kann aber eine Monatsveränderung gegen null durch sehr nervöse Wertentwicklungsabschnitte oder drastische Sprünge, d.h. hoch volatile Effekte geprägt sein. Das vorhandene Risiko im Portfolio geht damit in der ausgewiesenen Risikokennzahl komplett unter. Typisch für die stiefmütterliche Behandlung der Darstellung einzelner Risikosituationen in der Performance-Analyse ist, dass Risikokategorien in der Systematik der bekannten Attributionsanalysen völlig fehlen.

Gerade deswegen ist das **Einhalten des Auftrags**, das heißt besonders die gewissenhafte Orientierung am definierten **Risikoniveau** und diszipliniertes Vorgehen gemäß dem vorab erklärten und vereinbarten Investmentansatz und Stärkeprofil, entscheidendes Kriterium für die Beurteilung. So ist es – nach innen wie nach außen – wesentlich, die tatsächlichen kumulierten Performance-Ketten pro Portfolio vor dem Hintergrund der Marktentwicklung und des Benchmarkergebnisses zu „überwachen“. Die Rolle der Performance-Kontrolle entspricht dabei einem Frühwarnsystem, sollten sich signifikante und unplausible Abweichungen ergeben haben. Liegen negative Abweichungen z.B. größer als 20 % vor, so ist es unabdingbar, tiefer in die Performance-Entstehung einzusteigen. Es gilt die Gründe für den Rückstand auszumachen und diesen gegenzusteuern. Professionelles Portfolio-Management zeichnet sich gerade dadurch aus, dieses Abweichungsrisiko jederzeit zu kontrollieren. Schließlich ist die Benchmark-Performance die Ziellinie für die Anlegerzufriedenheit. Outperformance mit dem Risiko einer drastischen Underperformance ist im fachmännischen Sinne indiskutabel. So gesehen sind auch deutlichere positive Abweichungen in der Performance-Kette vis-à-vis der Benchmark Warnhinweise, da in diesen bereits die Ursachen für das zukünftige Versagen „gären“ können.

Doch etwas anders stellt sich die Performance-Überwachung in der Anlaufphase dar: Die persönliche Benchmark ist ausgewählt, das Mandat an das Managementteam vergeben. Morgen kommt das Geld im Portfolio an. Wenn auch die taktische Asset Allocation bereits geklärt sein wird, ist es nicht unbedingt sinnvoll, per sofort die dort vereinbarte minimale Aktienquote aufzubauen, die den Investor bei einem „laufenden“ Portfolio vor einer zu pessimistischen Aktieneinstellung des Managements schützen soll. Im Rahmen eines aktiven Managements ist stattdessen eine Anlaufstruktur erforderlich, die dem Manager als eine Art „Drehbuch für die Startwochen“ dient und ggf. Spielräume eröffnet, die Aktienquote behutsam hochzufahren. Wie offensiv bzw. defensiv dieser Prozess gesteuert wird, hängt im Wesentlichen von vier Aspekten ab:

1. Kundentypus und Risikoprofil des Investors.
2. Investmentstil des Portfolio-Managers.
3. Wie ist die Vorgeschichte des Anlagegeldes?
4. Wie ist das Marktniveau und wie die Erwartung des Managers bzw. der Prognoseseite?

Folgender Beispielfall liegt vor:

1. *Es handelt sich um einen Investor mit gewisser Erfahrung, der eine 80%ige strategische Aktienquote innerhalb der taktischen Bandbreite von 60 bis 90 % will, verträgt und sich dafür nach intensiver Auseinandersetzung i.R. der Benchmarkermittlung entschieden hat.*
2. *Verantwortlich ist ein aktives Managementteam, das in Abhängigkeit der übrigen Aspekte „Instrumente, Wege, Teilmärkte und Tempo" für den Aufbau der Risikopositionen flexibel entscheidet.*
3. *Das zu investierende Geld kommt ursprünglich aus dem Verkauf einer nicht sonderlich rentablen, dafür sehr wertstabilen Immobilie und lag die letzten zweieinhalb Monate als Geldmarktanlage bei der risikoavers beratenden Hausbank.*
4. *Der Aktienmarkt sieht – losgelöst von den Langfristchancen – laut Marktkonsensus weder fundamental noch technisch besonders vertrauenserweckend aus.*

Unter Würdigung aller Aspekte entscheidet sich das Management für einen sofortigen Aufbau von Aktien-Exposure. Trotz Verwendung von Rabattstrategien liegt der ökonomische Wirkungsgrad am ersten Tag bereits bei rund 20 %. Die Vereinbarung mit dem Investor besagt, innerhalb der ersten vier Startwochen die minimale Aktienquote zu erreichen. Stehen Gründe dagegen, wird unverzüglich das Gespräch aufgenommen, wie insgesamt – trotz vereinbarter Vermögensverwaltung – für die Anlaufphase eine erhöhte Gesprächsintensität verabredet wird.

Diese Alltagsszene eines professionellen Managements – nicht im individuellen Inhalt, sondern in der Problemsituation – macht die Grenzen einer standardisierten Überwachung für die Anlaufphase deutlich, was durch eine gewissenhafte Kundenkommunikation auszugleichen ist. Anlaufstrukturen folgen eigenen, sehr individuellen Gesetzen.

In den individuellen Vermögensverwaltungen wird in aller Regel ein Manager pro Portfolio eingesetzt. Die Erfahrung hat gezeigt, dass Teammanagement einen weiteren Qualitätsschub bringt. Das heißt, dass an einem Portfolio mindestens zwei Portfolio-Manager arbeiten, was nicht zuletzt für eine höhere Stringenz der Umsetzung der mit dem Investor vereinbarten Anlagestrategie sorgt: Ein einzelner Manager neigt ohne die fehlende Auseinandersetzung mindestens zweier Verantwortlicher viel eher dazu, situativ größere Abweichungsrisiken einzugehen bzw. Fehlentwicklungen zu unterschätzen. Der so zentralen Forderung nach der Homogenität der Managementleistung mit dem Ziel der weitgehenden Vermeidung von Ausreißern ist damit gut zu begegnen.

5.6 Zusammenfassung und Arbeitsaufgaben

Zusammenfassung

Welchen Stellenwert die Performance-Analyse im Portfolio-Management-Prozess innehat, ist vorher aufgezeigt worden: Der Benchmarkermittlung mit der Ergebnisplanung (SAA) folgt die Umsetzung und laufende Kontrolle, die in der Ergebnisbeurteilung gipfelt. Dieser Prozessablauf ist von Anfang bis zum Ende durchstrukturiert. Je besser jede Phase für sich funktioniert, desto runder läuft Portfolio-Management ab. Und je besser die Erfassung, Messung, Zerlegung, Beurteilung sowie Darstellung der erzielten Anlageergebnisse gelingt, desto besser fließen die gewonnenen Erkenntnisse zurück zu den vorgelagerten Stufen des PM-Prozesses.

Da dies die Angelegenheit des Teams aus Management und Investor sowie ggf. einem externen Berater ist, spielt es eine große Rolle, dass der Investor kontinuierlich Einblick in die Performance-Situation hat, die (Zwischen-)Ergebnisse fair und vergleichbar dargestellt bekommt und so die entscheidungsrelevanten Informationen erhält. Wie wichtig dabei die persönliche Benchmarkwahl und deren Akzeptanz für ein erfolgreiches Portfolio-Management ist, wurde mit der Beschreibung der „Ankerpunkt-Rolle" deutlich. Der vorgestellte Ertrag-Risiko-Vergleich des konkreten Ergebnisses an der Benchmark ist ein entscheidender Anhaltspunkt und überdies für ungeschulte Investoren sehr gut nachvollziehbar.

Dass die DVFA-PPS mit ihrer Weiterentwicklung notwendig sind, zeigt letztlich, wie sehr die gesamte Performance-Analyse-Branche mit ihrem nicht gerade trivialen Gegenstandsbereich noch inhaltlich-funktional reifen muss. Der Fortschritt ist vielversprechend. Interessanterweise sind die Träger dieser Entwicklung nicht zuerst die Banken, sondern private Performance-Analyse-Boutiquen, bei denen die Banken selbst, z.B. für ihre Spezialfonds, zumeist die Analyse in Auftrag geben und die Expertise herbeziehen. Der kaum zu bändigende Bedeutungszuwachs sowie das allgemeine Interesse am Thema werden für einen temporeichen Prozess sorgen.

Wie so oft, liegt die Wahrheit nicht an der Oberfläche des Gegenstands. Die Antworten sollen zwar für den Investor klar, einfach und wegweisend sein, der hierzu nötige Analyseprozess beinhaltet jedoch das Gegenteil. Immerhin ist deutlich geworden, dass der Anleger entlang der Übersicht aus dem Einstieg zusammengefassten fünf Punkte gut erkennen kann, ob er bei seinem Portfolio-Manager in guten Händen ist.

Wenngleich damit die Scheinwerfer auf Kundenseite entsprechend ausgerichtet sind, hängt der Erkenntnisgehalt doch sehr von den Unterlagen, Vermögensberichten und Performance-Analysen ab, die die Vermögensverwaltungsgesellschaften als eine Art Rechenschaftsbericht herauszugeben imstande und bereit sind. Dass auch mit dem Gegenteil gerechnet werden muss – gemeint sind zu viele Auswertungen, schillernde, aber nichtssagende oder umstrittene Kennzahlen und unverständlicher Zahlensalat – und bisweilen Scharlatane unterwegs sind, rundet das unübersichtliche Bild freilich nur ab. Demnach gibt es auch Aufräumarbeit für die DVFA-PPS.

Am Prozessende eines nicht enden wollenden Portfolio-Managements steht das Reporting für und mit dem Kunden. Am Beispiel eines „echten" Vermögensverwaltungskunden (der Vermögenswert ist aus Diskretionsgründen „entfernt" worden) wird ein solches Reporting auszugsweise dargestellt, dass die unterschiedlichsten Informationen, Schaubilder und Kennzahlen beinhaltet, die aus Sicht des Autors eine Orientierung für andere Kundenreportings sein können, um einen Überblick über den Verlauf und die Ergebnissituation zu geben. Dabei sind der methodische Aufbau und die inhaltliche Struktur reduzierbar bzw. erweiterbar, d.h. modular zu verstehen, um den jeweiligen Kundenvorstellungen und -besonderheiten gerecht zu werden.

Arbeitsaufgaben

1. Stellen Sie die Beweggründe für einheitliche Standards zur Darstellung und Messung von Perfomance heraus.
2. Ist die Anwendung der Performance Presentation Standards für die Anbieter im Markt verbindlich?
3. Welches sind die Schwachstellen der Performance Presentation Standards?
4. Benennen Sie die Vorteile der Performance Presentation Standards für den Investor.
5. Die PPS bieten Informationen, um die Homogenität der Managementleistung besser einschätzen zu können. Welche sind das insbesondere?
6. Begründen Sie bitte, wie Sie sich bei der Darstellung der Performance entscheiden würden: netto oder brutto?
7. Erfassen Sie bitte, wie die drei Großbanken in standardisierter Weise die Ergebnisse für deren individuelle Vermögensverwaltungen rechnen: wert- oder zeitgewichtet?
8. Machen Sie mit unterschiedlichen Beispielen die Unsicherheiten bei der Datenerhebung im Vorfeld der Performance-Messung deutlich.
9. „Viele Köche verderben den Brei!", so sagt der Volksmund. Erläutern Sie, warum das im Portfolio-Management keinesfalls so sein muss.
10. Von welcher Rendite ist im anschließenden Kundenreporting die Rede?
11. Welche Verzinsungsrechnung liegt dem durchschnittlich jährlichen Gewinn richtigerweise zugrunde?
12. Aus welchem Grund taucht für die Jahre 2001 und 2002 kein Ausweis des Sharpe Ratio auf?
13. Drückt der im folgenden Kundenreporting ausgewiesene Tracking Error in Höhe von 9,98 % denn ein schlechtes Ergebnis aus? Begründen Sie bitte Ihre Antwort.

14. Wie erklären Sie sich angesichts der persönlichen Benchmark, dass in der Währungsallokation im anschließenden Kundenreporting das USD-Engagement nur mit 11,34% ausgewiesen ist?

Vermögensverwaltung Herrn Cyril Merzbach - Depot: 050 91 03567

Ihre Benchmark

Assetklasse:		Aktien ⟷	Anleihen
		38 %*	62 %
→	Taktische Ausrichtung	25 %-48 %	
Länder-allokation bei Aktien:		Dt. Blue Chips	25 % (DAX 30)
		Europ. Blue Chips	75 % (Euro-Stoxx 50)
Währungs-allokation bei Anleihen:		Dt. Renten AAA	70 % (RexP5y)
		USD-Cash	30 % (T-Bills1-mth.)

* Zum 1.1.2003 wurde die Aktienquote von 50% zu Gunsten der Anleihen gesenkt. Der Anteil von 10% Nemax50 wurde zum EuroStoxx 50 zugeschlagen.

Abbildung 103

Vermögensverwaltung Herrn Cyril Merzbach 03567
Die Marktindizes

Kurse im Monatsvergleich 2006

	2005	Jan 06		Feb 06		Mrz 06		Apr 06		Mai 06		Jun 06		Jul 06	
		Stand	ggü VJ	Stand	ggüVJ	Stand	ggü VJ	Stand	ggüVJ	Stand	ggüVJ	Stand	ggüVJ	Stand	ggüVJ
DAX30	5408,26	5.674	4,92%	5.796	7,17%	5.970	10,39%	6009,9	11,12%	5692,86	5,26%	5683,31	5,09%	5681,97	5,06%
MDAX	7311,53	8.004	9,47%	8.357	14,30%	8.670	18,58%	8760,7	19,82%	8135,21	11,27%	7887,02	7,87%	7869,43	7,63%
TecDAX	596,47	672,6	12,77%	743,4	24,64%	727	21,92%	731,3	22,60%	659,12	10,50%	652,15	9,33%	620,58	4,04%
Eurostoxx50	3578,93	3.691	3,14%	3.775	5,46%	3.854	7,68%	3839,9	7,29%	3637,17	1,63%	3648,92	1,96%	3691,87	3,16%
Stoxx50	3349,10	3.446	2,90%	3.469	3,59%	3.507	4,72%	3536,2	5,59%	3359,05	0,30%	3378,85	0,89%	3449,15	2,99%
DowJones II 30	10717,50	10.865	1,37%	10.993	2,57%	11.109	3,66%	11367,0	6,06%	11168,31	4,21%	11150,22	4,04%	11185,68	4,37%
S+P500	1248,29	1.280	2,55%	1.281	2,59%	1.295	3,73%	1310,6	4,99%	1270,09	1,75%	1270,2	1,76%	1276,66	2,27%
Nasdaq100	1645,20	1.711	3,98%	1.671	1,54%	1.704	3,55%	1700,71	3,37%	1579,58	-3,99%	1575,23	-4,25%	1509,43	-8,25%
Nikkei225	16111,43	16.650	3,34%	16.205	0,58%	17.060	5,89%	16906,23	4,93%	15467,33	-4,00%	15505,18	-3,76%	15456,81	-4,06%
EUR in USD	1,1797	1,2118	2,72%	1,1875	0,66%	1,2104	2,60%	1,2537	6,27%	1,2868	9,08%	1,2713	7,76%	1,2767	8,22%
REXP 5y	317,17	315,85	-0,42%	315,83	-0,42%	312,839	-1,37%	311,35	-1,84%	313,6792	-1,10%	311,9927	-1,63%	314,9658	-0,70%
Euribor 1mth	2,401	2,387		2,589		2,647		2,666		2,792		2,897		3,03	
T-Bill 1mth.	4,350	4,540		4,610		4,81		5,02		5,09		5,32		5,38	

Abbildung 104

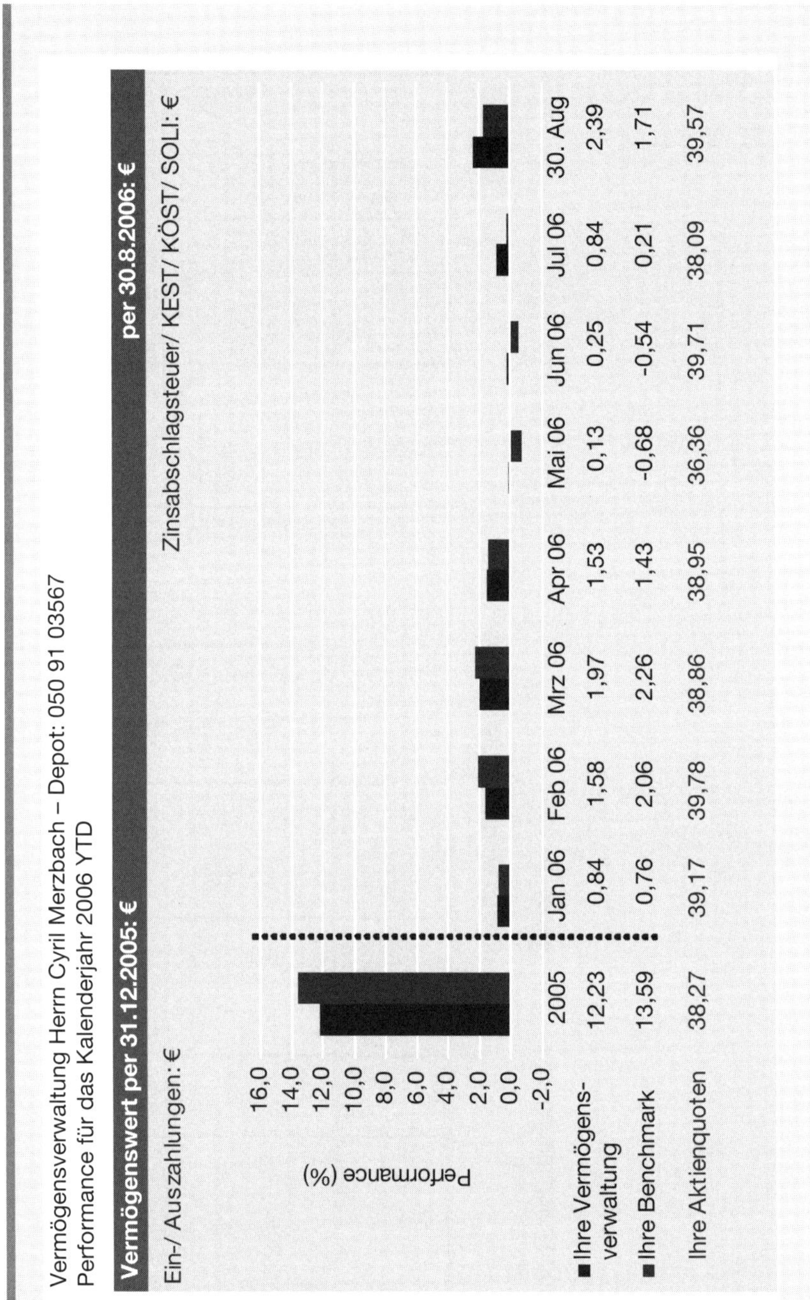

Abbildung 105

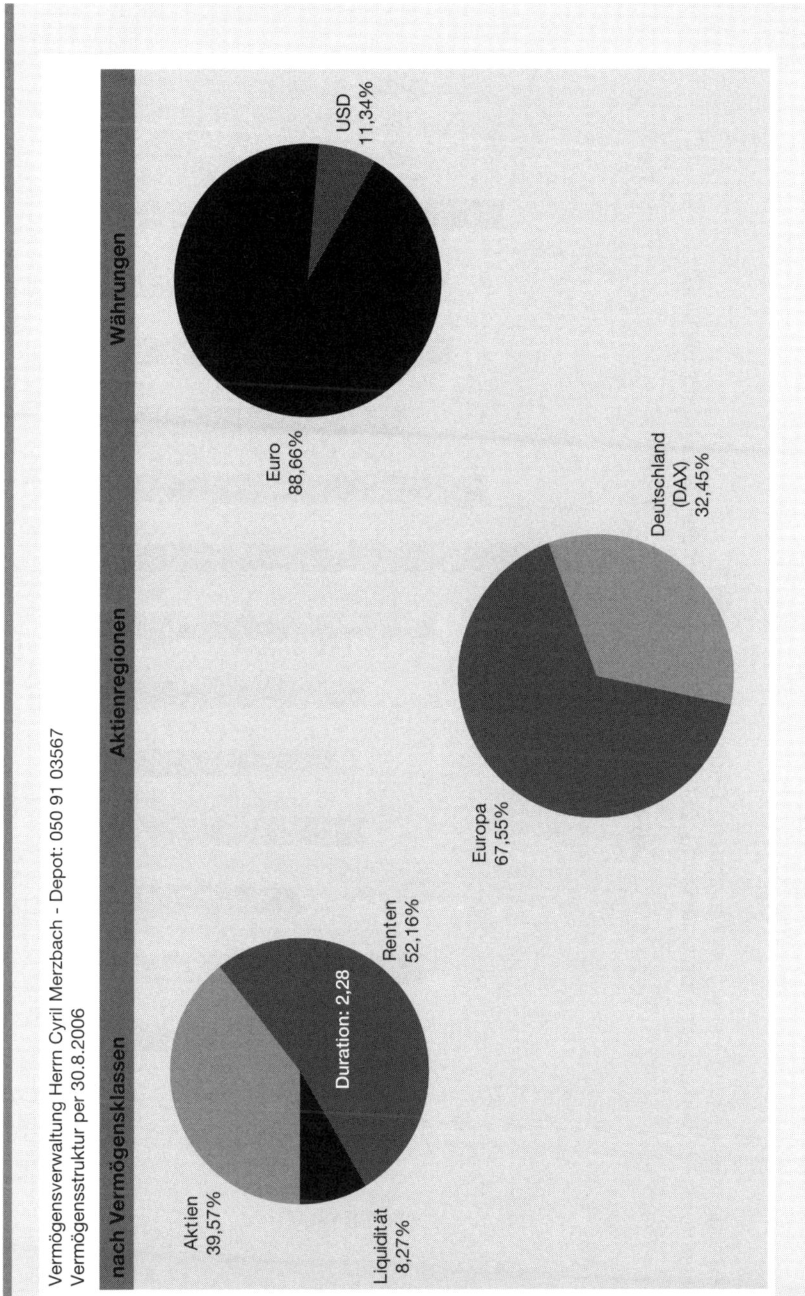

Abbildung 106

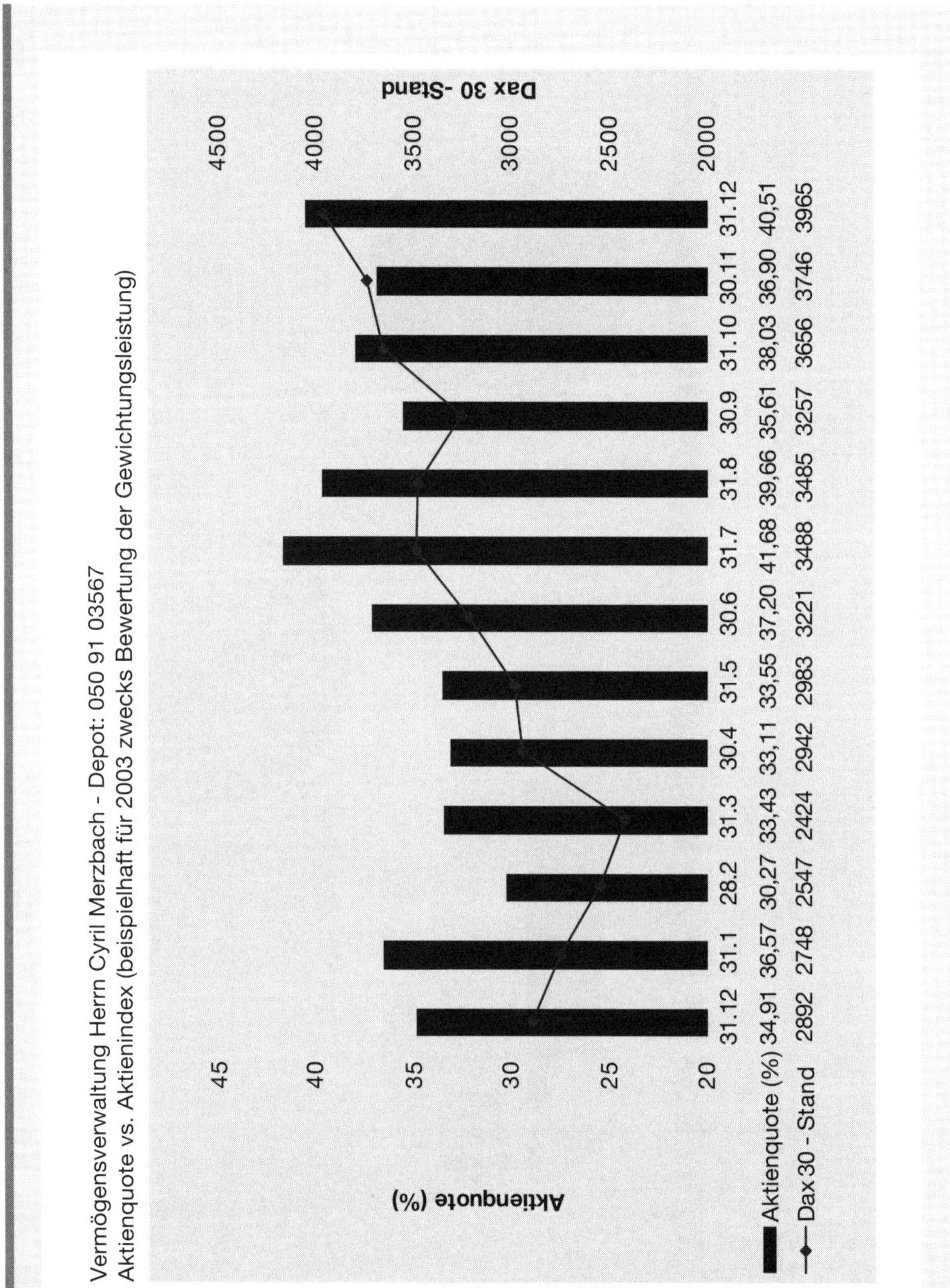

Abbildung 107

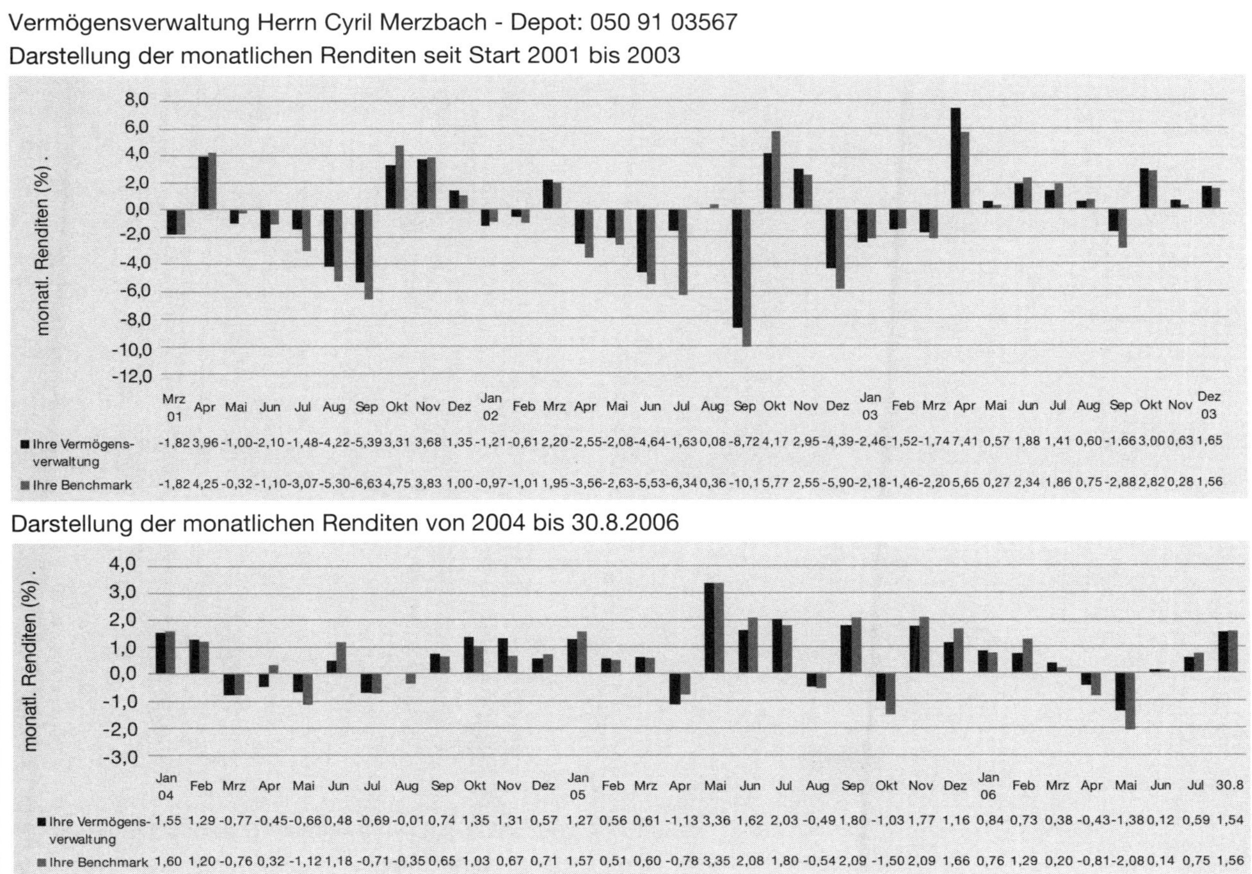

Abbildung 108

Abbildung 109

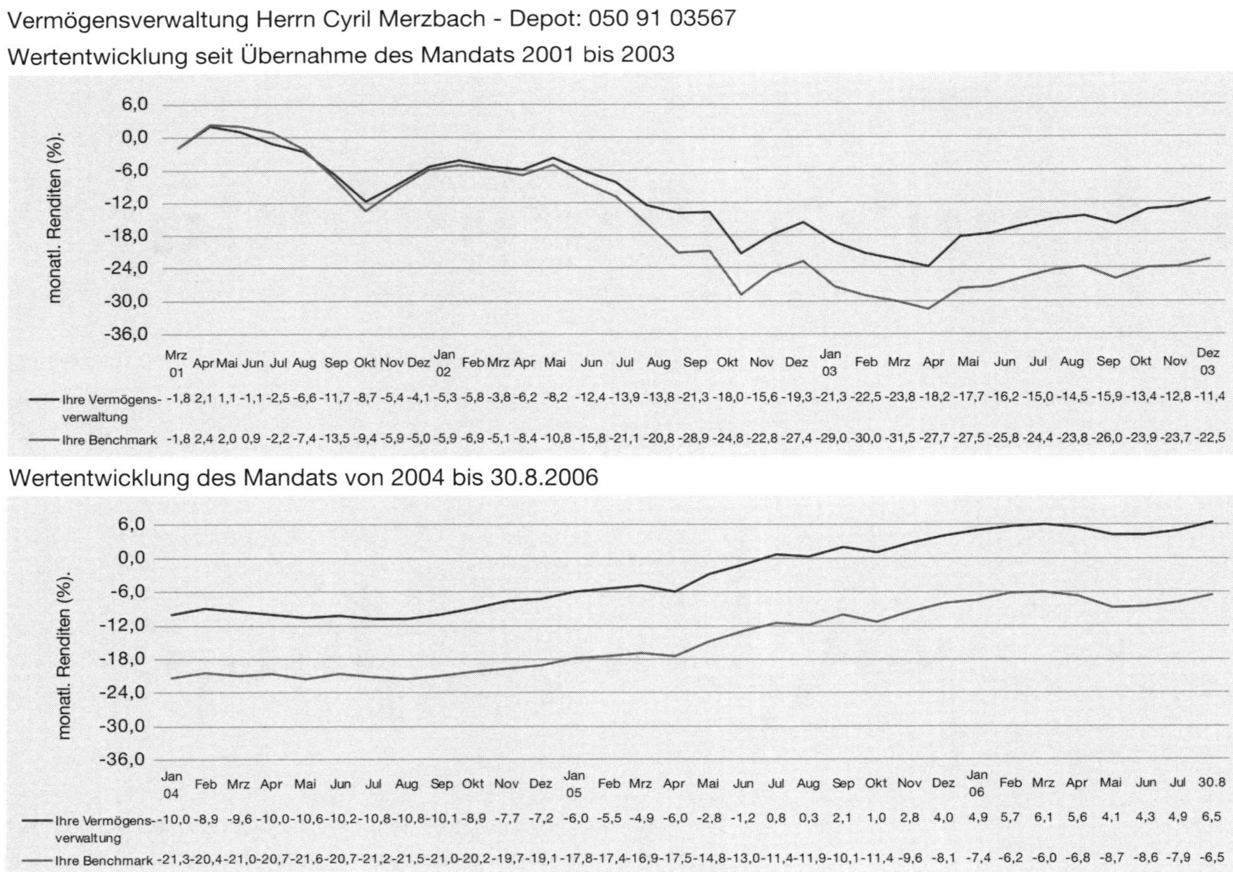

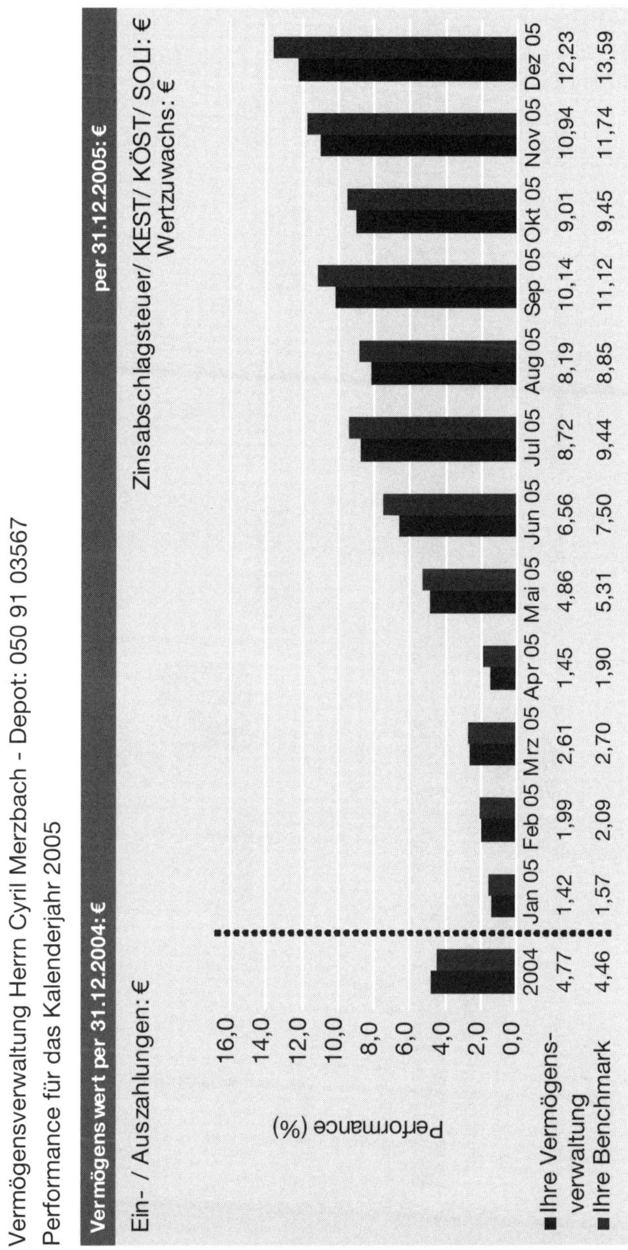

Abbildung 110

Vermögensverwaltung Herrn Cyril Merzbach - Depot: 050 91 03567

Langfristige Performancebetrachtung

Vermögenswert per 28.2.2001: €	per 30.8.2006: €
Ein-/ Auszahlungen: €	Zinsabschlagsteuer/ KEST/ KÖST/ SOLI: €
	Wertzuwachs: €

	31. Dez 01	31. Dez 02	31. Dez 03	31. Dez 04	31. Dez 05	30. Aug 06
■ Ihre Vermögens-verwaltung	-4,11	-15,86	9,80	4,77	12,23	2,39
■ Ihre Benchmark	-5,00	-23,56	6,67	4,46	13,59	1,71

$$\sqrt[66/12]{1{,}0666} - 1 \quad = 1{,}0118 - 1$$

⇧ **1,18 % p.a. Ihre Vermögensverwaltung**

⇧ **-1,22 % p.a. Ihre Benchmark**

Outperformance: 2,40 % p.a.

Diese Aufstellung ist rechtlich unverbindlich und dient lediglich Ihrer Information.

Abbildung 111

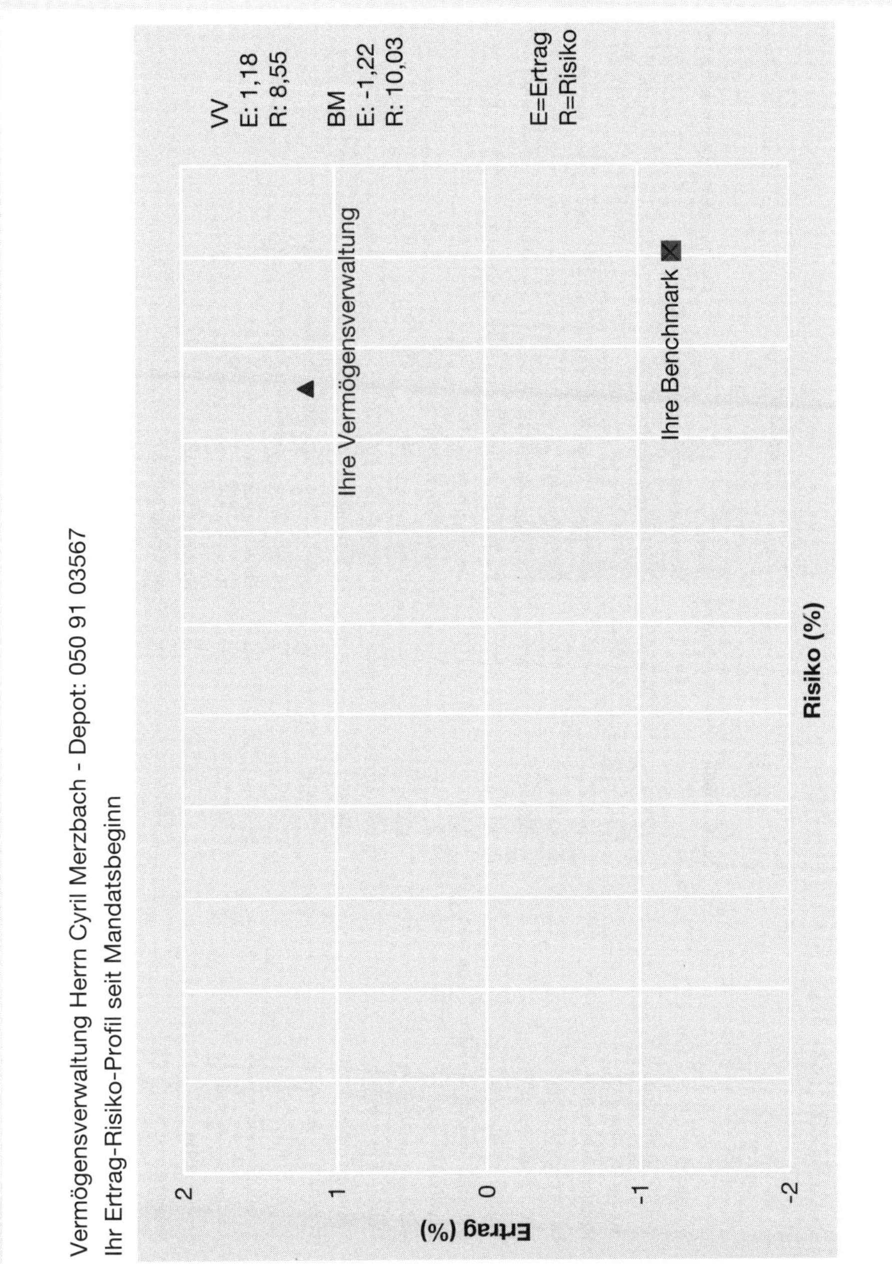

Abbildung 112

Abbildung 113

Vermögensverwaltung Herrn Cyril Merzbach - Depot: 050 91 03567

Kennzahlen Ihres Portfolios

Stand: 30.8.2006

	Ihr Portfolio	Ihre Benchmark
Rendite		
Rendite im Jahr 2006 (YTD)	2,39%	1,71%
Rendite im Jahr 2005	12,23%	13,59%
Rendite im Jahr 2004	4,77%	4,46%
Rendite im Jahr 2003	9,80%	6,67%
Rendite im Jahr 2002	-15,86%	-23,56%
Rendite im Jahr 2001	-4,11%	-5,00%
Durchschnittlicher jährlicher Gewinn seit 2001	1,18%	-1,22%
Volatilität		
Volatilität im Jahr 2006	3,07%	4,11%
Volatilität im Jahr 2005	4,63%	4,96%
Volatilität im Jahr 2004	3,06%	3,09%
Volatilität im Jahr 2003	9,30%	8,62%
Volatilität im Jahr 2002	12,38%	15,48%
Volatilität im Jahr 2001	11,45%	13,68%
Annualisierte Volatilität	8,55%	10,03%
Sharpe Ratio		
Sharpe Ratio 2005*	2,64	2,73
Sharpe Ratio 2004*	1,55	1,44
Sharpe Ratio 2003*	1,05	0,77
Sharpe Ratio 2003-2005	1,44	1,37

* risikoloser Zins 2003: 2,326%; 2004: 2,081%; 2005: 2,158% (Euribor 1-Monatsgeld)

	Ihr Portfolio	Ihre Benchmark
Betrachtung aller monatlichen Renditen		
Größter Monats-Verlust	-8,72%	-10,14%
Größter 2-Monats-Verlust	-10,40%	-11,57%
Überlegene Monatsrenditen in %	56,92%	43,08%
Portfolio-Beta		
Portfolio-Beta 2005	0,91	1,00
Portfolio-Beta 2004	0,86	1,00
Portfolio-Beta 2003	1,05	1,00
Portfolio-Beta 2002	0,76	1,00
Portfolio-Beta 2001	0,87	1,00
Portfolio-Beta 2001-2005	0,83	1,00
Elastizität		
Elastizität in den positiven Monaten	0,94	1,00
Elastizität in den negativen Monaten	0,75	1,00
Tracking Error		
Tracking Error (2001-2006 YTD)	2,98%	
Information Ratio		
Information Ratio	0,81%	

6 Anhang

Fläche unter der Dichtefunktion der Standardnormalverteilung für positive z-Werte (P [$\tilde{Z} \leq z$])

z	.00	.01	.02	.03	.04	.05	.06	.07	.08	.09
0.0	.5000	.5040	.5080	.5120	.5160	.5199	.5239	.5279	.5319	.5359
0.1	.5398	.5438	.5478	.5517	.5557	.5596	.5636	.5675	.5714	.5753
0.2	.5793	.5832	.5871	.5910	.5948	.5987	.6026	.6064	.6103	.6141
0.3	.6179	.6217	.6255	.6293	.6331	.6368	.6406	.6443	.6480	.6517
0.4	.6554	.6591	.6628	.6664	.6700	.6736	.6772	.6808	.6844	.6879
0.5	.6915	.6950	.6985	.7019	.7054	.7088	.7123	.7157	.7190	.7224
0.6	.7257	.7291	.7324	.7357	.7389	.7422	.7454	.7486	.7517	.7549
0.7	.7580	.7611	.7642	.7673	.7704	.7734	.7764	.7794	.7823	.7852
0.8	.7881	.7910	.7939	.7967	.7995	.8023	.8051	.8078	.8106	.8133
0.9	.8159	.8186	.8212	.8238	.8264	.8289	.8315	.8340	.8365	.8389
1.0	.8413	.8438	.8461	.8485	.8508	.8531	.8554	.8577	.8599	.8621
1.1	.8643	.8665	.8686	.8708	.8729	.8749	.8770	.8790	.8810	.8830
1.2	.8849	.8869	.8888	.8907	.8925	.8944	.8962	.8980	.8997	.9015
1.3	.9032	.9049	.9066	.9082	.9099	.9115	.9131	.9147	.9162	.9177
1.4	.9192	.9207	.9222	.9236	.9251	.9265	.9279	.9292	.9306	.9319
1.5	.9332	.9345	.9357	.9370	.9382	.9394	.9406	.9418	.9429	.9441
1.6	.9452	.9463	.9474	.9484	.9495	.9505	.9515	.9525	.9535	.9545
1.7	.9554	.9564	.9573	.9582	.9591	.9599	.9608	.9616	.9625	.9633
1.8	.9641	.9649	.9656	.9664	.9671	.9678	.9686	.9693	.9699	.9706
1.9	.9713	.9719	.9726	.9732	.9738	.9744	.9750	.9756	.9761	.9767
2.0	.9772	.9778	.9783	.9788	.9793	.9798	.9803	.9808	.9812	.9817
2.1	.9821	.9826	.9830	.9834	.9838	.9842	.9846	.9850	.9854	.9857
2.2	.9861	.9864	.9868	.9871	.9875	.9878	.9881	.9884	.9887	.9890
2.3	.9893	.9896	.9898	.9901	.9904	.9906	.9909	.9911	.9913	.9916
2.4	.9918	.9920	.9922	.9925	.9927	.9929	.9931	.9932	.9934	.9936
2.5	.9938	.9940	.9941	.9943	.9945	.9946	.9948	.9949	.9951	.9952
2.6	.9953	.9955	.9956	.9957	.9959	.9960	.9961	.9962	.9963	.9964
2.7	.9965	.9966	.9967	.9968	.9969	.9970	.9971	.9972	.9973	.9974
2.8	.9974	.9975	.9976	.9977	.9977	.9978	.9979	.9979	.9980	.9981
2.9	.9981	.9982	.9982	.9983	.9984	.9984	.9985	.9985	.9986	.9986
3.0	.9987	.9987	.9987	.9988	.9988	.9989	.9989	.9989	.9990	.9990
3.1	.9990	.9991	.9991	.9991	.9992	.9992	.9992	.9992	.9993	.9993
3.2	.9993	.9993	.9994	.9994	.9994	.9994	.9994	.9995	.9995	.9995
3.3	.9995	.9995	.9995	.9996	.9996	.9996	.9996	.9996	.9996	.9997
3.4	.9997	.9997	.9997	.9997	.9997	.9997	.9997	.9997	.9997	.9998

Prozentpunkte ($t_{\nu, 1-\alpha}$) der t-Verteilung

ν^{1-a}	.750	.900	.950	.975	.990	.995
1	1.000	3.078	6.314	12.71	31.82	63.66
2	0.817	1.886	2.920	4.303	6.965	9.925
3	0.766	1.638	2.354	3.182	4.541	5.841
4	0.741	1.533	2.132	2.777	3.747	4.604
5	0.727	1.476	2.015	2.571	3.365	4.032
6	0.718	1.440	1.943	2.447	3.143	3.708
7	0.711	1.415	1.895	2.365	2.998	3.500
8	0.706	1.397	1.860	2.306	2.897	3.355
9	0.703	1.383	1.833	2.262	2.822	3.250
10	0.700	1.372	1.813	2.228	2.764	3.169
11	0.698	1.363	1.796	2.201	2.718	3.106
12	0.696	1.356	1.782	2.179	2.681	3.055
13	0.694	1.350	1.771	2.161	2.650	3.012
14	0.693	1.345	1.762	2.145	2.624	2.977
15	0.691	1.341	1.753	2.132	2.602	2.947
16	0.691	1.337	1.746	2.120	2.584	2.921
17	0.689	1.333	1.740	2.110	2.567	2.898
18	0.688	1.330	1.734	2.101	2.552	2.879
19	0.688	1.328	1.729	2.093	2.539	2.861
20	0.687	1.326	1.725	2.086	2.528	2.845
21	0.687	1.323	1.721	2.080	2.518	2.831
22	0.686	1.321	1.717	2.074	2.508	2.819
23	0.686	1.319	1.714	2.069	2.500	2.807
24	0.686	1.318	1.711	2.064	2.492	2.797
25	0.685	1.316	1.708	2.060	2.485	2.787
26	0.684	1.315	1.706	2.056	2.479	2.779
27	0.684	1.314	1.704	2.052	2.473	2.771
28	0.683	1.313	1.701	2.048	2.467	2.763
29	0.683	1.311	1.699	2.045	2.462	2.756
30	0.683	1.311	1.697	2.042	2.457	2.750
35	0.682	1.307	1.690	2.030	2.438	2.724
40	0.681	1.303	1.684	2.021	2.423	2.705
45	0.680	1.301	1.680	2.014	2.412	2.690
50	0.680	1.299	1.676	2.009	2.403	2.678
60	0.679	1.296	1.671	2.000	2.390	2.660
70	0.679	1.294	1.667	1.994	2.381	2.648
80	0.679	1.292	1.664	1.990	2.374	2.639
90	0.678	1.291	1.662	1.987	2.368	2.632
100	0.677	1.290	1.660	1.984	2.364	2.626
∞	0.674	1.282	1.645	1.960	2.326	2.576

7 Symbolverzeichnis

α	Konstante (Achsenabschnitt) in einem Regressionsmodell; insbesondere: titelspezifische Rendite im Single-Index-Model; Risikoaversionsparameter; Überrenditemaß (Jensen-Alpha)
β	Steigungsparameter in einem Regressionsmodell; insbesondere: das systematische Risiko (Beta) einer Kapitalanlage
Cov(X,Y)	Kovarianz zwischen den Zufallsvariablen X und Y
$\varepsilon_{i,t}$	Restgröße eines Regressionsmodells für Kapitalanlage i und Periode t
E(X)	Erwartungswert der Zufallsvariablen X
$\in$	Element von (einer Menge)
f(x)	Dichtefunktion
F(x)	Verteilungsfunktion
$\gamma_{i,j}$	Risikoprämie einer Kapitalanlage i in Bezug auf den Risikofaktor j; insbesondere: Marktrisikopämie ($\mu_{M} - r_f$) im CAPM
$K_{i,t}$	(unsicherer) Kurs der Aktie i in Periode t
M	Marktportfolio; risikominimales Portfolio
μ_i	Erwartete Rendite der Kapitalanlage i
P*	Tangentialportfolio
$P_{i,t}$	(unsicherer) Preis der Kapitalanlage i in Periode t
p^i	Eintrittswahrscheinlichkeit für Umweltzustand i
r_f	risikolose Verzinsung
$R_{i,t}$	(unsichere) Rendite der Kapitalanlage i in Periode t
$r_{i,t}$	realisierte Rendite (ex post) von Kapitalanlage i in Periode t
$\rho_{i,j}$	(Rendite-)Korrelation zwischen Kapitalanlage i und Kapitalanlage j
σ^2_i	(Rendite-)Varianz von Kapitalanlage i

σ_i	(Rendite-)Standardabweichung von Kapitalanlage i
$\sigma_{i,j}$	(Rendite-)Kovarianz zwischen Kapitalanlage i und Kapitalanlage j
Σ_i	Summe „über alle i“
Var(X)	Varianz der Zufallsvariablen X
xi	Portfolio-Anteil von Kapitalanlage i
Z	standardnormalverteilte Zufallsvariable
$z_{i,t}$	Ausprägung (ex post) einer standardnormalverteilten Zufallsvariablen in Periode t
$\forall i$	Für alle i
ω	Portfolio-Anteil einer Kapitalanlage im Zwei-Wertpapier-Fall

8 Literaturverzeichnis

Albrecht, **P.** / **Maurer**, **R.** / **Stephan Th.G.**: Ertrag und Risiko rollierender Wertsicherungsstrategien mit Optionen, in: Die Bank, Nr. 4, **1995**, S. 238-241

Amihud, **Y.** / **Mendelson**, **H.**: Asset Pricing and the Bid-Ask-Spread, in: Journal of Financial Economics, Vol. 15, **1986**, S. 223-249

Arnott, **R.D.** / **Fabozzi**, **F.J.** (**Hrsg.**): Asset Allocation, Chicago **1988**

Arnott, **R.D.** / **Henriksson**, **R. D.**: A Disciplined Approach to Global Asset Allocation, in: Arnott/Fabozzi (Hrsg.): Asset Allocation, Chicago **1988**

Arnott, R.D./Hsu, J./Moore, Ph.: Fundamental Indexation, in: Financial Analysts Journal, Vol. 61, No. 2, March/April **2005**

Aschinger, **G.**: Optionspreisbestimmung und Portfolio-Insurance, in: Wirtschaftsstudium, Heft 1, **1993**, S. 2-8

Bachelier, **L.**: Theory of Speculation (1900), in einer Übersetzung abgedruckt in: Cootner, P. A., The Random Character of Stock Prices, MIT Press **1964**

Backhaus, **K.** / **Erichson**, **B.** / **Plinke**, **W.** / **Weiber**, **R.**: Multivariate Analysemethoden, 6. Aufl., Berlin **1990**

Banz, **R.**: The relationship between return and market value of common stocks, in: Journal of Financial Economics, Vol. 9, **1981**, S. 19-46

Barber, **B. M.** / **Odean**, **T.**: Trading is hazardous to your wealth: the common stock investment performance of individual investors, in: Journal of Finance, Vol. 55, **2000**, Nr. 2, S. 773-806

Barber, **B. M.** / **Odean**, **T.**: Online investors: do the slow die first?, Arbeitspapier University of California (Davis), **2000**

Barclays de Zoete Wedd (**BZW**): The German Equity – Bond Study, **1995**

BARRA: Asset Allocation Workshop, Seminarunterlage, Frankfurt am Main **1995**

Bateman, **B.**: Profis warnen die Anleger vor Timing-Versuchen, in: Handelsblatt vom 05.01.**1996**

Bauer, **Ch.**: Volatilitäten und Betafaktoren – geeignete Risikomaße?, in: Die Bank, Nr. 3, **1991**, S. 172-175

Benke, **H**. / **Sendelbach**, **C**.: Benchmarkkonzeption für einen europäischen Rentenfonds, in: Die Bank, Nr. 6, **1995**, S. 347-353

Benninga, **S**.: Comparing Portfolio Insurance Strategies, in: Finanzmarkt und Portfolio Management, Nr. 1, **1990**, S. 20-30

Bernard, **V**. / **Thomas**, **J**.: Post-earnings announcement drift: delayed price response por risk premium?, in: Journal of Accounting Research, Vol. 27, **1989**, S. 1-36

Bernoulli, **D**.: Exposition of a new theory on the measurement of risk, in: Econometrica, Vol. 22, **1954**, S. 23-36

Bernstein, **P**. **L**.: Capital Ideas, New York **1992**

Black, **F**.: Noise, in: Journal of Finance, Vol. 41, **1986**, S. 529-543

Black, **F**. / **Jones**, **R**.: Simplifying portfolio insurance for corporate pension plans, in: Journal of Portfolio Management, Summer **1988**, S. 33-37

Black, **F**. / **Litterman**, **R**.: Asset Allocation – Combining Investor Views with Market Equilibrium, Goldman Sachs Fixed Income Research, **1990**

Black, **F**. / **Litterman**, **R**.: Global Portfolio Optimization, in: Financial Analysts Journal, Sept./Oct. **1992**

Black, **F**. / **Scholes**, **M**.: Pricing of Options and Corporate Liabilities, in: Journal of Political Economy Col. 81, **1973**, S. 637-654

Bogle, **J**. **C**.: Investing in the 1990s, in: Journal of Portfolio Management, Spring **1990**, S. 5-14

Bookstaber, **R**. **M**.: Option strategies for institutional investment management: a guide for improving portfolio performance. Addison-Wesley Publ., **1983**

Brealey, **R**. **A**.: Portfolio Theory versus Portfolio Practice, in: Journal of Portfolio Management, Summer **1990**, S.6-10

Brealey, **R**. / **Myers**, **S**.: Principles of corporate finance, 3. Aufl., New York **1988**

Brinson, **G**. **P**. / **Hood**, **L**. **R**. / **Beebower**, **G**. **L**.: Determinants of Portfolio Performance, in: Financial Analysts Journal, July/Aug. **1986**, S. 39 ff.

Cardwell, **A**.: INDEXATION, in: Bishop, E. (Hrsg.): Indexation, London **1990**

Caginalp, **G**. / **Porter**, **D**. / **Smith**, **V**.: Overreactions, Momentum, Liquidity and Price Bubbles in Laboratory and Field Asset Markets, in: Journal of Psychology and Financial Markets, Vol. 1, **2000**, S. 24-48

Chan, L.K./Lakonishok, J.: Value and Growth Investing. Review and Update, in: Financial Analysts Journatl, Vol. 60, Nor., Jan. (Feb. **2004**)

Chen, **N**.: Some empirical tests of the theory of arbitrage pricing, in: Journal of Finance, Vol. 38, **1983**, S. 1393-1414

Chen, **N**. / **Roll**, **R**. / **Ross**, **S**.: Economic forces and the stock market, in: Journal of Business, Vol. 59, **1986**, S. 383-403

Commerzbank / **Zimelka**, **U**.: Wertentwicklung ausgewählter Kapitalanlagen, Frankfurt am Main **1994**

Copeland, **T**. / **Weston**, **J**.: Financial Theory and corporate policy, 3. Aufl., Reading/MA **1988**

Cox, **J**. / **Ross**, **S.A**. / **Rubinstein**, **M**.: Option Pricing: A simplified approach, in: Journal of Financial Economics. Vol. 7, **1979**, S. 229-263

Cremers, **H**.: Stochastik für Banker, Frankfurt am Main **1998**

DeBondt, **W**. / **Thaler**, **R**.: Does the stock market overreact?, in: Journal of Finance, Vol. 40, **1985**, S. 793-805

Demolière, **S**. / **Werner**, **M**.: Einsatz von Optionen und Financial Futures bei Versicherungsunternehmen, in: Schwebler (Hrsg.): Einsatz von Finanzinnovationen in der Versicherungswirtschaft, Karlsruhe **1993**

Deutsche Terminbörse (**Hrsg**.): Einführung in den Optionshandel, Wiesbaden **1989**

Dietz, **P. O**. / **Kirschman**, **J. R**.: Evaluating Portfolio Performance, in: Maginn, J. L. / Tuttle, D. L. (Hrsg.): Managing Investment Portfolios, 2. Aufl., New York **1990**

Dimson, **E**.: Risk measurement when shares are subject to infrequent trading, in: Journal of Financial Economics, Vol. 7, **1979**, S. 197-226

Diwald, **H**.: Zinsfutures und Zinsoptionen, München **1994**

Dockner, **E**. / **Gaunersdorfer**, **A**.: Die Bedeutung der Chaostheorie für die empirische Kapitalmarktforschung, in: Österreichisches Bankarchiv, Nr. 6, **1995**, S. 427-439

Doerks, W. / Hübner, S.: Konvexität festverzinslicher Wertpapiere, in: Die Bank, Nr. 2, **1993**, S. 102-105

Dornbusch, R. et al.: Macroeconomics, 8. Auflage, Mc Graw-Hill, **2000**

Dreher, A. W.: Does portfolio insurance ever make sense? in: Journal of Portfolio Management, Summer **1988**, Vol. 14, Number 4, S. 25-32

Dresdner Bank (Hrsg.): Zinsmanagement, Frankfurt am Main **1994**

Dubois, C. H.: Tactical Asset Allocation – A Review of Current Techniques, in: Arnott / Fabozzi (Hrsg.): Asset Allocation, Chicago **1988**

Ellis, C. D.: Investment Policy, 2. Aufl., Homewood **1993**

Elton, E. J. / Gruber, M. J.: Modern Portfolio Theory and Investment Analysis, New York **1991**

Estep, T. / Kritzman, M.: Time invariant portfolio protection: Insurance without complexity, in: Journal of Portfolio Management, Summer **1988**, Vol. 14, Number 4, S. 38-42

Fabozzi, F. J.: Portfolio and investment management: state-of-the-art research, analysis and strategies, Chicago **1989**

Fama, E.: Efficient capital markets: a review of theory and empirical work, in: Journal of Finance, Vol. 25, **1970**, S. 383-417

Fama, E.: Efficient capital markets II, in: Journal of Finance, Vol. 46, **1991**, S. 1575-1617

Fama, E. / Blume, M.: Filter rules and stock market trading profits, in: Journal of Finance, Vol. 25, **1970**

Fama, E. / French, K.: The cross-section of expected stock returns, in: Journal of Finance, Vol. 47, **1992**, S. 427-464

Fama, E. / French, K.: Multifactor explanations of asset pricing anomalies, in: Journal of Finance, Vol. 51, **1996**, S. 55-84

Fama, E. / MacBeth, J.: Risk, return and equilibrium: empirical tests, in: Journal of Political Economy, No. 3, **1973**, S. 607-636

Filc, W.: Theorie und Empirie des Kapitalmarktzinses, Stuttgart **1992**

Fischer, D. E.: Options and Futures: New Route to Risk/Return, Boston **1983**

Fischer, Bernd R.: Performanceanalyse in der Praxis, München **2001**[2]

Fouse, **W. L.**: Allocating Assets across Country Markets, in: The Journal of Portfolio Management, Winter **1992**, S. 20-27

Frantzmann, **H.-J.**: Saisonalitäten und Bewertung am deutschen Aktien- und Rentenmarkt, Dissertation, Universität Karlsruhe, **1989**

Frantzmann, **H.-J.**: Zur Messung des Marktrisikos deutscher Aktien, in: Zeitschrift für betriebswirtschaftliche Forschung, 42. Jg., Heft 1, **1990**

French, **K.** / **Schwert**, **G.** / **Stambaugh**, **R.**: Expected Stock Returns and Volatility, in: Journal of Financial Economics, Vol. 19, **1987**, S. 3-29

Frohn, **J.**: Grundausbildung in Ökonometrie, Berlin **1980**

Ganzach, **Y.** : Judging Risk and Return of Financial Assets, Arbeitspapier Universität Tel Aviv **2001**; demnächst in: Organizational Behavior and Human Decision Processes

Garz, **H.**: Prognostizierbarkeit von Aktienrenditen – Ursachen von Bewertungsanomalien am deutschen Aktienmarkt, Wiesbaden **2000** (gleichzeitig Diss. Universität Erlangen-Nürnberg)

Gayed, **M. E. S.**: Intermarket Analysis and Investing, Institute of Finance, New York **1990**

Gerke, **W.**: Computerbörse für den Finanzplatz Deutschland, in: Die Betriebswirtschaft, 53. Jg., Heft 6, **1993**a, S. 725-748

Gerke, **W.**: Informationsasymmetrien am Markt für Beteiligungen mittelständischer Unternehmen, in: Gebhardt, G. / Gerke, W. / Steiner, M. (Hrsg.): Handbuch des Finanzmanagements, München **1993**b, S. 620-640

Gerke, **W.**: Portfolio-Theorie, in: Gerke, W. / Steiner, M. (Hrsg.): Handwörterbuch des Bank- und Finanzwesens, 2. Aufl., Stuttgart **1995**, S. 1538-1551

Gerke, **W.** / **Garz**, **H.** / **Oerke**, **M.**: Bewertung von Unternehmens-Übernahmen am deutschen Aktienmarkt, in: Zeitschrift für betriebswirtschaftliche Forschung, 47. Jg., Heft 9, **1995**

Gerke, **W.** / **Bank**, **M.**: Finanzierung, Stuttgart **1998**

Gerke, **W.** / **Bienert**, **H.**: Überprüfung des Dispositionseffekts und seiner Auswirkungen in computerisierten Börsenexperimenten, in: Zeitschrift für betriebswirtschaftliche Forschung, Sonderheft Nr. 31, **1993**, S. 169-174

Gerke, **W.** / **Rasch**, **S.**: Ausgestaltung des Blockhandels an der Börse, in: Die Bank, Nr. 4, **1992**, S. 193-201

Geyer, A.: Information, Erwartung und Risiko, in: Beschorner, D. / Heinhold, M. (Hrsg.): Hochschulschriften zur Betriebswirtschaftslehre, VVF, München **1992**

Geyer, A.: Ein neuer Ansatz für die Beschreibung der Varianz von Renditen, in: Österreichisches Bankarchiv, Nr. 3, **1994**, S. 202-206

Geyer, A. / **Hauer, S.**: ARCH-Modelle zur Messung des Marktrisikos, in: Zeitschrift für betriebswirtschaftliche Forschung, 43. Jg., Heft 1, **1991**, S. 65-74

Göppl, H. / **Schütz, H.**: Die Konzeption eines Deutschen Aktienindex für Forschungszwecke (DAFOX), Diskussionspapier, Universität Karlsruhe, **1992**

Goldberg, J. / **Nitzsch, R.**: Behavioral Finance – Gewinnen mit Kompetenz, 2. Auflage, München **2000**

Grinold, R.: The fundamental Law of Active Management, in: The Journal of Portfolio Management, Spring **1989**, S. 30-37

Grinold, R.: Alpha is Volatility times IC times Score, in: The Journal of Portfolio Management, Sommer **1994**, S. 9-16

Grinold, R. / **Kahn, R.**: Forecasting – Refining and combining investment information, in: BARRA Newsletter, Spring **1994**

Grossman, S. / **Stiglitz, J.**: On the impossibility of informationally efficient markets, in: American Economic Review, Vol. 70, **1980**, S. 393-408

Grundke, P. / **Moriabadi, C.**: Portfoliomanagement für Financial Planner, (HfB-Studiengang), Frankfurt am Main **2000**

Günther, S.: Aktienmarktzyklik und Risikoprämien, in: Die Bank, Nr. 7, **1993**, S. 398-400

Günther, S.: Praktische Bedeutung und professioneller Einsatz von Benchmarkportfolios, in: Handbuch Portfoliomanagement, 2. Auflage, Bad Soden/Ts. **2001**

Hammer, D. A.: Dynamic Asset Allocation, New York **1991**

Haugen, R. / **Baker, N.**: Commonality in the determinants of expected stock returns, in: Journal of Financial Economics, Vol. 41, **1996**, S. 401-439

Heidorn, T. / **Bruttel, H.**: Treasury Management, Wiesbaden **1993**

Henriksson, R. D. / Merton, R. C.: On Market Timing and Investment Performance, Part II: Statistical Procedures for Evaluating Forecasting Skills, in: Journal of Business, 54. Jg., Heft 4, **1981**, S. 513-533

Hielscher, U.: Investmentanalyse, München **1990**

Ibbotson, R. G. / Sinquefield, R. A.: Stocks, bonds, bills, and inflation: 1986 yearbook, Ibbotson Associates, Chicago **1986**

Jensen, M.: The performance of mutual funds in the period 45-64, in: Journal of Finance, Vol. 23, **1968**, S. 389-416

Jurowsky, R. / Terhürne, M.: Die Performance von Wertpapierdepots – Berechnung und Beurteilung unter Risikogesichtspunkten. In: Warth und Klein (Hrsg.): Professionelle Vermögensverwaltung: Finanzplanung – Steuergestaltung, Stuttgart **1999**, S. 329-342

Kahneman, D. / Tversky, A.: Prospect theory: an analysis of decision under risk, Econometrica, Vol. 47, **1979**, S. 263-291

Kiell, G. / Stephan, E.: Urteilsprozesse bei Finanzanlageentscheidungen von Experten, Forschungsbericht des Instituts für Wirtschafts- und Sozialpsychologie der Universität Köln **1997**

Kleeberg, J. M.: Der Anlageerfolg des Minimum-Varianz-Portfolios, Bad Soden **1995**

Kramer, M.: Absicherungsstrategien für Rentenportfolios, Reutlingen **1996**

Lakonishok, J. / Shleifer, A. / Vishny, R. W.: Contrarian Investment, Extrapolation and Risk, in: Journal of Finance, Vol. 49, **1994**, S. 1541-1578

Lang, A.: Performanceindizes für den deutschen Aktienmarkt, in: Die Bank, Nr. 11, **1993**, S. 648-651

Leven, F.-J.: 2001: Jahr der Reife für Aktionäre und Fondsbesitzer, Kurzstudie des Deutschen Aktieninstituts, Frankfurt am Main, Januar **2002**

Lintner, J.: Security prices, risk and maximal gains from diversification, in: Journal of Finance, Vol. 20, **1965**, S. 587-615

Loistl, O.: Computergestütztes Wertpapiermanagement, München **1992**

Loistl, O.: Kapitalmarkttheorie, 3. Aufl., München **1994**

Markowitz, H.: Portfolio selection, in: Journal of Finance, Vol. 7, **1952**, S. 77-91

McMillan, L. G.: Options as a Strategic Investment, New York **1986**

Morgan Stanley Capital International: Still concentrated after all these years, in: MSCI News Watch, Vol. 2, No. 5, **1995**

Mossin, J.: Equilibrium in a capital asset market, in: Econometrica, **1966**, S. 768-783

Natenberg, S.: Option Volatility and Pricing Strategies, Chicago **1994**

o.V.: Klug entscheiden, in: Harvard Business Manager Special, April **2006**.

o.V.: Viele sind ihr Geld nicht Wert. Längst nicht alle Fondsmanager schaffen Alpha.
(Von knapp 4800 in Deutschland, Österreich oder der Schweiz zugelassenen Fonds wurden dabei die 2840 näher unter die Lupe genommen, die ihre Benchmark bekannt gaben – erst dies machte eine rechnerische Beurteilung überhaupt möglich)., in: Finanz & Wirtschaft, vom 16.11.**2005**, S. 25.

O'Brien, Th. J.: The mechanics of portfolio insurance, in: Journal of Portfolio Management, Spring **1988**, S. 40-47

Oertmann, P.: Firm-Size-Effekt am deutschen Aktienmarkt, in: Zeitschrift für betriebswirtschaftliche Forschung, 46. Jg., Heft 3, **1994**, S. 229-259

Perold, A. F.: The implementation shortfall – Paper versus reality, in: Journal of Portfolio Management, Spring **1988**

Perridon, L. / Steiner, M.: Finanzwirtschaft der Unternehmung, 8. Aufl., München **1995**

Reinganum, M.: Misspecification of capital asset pricing: empirical anomalies based on earning yields and market values, in: Journal of Financial Economics, Vol. 9, **1981**, S. 19-46

Rohweder, H. C.: Performancebeitragsmessung und Risikoanalyse in Wertpapierportfolios, in: Die Bank, Nr. 10, **1992**, S. 579-584

Roll, R.: A Critic of the Asset Pricing Theorie's Tests, in: Journal of Financial Economics, Vol. 4, **1977**, S. 126-176

Sal. Oppenheim: Rendite und Risiko, **2005**.

Samuelson, P.: Proof that properly anticipated prices fluctuate randomly, in: Sloan Management Review, Spring **1965**, S. 41-49

Schlinghoff, J. B.: Bewertung internationaler Aktienmärkte, in: Die Bank, Nr. 11, **1995**, S. 694-699

Schulte, **M**. / **Horsch, A.**: Wertorientierte Banksteuerung II: Risikomanagement, Frankfurt am Main **2002**

Schwartz, **R**. **A**.: Reshaping the equity markets – a guide for the 1990s, New York **1991**

Seyhun, **H**.: Insiders' profits, costs of trading, and market efficiency, in: Journal of Financial Economics, Vol. 16, **1986**, S. 189-212

Sharpe, **W**. **F**.: A simplified model for portfolio analysis, in: Management Science, **1963**, S. 277-293

Sharpe, **W**. **F**.: Capital asset prices: a theory of market equilibrium under conditions of risk, in: Journal of Finance, Vol. 19, **1964**, S. 425-442

Sharpe, **W**. **F**.: Mutual Funds Performance, in: Journal of Business, **1966**, S. 119-138

Sharpe, **W**. **F**.: Policy Asset Mix, Tactical Asset Allocation and Portfolio Insurance, in: Arnott / Fabozzi (Hrsg.): Asset Allocation, Chicago **1988**

Sharpe, **W**. **F**. **et al**.: Investments, 6. Aufl., Eaglewood Cliffs **1998**

Shefrin, **H**.**M**. / **Statman**, **M**.: The disposition to sell winners too early and ride losers too long, theory and evidence, in: Journal of Finance, Vol. 40, **1985**, S. 777-792

Shiller, **R**.**J**.: Irrational Excuberance, Princeton University Press, New Jersey **2000**

Solnik, **B**.: International Investments, Reading/MA, 7. überarb. u. erw. Aufl., Stuttgart **2000**, S. 36-60

Steiner, **M**. / **Bruns**, **C**.: Wertpapier-Management, 4. Aufl., Stuttgart **1995**

Steiner, **M**. / **Wittrock**, **C**.: Timing-Aktivitäten von Investmentfonds und ihre Identifikation im Rahmen der externen Performance-Messung, in: Zeitschrift für Betriebswirtschaft, 64. Jg., Heft 5, **1994**, S. 593-618

Stoimenov/Wilkens: Are structured Products „Fairly" Priced? An Analysis of the German Market for Equity-linked Instruments, Arbeitspapier , Universität Münster, Oktober 2004. Zitiert bei: Wilkens/Stoimenov: Strukturierte Finanzprodukte am deutschen Kapitalmarkt, in: Finanz-Betrieb 7-8/ **2005**.

Thaler, R.H. / Johnson, E.J.: Gambling with the house money and trying to break even: the effects of prior outcomes on risky choice, Management Science, Vol. 36, **1990**, S. 643-660

Treynor, J. L.: How to rate management of investment funds, in: Harvard Business Review, Vol. 43, **1965**, S. 63-75

Treynor, J. L. / Black, F.: How to use security analysis to improof portfolio selection, in: Journal of Business, **1973**, S. 66-86

Treynor, J. L. / Mazuy, K. K.: Can mutual funds out guess the market?, in: Harvard Business Review, Vol. 44, **1966**, S. 130-136

Tversky, A. / Kahneman, D.: Causal Schemas in judgement under uncertainty, in: M. Fishbein (Hrsg.), Progress in Social Psychology, Hillsdale **1980**

Tversky, A. / Kahneman, D.: The framing of decisions and the psychology of choice, Science, Vol. 22, **1981**, S. 453-458

Wagner, N. F.: Der VDAX als Schätzer der zukünftigen Volatilität, in: Die Bank, Nr. 12, **1995**, S. 738-741

Weber, M.: Besitztumseffekte: eine theoretische und experimentelle Analyse, in: Die Betriebswirtschaft, Vol. 53, **1993**, S. 479-490

Williams, J.B.: The theory of investment value, Harvard University Press **1938**

Wittrock, C.: Messung und Analyse der Performance von Wertpapierportfolios, 3. Auflage, Bad Soden/Ts. **2000**

WM Company: Consistency of Pension Fund Performance, WM Research, May **1995**

Zhu, Yu / Kavee, R. C.: Performance of portfolio insurance strategies, in: Journal of Portfolio Management, Spring **1988**, S. 48-54

Zurack, M. A.: The many forms of portfolio insurance, in: Fabozzi, F. J.: Portfolio and investment management: state-of-the-art research, analysis and strategies, Chicago **1989**, S. 105-121

9 Stichwortverzeichnis

D

E

N

O

P

Q

R

S

T

U

V

W

Z

10 Kurzbiographien der Autoren

Dr. Hendrik Garz absolvierte nach einer Banklehre bei der Westdeutschen Landesbank das Grundstudium der Betriebswirtschaftslehre an der Universität Bielefeld. Anschließend ging er als DAAD-Stipendiat in die USA. Am Department of Banking and Finance der University of Georgia (Athens) erwarb er dann 1991 seinen Studienabschluss. Nach der Rückkehr in die Bundesrepublik war er als wissenschaftlicher Mitarbeiter am Lehrstuhl für Bank- und Börsenwesen (Prof. Gerke) an der Universität Erlangen/Nürnberg tätig. Unter anderem war er dort am DFG-Schwerpunktprogramm „Empirische Kapitalmarktforschung" beteiligt. In seiner 1999 abgeschlossenen Promotion beschäftigte er sich mit der Frage der Vorhersagbarkeit von Aktienrenditen. Seit März 1997 ist er für die WestLB Panmure, Düsseldorf, als Analyst im Bereich Aktienstrategie tätig. Die Schwerpunkte seiner Arbeit liegen im Bereich der Themenanalyse und einer darauf basierenden Branchen- und Aktienauswahl sowie im Bereich Nachhaltige Investments. Dr. Garz war viele Jahre als Dozent für die Frankfurt School of Finance & Management tätig und hat aktuell einen Lehrauftrag an der Fachhochschule Düsseldorf.

Diplom-Kfm. Stefan Günther (CEFA) absolvierte neben seiner Banklehre das Grundstudium der Wirtschaftswissenschaften an der Fernuniversität Hagen. Nach Hauptstudium und Examen im Fach BWL an der Universität Münster mit Schwerpunkten Bankwesen und Finanzierung kehrte er 1991 zur Commerzbank zurück, wo er ein Traineeprogramm in Frankfurt und New York absolvierte. Bereits mit 26 Jahren wurde er 1992 Fondsmanager für Spezialfonds institutioneller Großanleger bei der Commerzinvest in Frankfurt, 1996 zugleich Leiter der Gruppe „Internationale Asset Allocation", zu Beginn des Jahres 2000 schließlich Bereichsleiter für das Aktien-Fondsmanagement. Nach der Neuaufstellung des Asset Managements der Commerzbank ist er heute als Direktor der COMINVEST Leiter des Aktien-Portfoliomanagements und -Research der Commerzbank-Gruppe in Frankfurt mit etwa 30 Mitarbeitern. Dies umfasst deutsche und ausländische institutionelle Kundenmandate wie auch das Publikumsfondsgeschäft unter der Marke ADIG. Sein bevorzugtes Themengebiet ist das Feld der Strategischen Allocation von Geldanlagen.

Cyrus Moriabadi studierte Politikwissenschaft mit Schwerpunkt Wirtschaftswissenschaften in Passau, Paris und Bonn. Nach einem einjährigen Wertpapier-Traineeprogramm bei der Dresdner Bank AG in der Frankfurter Zentrale mit Vertiefung in den Bereichen Terminbörse und Zinsmanagement wechselte er Mitte 1992 in die Niederlassung Stuttgart der Dresdner Bank AG. Nach dem dortigen Aufbau des Derivativen Wertpapiergeschäfts übernahm er 1996 die Leitung der Abteilung Anlagemanagement und war dort für die Betreuung von Vermögensberatern und privaten Top-Adressen im Anlagegeschäft verantwortlich. Einen Aufgabenschwerpunkt bildete dabei die Konzeption individueller Portfolio-Strategien. Im Herbst 1997 wurde er mit dem Aufbau der neuen Einheit Dresdner Private Banking betraut und Anfang 1998 ihr Hauptabteilungsleiter. Seine Verantwortung umfasste dabei die individuelle Beratung und Betreuung der sehr vermögenden Privatkunden in allen Vermögensfragen im Rahmen ganzheitlicher Lösungen. Seit Anfang 2001 gründete und leitet er für das Bankhaus Sal. Oppenheim jr. & Cie. die Niederlassung in Baden-Württemberg mit Sitz in Stuttgart. 2003 kam die Neugründung der Filiale Baden-Baden hinzu. Geschäftsschwerpunkt ist das ganzheitliche Vermögensmanagement von privaten Top-Adressen sowie die Beratung von mittelständischen Unternehmen. Seit 1994 ist er Dozent für die Frankfurt School of Finance & Management in den Bereichen Financial Planning sowie Portfolio-Management.